NEW 대한민국 주식투자
산업·업종 종합분석

NEW 대한민국 주식투자
산업·업종 종합분석

류종현 · 최순현 · 조기영 공저

KISVE
한국주식가치평가원

40여 개 업종의 근본적인
히스토리, 특징, 트렌드를
아우르는 최적의 교과서

저는 '세상에는 공짜 점심이 없다', '성공에는 노력이 필요하다' 는 태도를 갖고, 공부를 통해 주식투자에 성공하려 하는 대한민국 주식투자자들을 대상으로 오랜 준비기간과 고민 끝에 2012년도부터 「대한민국 주식투자 성공시리즈」를 저술해오고 있습니다.

보다 확실한 투자수익과 투자지혜는 공부를 통해 얻을 수 있다는 것을 어렴풋이 알고 계시는 수많은 투자자들로부터, 오랜 기간 동안 위 책들이 가치를 인정받고 꾸준히 많은 사랑을 받는 스테디셀러가 되었다는 사실에 항상 만족하며 감사드리고 있습니다.

주식투자자들이 주식투자에 성공하기 위해 반드시 익히고 활용해야 할 주제 중의 하나가 바로 산업과 업종분석입니다. 산업이나 업종에 대한 대부분의 기존 책들은 제가 보기에 주식투자자나 경영자, 기업의 투자부문 등에서 진정으로 텍스트북처럼 활용하기에는 모자란 부분이 있어, 항상 아쉬움이 가득했습니다. 개별업종들의 분석을 하면서도 너무 최근이나 내년도 이슈에만 집착한 책은 해당 업종들의 기본적인 개요 업종 개요와 특성, 주요 개념 등

5

를 파악하기에는 내용이 너무 빈약하고, 개별업종들의 기본적인 개요에 나름대로 충실한 책들도 역량부족으로 전체 업종들을 골고루 다루지는 못한 경우가 대부분입니다. 수많은 개별업종들의 재무적인 성과와 주가추이 역시 상당히 중요한 항목임에도, 방대한 자료를 단순화하는 문제와 중요한 것만 선별하는 판단의 어려움 등으로 잘 다루어지지 않아 왔습니다.

또한 그보다 더 근본적이고 필수적인 내용을 거의 모든 책에서 찾을 수 없었는데, 개별 업종들에 대한 정보와 의견만이 아니라, 업종들을 분석할 수 있는 틀을 제시하지 못한다는 것입니다.

투자에 있어서는 사실 뉴스보다 프레임이 중요합니다.

휘발유 값이 얼마로 올랐다는 뉴스는 단지 뉴스일 뿐 앞으로 얼마나 오를지 혹은 내릴지를 판단하는데 전혀 도움이 되지 않지만, 석유정제업계를 둘러싼 산업분석 프레임을 통해서는 업계의 수익성과 성장성이 개선되는가 악화되는가를 보다 신뢰성있게 추정할 수 있는 것입니다. 남들도 함께 얻는 뉴스보다는 남들이 가지지 못한 판단체계를 가지는 것이 당연히 유리합니다

이에 평가원에서는 2013년도에 본서를 출간하여 당시의 산업구조 및 환경 분석 프레임과 대한민국 전체 업종별 세부개요, 업종별 위상변화와 주가 추이 등을 실었으며, 산업 및 업종 부문의 종합체계서로 자리매김을 하고 더욱 많은 분들께 산업과 업종에 대한 높은 효용과 활용가치를 제공해 왔습니다. 책을 낸 지 벌써 6년이 지나고 보니 산업업종의 전반적인 내용이 전부 변했기 때문에, 개정판이 아닌 새로운 내용의 신간을 집필할 필요성이 매우 커졌고 이에 전작 작가들과 평가원의 결심과 노력이 뒤따른 결과 본서가 재탄생했습

니다. 본서는 그 내용이 6년 전과 완전히 다르고 새롭게 구성되었습니다만, 주제 및 목차의 순서 자체는 아래와 같이 큰 변화가 없습니다.

본서에서는 우선, 산업구조를 분석하는 법, 성장하고 성숙하는 산업의 진화를 이해하는 법, 기업과 산업의 결합 매력도<small>이 기업은 이 산업에 투자해야 하고 저 산업에서 철수해야 한다</small>를 다루는 등, 개별적인 업종 정보, 데이터 등을 이해하기 전후에 산업을 분석하는 프레임을 간단히 설명합니다.

그리고 본격적으로 대한민국 전체 개별 업종들의 근본적인 세부 개요를 다루어, 투자를 <small>혹은 인수를</small> 하고 싶지만 아는 업종이 몇 개 되지 않아서 투자범위가 좁은 분들의 고민을 해결하고, 중장기 트렌드와 이슈까지 실어서 향후 수년 간 해당 업종의 주요 체크포인트가 무엇인지 정리했습니다. 업종 별로 특성과 주요 내용을 이해하고 트렌드와 이슈까지 파악한 후에, 그런 업종들이 중장기적으로 어떤 재무손익적인 성과를 <small>본서에서는 5년</small> 보여왔는가, 주식시장 전체에서 위상은 어떻게 변했는가<small>9년</small> 등을 요약했습니다.

이 과정에서 40여 개나 되는 수많은 개별업종들을 분석, 파악, 정리하기 위해 상당한 분량의 공동작업을 주식가치평가사들과 함께 하게 되었습니다. 공동집필진의 구성은 한국주식가치평가원의 전 교육과정을 정식으로 수료한 현명한 투자자들 가운데, 수료성적과 투자실력 등이 뛰어난 분들 중에서 일차 후보군을 선정하고, 본업 <small>직업</small> 이나 투자의 전공업종 등이 공동작업 분야에 가장 적합한 분들로 다시 선정, 배분하는 과정을 거쳤습니다.

대표·총괄 저자로서 전체적인 구조와 세부내용의 범위, 방향, 우선순위 등을 결정하고 어렵거나 중요한 핵심 내용들을 집필하면서, 세부적인 원고내용을 감수, 정정, 개선했습니다. 그러한 집필, 검토 및 정리를 하는 과정에서 다시 한 번 본서가 내용의 충실함으로 수많은 독자분들께 높은 효용과 부가가치를 드릴 수 있다고 판단하게 되었습니다.

이 책을 통해 효용을 얻어낼 수 있는 독자들은 상장주식투자자와 비상장주식투자자, 투자운용기관, 전략기획 및 투자부서 임직원, 경영진과 경영학도, 업종분석과 전망이 필요한 대한민국 경제활동인구 직장인, 사업가, 대학생 등입니다.

관심업종들의 특성과 트렌드, 주가변동 추이를 파악하고 업종구조와 산업수명주기를 파악하고자 하는 주식투자자들은 물론, 특정 산업의 구조와 환경 분석을 바탕으로 투자 혹 진출 의사결정을 하는 경영진과 전략·투자담당 부서 임직원들, 업종별 트렌드와 산업 제품 수명주기 등을 바탕으로 구직, 이직, 창업 등의 중요한 의사결정을 해야 하는 대학생과 경제활동인구, 대학 경영학의 학문적 성격 외에도 실무적인 업종정보 및 추이, 분석툴 등을 배우고자 하는 경영학도 등 이 책을 읽게 될 수많은 독자들이 충분한 효용과 정보, 판단체계를 얻으실 수 있을 것입니다.

산업과 업종을 이해하는 투자자와 사업가는 크건 작건 성공하게 됩니다.

필립 피셔는 성장하는 산업에서 탁월한 기술력과 경영능력을 가진 좋은 기업들에 투자해서 혁혁한 성과를 낸 투자대가이며, 랄프 웬저는 기술이나 사회, 문화 등 장기트렌드의 수혜를 입는 성장산업에서 유망한 중소형주에 투자를 해온 운용업계의 현인입니다.

그리고 이제는 투자업계를 넘어서 유명인사가 된 워렌 버핏은 지속적이고 효율적으로 수익을 창출할 수 있는 경제적 해자 비즈니스 구조를 갖춘 기업에 투자하되, 자신이 이해하는 산업과 업종에만 능력 범위 투자한다는 원칙을 갖고 있습니다.

6년 만에 완전히 새로운 내용으로 다시 태어난 이 책의 내용은 대한민국의 모든 주식투자자들과 직장인, 사업가들에게는 물론이고 한국주식가치평가원의 투자교육을 수료한 현명한 투자자들과 공동집필진은 물론, 평가원의 직원과 저 자신에게도 매우 유용한 지식과 지혜가 될 것입니다. 무엇보다도 이 책이 독자 여러분들의 투자와 커리어, 사업번창에 도움이 되기를 희망합니다.

KISVE 한국주식가치평가원 대표 **류종현**

• • •

이론적인 산업설명이 아닌
실제 산업 생태계를 가르쳐주는
종합 정보서

본서는 산업·업종을 공부하고자 하는 주식투자자들에게 꼭 맞는 훌륭한 교과서로 손색이 없다. 지금까지 출간되었던 산업분석 책들과 비교해 보면 이 책의 가치를 알 수 있다. 이전에 발간된 산업분석 책들은 너무 최신의 이슈만 다루고 있어 보다 본질적인 산업의 개요나 특징을 파악하기에 부족한 감이 있었다. 한국주식가치평가원에서 2013년에 출간한 「대한민국 주식투자 산업·업종분석」은 대한민국 40여 개 업종의 근본적인 특징과 최신 트렌드를 함께 다루고 있는 책으로서 양적/질적으로 우수하다. 하지만 출간된 지 6년이 지나면서 대한민국 산업현장에도 크고 작은 변화가 생겼기 때문에 이렇게 새로운 책을 다시 집필하게 되었다.

워렌 버핏은 예전 학창 시절에 실제 산업에 대해 설명해주는 수업을 원했다고 한다. 필자 역시 경영대학생 시절 이론적인 산업설명 말고 실제 산업 생태계예를 들면, 자동차산업, 철강산업 등를 가르쳐주는 수업이 있으면 얼마나 좋을까 하고 생각한 적이 많다. 하지만 아직까지 이론을 넘어선 실무 산업 이야기를 체계적으로 다루는 수업은 드문 것이 현실이다. 본서는 그러한 갈증을 해소시켜 주는 책이다. 인터넷에 분산되어 있던 산업분석 자료를 일일이 찾지 않아도 되고, 공동집필진이 독자에게 가장 잘 전달될 수 있도록 구성, 설명 및 저술하였기 때문에 독자는 침대에 누워 쉽고 재미있게 산업 지식을 습득할 수 있을 것이다.

파인투자자문 펀드매니저 **최순현**

• • •

기존 산업은 물론 4차 산업혁명에 이르기까지, 지금은 불투명한 미래를 대비해야 할 때

2009년 2월 4일, 금융산업에 큰 변화가 불어닥쳤다. 자본시장 관련 각종 금융규제를 완화하고 투자자 보호를 강화한 '자본시장과 금융투자업에 관한 법률'이 본격 시행된 것이다. 필자는 자본시장통합법으로 금융시장 관련 법률이 하나로 통합되고 모든 금융투자회사가 대부분의 금융상품을 취급할 수 있게 되는 커다란 변화를 금융 SI를 수행하면서 현장에서 느끼고 지켜보았다.

10년이 지난 2019년, 5G, 클라우드, 핀테크, ICT, VR, 인공지능, 빅데이터, 로보어드바이저, 블록체인으로 불리는 신기술이 경제·사회·산업 전반에 융합되어 혁신적인 변화를 가져오는 4차 산업혁명의 시기를 지나가고 있다. 특히 필자는 금융규제개혁과 금융 서비스 분야의 변화에 주목하고 있다.

이러한 산업의 변화와 트렌드를 예측하고 대비하면서 기업분석을 하려면, 산업의 변화가 기업에 미치는 영향을 파악하고 중요한 영향을 미치는 요인들을 광범위하게 연구·분석한 산업·업종분석이 매우 중요하다. 이러한 과정에 대한 체계적인 분석방법과 모든 산업·업종에 대한 특징과 트렌드, 재무성과비율과 시가총액비율 추이, 산업·기업 투자 매력도 테이블까지 모든 산업·업종구조와 환경 분석 내용을 담은 본서가 산업 및 업종 부문의 종합적인 판단체계를 필요로 하는 모든 이들에게 필요한 정보와 지혜를 얻을 수 있는 좋은 기회가 되리라 믿는다. 본서를 읽는 사람의 필요와 능력이 책의 내용과 시너지 효과를 내면서 그 가치는 달라지리라 생각한다. 하지만 누구나 본서를 적극 활용한다면 4차 산업혁명이 불러올 한 치 앞을 예상할 수 없는 미래를 대비하면서도, 중장기적인 기업의 실적과 가치를 파악하고 최종 투자판단에 이르기까지 여러 산업, 여러 방면에 걸쳐서 큰 도움을 받을 것이다.

금융시스템 부문 PM 조기영

CONTENTS

• • •

2부. 업종별 개요, 특징 및 트렌드 분석

1부

주식투자와
산업업종 개요

1장
• • •
주식투자와
산업업종

01 주식투자와 산업분석

이 책이 말하는
산업분석과 업종분석

개인투자자들이나 펀드매니저들이 주식의 형태로 기업에 투자해서 수익을 내려 하거나, 보다 큰 자금력을 지닌 기업과 오너 등이 지분 참여나 인수합병의 형태로 기업에 투자해서 수익을 내려 하는 경우를 생각해보자. 무슨 능력이 필요할까?

언제나 투자에는 두 가지 능력이 가장 본질적인데, 그것은 분석능력과 가치평가능력이다. 분석이란 투자대상에 대해 최대한 합리적으로 정확하게 파악하는 과정이며, 가치평가란 파악한 분석내용을 바탕으로 투자대상의 가치, 즉 적정한 가격을 계산하는 과정이다.

여기에서 가치평가를 제외하고 이 부분은 한국주식가치평가원 홈페이지 및 '대한민국 주식투자 성공시리즈' 참조 분석능력에 대해서만 생각해 보자.

위 모든 주체들에게 동일하게 요구되는 분석능력은 큰 개념으로는 한 가지, 세부 개념으로는 세 가지로 볼 수 있다. 한 가지로 단순화하면 기업분석 능력이 필요하다. 하지만 기업분석은 사실상 산업분석과 업종분석을 포함하기 때문에, 세부적으로 기업분석과 산업분석, 그리고 업종분석이 필요하다.

이 중에서 이 책에서 다루는 것은 보다 근본적인 '산업분석'과 대한민국의 구체적인 전체 '업종분석'이다. 우선 산업 분석이라고 하는 분석 프레임 지혜을 앞서서 설명할 것이다. 이 부분을 두어 번 읽고 이해하게 되면, 개별 업종들의 과거와 현재에 대한 정보를 파악할 때, 대중 투자자들과는 달리 개별 업종이 현재 처한 단계나 상황파악, 향후 추정을 합리적으로 할 수 있다.

개별 업종의 수익성과 성장성 등을 좌우하는 산업구조를 분석하는 법, 개별 업종 별로 성장, 성숙 사이클 중 어느 단계에 있을지 가늠할 수 있는 산업수명주기를 이해하는 법, 그리고 중요한 산업수명주기 별로 어떤 산업환경에 노출되어 있는지 등을 설명할 것이다.

한편, 대부분의 지면을 할애한 부분은 대한민국의 전체 개별 업종들에 대한 개요와 특징 지식이다.

'전체'를 강조하는 이유는 대개 기 출판된 산업 혹 업종분석 책, 연구정보 저술의 경우 '전체 업종'을 '투자자의 관점'에서 다룬다는 두 가지의 목표를 동시에 달성하지는 못했기 때문이다.

집필진 혹 연구진이 단기간의 이슈나 시사성을 목표로 올해의 유망업종이나 업종별 핵심이슈를 맞추어 보려는 책이나, 각종 공공 연구기관들이 올바른 산업정책과 업종육성/지원 전략에 집필배경을 두었기 때문에 투자정보나 분석프레임과는 동떨어진 내용의 책이나,

개인저자가 방대한 산업업종에 대해서 단기간에 집필했기에 필연적으로 시간 및 정보 부족 등 일부 업종에 대해서만 주로 분석한 책 등이 일반적이었다. 그래서 본서에서는 그야말로 가감 없이 대한민국 전체 업종에 대한 정보를 중장기 투자자의 관점에서 서술하게 되었다.

그러므로 이 책은 산업과 업종에 투자하기 위한 투자정보집으로 기능하기도 하며, 산업과 업종의 연구분석을 위한 기본자료집이기도 하고, 산업과 업종의 전체적인 특성과 정보를 얻기 위한 유기적인 실무사전집으로도 활용할 수 있을 것이다.

한편, 산업과 업종이란 개념은 투자업계와 언론계에서 특별한 구분 없이 개별 업종과 개별 산업을 유사한 개념으로 사용하고 있으나, 업계 전체의 구조적인 문제나 복수 업종을 통합한 개념으로 자주 언급되는 개념은 대체로 '산업'이며, 이에 반해 업종은 개별 업종별로 현황이나 이슈 등을 다룰 때에 주로 언급되고 있다.

본서에서도 무 자르듯이 두 개념을 확실히 분리할 수는 없지만 두 개념의 주 영역을 대체로 구분하여, 업종을 불문하고 구조를 분석하거나 수명주기를 파악할 때는 반드시 산업이라 표현하며, 개별 업종의 연혁과 특성, 트렌드 등을 다룰 때는 주로 업종이라 표현하여 보다 명확한 이해를 돕고자 한다.

왜
산업분석인가?

한편, 특정 기업에 대한 투자수익률은 장기적으로 기업의 실적과 반드시 일치하게 된다. 기업의 실적에 해당하는 당기순이익이 특수하거나 일회적인 손익을 제외한 100배로 증가하는 과정에서 그 기업의 적정주가는 그와 정비례에서 100배까지 상승하게 된다. 다만, 실제의 주가는 실적상승률보다 앞서서 상승할 수도 있고 뒤처져서 하락할 수도 있는데, 이에 대한 설명은 '대한민국 주식투자 성공시리즈'를 통해 대신하는 것으로 하고, 일단 여기서는 실적상승률만큼 기업의 적정주가 내재가치 는 상승한다는 것을 알고 넘어가자.

그렇다면 기업의 실적이 투자수익률의 가장 중요한 변수인데, 기업의 실적을 기본으로 하여 내재가치를 분석하는 방식을 기본적 분석이라고 한다.

기본적 분석의 교과서적인 절차는 경제분석, 산업분석, 기업분석의 과정을 거치는 것이다. 다만, 워렌 버핏 등 성공한 대부분의 바텀업 가치투자자들의 경우는 기업분석, 산업분석의 과정을 거치되 아주 근본적인 경제지표만 참조하는 편이며, 존 템플턴 등 성공한 톱다운 가치투자자들의 경우는 경제분석, 기업 및 업종분석의 과정을 따르는 편이다.

한국주식가치평가원에서는 기업분석과 산업분석을 최우선으로 하고, 경제지표는 아주 핵심적인 지표만 참조하는 방식으로 투자운용, 투자교육, 연구저술을 하고 있다.

바텀업 투자방식이 톱다운 투자방식보다 우월하다고 말하는 투자대가들도 아주 많고, 역시 톱다운 투자방식이 더 우월하다고 말하는 투자대가들도 다수 있다. 나는 어떤 투자방식이 더 낫다고 이야기할 생각은 없지만, 투자자의 성향과 투자전략에 따라 두 가지 투자방식 중 어느 것이 나은지는 이야기해주고 싶다.

거시경제는 3~5년이라는 중기적인 시간을 두고 순환하는 특징을 지니고, 산업 및 업종은 평균적으로 보다 더 긴 기간 십수 년에서 백 년까지 에 걸쳐서 변화하는 특징을 지니고 있다. 즉, 호경기와 불경기는 순환하게 마련이고 그에 따른 증시등락은 역발상투자의 대상이다. 반면에, 산업 및 업종은 성장단계를 지나서 성숙, 사양기에 접어들게 되고, 그 과정에서 업종 내 기업들의 성장성과 수익성은 변하게 된다.

즉, 순환하는 거시경제의 추세를 미리 따라잡아 투자하려는 바쁜 예측을 해야 하므로 투자자에게는 톱다운 방식이 더 낫고, 산업과 업종에 집중하여 투자하려는 우직한 꾸준히 관찰, 분석해야 하므로 투자자에게는 바텀업 방식이 더 낫다. 한국주식가치평가원은 예측 대신 분석을 통한 투자방식을 선호하기 때문에 바텀업을 위주로 하되 톱다운 사고방식을 일부 포함하고 있는 투자대가들과 맥락을 같이 한다.

다시 말하자면 산업은 기업분석의 직접적인 변수이며, 순환하는 경제 지표에 비해서 보다 근본적이고 중장기적인 기업의 실적과 가치를 결정한다. 특정 기업의 매출총이익과 영업이익 등락에 있어서, 경제보다는 산업과 업종이 더욱 많은 영향을 미친다.

산업분석의 사전적 정의를 이쯤에서 참조해 보자. 산업분석이란 산업의 특성과 전망에 대한 분석을 말하며, 하나의 업종 혹은 여러 업종에 걸친 주요 요인들을 분석하는 것을 의미한다.

하나의 업종 혹은 여러 업종에 대해서 산업분석을 할 필요가 있는 이유는, 업종별 경영성과가 경기등락과 다른 방향 혹은 다른 순서, 속도로 움직이기 때문이다. 따라서 산업구조의 분석과 업종별 특성을 파악하는 것은 투자를 위한 기업분석에 큰 도움이 된다.

또 다른 이유는 업종별로 다른 산업수명주기에 속해 있기 때문인데, 특정 업종의 현재 산업수명주기와 추세를 가늠하는 분석이, 특정 기업의 실적에 대한 장기적이고 합리적인 추정을 가능케 해주기 때문이다.

한편, 산업분석에 대한 구체적인 프레임 지식보다 지혜에 가까운 과 활용이론 등은 1부의 2

장과 3장에 걸쳐서 설명할 예정이므로, 구체적인 개별 업종들의 개요와 특성을 지혜보다 지식에 가까운 파악하기 전에 전체적인 산업분석 틀을 먼저 이해하자. 1부의 2장과 3장을 읽고 산업분석 틀의 아주 핵심적인 부분들에 대해서 개략적이라도 이해했다면, 관심이 있는 개별 업종을 하나씩 대입해서 분석해볼 수 있을 것이다.

혹은 관심이 있는 개별업종 설명 구체적 사례을 먼저 충분히 보고 난 후, 산업분석 틀 추상적 프레임을 참조하는 것도 나쁘지 않은 방법이다.

02 개별기업과 업종별 특성

개별기업의 실적은 업종별 특성에 따라 다른 영향을 받는다. 업종의 기본적인 특성과 개요, 현재까지 및 향후 추이 등에 따라서 개별기업의 실적은 소폭 개선 및 악화되기도 하고, 급등 및 폭락하기도 _{경기변동형 기업 중에서도 비선도 기업} 한다.

업종분석이란 개념은 대체로 업종별 영업활동의 등락 _{호황, 둔화, 불황, 회복 등} 과 각종 결산수치 _{실적, 재무} 의 비교 등으로, 개별 기업의 분석보다는 큰 범위이고 전체 산업구조 분석보다는 작은 범위의 개념이다.

철강, 전기전자, 서비스업종 등 개별 업종들의 구체적인 내용을 2부에서 살펴보기 전에, 개별기업의 실적에 영향을 미치는 업종의 주요 요인 _{항목} 들을 가볍게 살펴보자. 아래 항목들은 기업의 향후 중장기 실적을 파악하기 위해 업종마다 어떤 질문을 해야 할지 감을 잡기 위한 대략적인 질문들이며, 본격적인 산업분석 프레임을 설명하기 전의 샘플항목 _{아래 중}

일부는 산업분석틀에 포함 정도로 이해하면 된다.

- 업종의 현재 시장사이즈는 수요 총량 어떤가? 몇 억 개 혹은 몇 톤인가?
- 업종의 과거 중장기 성장률은 몇 퍼센트였으며, 향후 중장기 성장률은 몇 퍼센트 정도로 추정되는가?
- 업종 내 경쟁 정도는 어떠한가? 성숙산업 단계에서는 특히 현재의 경쟁정도 및 추이가 중요하다.
- 업종 내 진입난이도는 어떠한가? 성장산업 단계에서 진입난이도가 낮다면 경쟁이 심화될 가능성이 크다.

이 외에도 다양한 분석항목들이 있고, 그 중에는 업종 내에서 특정 기업 투자기업 혹 관심기업 이 가지는 경쟁우위 분석도 포함된다.

개괄적으로 말해서 개별업종 분석이라는 것은, 업종별로 연혁이나 특징, 추세 등을 파악하는 것으로 오랜 시간을 두고 반복적으로 응용하여 활용할 수 있는 투자지혜라기보다는 투자정보에 가깝고, 게다가 업종별로 투자정보의 시간적 효용의 길이가 다르다.

무슨 이야기인가 하면, 음식료업종에 대해 이해한 투자자는 그 투자정보들을 가지고 향후 십 수 년, 아니 수십 년간 투자에 활용할 수 있을 것이다. 그러나 태양광 산업에 대해 이해한 투자자는 실리콘 태양전지와 염료감응형 태양전지 등 몇 년에 한 번씩 새로운 기술변화를 이해해야만 투자를 할 수 있을 것이다.

워렌 버핏과 찰리 멍거는 기술변화가 빨리 일어나는 그런 업종은 자신들이 전문가가 아니기 때문에 투자하지 않는다고 했지만, 필립 피셔는 기술수요를 읽고 기술개발능력을 갖춘 기업과 경영진에 투자할 경우 큰 수익을 낸다고 했고, 랄프 웬저는 기술수요와 사회 트렌드의 중장기 변화에 수혜를 입는 중소형주에 투자하라고 했다.

즉, 투자자의 스타일 별로, 그리고 투자자가 직접, 간접적으로 이해하거나 관여하는 업종이 서로 다를 것이므로, 모든 개별업종을 분석하는 것은 큰 의의가 있고 효용도^{활용가치} 역시 크다. 게다가 과거와는 달리 글로벌화 되고 스마트화 된 현재의 세계에서는 수많은 개별업종들이 국적을 막론하고 전후방 산업이라는 구조 아래 서로 연관되어 있고, 소비자의 인구구성과 중장기 소비스타일 변화, 기술과 정책 등 다양한 변화 아래 여러 개의 업종들이 직간접적인 변화를 함께 겪고 있는 추세이므로, 특정 업종들만 주로 투자할지라도 여전히 다른 업종들에 대해서 개략적으로 알 필요가 있다.

한편, 모든 개별 업종의 개요, 특징과 트렌드 등은 2부 전체에 걸쳐서 차례대로 정리되어 있으므로, 2부 전체를 순서대로 읽어나가도 좋고 특히 관심이 많거나 직간접적으로 익숙한 업종이 있을 경우 먼저 읽어나가는 것도 좋다.

개별 업종에 대한 투자정보를 다 읽고 대략 이해했으면, 1부의 2장과 3장에 걸친 산업분석의 틀을 적용해서, 관심 업종 내 기업들의 수익성과 성장성, 해당 업종의 산업구조와 수명주기 단계 등이 어떠한지 추정해볼 수 있을 것이다.

혹은 1부의 2장과 3장, 5장에 걸친 산업분석 틀을 읽고 그 핵심 분석항목들을 염두에 둔 채로, 2부의 개별 업종 정보를 읽어나가는 것도 매우 좋은 수순이다.

요컨대, 개별업종의 전체적인 정보를 파악하는 것과 업종을 불문하고 산업분석을 위한 프레임을 적용하는 것 두 가지가 모두 중요한 것이며, 어느 것이 더 중요하다든지 어느 것이 순서상 우선이라든지 하는 것은 없는 것이다.

2부의 업종 순서는 전체 산업에서 개별 업종들이 기능하는 부분을 고려하고 업종별로 실적이 순환하는 순서 등을 감안하여, 전체 업종들의 순서를 정했다.

2부 1장에서는 증권, 보험, 은행/저축은행, 카드, 할부리스업종 등 금융업 위주의 개별 업종들을, 2장에서는 전력, 도시가스, 전선, 건설/플랜트업종 등 인프라 및 건설업 위주의 개별업종들을 정리했는데, 모든 산업과 사회가 돌아가는 가장 기본적인 개별업종들을 먼저 나열했다.

3장에서는 철강, 비철금속, 시멘트, 제지업종 등을 정리했는데, 경기가 살아나기 시작하면 통상적으로 우선 실적이 개선되는 소재업종을 중심으로 설명하되, 복잡하지 않고 사업구조가 비슷한 성숙기의 제조업을 함께 설명했다.

4장에서 LCD, 반도체, 통신기기, 유무선통신업종 등을, 5장에서 자동차, 타이어, 자동차부품, 기계업종 등을 설명했는데, 이 개별 업종들은 본격적으로 경기가 회복되면 소재업종에 이어서 실적이 개선되는 내구재와 부품주 등을 포함한다.

6장에서 정유/에너지, 석유화학/정밀화학, 섬유화학 업종 등을, 7장에서 호텔, 항공운송, 해상운송, 조선업종 등을 다루었는데, 내구재와 부품주들의 수요와 생산까지 활성화되면 전반적으로 수요가 늘어나는 에너지와 운송업종을 중심으로, 산업체인이나 기술이 연관된 일부 업종까지 포함했다.

8장에서 음식료, 주류, 의류, 유통, 제약, 화장품업종 등을, 9장에서 방송, SI, 기타 서비스광고, 게임, 교육 등 업종 등을 정리했는데, 주로 소비재와 서비스 부문을 중심으로 나머지 전체 업종들을 설명한다.

특별한 관심업종들과 연관업종들이 있을 경우를 제외한다면, 처음의 1장부터 마지막의 9장까지 순서대로 읽어나가는 것도 대체로 이해하기에 좋다.

03 주식시장 국면별 업종순환

    개별 업종의 특성이나 산업적 매력도와는 별도로, 때로는 업종간 순서에 따라 주식시장이 움직이기도 하고, 때로는 업종간 관계에 따라 원재료에서부터 최종제품까지의 이동이 이루어지기도 한다.

    우선 경기호황과 불황 사이의 순환구조에 따라서 주식시장이 주기적으로 어떤 모습을 보이며, 시시각각 바뀌는 주식시장의 모습에 따라 어떤 업종부문이 개략적으로 주도주가 될 수 있는지 알아볼 수 있다.

    첫 번째로, 우라가니 구니오의 주식시장 순환론 내용 중 일부로써 가장 핵심적인 것들을, 아래의 표를 통해 참조하자. 다만, 주식시장의 중장기적인 등락을 잘 이해하기 위해서 우라가니 구니오 역시 사계절의 개념을 비유적으로 설명한 것으로, 아래 내용은 법칙이 아니라 현실을 직시하기 위한 불완전한 도구에 불과하다는 점을 알 필요가 있다.

구분	금융장세	실적장세	역금융장세	역실적장세
특징	경기대책으로 금리인하, 경기부양책이 이루어짐	회의에서 시작, 호황으로 끝남. 내구재 소비 증가 및 금리 서서히 상승	경기고점을 지나 금융긴축, 경기후퇴 시작	불황, 기업퇴출 증가
주식시장	유동성 장세로 급등	실적과 더불어 상승 추세	약세장 시작	약세장 지속, 공포심 극대
주도순환 업종	금융, 공공서비스, 유틸리티	소재산업, 가공산업, 내구재 등 순서		

상기 표에서 금융장세는 봄, 실적장세는 여름, 역금융장세는 가을, 역실적장세를 겨울에 비유할 수 있다.

기업들의 실적은 아직 회복하지 않고 있지만 더 이상 나빠질 것이 없으며, 경기부양책으로 돈이 풀리고 금리가 대폭 내려감으로써, 저금리 상황과 낮은 종합주가지수에 힘입어 주식시장이 큰 폭으로 상승하는 기간이 바로 봄, 금융장세에 해당한다.

이후 실제로 기업들의 실적이 회복하고, 실적이 꼭짓점에 이를 때까지 소비도 지속적으로 늘어나고 물가도 오르는 시절이 실적장세로, 실적장세는 금리의 지속적인 인상과 더불어 그 종말이 미리 예견된다. 어쨌든 가장 긴 기간에 해당하는 실적장세 기간 동안 등락을 거듭하면서도 주식시장은 전고점을 넘어 상승하며, 이는 가장 풍성한 계절인 여름에 비유할 수 있다.

쓸쓸한 가을에 해당하는 역금융장세는, 아직 기업의 실적이 좋은 편인데도 불구하고 종합주가지수가 급락한다.

그런데, 사실 이때 이미 기업실적의 증가 혹은 개선 속도가 둔화되기 시작했으며, 높은 물가로 인해 향후 소비위축이 예상되고, 높은 금리로 인해 향후 위험자산에 대한 투자위축_안전자산에 자금 집중 이 예고되어 있는 것이다.

쓸쓸한 가을이 지나면 혹독한 겨울이 닥치며, 기업들의 실적이 악화되고 도산하는 기업들이 속출하는 것과 동시에 주식시장에서 공포감이 극에 달하는 이 시기가 바로 역실적장세이다. 단기간에 주식시장이 급락하는 역금융장세에 이어서 역실적장세 동안에는 최악의 기업실적과 더불어 이미 빠진 주가가 추가적으로 빠지게 된다. 하지만 이때의 주가하락속도는 역금융장세보다 느린 경우가 많으며, 이미 다음 사이클_{순환} 금융장세의 씨앗은 아무도 모르는 사이에 심어져 있다.

우라가니 구니오의 이론을 우리나라의 주식시장 순환에 맞게 위와 같이 설명해 보았다. 하지만 실제로 주식시장은 봄 여름 가을 겨울의 순서를 매끄럽게 이동하는 것이 아니다. 때로는 봄이나 가을이 생략될 수도 있고, 여름과 겨울의 길이가 매번 같지도 아니하다는 것을 알아야 한다. 주식시장의 사계절 혹은 순환이론은 현재 주식시장이 흐름상 대략 어디쯤 와 있을까 감을 잡는 도구로 삼는 것이 현명할 것이다.

증권시장_{종합주가지수} 의 밸류에이션이 현재 고평가인지 저평가인지 보다 확실하게 판단하는 방법을 공부하고자 할 경우, 평가원이 출간한 각종 〈대한민국 주식투자 성공시리즈〉를 주제 별로 참조하거나, 한국주식가치평가원 홈페이지 www.kisve.co.kr 의 '증권시장 평가' 메뉴를 참고할 것을 권유한다.

04 | 업종 내 수요공급과 경쟁형태

특정 업종 내에서 제품의 수요가 공급보다 많을 경우 당연히 판매량도 늘어나고 계단식으로 가격도 올라가면서, 업종 내 기업들의 실적이 개선된다. 반면에, 수요가 공급보다 적을 경우 판매량도 줄어들고 경쟁적인 할인 독과점 제외 으로 가격도 하락하면서, 업종 내 기업들의 실적이 악화된다.

아래는 업종 내의 수요와 공급의 구조적인 특성을 설명하는 표이다.

【수급수요공급 구조 특성】

구분	수요의 기본구조	공급의 기본구조
기본 구조	– 가격탄력성 – 소득탄력성 – 교차탄력성	– 가격탄력성
	독점적 수요 or 경쟁적 수요	독점적 공급 or 경쟁적 공급
현황	전체적인 수용공급 상황을 판단 – 공급과잉 혹 부족, 수요과잉 혹 부족	

수요의 기본 구조로는, 특정 산업 제품의 가격이 상승할 경우 수요가 급격히 줄어드는지 혹은 가격 상승과 무관하게 일정한 수요가 유지되는지, 소득의 증감에 따라 수요가 민감하게 반응하는지 등이 있다.

또한 일부 산업의 경우 수요의 교차탄력성이 존재하는데, 예를 들어 X재 가격의 하락이 Y재의 수요를 상승시킬 경우에는 커피머신과 커피 Y재는 보완재이다. 한편, X재 가격의 하락이 Y재의 수요를 하락시킬 커피와 차 경우에는 Y는 대체재이다. 그러므로 대체재의 가격이 상승 판매확대 기회 하는지 하락하는지 판매부진 위기 등도 지켜볼 필요가 있다.

공급의 기본구조로는 제품가격이 상승하면 당연히 공급을 늘리게 되며, 이때 기존 경쟁자들은 단기적으로 공장가동률 증가, 중기적으로 시설확장 등을 하게 되어 자연스럽게 가격이 하락할 수 있다. 한편, 제품가격 상승이 중장기적으로 이어지면, 잠재진입기업이 적극적으로 신규로 진입하여 경쟁이 격화되고, 추가적인 가격하락으로 이어지게 된다.

또한 수요가 증가일로에 있는지 하락추세에 있는지, 독과점적인 수요 힘 있는 인지 경쟁적인 수요인지 등, 수요 측면의 현황을 주기적으로 관찰해야 한다. 공급 업종 내 경쟁사 이 확대되는지 축소되는지, 독과점적인 공급 힘 있는 인지 경쟁적인 공급인지 등, 공급 측면의 현황 역시 관찰해야 한다.

위 수요와 공급의 기본구조와 현황이 항상 함께 작용하여, 특정 산업의 혹 산업 내 기업 생산판매량과 수익성을 결정하게 된다.

특히 소득탄력성과 가격탄력성을 동시에 지닌 자동차 제품의 수요측면 변동이라든지, 진입장벽이 낮은 할부리스업종의 공급측면 경쟁 등을 보면, 주기적으로 수익성이 등락하는 것을 알 수 있다.

한편, 업종 내 경쟁적인 기업의 수에 따라 독점, 과점, 독점적 경쟁, 완정경쟁 상태 등으로 나뉘는데, 각 경쟁형태 별로 아래와 같은 특징을 지닌다. 투자대상으로는 가능하면 독점적 경쟁보다는 과점이나 독점 형태의 업종이 좋다.

【업종 내 다양한 경쟁형태 및 특징】

구분	독점	과점	독점적 경쟁	완전경쟁
기업 수	한 개	소수	다수	다수
가격지배력	매우 큼	상당한 수준	다소 존재함	없음
제품의 동질성	없음	동질, 이질 모두 가능	이질적 제품	동질적 제품
판매행위	홍보	비가격 경쟁	가격, 비가격 동시경쟁	완전경쟁 경매 등

2장

• • •

산업구조
분석 핵심

특정 산업의 경쟁강도와 수익성 등 다양한 특성들은, 마이클 포터 교수가 설명한 이래, 경영학, 컨설팅사, 산업계 일선 등에서 일반상식으로 광범위하게 활용되고 있듯이, 아래 5 가지 기본적인 요인factor 에 의해 좌우된다.

다음의 5가지 요인들이 함께 영향을 미쳐서 해당 산업의 잠재적인 수익성 등을 결정하며, 구체적인 결과수치 중 대표적인 항목들로 중장기적인 매출액성장률, 매출액영업이익률, 자기자본수익률 등을 꼽을 수 있다.

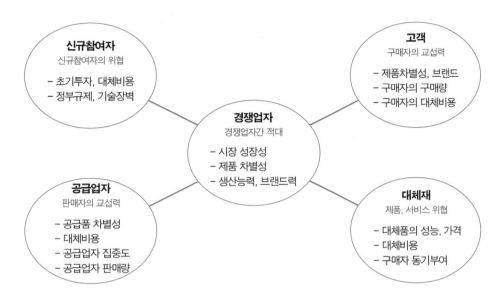

【산업구조 분석 프레임5대 요인】

신규참여자
신규참여자의 위협
- 초기투자, 대체비용
- 정부규제, 기술장벽

고객
구매자의 교섭력
- 제품차별성, 브랜드
- 구매자의 구매량
- 구매자의 대체비용

경쟁업자
경쟁업자간 적대
- 시장 성장성
- 제품 차별성
- 생산능력, 브랜드력

공급업자
판매자의 교섭력
- 공급품 차별성
- 대체비용
- 공급업자 집중도
- 공급업자 판매량

대체재
제품, 서비스 위협
- 대체품의 성능, 가격
- 대체비용
- 구매자 동기부여

'새로운 진입기업의 위협', '대체재의 위협', '구매자의 교섭력', '공급자의 교섭력', '기존 기업 간의 경쟁' 등 다섯 가지 경쟁유발 요인 모두 특정 산업의 경쟁강도와 수익성에 영향을 미치지만, 다섯 가지 요인 중에서도 가장 유력한 요인은 산업에 따라 서로 다를 수 있다.

위 다섯 가지 요인들 중, 현재의 산업구조 하에서 수익성 등 산업특성을 결정하는 3대 요인, 경쟁사, 구매자, 판매자에 대해서 우선 알아보자.

01 업계 기존 기업 간 경쟁강도

기존 기업들 간의 경쟁은 주로 유리한 위치를 차지하려는 여러 전략전술, 즉 기존 제품 경쟁 가격, 광고 등, 연구개발 경쟁 및 부가서비스 경쟁 A/S와 기타 서비스 등의 형태로 볼 수 있다. 한편, 연구개발 경쟁은 중장기적인 수요 증가, 광고경쟁은 단기적인 수요 촉발을 야기할 수 있지만, 가격경쟁은 경쟁기업들 모두에게 손실을 불러일으키는 등 경쟁형태 별로 기업들의 수익성에 다른 영향을 준다.

업계 내에서 협력과 제휴보다 경쟁의 강도가 셀 경우, 아래와 같은 원인들이 있다.

1) 산업의 성장률 정체

특정 산업의 성장이 정체되었을 경우, 완만한 성장속도가 업계 내의 주요기업들에게 만족스럽지 못하며, 이 경우 일부 기업들은 시장점유율이라도 확대하고자 역량을 결집한다. 대개 성장률이 낮아진 상황에서 시장점유율을 서로 확대하고자 할 경우, 경쟁의 정도가 세고 수익성은 상당히 하락하게 된다.

2) 독과점을 이루지 못한 업종의 지속적인 경쟁

독과점 구조가 형성되지 못한 산업의 경우, 서로 비슷한 수준의 규모와 자원을 보유하고 있는 다수의 기업들이 약간이라도 유리한 위치에 서고자 경쟁할 여지가 매우 많다. 또한 소수 기업이 유리한 상황에 있지 않기 때문에, 업종 내의 순위는 불균형 상태로 쉽게 뒤집히고, 기업 간 경쟁은 쉽게 끝나지 않는다.

한편, 특정 산업이 독과점 상태일 경우, 주요 기업들이 그 산업을 주도해나가면서 가격과 수익성 등을 지켜나갈 수 있다.

3) 높은 고정비와 대규모 시설

공장, 기계장치 등 유형자산 비중이 크고 고정비가 높은 경우, 가동률이 저하되면 손실이 커질 수 있기 때문에 완전가동의 압박이 다소 높다. 또한, 산업 내 기업들이 수요 증대를 기대하고 가동률을 최대치로 유지한다고 해도 제품가격이 하락해서 손실을 볼 리스크가 있다. 손익분기점에 도달하기 위해서 공장설비를 최대한 가동해야 하는 산업에서 독점 혹은 과점구조가 형성되지 않았을 경우, 위와 같은 이유로 충분한 수익성을 확보하기 어렵다.

또한 대규모 시설이 필요한 산업, 즉 '규모의 경제'가 작용하는 산업의 경우, 비용절감을 위한 경쟁적인 시설확충으로 인해 오히려 그 산업의 수급균형이 깨어지고 공급초과로 인한 제품가격 하락이 지속될 수 있다.

4) 산업 자체의 범용성 차별화가 불가능

제품이나 서비스에 아무런 차별성이 없는 1차 산업제품이나 혹 그와 비슷한 제품의 경우 주로 가격과 서비스가 구매결정 요인이 되며, 산업 내 기업 간 가격경쟁은 피할 수 없게 된다.

5) 높은 철수장벽

산업 자체의 투자수익률이 낮다고 할지라도 기 진출한 기업들의 철수장벽이 매우 높다라면, 해당 산업에서 철수하고 업종을 전환하기가 어렵다. 철수장벽이 높을수록 경쟁력이 있는 기업들은 부득불 규모의 경제 효과라도 누리기 위해 설비투자를 확대하고, 경쟁력이 약한 기업들도 마지막까지 버티게 되어, 대개 산업 전체의 수익률이 적정 수준으로 회복하기 어렵다.

특정 산업이 성숙기로 전환하면 수요의 성장률은 정체되고 기업 간의 경쟁은 심화된다. 이 경우 치킨게임을 거치면서 가장 약한 일부 기업들이 퇴출되거나 어느 정도 경쟁을 포기할 때까지, 수익성의 정체나 하락이 계속된다.

한편, 진입장벽과 철수장벽을 함께 생각할 경우, 특정 산업의 수익성이 가장 높으려면, 진입장벽은 높고 철수장벽은 낮은 경우가 가장 좋다. 대규모 자본, 규제 등의 이유로 진입은 억제되어 기업들의 수는 적은 반면, 산업 내 하위 기업들은 쉽게 빠져나갈 수 있다. 반면에, 최악의 경우는 진입장벽은 없다시피 한데 비해 철수장벽은 높은 경우인데, 이 경우 구조적으로 경쟁과 수익성 하락을 피하기 어렵다.

02 구매자의 교섭력

　　구매자들은 정부, 기업, 소비자 등 가능하면 낮은 가격으로 구매하고자 하며, 같은 가격에 최대한의 추가적 가치 브랜드, 품질, 기타 서비스 등 를 원한다. 힘이 없는 구매자들과는 달리 교섭력을 갖춘 구매자들은 기업들의 수익성을 낮춘다. 아래의 경우 구매자들의 힘이 강해진다.

- 다수의 구매자들이 공동으로 구매를 하거나, 소수의 구매자들이 상당한 양을 매입할 경우 구매자의 힘이 강하다.
- 이익률이 낮은 산업에 속한 구매자가 자신의 제조 원가에서 상당한 비중을 차지하는 항목을 구매할 경우, 가능하면 싼 가격을 위해 협상하게 된다.
- 제품 자체가 차별성이 없어 구매자가 공급 기업을 언제든지 바꿀 수 있을 경우, 생산 기업 공급사 간 가격경쟁을 유발할 수 있다.
- 그 외에도 구매자가 공급사에 대해 많이 원가, 경쟁상황 등 파악하고 있거나, 공급사의 제품을 직접 생산 혹은 인수할 능력이 있을 경우, 구매자의 힘이 강한 편이다.

03 공급자의 교섭력

구매자뿐 아니라 공급자의 교섭력이 강할 경우, 공급자의 제품가격 인상으로 인해 수익성이 하락하게 된다. 아래의 경우에는 공급자의 힘이 강한 편이다.

- 공급사들이 몇 개 기업밖에 없으며, 독과점을 이룬 경우는 공급자의 힘이 세다.
- 해당 제품이 구매자의 제조활동에 상당히 중요하며 구매 필수, 사실상 대체재가 없는 경우에는 공급자의 힘이 크다.
- 구매자의 매입비중이 공급사의 판매 비중에서 얼마 되지 않는 경우, 비중 있는 구매자들이 기 확보되었으므로 공급자의 교섭력이 강하다.

다섯 가지 요인들 중, 중장기적으로 산업의 미래에 닥칠 수 있는 두 가지 요인, '신규참여자 새로운 경쟁기업'와 '대체재 새로운 경쟁산업'의 핵심적인 내용을 알아보자.

04 | 신규진입 신규참여자에 대한 위협

신규참여자는 추가적인 경쟁을 유발하게 되며, 신규참여자를 막는 것이 바로 진입장벽이다. 대표적인 진입장벽으로 아래 항목들을 꼽을 수 있다.

1) 규모의 경제와 필요자본

규모의 경제는 대체로 모든 비즈니스 시스템에서 나타난다. 즉 연구개발, 제조와 구매, 영업과 유통 등 다양한 부문에서 규모의 경제가 존재한다.

한 예로, 유통 부문에 있어서 규모의 경제를 살펴보자.

전국적인 유통망이 필수인 산업의 경우, 이미 영업소나 배송차량 등 전국적인 대규모 유통망에 투자가 된 경우 신제품을 얼마든지 추가적으로 싣고 공급하기만 하면 대폭적인 추가비용 없이도 추가적인 매출이 발생하지만, 새로이 이 산업에 진입하고자 하는 기업의 경우 단 한 종의 제품이라도 팔기 최소한의 수익 위해서는 전국적으로 영업소와 배송차량 등 엄청난 초기비용을 우선 지출해야 하는 부담이 존재한다.

한편, 산업 특성상 다수의 연관된 제품들을 제조판매하는 기업이 해당 제품들에 필요한 공통적인 주제들을 연구개발하거나, 기업 통합브랜드를 통해 제품 공통의 광고홍보 활동을 할 경우, 연구개발비용과 마케팅비용이 분담되어 규모의 경제가 작용하기도 한다. 결국 이런 산업에서 제품의 수를 늘리고 제조판매수량을 확대할 여력이 없는 신규기업은 특히 소형기업 비용측면에서 불리하므로, 진입에 어려움을 겪게 된다.

이와 유사하게, 최소한의 시설투자 소요량이 상당한 자동차 산업이나 반도체 산업의 경우, 막대한 자본이 요구되므로 자본규모 자체가 신규진입의 장애물이 되는 경우도 있다.

2) 상당한 무형자산 브랜드, 인지도 등의 필요성

연혁이 긴 산업의 경우 산업 내 기업들이 오랜 기간 무형자산을 쌓아온 편이다. 무형자산의 예를 들면, 기술력이나 품질 등에 기반한 브랜드와 다수의 고객에게 성실히 오랜 기간 판매해 온 인지도 등을 꼽을 수 있다.

이 경우 신규진입기업은 상당한 비용을 들여 제품의 기술과 성능은 물론, 광고마케팅 및 대 고객 서비스에 임해야 하는데, 매우 특별한 강점이 없는 이상 고객의 관점은 쉽게 바뀌지 않으므로 진입에 어려움이 있다.

3) 전환비용

구매자가 공급자의 제품을 타사의 제품으로 전환할 때 각종 형태의 전환비용이 크다면, 신규진입기업이 고객을 확보하는데 매우 어려움을 겪게 된다.

여기서 전환비용이란, 제품을 바꿀 때 비용이 추가되거나 이익이 박탈당하는 다양한 형태를 말하는 것이다.

참가자가 가장 많은 사이트를 이용할 수밖에 없는 온라인 경매사이트, 가장 마일리지가 널리 쌓이고 사용할 수 있는 항공사, 까다로운 작업을 담당하는 시스템 및 DB관리업체에서부터 고객사의 공장설비에 특화된 장비부품업체 등에 이르기까지 고객사가 바꾸기 힘든 다수의 산업, 기업들이 존재하며, 이런 경우 신규진입자가 고객을 확보하기 어려울 수 있다.

4) 원가우위

산업 내의 기존 기업들은 여러 형태의 원가우위 <small>비용절감</small> 를 확보하고 있기 때문에, 신규진입기업의 수익성을 여러 모로 제한할 수 있다.

기존 기업들의 원가우위 형태는 주로 아래와 같다.

- 기 확보한 유리한 부지 등 유형적 조건 : 산업 내 기존 기업들은 원재료를 공급받고 제품을 판매하기 위한 최적의 부지를 <small>공장, 영업소 등</small> 확보한 경우가 많으며, 원유나 금속 등을 원재료로 쓰는 일부 산업의 경우 싼 가격에 비축해놓은 경우가 많다.
- 학습곡선에 따른 최적 생산 프로세스 : 경험 누적에 따른 시설가동 및 작업인력의 효율화, 제조공정의 합리화 등으로 기존 기업의 제조비용은 신규진입 기업의 제조비용보다 훨씬 적게 들며, 제품가격과 마진율에 있어서 항상 기존 기업은 유리한 고지에 있다.

5) 정부 규제 등

산업에 따라서 정부가 진입을 허가하거나 제한함으로써 통제할 수 있다. 역으로 산업 내 기업들도 정부의 감시와 단속의 대상이 되지만, 신규진입기업의 입장에서 정부의 규제는 강력한 진입방지 요소가 된다.

05 대체재와의 경쟁

신규진입 기업뿐 아니라, 대체재 역시 산업 내 기존 기업들의 수익성에 악영향을 끼친다. 꼭 같은 산업에 속해 있지 않고 다른 산업에 속해 있는 기업이라 할지라도, 제품의 효용이 겹치고 가격이 매력적인 조건이라면 얼마든지 기존 기업이 생산하는 제품의 대체재가 될 수 있다.

대체재가 존재하는 산업은, 산업 내의 경쟁사뿐 아니라 산업 밖에서 대체재를 생산하는 기업들까지 실질적으로 경쟁사 소비자를 차지하는 이기 때문에, 결국 가격경쟁으로 인해 산업 내 기업들의 수익성이 하락한다.

3장

· · ·

산업진화와
산업환경 핵심

앞 장에서 확인했듯이 다섯 가지 요인이 복합적으로 작용하여 산업의 수익성과 성장성 등을 결정한다. 그런데 역사적으로 모든 산업은 대체로 몇 가지 주기를 따라서 생성되기도 하고 소멸되기도 하며, 그 과정에서 산업 자체의 _{또한 산업 내 기업들의} 수익성과 성장성이 중장기적으로 변하게 된다.

여기서 말하고자 하는 산업변화는 경기에 따라 주기적으로 업황이 호전되고 악화되는 영업사이클 _{실적변동 사이클}을 의미하는 것이 아니라 좀 더 근본적인 것으로, 산업변화로 인해 '경쟁업자', '고객', '공급업자', '신규참여자', '대체재' 등 다섯 가지 요인의 힘과 관계가 변하는 주기를 말하며, 편의상 이를 산업진화라고 한다.

제품수명주기 이론을 통해 근본적인 산업변화, 즉 산업진화를 구체적으로 알아보자.

01 | 제품_{산업}수명주기 이론

제품수명주기 이론은 산업이 어느 정도까지 진화했으며 향후 어떻게 진화할지 추정하기 위해 참조하는 원리이다. 제품수명주기에 따르면 산업이 도입기, 성장기, 성숙기, 쇠퇴기를 거치면서 매출액 성장률 등이 바뀐다.

도입기에는 매출이 크게 증가하지 못하고 더디게 증가하는데, 이는 얼리어답터들이 신제품을 시험적으로 구매한 이후 완만한 속도로 구매가 확대되는 것을 의미한다.

대중이 제품을 인지하고 효용과 신뢰도 등이 쌓이면서, 성장기에는 구매자들의 수가 급속하게 증가하게 된다.

한때는 신제품이었던 이 제품의 잠재구매자들까지 대체로 구매를 완료한 이후에는 시장성장률이 둔화되는 성숙기가 되는데, 수요시장 자체의 성장률 예를 들면 인구증가율이나, 소득 증가율 등의 수준까지 내려갈 수 있다.

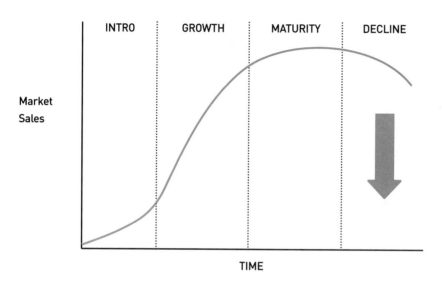

【제품_{산업}수명주기 별 매출액 성장률 그래프】

제품수명주기 이론은 수학처럼 완전무결한 공식이 아닌, 연구와 사례검증을 거친 이론일 뿐이다. 그러므로 산업 별로 각 단계의 길이가 다를 수 있고, 모든 산업이 교과서적으로 도입 성장 성숙 쇠퇴의 단편일률적인 수순을 따르지 않을 수 있다는 것을 전제하고, 산업주기를 이해하는 도구로 사용하는 것이 바람직하다. 물론, 산업진화의 형태 중에서 제품수명주기는 가장 일반적이고 실증적인 방법으로, 산업분석의 기본 툴로써 사용할 수 있다.

산업진화의 전체적인 그림을 머릿속에 그리기 위해 '도입기, 성장기, 성숙기, 쇠퇴기' 각 수명주기별로 고객특성, 경쟁정도, 전략, 마진 등은 다음과 같다.

【제품수명주기별 산업의 주요 특성】

구분	도입기	성장기	성숙기	쇠퇴기
고객 특성	-얼리 어답터 -고소득 고객 -더딘 구매확산	-고객 확산 -선호제품 구축시기	-대량 판매 -브랜드 추종 -수요성장둔화	-합리적 품질, 가격 구매
경쟁 정도	-약함	-경쟁사 증가 -인수합병, 도산 등	-독과점 -가격 경쟁	-점차 약해짐 -일부 퇴출
전략	-점유율 확대 -연구개발 및 기술 중심	-마케팅 중심 -제품컨셉 완성	-가격 인상 -비용 관리 -점유율 유지	-비용 통제
마진	-고가 고마진 -소량생산판매 -현금흐름 -	-적정 마진 -현금흐름 + -높은 ROE -기업 차별화	-낮은 마진 -ROE 하락 -안정적 이익	-저가격 -저마진 -기업퇴출 시 수익 일시개선

한편, 위와 같은 산업진화 다섯 가지 요인의 변화 에 있어서 산업주기 변화를 예측 가능한 전체적 요인으로는 성장률의 변화가 대표적이다.

02 | 산업 성장률의 변화

산업을 둘러싼 구조와 특성을 변화시키는 가장 강력한 요인은 성장률의 변화이다. 산업의 성장률이 상승할 경우 업체 간 경쟁보다는 성장률을 따라가는데 더욱 초점이 모아지고, 성장률이 하락할 경우 산업의 성장률에 만족하지 못하고 업체 간 시장점유율 경쟁이 치열해진다.

산업의 성장률 변화를 결정하는 주요 요인으로 아래 항목들을 꼽을 수 있다.

1) 수요성장률의 하락

도입기의 산업이 성장기 말까지 성장세를 유지하는 것은 신규수요자 구매처 가 지속적으로 확산되기 때문이다. 그러나 이러한 성장세를 무한하게 지속될 수 없는데, 잠재수요자들이 대체로 구매를 완료하는 어느 순간부터는 신규구매자의 비중이 미미해진다.

신규수요가 별로 없기 때문에 이 시기부터는 대체수요 혹은 반복구매수요가 주를 이루게 되며, 산업 내 기업들은 대체수요와 반복구매를 유발하기 위한 경영전략에 힘써야 한다.

또한, 성장기가 끝나는 이 시기부터는 단기적으로 과도한 재고확충은 물론, 중장기적으로 과도한 시설투자를 지양하고, 무엇보다 수익성의 유지 혹은 개선에 집중해야 한다.

2) 장기적인 트렌드 변화

일반적으로 장기적인 트렌드 변화가 없는 산업의 수요성장률은 대개 과거의 평균적인 성장률이 중기적으로 유지되는 것이 보통이다. 그러나 건강지향 문화로 인해 패스트푸드 업계의 장기성장률은 훼손되고 웰빙, 프리미엄 식품군의 장기성장률이 상승해온 사례와, 통신기기의 모바일 트렌드로 인해 반도체의 경박단소화가 진행되어 데스크톱 수요가 줄어들고 노트북과 스마트폰의 수요가 증가해온 사례처럼, 장기적인 트렌드 변화가 발생할 경우 산업의 수요성장률이 변할 수 있다.

한편, 산업의 성장률을 좌우하는 장기적 트렌드는 다양한 형태로 올 수 있으며, 인간욕구의 변화, 실용적인 기술의 변화, 국가 발전단계와 정부 제도의 변화 등을 들 수 있다.

3) 인구구조의 변화

한 국가는 물론 전 세계적인 인구구조의 변화는 산업의 수요증가율을 장기적으로 결정하는 강력한 요인 중 하나이다.

연령이나 성별, 소득분포나 소비성향별 인구구조의 변화는 당장 직접적으로 소비재^{필수재와 내구재 등}의 수요성장률 변화를 결정하며, 소비재를 제조하기 위한 후방산업^{소재나 부품, 운송업 등}의 수요성장률 변화도 간접적으로 결정한다.

인구구조의 변화로 인해 수요성장률이 하락할 것으로 기대되는 경우, 변화되는 구조에 적합한 연관제품 및 신제품 등을 개발하는 근본적 기업전략으로 대응하거나, 인구구조가 아직 변하지 않은 국가나 시장으로 수출 혹은 시장 확대를 꾀하는 단기적 기업전략으로 대응할 수 있다.

4) 대체재의 변화

특정 산업 내 기업들의 제품은 항상 대체재와 영향을 주고받는다. 제품개선, 기술개발, 비용절감 등 노력의 결과로 효용과 가격 측면에서 대체재가 더욱 매력적으로 변하면, 대체재로 인해 해당 산업의 성장률이 하락할 것이고, 반대로 효용과 가격 측면에서 해당 산업 내 제품이 대체재보다 더욱 매력적으로 변하면, 대체재의 수요까지 흡수하여 산업의 성장률이 상승할 것이다.

예를 들면 '게임 기능이 있는 스마트 기기'와 '가정용 게임기', '이북 기능이 있는 스마트 기기'와 '종이책' 등은 대체재로 볼 수 있는데, 효용과 가격 측면에서 어느 한 쪽이 다른 쪽을 압도할 경우 산업 별로 수요성장률이 엇갈릴 수 있다.

한편, 산업의 도입기, 성장기, 성숙기, 쇠퇴기를 경제활동 측면에서 본 인간의 삶에 비유하자면 도입기는 짧지만 중요하며, 성장기와 성숙기가 가장 길고 영향력이 크고, 쇠퇴기는 필연적으로 다가오는 회수 혹은 은퇴의 시기라고 볼 수 있다.

이 중 보수적이고 확실한 투자기회를 가장 매력적으로 생각하는 워렌 버핏 등 수익가치형 투자대가들뿐 아니라, 성장동력 능력과 크게 확장될 미래가치 역시 매우 중요하다고 생각하는 필립 피셔 등 성장가치형 투자대가들에 이르기까지, 대부분의 가치투자대가들이 산업수명주기 중 성장기와 성숙기를 최고의 투자기회가 있는 시기로 보고 있다.

개인적으로도 상장되어 있는 주식에 투자하는 주식투자자의 경우, 개인과 기관을 막론하고 지속적이면서도 비교적 높은 수익률을 얻기 위해서는 성장산업과 성숙산업에 투자하는 편이 가장 합리적이라고 생각한다.

왜냐하면 도입기 산업의 경우 아직 수요의 최종 크기, 전후방산업 간의 관계 등 업계의 주요 특성을 추정하기 어려운 데다가, 기업은 이익을 못 내고 있는 상황으로 재무구조와 수익추정이 어려운 점이 있기 때문에, 사실상 벤처캐피털리스트의 투자단계에 해당하기 때문이다.

또한 쇠퇴기 산업의 경우, 쇠퇴기 전반에 걸친 기업의 수익성장률이 전체 기업들 상장사, 즉 종합주가지수 의 가중평균적인 수익성장률보다 낮아서 투자매력도가 지극히 떨어지기 때문에, 주식투자자들이 주로 투자하는 영역으로 삼기에는 모자란 점이 있다. 물론, 쇠퇴기에 속한 산업 내의 일부 기업이 퇴출당할 때 남은 기업들의 이익이 일시적으로 극대화된다든지, 기업을 청산할 때 청산가치가 시가총액보다 훨씬 클 경우 투자수익의 기회가 생기는 경우 등이 있지만, 이는 일시적 혹은 1회성 투자이벤트로 가치 및 주가의 변화가 급속하고 짧게 이루어져서, 대부분의 투자자들은 오히려 뒤늦게 뛰어들어 손실을 보는 경우가 많다.

결국, 도입기 산업에 속한 기업 투자는 고수익을 창출할 수도 있지만 안정성 측면에서 너무 위험이 크며, 쇠퇴기 산업에 속한 기업 투자는 수익성이 너무 낮은 반면, 성장기와 성숙기 산업에 속한 기업 투자는 안정성과 수익성 측면에서 두 단계가 서로 차이는 있지만 비교적 투자매력도가 높다.

성장기 산업에 대한 특징과 성숙기 산업에 대한 특징은 비교적 복잡하지 않고 명확한 편이므로, 앞서 제시한 '제품수명주기별 산업의 주요특성' 표를 참조하기로 한다.

본서에서는 성장기 산업과 달리 주식투자자들의 리스크 가장 높은 리스크 대비 기대수익률은 떨어지지만, 벤처캐피털리스트의 경우에는 투자할만한 영역인 도입기 산업을 간단히 정리하고, 주식투자자들이 가장 많이 손실을 입는 구간에 해당하는, 성장기 산업에서 성숙기 산업으로 전환되는 시기에 대해서도 알아보고자 한다.

도입기 산업을 정리하는 의의는, 일반 투자자들이 성장기 산업과 구별하여 성장기로 접어들기 전 도입기에는 투자에 보수적으로 임하라고 제안하는 것이며, 동시에 벤처캐피털리스트 및 일부 베테랑 투자자의 경우 도입기 산업 내 일부 유망한 기업을 선별해서 투자하라고 제안하는 것이다.

한편, 성장산업 기업 주가의 경우 비교적 높은 성장률이 지속되리라는 기대감이 반영되어 고평가되는 경향이 있는 반면, 성숙산업으로 전환되는 시기의 기업 주가는 그러한 기대감이 사라짐과 동시에 적정한 주가보다 과도하게 비교적 단기간에 하락할 수 있다. 그러므로 성장기에서 성숙기로 전환되는 시기를 설명하는 의의는, 첫째로 성장기가 끝나고 성숙기로 전환되기 전에 상황을 파악할 수 있는 기준을 제시하기 위해서이며, 둘째로 이미 성숙기에 접어든 후에는 성숙기 산업에 적합한 기업의 모범전략을 제시하고 중장기투자에 적합한 기업들을 제안하기 위해서이다.

03 도입기의 산업환경과 기회 · 리스크 검토

도입기 산업의 구조적 환경

산업의 구조적 환경을 이해하는 것은 해당 산업에 속한 기업의 수익성과 성장성, 비전 등을 이해할 때 큰 도움이 된다. 도입기 산업은 산업별로 구조가 일부 다를 수도 있지만, 대체로 아래와 같은 공통된 환경에 처해 있다.

1) 제품 컨셉 기술과 디자인 등의 불확실성

도입기 산업에서는 향후 대량판매가 가능한 제품의 콘셉트를 미리 확신하기 어렵다. 일반적으로 충분한 수요조사를 거친 후라도, 도입기 산업 전반에 걸쳐 대다수 구매자들이 원하는 형태로 제품의 콘셉트가 점진적으로 변할 수 있다.

2) 얼리어답터 최초구매자와 수요확대의 어려움

신제품에 대한 구매유도, 혹은 기존 제품을 대체할 대체품에 대한 구매유도 등은 상당히 어렵고 더딘 과정이다. 새로운 제품의 강점을 널리 알림과 동시에, 구매자의 불안감과 리스크까지 해결해야 한다.

3) 높았던 제조 원가의 급격한 하락

초기에는 제한된 수요로 인해 생산판매량이 낮아 제조 원가가 매우 높지만, 점차 인력과 시설운용의 경험이 쌓이고 수요의 증가가 겹치면서 제조 원가가 빠른 속도로 하락한다.

도입기 산업에 대한 진입 기회와 진입 리스크 검토

아래는 도입기 산업에 속한 기업에 대한 투자자 벤처캐피털리스트 및 일부 베테랑투자자 의 검토사항으로, 진입 기회로 판단될 경우 투자할 수 있으며, 진입 리스크로 판단될 경우 투자를 취소하거나 보류할 수 있다.

☑ 진입 기회

- 조기 진입할 경우 입지, 유통망 등 원가우위를 점할 수 있다.
- 브랜드와 인지도가 중요하고 한 번 구축되면 잘 바뀌지 않는다.
- 숙달된 인력, 합리화된 공정 등에 있어 학습곡선효과로 선발업체가 유리하다.

☑ **진입 리스크**

- 뒤늦게 진입한 대기업 브랜드, 인지도가 수요를 뺏을 수 있다.

- 각종 정책과 규제로 진입이 어려우면서도, 기술변화가 빨라 조기 진입기업의 유리함
  이 없다.

04 | 성숙기 전환 시의 변화와 성숙기 기업의 모범전략

대부분의 산업은, 가장 높은 기대를 모으는 성장기를 거친 후, 가장 긴 기간에 걸쳐서 천천히 성장을 지속하는 성숙기를 겪게 된다. 성숙기에 속한 기업들은 여전히 안정성 대비 수익성 측면에서 투자매력도가 좋은 편이며, 상장사들 중에서도 그 비중이 가장 크다.

그럼에도 불구하고, 성장기 말기의 고평가된 주가에서 성숙기 초기에 실망^{성장성 기대감}상실과 우려로 주가가 제 가치보다도 급락할 수 있는 만큼, 성숙기 산업으로 전환될 때의 주요 변화를 살펴보고자 한다.

또한 이미 성숙기 산업으로 전환이 된 기업들의 모범전략을 짚어봄으로써 성숙기 산업 내 유망한 기업들의 조건을 확인하자.

성숙기로 전환 시의
산업변화

성숙기로 산업이 전환할 때 구조적 환경 변화를 이해하는 것은, 첫째로 해당 업종 내 관심기업 혹 투자기업 의 수익성과 성장성을 추정하는 데에 필수적이며, 둘째로 성장기 산업에 속한 기업이 성숙기 산업으로 전환되는 중인지 여부를 판단할 기준이 된다.

성장기 산업이 성숙기 산업으로 전환될 때 대개 공통적으로 일어나는 아래의 변화를 참조해 보자.

1) 시장점유율 경쟁이 심해진다.

산업성장률이 만족할만한 성장기 산업 하에서는 시장점유율을 유지하기만 해도 기업들이 충분한 매출액성장을 이루었지만, 이제 산업성장률이 하락했기 때문에 시장점유율을 놓고 기업 간에 출혈경쟁이 발생하게 된다. 안정된 성숙기 산업에 비해서, 성숙기로 넘어가는 시기에 특히 경쟁심화 및 수익성 하락이 발생한다.

2) 신규구매자가 미미해지고, 원가우위 중심의 경쟁이 펼쳐진다.

성장기 말기가 되면 신규구매자의 비중이 눈에 띄게 줄고 대부분이 재구매자로서 특정 브랜드 혹은 가격 위주의 구매행위를 하게 된다. 이에 차별화에 실패한 다수 기업들은 원가우위에 기반한 가격인하 경쟁을 하게 되고, 시장점유율이 낮은 기업들은 큰 타격을 입는다.

3) 시설과 인력확충, 개발비의 규모는 줄이고 효과는 늘려야 한다.

성숙기 산업으로 전환이 시작될 때 시설, 인력확충을 적극적으로 할 경우 고정비의 증가와 제품가격 하락 공급이 수요를 초과 으로 이중고를 겪을 수 있다.

수요가 급성장하기 힘든 만큼 신제품과 부가 효용_{혹 서비스}을 개발할 때에도 선택적인 개발비 집행이 요구된다.

4) 성숙기 산업으로 전환될 때는 대개 국제경쟁이 확대된다.

원가우위의 경쟁여건은 대체적으로 국제적인 아웃소싱과 수출확대를 유발한다. 제조원가를 낮추기 위한 후진국 진출에서부터 수출확대를 위한 해외진출에 이르기까지, 성숙기 산업으로 전환될 때는 경쟁의 범위가 국내를 벗어나게 된다.

성숙기 산업으로 전환 시 기업의 모범전략

산업이 성숙기로 전환할 때 기업의 전략적 과제를 이해할 경우, 관심기업_{혹 투자기업}이 향후 어느 정도의 수익성과 성장성을 유지할 수 있을지 판단하고 추정하는 데 큰 도움이 된다. 성장기에서 성숙기로 산업이 전환할 때 대표적인 전략적 과제들은 아래와 같다.

1) 구매, 공정 프로세스, 유통 등 경영시스템 최적화

성숙기 산업에서 가장 중요한 것은 원가절감으로 구매단계, 제조공정, 유통 및 물류 등 전체 영업활동의 최적화가 요구된다.

2) 효율적이고 일관된 경영전략_{가격선도, 차별화, 집중화, 원가우위 등}

변화가 적고 안정적이면서도 경쟁적인 성숙기 산업에 속한 기업에게는 경영전략이 특히 중요하다. 독과점을 이룩했을 경우 가격을 선도하는 전략이 좋고, 차별화를 추구함으로써 수익성을 확보하는 전략, 집중화를 통해 제한된 시장을 지배하거나, 원가우위를 점해 가격경쟁력으로 승부하는 전략 등 기업별 특성에 맞는 전략을 고수할 필요가 있다.

3) 수익성 고객 확보와 고객당 판매액 증가에 집중

성숙기 산업의 구매자들은 대체로 효용 대비 가격에 민감하므로, 가격보다 효용이나 브랜드 등을 중시하는 일부 수익성 고객을 놓치지 말아야 한다. 또한 성숙기 산업에서는 타사의 고객을 뺏는 것보다 기존 고객으로부터 더 많은 수익을 얻는 전략이 효과적이다.

4) 국제 경쟁

성숙기 산업에서는 원가절감의 압박과 시장성장률 하락에 따라 국제적인 경쟁이 확대되지만, 역으로 국내에 국한되지 않고 국제시장에 성공적으로 진출할 경우 새로운 성장동력을 얻을 수 있다.

4장

· · ·

업종별
재무성과비율 및
시가총액비중
추이

01 업종별 재무성과비율 추이

산업구조와 산업진화 과정이 산업 내 기업들의 수익성과 성장성을 결정한다면, 업종별로 구체적인 재무성과비율 추이를 분석하는 것은 실제로 개별업종들이 재무적 측면에서 어떤 상태로 변해 왔고, 손익적 측면에서 어떤 실적을 올려왔는지 파악하는 작업이다.

투자자들의 경우, 특히 관심 있는 개별업종들의 과거 5개년 간 재무성과비율을 살펴봄으로써, 짧게는 3~5년의 경기주기와 경기, 실적 등락 길게는 산업진화단계 중 현재 대략 어느 정도 시기에 처해있는지 가늠할 수 있을 것이다.

다음 업종별 수치는 지식경제부 산하 산업연구원의 ISTANS 원자료 : 금감원 등 를 주로 인용하여, 평가원에서 가공, 정리했다. 개별 기업들에 대한 것이 아니라 업종 내 외감법인을 전체적으로 합산한 기준 수치이므로 성장성과 수익성, 안정성 측면에서 가장 중요한 변화 추이를 보기 위해 여섯 가지의 재무손익비율로 자료를 축약했다.

69

개별업종들의 순서는 대체로 본서의 목차2부 개별업종 에서 나열한 순서와 크게 어긋나지 않도록 기재했으며, 2013년 이래의 중장기 비율변화 추이인 것을 감안하면, 상대적으로 어떤 업종들이 5년간 성장을 많이 하거나 적게 했는지 증가율, 이익은 어떤 추세인지 이익률, 안정성은 강화되었는지 약화되었는지 자본, 부채비율 등을 상대적으로 비교 분석하는 데 도움이 될 것이다.

다음 페이지부터 전체적인 재무성과비율을 업종별로 비교해서 파악하고, 보다 더 자세한 업종별 개요, 특징 및 트렌드 등은 2부의 본문을 통해 공부한 후, 부록을 통해 업종별 주가수준 밸류에이션 추이를 참조한다면, 관심업종에 대해 상당히 유용한 지식을 갖추게 될 것이다.

전체 업종 주요 재무성과 비율 5년 추이

【금융, 보험업종 주요 재무비율 단위 : %, 외감 법인 전체 합산 】

구분	2013	2014	2015	2016	2017	비고	
총자산증가율	7.95	10.47	14.71	8.72	6.67	누적 증가율	58.6%
유형고정자산증가율	4.84	-0.47	-2.36	-0.66	-0.49		0.7%
매출액증가율	-12	19.32	10.85	9.12	7.38		36.4%
매출액영업이익률	5.7	6.33	6.23	6.57	8.11	평균 비율	6.6
자기자본비율	12.27	11.99	11.51	11.29	11.24		11.7
부채비율	715.22	734.32	768.83	785.5	789.69		758.7

【철강업종 주요 재무비율 단위 : %, 외감 법인 전체 합산 】

구분	2013	2014	2015	2016	2017	비고	
총자산증가율	7.35	-1.56	-1.3	1.7	2.76	누적 증가율	9.0%
유형고정자산증가율	10.18	-2.83	2.02	1.4	-2.08		8.5%
매출액증가율	-9.28	1.44	-10.5	-2.48	16.89		-6.1%
매출액영업이익률	4.64	5.32	6.13	7.02	6.21	평균 비율	5.9
자기자본비율	58.82	60.08	62.78	64.4	65.36		62.3
부채비율	70.01	66.44	59.28	55.29	53.01		60.8

【비철금속업종 주요 재무비율 단위 : %, 외감 법인 전체 합산 】

구분	2013	2014	2015	2016	2017	비고	
총자산증가율	3.98	6.21	-2.54	6.15	2.24	누적 증가율	16.8%
유형고정자산증가율	8.71	6.61	6.07	-0.14	-3.04		19.0%
매출액증가율	-6.68	-1.62	-4.03	2.16	9.85		-1.1%
매출액영업이익률	4.46	4.44	4	5.89	5.24	평균 비율	4.8
자기자본비율	55.33	54.47	56.62	57.17	58.83		56.5
부채비율	80.72	83.58	76.6	74.93	69.99		77.2

【 시멘트업종 주요 재무비율 단위 : %, 외감 법인 전체 합산 】

구분	2013	2014	2015	2016	2017	비고	
총자산증가율	5.44	1.56	13.37	8.14	7.15	누적 증가율	40.7%
유형고정자산증가율	7.01	2.62	8.62	0.27	8.76		30.1%
매출액증가율	9.53	8.54	11.85	12.47	5.11		57.2%
매출액영업이익률	7.03	8.25	9.4	10.84	9.9	평균 비율	9.1
자기자본비율	42.32	51.04	52.3	55.39	55.36		51.3
부채비율	136.32	95.92	91.19	80.53	80.65		96.9

【 제지업종 주요 재무비율 단위 : %, 외감 법인 전체 합산 】

구분	2013	2014	2015	2016	2017	비고	
총자산증가율	4.56	1.35	10.31	2.52	3.97	누적 증가율	24.6%
유형고정자산증가율	5.26	3.33	12.71	0.5	0.63		24.0%
매출액증가율	1.13	-1.72	8.35	3.21	7.73		19.7%
매출액영업이익률	5.05	4.09	3.16	5.2	3.05	평균 비율	4.1
자기자본비율	53.19	53.23	49.62	50.58	50.21		51.4
부채비율	88.02	87.86	101.53	97.7	99.17		94.9

【 디스플레이업종 주요 재무비율 단위 : %, 외감 법인 전체 합산 】

구분	2013	2014	2015	2016	2017	비고	
총자산증가율	-1.71	4.5	0.34	8.94	15.65	누적 증가율	29.8%
유형고정자산증가율	-6.21	-9.99	-9.75	20.05	29.7		18.6%
매출액증가율	7.14	-8.71	1.66	-7.38	12.72		3.8%
매출액영업이익률	5.37	2.71	5.05	4.65	8.46	평균 비율	5.2
자기자본비율	67.87	69.91	73.2	71.73	68.09		70.2
부채비율	47.34	43.04	36.62	39.42	46.87		42.7

【 **반도체업종 주요 재무비율** 단위 : %, 외감 법인 전체 합산 】

구분	2013	2014	2015	2016	2017	비고	
총자산증가율	3.45	16.87	8.51	6.47	30.15	누적 증가율	81.8%
유형고정자산증가율	-0.32	10.12	15.93	11.09	24.54		76.1%
매출액증가율	14.71	9.91	7.23	-6.9	51.55		90.7%
매출액영업이익률	12.88	18.19	17.93	11.66	31.4	평균 비율	18.4
자기자본비율	58.92	61.47	64.12	65.79	67.67		63.6
부채비율	69.73	62.68	55.96	52.01	47.77		57.6

【 **유무선통신업종 주요 재무비율** 단위 : %, 외감 법인 전체 합산 】

구분	2013	2014	2015	2016	2017	비고	
총자산증가율	1.94	-0.37	0.25	4.41	-1.73	누적 증가율	4.5%
유형고정자산증가율	2.81	1.79	-1.07	-1.32	-4.32		-2.2%
매출액증가율	1.89	-1.37	-1.44	1.5	2.21		2.8%
매출액영업이익률	6.3	3.76	7.18	7.34	7.22	평균 비율	6.4
자기자본비율	47.48	46.34	47.94	48.04	50.71		48.1
부채비율	110.62	115.82	108.59	108.15	97.21		108.1

【 **자동차** 부품 포함 **업종 주요 재무비율** 단위 : %, 외감 법인 전체 합산 】

구분	2013	2014	2015	2016	2017	비고	
총자산증가율	7.39	10.28	8.96	6.06	2.21	누적 증가율	39.9%
유형고정자산증가율	5.56	11.18	22.2	3.56	2.49		52.2%
매출액증가율	2.07	4.34	7.45	0.56	-1.06		13.9%
매출액영업이익률	5.99	4.87	5.36	4.66	2.78	평균 비율	4.7
자기자본비율	57.98	58.25	57.9	58.45	59.05		58.3
부채비율	72.46	71.67	72.71	71.1	69.35		71.5

【 타이어 및 고무업종 주요 재무비율 단위 : %, 외감 법인 전체 합산 】

구분	2013	2014	2015	2016	2017	비고	
총자산증가율	5.49	7.76	7.55	3.31	1.23	누적 증가율	27.9%
유형고정자산증가율	6.53	7.97	5.19	1.81	0.44		23.7%
매출액증가율	25.05	-3.82	-4.11	-0.84	-1.21		13.0%
매출액영업이익률	8.81	9.27	6.75	7.63	3.05	평균 비율	7.1
자기자본비율	50.78	52.8	52.84	55.83	57.92		54.0
부채비율	96.93	89.38	89.26	79.11	72.65		85.5

【 일반기계업종 주요 재무비율 단위 : %, 외감 법인 전체 합산 】

구분	2013	2014	2015	2016	2017	비고	
총자산증가율	3.28	1.4	4.29	2.69	2.06	누적 증가율	14.5%
유형고정자산증가율	13.44	3.93	5.84	3.72	1.84		31.8%
매출액증가율	-6.09	-1.14	0.27	-1.54	3.19		-5.4%
매출액영업이익률	4.84	4.47	4.47	4.49	5.83	평균 비율	4.8
자기자본비율	44.39	45.72	45.53	44.09	47.34		45.4
부채비율	125.29	118.74	119.61	126.8	111.23		120.3

【 석유정제업종 주요 재무비율 단위 : %, 외감 법인 전체 합산 】

구분	2013	2014	2015	2016	2017	비고	
총자산증가율	1.74	-8.97	-4.11	13.34	5.46	누적 증가율	6.2%
유형고정자산증가율	5.1	3.78	0.75	4.35	6.52		22.1%
매출액증가율	-3.15	-4.78	-31.37	-11.28	27.99		-28.1%
매출액영업이익률	1.19	-0.97	4.32	8.21	6.38	평균 비율	3.8
자기자본비율	40.4	41.13	48.37	48.73	49.43		45.6
부채비율	147.52	143.15	106.73	105.2	102.32		121.0

【석유화학업종 주요 재무비율 단위 : %, 외감 법인 전체 합산 】

구분	2013	2014	2015	2016	2017	비고	
총자산증가율	4.88	3.08	2.11	9.45	11.29	누적 증가율	34.5%
유형고정자산증가율	6.67	3.68	0.28	0.74	5.49		17.9%
매출액증가율	3.14	-0.84	-14.26	-0.29	17.99		3.2%
매출액영업이익률	4.7	3.45	7.97	11.57	12.45	평균 비율	8.0
자기자본비율	57.66	58.21	61.44	62.79	64.22		60.9
부채비율	73.44	71.8	62.77	59.27	55.71		64.6

【섬유업종 주요 재무비율 단위 : %, 외감 법인 전체 합산 】

구분	2013	2014	2015	2016	2017	비고	
총자산증가율	1.1	0.84	2.13	3.59	2.49	누적 증가율	10.5%
유형고정자산증가율	3.38	2.62	2.16	2.35	-0.52		10.4%
매출액증가율	-2.03	-5.37	-8.31	0.68	3.94		-11.0%
매출액영업이익률	3	2.21	4.42	5.6	3.87	평균 비율	3.8
자기자본비율	47.86	49.18	50.28	51.99	52.26		50.3
부채비율	108.94	103.34	98.9	92.34	91.37		99.0

【운수 육해공 및 보관업종 주요 재무비율 단위 : %, 외감 법인 전체 합산 】

구분	2013	2014	2015	2016	2017	비고	
총자산증가율	2.95	8.71	6.07	3.8	3.71	누적 증가율	27.8%
유형고정자산증가율	2.14	12.18	11.95	2.2	-2.61		27.7%
매출액증가율	-1.33	3.43	-0.04	0.82	10.45		13.6%
매출액영업이익률	3.22	5.14	6.24	6.07	6.2	평균 비율	5.4
자기자본비율	19.61	21.49	21.48	22.87	24.71		22.0
부채비율	409.93	365.4	365.47	337.24	304.74		356.6

【조선업종 주요 재무비율 단위 : %, 외감 법인 전체 합산 】

구분	2013	2014	2015	2016	2017	비고	
총자산증가율	-0.25	-0.68	-3.52	-5.23	-22.68	누적 증가율	-30.0%
유형고정자산증가율	0.36	0.38	-0.81	7.3	-10.29		-3.8%
매출액증가율	-6.75	-4.52	-0.4	-21.84	-32.7		-53.4%
매출액영업이익률	-0.43	-6.61	-6.62	0.6	-1.72	평균 비율	-3.0
자기자본비율	31.55	28.96	25.56	38.1	42.53		33.3
부채비율	216.99	245.25	291.3	162.47	135.12		210.2

【음식료업종 주요 재무비율 단위 : %, 외감 법인 전체 합산 】

구분	2013	2014	2015	2016	2017	비고	
총자산증가율	4.15	4.96	7.17	10.38	8.5	누적 증가율	40.3%
유형고정자산증가율	5.92	3.82	7.05	5.31	13.68		40.9%
매출액증가율	3.85	1.8	4.52	5.69	7.16		25.1%
매출액영업이익률	5.55	5.25	5.86	5.95	5.38	평균 비율	5.6
자기자본비율	52.32	52.73	53.34	55.92	55.94		54.1
부채비율	91.14	89.66	87.46	78.84	78.77		85.2

【도소매업종 주요 재무비율 단위 : %, 외감 법인 전체 합산 】

구분	2013	2014	2015	2016	2017	비고	
총자산증가율	4.97	6.35	17.26	6.71	4.83	누적 증가율	46.4%
유형고정자산증가율	5.21	4.08	7.54	6.61	4.92		31.7%
매출액증가율	3.61	5.24	2.64	2.72	9.9		26.3%
매출액영업이익률	3.4	3.48	3.18	3.01	3.2	평균 비율	3.3
자기자본비율	45.99	47.48	47.87	48.03	49.58		47.8
부채비율	117.46	110.63	108.91	108.2	101.68		109.4

【 의약업종 주요 재무비율 단위 : %, 외감 법인 전체 합산 】

구분	2013	2014	2015	2016	2017	비고	
총자산증가율	15.89	13.02	30.89	14.27	7.34	누적 증가율	110.3%
유형고정자산증가율	16.33	14.83	13.81	14.39	10.79		92.7%
매출액증가율	10.08	13.9	14.22	11.79	10.95		77.6%
매출액영업이익률	8.15	8.34	9.28	9.27	10.49	평균 비율	9.1
자기자본비율	63.43	62.62	61.68	63.5	65.27		63.3
부채비율	57.65	59.68	62.14	57.48	53.21		58.0

【 방송업종 주요 재무비율 단위 : %, 외감 법인 전체 합산 】

구분	2013	2014	2015	2016	2017	비고	
총자산증가율	5.16	2.76	4.54	4.16	4.05	누적 증가율	22.4%
유형고정자산증가율	5.78	-0.07	11.26	2.08	0.46		20.6%
매출액증가율	0.66	7.44	8.54	4.2	4.56		27.9%
매출액영업이익률	5.05	4	6.52	5.14	6.39	평균 비율	5.4
자기자본비율	69.09	68.71	69.89	70.48	70.37		69.7
부채비율	44.74	45.54	43.09	41.88	42.1		43.5

【 정보서비스업종 주요 재무비율 단위 : %, 외감 법인 전체 합산 】

구분	2013	2014	2015	2016	2017	비고	
총자산증가율	36.49	27.29	26.25	20.27	4.02	누적 증가율	174.4%
유형고정자산증가율	4.36	6.76	21.06	14.67	18.44		83.2%
매출액증가율	5.9	18.81	2.15	10.02	11.84		58.1%
매출액영업이익률	14.29	14.81	16.55	16.46	14.52	평균 비율	15.3
자기자본비율	43.52	42.16	49.52	48.91	51.02		47.0
부채비율	129.8	137.2	101.92	104.48	96		113.9

적정주가, 내재가치라고도 표현하는 적정한 시가총액의 가장 간단한 계산법은, 안정성·
지속성·성장성 등 이익의 질에 따른 적정한 배수와 PER 등 이익의 크기에 따라서 결정된
다. 내재가치의 개념과 보다 다양한 가치평가 방법론은 한국주식가치평가원 홈페이지(www.kisve.co.kr) 참조

　　매일 매일의 시가총액은 적정한 시가총액과 다를 수 있으나, 중장기적으로 적정한 시가
총액보다 상승하고 하락하기를 반복하면서도, 반드시 주기적으로 적정한 시가총액에 수렴
한다.

　　위 설명은 개별기업뿐 아니라 업종별 시가총액에도 해당되는 것으로, 업종별로 8년 정
도 2010년 이래의 시가총액 비중 주식시장 전체 대비 추이를 보게 되면, 주식시장 전체에서 업
종별로 비중이 얼마나 변해왔는지를 알 수 있다.

　　여기서 특정 업종의 시가총액 비중이 중장기적으로 증가했다면, 8년여의 기간 동안 주
식시장 전체가 상장사 전체 창출하는 이익의 크기와 질이 변한 정도보다, 해당 업종이 창출

하는 이익의 크기와 질이 변한 정도가 증가, 개선 더욱 크다는 의미이다. 9년의 기간은 앞서 참조한 재무성과 비율보다 4년이 더 포함된 추세임

즉, 이익의 크기 자체가 커졌거나 이익의 질이 개선되었거나 둘 다 해당될 경우에만, 중장기적으로 주식시장 전체에서 특정 업종이 차지하는 시가총액 비중이 증가할 수 있는 것이다.

개별 업종들의 수치를 잘 파악할 수 있도록 대형 업종과 중소형 업종으로 나누어, 각각 하나의 그래프 속에 주식시장 시가총액 대비 개별업종들의 시가총액 비율 단위는 %을 다음 페이지부터 살펴보자.

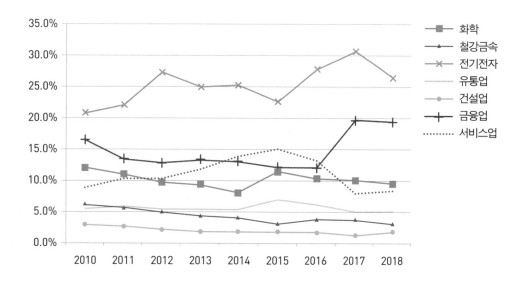

【대형 업종별 시가총액 비중 추이】

가장 비중이 큰 것은 30%까지 상승했다가 하락 중인 전기전자업종으로, 삼성전자의 비중이 절대적으로 큰 것은 말할 필요도 없다.

전기전자 업종의 비중은 리먼브러더스 사태 이후 글로벌 경기악화와 업종 내 치킨게임으로 시가총액 비중이 하락한 이후 경기변동형 업종, 꾸준히 비중을 회복하여 2017년 말에 최고 수준에 이르고 있다. 이는 주로 모바일과 사물인터넷, 인공지능 등 글로벌 차원에서 반도체 수요가 구조적으로 증가하고 있기 때문이다. 다만 장기추세와는 별도로 주기적인 업황순환이 있는 업종이기에 간헐적 하락을 겪게 된다.

그 외에도 지속적인 저금리에 힘입어 20%에 달할 정도로 비중이 증가한 금융업종이 있고, 기타 10% 전후를 차지하는 화학업종과 서비스업종 등이 적지 않은 비중을 차지하고 있다.

지속적으로 비중이 하락한 업종은 철강금속업종 및 건설업종으로 개도국과의 소재산업 경쟁, 부동산 과열 현상과 인프라 수요의 양적, 질적 변화 등을 원인으로 볼 수 있다.

【중소형 업종별 시가총액 비중 추이】

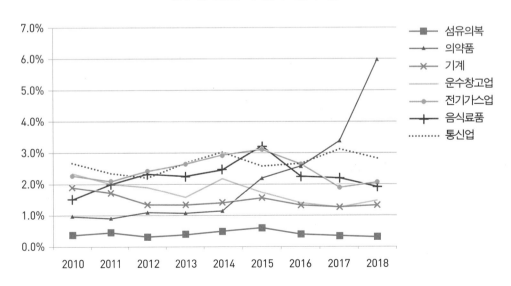

시가총액 비중이 적은 중소형 업종들의 경우, 음식료업종, 전기가스업종, 운수창고업종 등이 상승추세가 꺾이고 비중이 감소했다.

　　기간산업 및 사양산업에 속하는 기계업종과 섬유의복업종 등의 시가총액 비중이 축소, 정체되고 있는 반면에, 고령화의 수혜와 기대를 받고 있는 의약품업종의 시가총액만 대조적으로 고공행진을 거듭하면서 역대 최고 수준인 6.0%에 달하고 있다.

5장

· · ·

산업·기업
투자매력도
평가테이블

GE와 맥킨지 등이 창안한 '산업-기업 투자매력도 평가테이블'은 경영학과 경영 일선에서 자주 인용되고, 인수합병과 지분 투자 시에 판단도구로 쓰일 뿐 아니라, 투자업계에서도 필요할 때마다 전문가들이 쓰고 있는 효용이 큰 모델이다.

이 투자매력도 테이블을 통해서, 특정 기업이 특정 산업으로 새로이 진출하려 하거나, 해당 기업이 기 진출한 특정 산업에서 철수하려 할 때, 현명한 전략적 선택을 진출 혹은 철수 하고 있는지를 판단할 수 있다.

혹은 특정한 기업 입장에서 어떤 산업에 진출하고 어떤 산업에서 철수해야 할지를 주기적으로 검토할 수 있다.

위의 전략적 판단과 검토가 중요한 이유는, 진출하는 것이 수익과 성장에 유리할 때 진출해야만 수익을 극대화할 수 있고, 철수해야 할 때 진출할 경우에는 손실이 매우 커지기 때문이다.

그러므로 산업-기업 투자매력도 평가테이블은 투자자들과 경영자들에게 모두 유용하고 간단한 모델이다.

보는 방법은 어렵지 않다.

우선 세로축은 산업매력도인데 위로 갈수록 매력적이고 예를 들어, 산업규모가 크고 경쟁강도가 약한, 아래로 갈수록 투자매력이 떨어진다.

가로축은 기업의 역량으로써 오른쪽일수록 유리하며 높은 마진율과 고객충성도 등, 왼쪽으로 갈수록 불리하다.

즉, 산업매력도가 가장 위쪽으로 매력이 높으면서 기업의 역량이 가장 오른쪽이어서 역량이 큰 경우 '강화 집중'에 해당하기 때문에, 이 경우 기업은 해당 산업에 적극적으로 진출하고 투자를 확대할 필요가 있다. 매력적인 산업에서 우월한 지위를 차지할 수 있으니 반드시 확보해야 할 영역인 셈이다.

반면에 산업매력도가 가장 아래쪽으로 매력이 없고, 기업의 역량이 가장 왼쪽이어서 역량이 미약한 경우 '수확 철수'에 해당하기 때문에, 이 기업은 해당 산업에 진출하지 말아야 하거나, 이미 진출한 경우 철수를 고려해야 한다.

산업 자체도 큰 수익을 기대하기 어려운 마당에 기업의 수익창출역량마저 부족하니 잘못 진출했다가는 매년 상당한 손실을 볼 것이다.

【산업-기업 투자매력도 테이블】

산업-기업 투자매력도 스크리닝

- 산업규모
- 시장성장률
- 경쟁구조
- 수익성
- 기술적 역할
- 법적 요인

산업매력도		하	중	상
	상	유지	강화	강화 집중
	중	수확	유지	강화
	하	수확 철수	수확	유지

| 약함 | 기업의 위치(내부 역량) | 강함 |

기업규모 – 마진율 – 기술적 위치 – 점유율 – 기업이미지 – 고객충성도

특정 산업과 특정 기업의 결합을 위 평가테이블의 9개 부문 중 하나로 평가함으로써 강화, 유지, 혹은 철수 등의 적합한 전략이 도출되는데, 이 전략은 투자자와 경영자에게 다음과 같은 효용을 지닌다.

투자자가 특정 기업의 주식에 투자할지 말지를 검토하고 있다면, 평가테이블 상 강화해야 할 산업부문을 등한시하고 있거나, 철수해야할 산업부문에 오히려 투자를 확대 밑 빠진 독에 물 붓기 하고 있는 기업은 투자를 하지 말아야 할 것이다.

반면, 강화해야할 산업부문은 강화하고 철수해야할 산업부문은 현명하게 철수하는 기업일 경우 투자를 적극 고려해도 물론 적정가치 이하로 매수 좋다. 경영자의 경우에는 기업이 진출해야 할 산업과 철수해야 할 산업을 주기적으로 검토하는데 평가테이블이 도움이 될 것이다.

2부

업종별 개요,
특징 및
트렌드 분석

1장

• • •

증권, 보험,
은행 · 저축은행,
카드,
할부리스업종

01 증권 업종

증권업종 Summary

증권사의 수익구조는 크게 위탁매매부문, 자기매매부문, 자산관리부문, 투자은행부문으로 나뉘며 위탁매매부문의 수익 의존도가 크다. 증권업은 국민경제를 뒷받침하는 금융업에 속하므로 정부의 규제가 심하고, 외부변수에 영향을 많이 받아 이익의 변동이 크다. 현재 증권업계에는 55개 회사가 경쟁하고 있어 경쟁강도가 센 특징을 가진다.

우리나라에서 최초로 유가증권이 발행된 때는 1897년으로 한성은행이 주식회사 형태로 설립되면서 발행한 것이다. 그 당시에는 시중에 유통되는 증권이 없었기 때문에 일반인들의 증권거래는 극히 드물었다. 하지만 1906년경부터 사람들이 주식을 자산축적이나 금융거래 수단으로 인식하게 되었고 1908년에는 주식거래를 하는 주식현물점[1]이 생겨나게 되면서 증권업무가 시작되었다.

우리나라 최초의 증권회사는 1949년 설립된 대한증권 현재 교보증권 이다. 1952년에는 고려증권, 1953년에는 영남증권, 국제증권, 동양증권이 설립되어 총 5개의 증권회사가 영업활동을 하였고 이들 회사를 중심으로 증권업협회가 만들어졌다. 증권거래소가 만들어진 시기는 1956년으로 개장일에 12개의 주식과 3개의 채권이 상장되었으며 그 당시 증권회사 수는 49개였다.

증시개설 초기에는 국채 중심으로 시장이 형성되었으나 정부가 주식시장 활성화 정책을 편 결과 1962년에는 거래소 거래의 99%가 주식으로 재편되었다. 1970년대에는 제도 구축 등을 통한 증권시장 성장의 기반을 마련하였고 증시는 1980년 주가지수 100을 기준으로 현재까지 중간과정에서 등락이 지속되었지만 **연평균 8.5%씩 성장하는 추세를 보이고** 있다.

---

1) 주식현물점 : 장외에서 주식매매를 전문으로 취급하는 시장

개념 설명

우리 주변에는 돈이 부족한 사람도 있는 반면 돈이 풍족한 사람도 있다. 돈이 부족한 사람은 돈을 빌리고 싶을 것이고 돈이 풍족한 사람은 가지고 있는 돈을 어딘가에 투자하고 싶을 것이다. 금융회사는 돈을 빌리려는 사람과 투자하려는 사람 사이를 연결해주는 연결고리 역할을 함으로써 자금의 순환을 돕게 되는데, 여기서 연결고리의 형태에 따라 은행, 증권 등으로 업종이 나뉜다. 은행은 자금의 공급자와 수요자 사이에 서서 그 둘을 간접적으로 연결해준다. 공급자에게 자금을 싸게 조달 받은 후 수요자에게 비싸게 빌려주는 형태이다. 이를 간접금융시장이라 한다. 반면 증권사는 자금 공급자와 수요자 사이에 끼어있는 형태가 아니라 둘 사이를 직접 연결해 줌으로써 거래 주선의 대가로 수수료만 받는 구조이다. 이를 직접금융시장이라 한다.

은행과 증권사는 취급하는 금융상품도 다르다. 은행이 예금과 대출을 중심으로 사업을 영위하는 구조라면 증권사는 증권을 중심으로 사업을 꾸려간다. 증권은 지분증권과 채무증권으로 나뉘는데 일반적으로 지분증권은 주식, 채무증권은 채권이라고 말한다.

수익 구조

증권회사의 수익 구조는 크게 네 가지이다. 첫 번째는 위탁매매 브로커리지 부문이다. 고객이 증권을 사거나 팔 때 증권사에 주문을 넣게 되는데 이때 주문을 받은 증권사는 거래 대상을 찾아서 거래를 성사시켜 주며 그 대가로 수수료를 받는 구조이다. 두 번째는 자기매매부문이다. 위탁매매가 고객의 자산으로 거래를 하는 것이었다면 자기매매는 회사 스스로가 가지고 있는 자산으로 거래를 하는 것이다. 즉, 회사 자체가 증권투자를 통해 수익을 내는 구조이다. 세 번째는 자산관리부문이다. 고객의 자산을 진단하고 적절한 상품 펀드, ELS 등을 판매하게 되는데 이때 받게 되는 판매수수료가 주 수익원이다. 네 번째는 투자은행 IB 부문이다. 투자은행부문의 주 수익원은 인수[2]/주선[3] 수수료인데 증권을 발행하려는 회사의 발행위험을 떠안는 대가로 받는 수수료이다.

국내 증권사들은 위탁매매부문수익 비중이 크다. 선진국의 경우 투자은행부문수익이 큰 반면 국내 증권사들의 경우 위탁매매에 대한 의존도가 높아서 불안정한 수익구조를 가지고 있다. 위탁매매부문은 증시 상황에 따라서 실적 변동이 크다. 증시가 호황일 때는 사람들이 주식시장으로 몰리면서 거래대금이 커지며 이에 따라 수탁수수료도 커지게 된다. 하지만 증시가 불황일 때는 정반대 상황이 나타난다. 사람들이 주식을 기피하여 거래액수가 적어지게 되면서 수탁수수료도 급격히 줄어든다.

즉 코스피, 코스닥 등 주식시장 지수가 오르고 주식거래량이 많아질수록 증권사들의 순이익은 증가하고, 주가지수가 내리거나 정체되고 주식거래량이 줄어들수록 증권사들의 순이익은 급감하게 된다. 위탁매매부문뿐만 아니라 자산관리부문 역시 외부변수에 따라 실적 변동이 크다. 일반적으로 시황이 좋아야 사람들이 주식에 관심을 가지게 되고 펀드나 증권관련 금융상품에 대한 관심도 높아지기 때문이다.

다만, 과거에 비해 위탁매매부문의 수익비중이 낮아지고 있는 추세 위탁매매부문 수익비중:

---

2) 인수 : 유가증권 발행 시 금융회사가 발행사 증권의 일부 또는 전부를 취득한 후 이를 일반에게 매출하고 그 잔량을 금융회사가 취득하는 업무

3) 주선 : 일반에 유가증권을 취득하도록 청약을 권유하는 업무

2010년 55% → 2017년 43% 이다. 그 빈자리를 투자은행부문수익이 채우면서 투자은행부문 수익비중: 2010년 12% → 2017년 27% 증권사들의 수익구조 포트폴리오가 안정되고 있다. 대형 증권사를 중심으로 수익구조 다변화 노력이 성공하고 있는 모습이다.

한편, 위탁매매부문 수익비중은 주식시황뿐만 아니라 금리나 자금상황에도 영향을 받는다. 금리가 낮아지면 은행 예금에 대한 선호도 역시 낮아지고 고객들이 펀드 등으로 이동할 여지가 있다. 마찬가지로 고객들의 자금상황이 풍부해지면 전반적으로 투자하고자 하는 의지가 높아져 증권회사에 호재로 작용한다. 또한 증권사 총자산의 50% 가량을 채권으로 운용하고 있기 때문에 금리상승기에는 채권평가손실이, 금리하락기에는 채권평가이익이 발생한다. 하지만 이러한 외부변수의 변화가 항상 일관된 영향을 주는 것은 아니다. 다만, 분명한 것은 증권업이라는 산업은 통제할 수 없는 외부변수에 지대한 영향을 받는다는 사실이다.

재무 건전성

증권사의 재무구조는 일반 제조업과 다르게 구성되어 있다. 증권사는 크게 세 가지 루트를 통해 자본을 조달한다. 첫 번째 루트는 고객이 맡긴 예수금이다. 고객들은 증권투자를 위해 증권사에 돈을 맡기게 되는데 이것을 예수부채라고 한다. 두 번째는 외부 차입을 통해 이루어진다. 콜머니, 증권금융차입, 사채발행 등을 통해 차입을 하게 되는데 이를 차입부채라 한다. 세 번째는 자기자본을 통한 자본조달이다. 초기 자본금과 영업을 통해 벌어들이는 이익잉여금 등을 통해 자본을 조달한다. 이렇게 조달한 자본으로 자산을 구성하여 사업을 하는 구조이다. 증권사는 예수부채, 차입부채 등 부채활용도가 높다. 따라서 이에 대한 건전성 체크가 필요하다. 정부는 2016년까지 영업용순자본비율 구 NCR 을 점검함으로

써 재무 건전성을 체크했지만 2016년 이후부터는 영업용순자본비율을 순자본비율_{신 NCR}
로 대체하였다.

순자본비율은 영업용순자본에서 총위험액을 뺀 값을 업무단위별 필요유지자기자본으
로 나눈 비율이다. 여기서 필요유지자기자본은 대형사의 경우 1,300억 원 내외, 중소형사
의 경우 1,100억 원 내외로 사실상 고정된 값이기 때문에 '영업용순자본-총위험액'이 중요
하다. 구 NCR에서 신 NCR로 건전성 지표가 바뀌면서 대형사들의 NCR 증가가 큰 폭으
로 이루어졌다. 정부가 NCR제도를 개편한 주요 이유는 대형사들의 유휴 자본을 투자하도
록 하기 위함이다. 이에 따라 건전성 지표가 증가한 대형사들의 신규 투자 여력이 증가한
상황이다.

산업 특성

금융업은 기업, 가계 등 경제주체들 간에 연결고리를 만들어 자금을 원활하게 순환시키
는 역할을 한다. 자금 순환은 기업과 가계의 투자를 활성화시켜 실물경제를 성장시키는 원
동력이 된다. 금융시장을 흔히 인체의 동맥에 비유하는 이유가 이 때문이다. 만일 최후방산
업인 금융산업이 제 기능을 하지 못하고 신용경색에 빠진다면 실물경제 전체가 정체될 수
있다. 또한 금융기관이 파산하기라도 한다면 그와 얽혀있는 수많은 경제주체들이 타격받
을 것이다.

이 때문에 정부는 항시 금융시장을 예의주시하고 있으며 금융기관에 대해서 정책적으
로 깊숙이 관여하고 있다. 증권업 역시 마찬가지다. 증권업은 은행업, 보험업과 함께 3대 금
융업 중 하나로서 국민경제에 관여하는 바가 크다. 따라서 정부의 정책적 간섭 역시 큰 편
이다. 하지만 은행업, 보험업에 비해 그 정도는 상대적으로 심하지 않다.

국내 증권업은 글로벌 금융시장에 매우 민감하다. 금융시장은 나비효과가 그대로 적용되는 곳으로서 지구 반대편의 여파가 국내 주식시장에 직접적으로 영향을 준다. 2007년 서브프라임 모기지 사태와 이로 인한 2008년 리먼 브라더스 사태, 이어진 유럽 재정위기 등으로 글로벌 금융시장은 위태로웠다. 이에 따라 2008년 우리나라 주식시장도 큰 타격을 입었다. 이후에도 트럼프 당선, 북핵 문제, 미중 무역분쟁 등 국제 정치, 경제 이슈들이 국내 주가지수에 영향을 미치고 있다. 증권사들은 이러한 외부변수에 노출되어 있는 상황이다. 하지만 글로벌 금융시장도 주기성을 가지고 있다. 경기 호/불황에 따라 글로벌 금융시장도 호/불황이 있으며 국내 주식시장도 상승장과 하락장이 있다. 마찬가지로 증권사들도 호황 때는 크게 벌고 불황 때 많이 잃는 구조로써 실적 변동성이 크다.

업계 구도

국내에는 55개의 증권사가 있으며 이를 세부적으로 나누면 국내증권사 33개, 외국계 증권사 현지법인 11개, 외국계 증권사 국내지점 11개이다. 시장에 다수의 업체가 존재하기 때문에 독과점과는 거리가 먼 시장구조이며 실제로 상위 업체의 시장점유율이 수탁수수료 기준 7~8%밖에 되지 않는 완전경쟁시장에 가까운 구조이다.

다만 정부가 증권사의 대형화를 유도해온 결과 5년 전에 비해 국내 증권사 숫자는 10여 개 가량 줄어든 상황이다. 정부는 2013년 자기자본 3조 원 이상 증권사에게 프라임브로커[4] 업무를 허용하였다. 또한 2016년 8월에는 초대형IB 육성 방안 자기자본 8조 원 이상 증권사

---

4) 프라임브로커 : 자금 모집, 자금 대출, 증권 대여 등 헤지펀드에 필요한 각종 서비스를 지원해 주는 회사

는 종합투자계좌[5] , 자기자본 4조 원 이상 증권사는 발행어음제도 허용을 발표하였다. 이에 따라 증권사들은 합병, 증자 등을 통해 대형화를 추진하였고 자기자본 4조 원 이상 초대형IB 5개사 미래에셋대우, NH투자증권, 삼성증권, 한국투자증권, KB증권가 탄생하였다. 자기자본 1조 원 이상 중대형사는 신한금융투자, 메리츠종금증권, 대신증권, 키움증권, 신영증권, 유안타증권 등이 있으며 나머지 44개사는 중소형사로 구분된다.

대형증권사들은 대기업 혹은 금융지주회사의 계열사가 대부분이다. 따라서 고객들에게 인지도가 높고 폭넓은 영업망을 활용하여 위탁매매, 펀드판매, IB부문 등 대부분의 부문에서 고른 수익을 달성하고 있다. 하지만 중소형증권사는 낮은 인지도와 좁은 영업망으로 인해 소매영업에서 열위에 있어 위탁매매에 집중하는 양상을 보인다. 다만, 자기매매, 금융상품판매, 온라인거래 등 일부 분야에 특화된 일부 중소형증권사도 존재한다. 키움증권이 대표적인데 온라인 주식거래 서비스를 중점으로 브로커리지 업무에 특화된 회사이다. 이외에도 신영증권은 자기매매부문에서 강점이 있다.

---

5) 종합투자계좌 : Investment Management Account(IMA), 증권사가 개인 고객에게 예탁받은 자금을 통합하여 운용할 수 있도록 한 상품, 기존 CMA가 RP/MMF 등 원금이 보장되는 상품에 투자했다면 IMA는 기업대출/회사채 등 기업금융에 투자해야 함

발행어음

2017년 11월 5개 증권사를 초대형IB로 지정하고 그중 한국투자증권이 발행어음 업무 인가를 받았다. 이후 NH투자증권이 추가로 허가받으면서 2018년 9월 현재 2개 증권사가 발행어음 업무를 하고 있다. 증권사 발행어음이란 초대형IB가 자기신용으로 발행해 자금을 모은 것으로, 이를 운용해 약정기간 후 원리금을 지급하는 1년 만기 단기금융상품이다. 은행 예금과는 달리 예금자보호를 받지 못하지만 초대형 증권사의 신용 상품이기 때문에 예금에 버금가는 안정성을 가지고 있다고 평가된다. 그러면서 투자자들에게 은행 예금금리보다 높은 금리를 제공해 최근 히트상품으로 떠오르고 있다. 증권사는 이렇게 조달한 자금의 절반 이상을 신용등급 A 이하 회사채 및 중견·중소기업에 투자한다.

한국투자증권과 NH투자증권의 발행어음시장 규모는 연간 5조 원대로 예상되며 타 초대형IB가 진출할 시 시장규모는 10조 원대 규모로 커질 것으로 예측된다. 하지만 발행어음 사업은 증권사가 기존에 해 왔던 수수료 비즈니스가 아닌 loan 비즈니스로, 수익규모는 크지만 위험성도 상승하게 된다. 이에 따라 자본적정성 지표가 하락하게 되는 단점도 존재한다. 초대형IB들은 질 좋은 투자대상을 발굴하고, 발행어음 사업경험과 리스크 관리 시스템을 축적해야 하며, 발행어음을 통해 기업금융 시장지배력을 강화시켜야 자본적정성을 증가시킬 수 있다.

02 | 보험 업종

보험업종 Summary

    보험사의 수익은 크게 보험 가입자에게 받는 보험료와 그것을 운용해서 벌어들이는 운용수익으로 나뉜다. 보험업은 국민의 미래 위험을 보장하는 기반이 되므로 정부의 규제를 많이 받는다. 또한 보험업은 생명보험과 손해보험으로 나뉘는데, 생명보험업계는 삼성생명, 한화생명, 교보생명의 대형3사가, 손해보험업계는 삼성화재, 현대해상, DB손보, KB손보의 빅4가 시장을 지배하고 있다.

보험은 미래의 위험에 대비하기 위해 만들어진 산물이다. 인류 역사상 위험이 없었던 시기는 없었기 때문에 보험도 인류역사의 시작과 거의 동시에 만들어졌다. 최초의 보험은 기원전 4000년 바빌로니아 상인들에 의해 탄생했다. 당시 해상무역을 하던 바빌로니아 상인들은 선박을 담보로 돈을 빌린 후 항해가 무사히 끝나면 이자와 함께 돈을 갚았고, 만일 배가 난파되거나 하여 손해가 났을 때는 빌린 돈을 면제받는 식으로 위험에 대비하였다. 이렇게 해상무역에서 시작된 보험은 육지로 올라와 화재, 자동차, 생명 등에 적용되었다.

최초의 보험사는 영국 런던에서 탄생되었다. 1688년 에드워드 로이드가 자신의 이름을 걸고 로이드카페를 차렸다. 이 카페는 템즈강가에 위치해 있어 선장이나 선원들이 즐겨 찾는 곳이었다. 에드워드 로이드는 손님들의 편의를 위해 몇몇 종업원을 고용하여 항해, 해상무역에 관한 최신 정보를 조사하게 하고 이를 카페 벽면에 게시하였다. 해상보험을 업으로 하던 보험업자들 역시 이 카페를 통해 정보를 얻었다. 훗날 이들 보험업자들이 보험조합을 만들게 되는데 그 조합 이름을 로이드로 하여 최초의 보험사인 '로이드 보험사'가 탄생하게 되었다.

우리나라의 경우 1921년 조선생명보험, 1922년 조선화재해상보험 현재 메리츠화재 등이 설립되었으나 두각을 나타내지 못하였고, 1962년 '보험업법'이 제정되고서야 본격적으로 보험산업이 활성화되었다. 여러 차례의 경제개발계획이 성공함에 따라 우리나라 경제는 급격히 성장하였고 보험산업도 이와 궤를 같이 하였다. 생명보험사의 경우 수입보험료[6]

---

6) 수입보험료 : 보험 가입자가 낸 보험료 합계를 말하며 제조업의 매출액에 해당

가 1970년 145억 원에 불과하였으나 1990년 16조 436억 원, 2010년 83조 74억 원, 2017년 113조 9,735억 원으로 급성장하였고, 손해보험사 수입보험료 역시 1970년 143억 원, 1989년 1조 8,900억 원, 2010년 42조 60억 원, 2017년 87조 7,861억 원으로 비약적으로 발전하였다.

수익 구조

우리는 보험에 가입하고 보험사에 보험료를 지불하는 대신 자동차 사고나 질병과 같이 미래에 있을지도 모르는 위험을 보험사에 전가시킨다. 만일 자동차 사고 등 미래의 위험이 실제로 발생하여 경제적으로 위기에 처할 때 보험금을 수령하여 위험을 완화할 수 있다. 지금 보험료를 조금씩 지불하여 훗날 위험에 처할 때 보험금을 수령하는 구조이다.

우리 입장에서 보험료가 비용이라면 보험금이 수익이다. 반대로 보험사 입장에서는 보험료가 수익이 되고 보험금이 비용이 된다. 실제로 보험회사 손익계산서에서 가장 큰 비중을 차지하는 수익과 비용이 보험료수익과 지급보험금이다. 은행으로 치자면 보험료수익은 대출이자, 지급보험금은 예금이자인 것이다. 한편, 재무상태표 상에서 보험료는 은행의 예금과 같은 역할을 한다. 은행이 예금을 통해 자금을 조달하듯이 보험사는 보험료를 통해 자금을 조달한다. 이렇게 조달한 자금을 투자하여 운용수익을 내는데 이는 보험료수익과 더불어 보험회사 수익의 주요 원천이 된다.

보험료의 구조를 분해해보면 보험사의 이익 원천을 더욱 자세히 알 수 있다. 보험료는 크게 순보험료와 부가보험료로 나뉘며 순보험료를 다시 위험보험료와 저축보험료로 나눌 수 있다. 보험료의 세 가지 구성요소인 위험보험료, 저축보험료, 부가보험료는 각각 사차익, 이차익, 비차익의 기준이 된다. 사차익이란 실제위험과 예정위험의 차이로 인해 발생하는 차익이다. 1,000명이 사망할 것으로 예상하고 위험보험료를 책정했지만 실제로 900명밖에 사망하지 않았다면 100명분의 보험금을 지급하지 않아도 되어 이익이 된다. 반대로

1,100명이 사망했다면 100명분만큼 손실이 된다. 이차익은 실제 운용수익률과 예정이율[7]의 차이에 의해 발생하게 된다. 보험금에도 은행 예금처럼 일정부분 이자를 붙여서 돌려주는데 이렇게 고객에게 돌려주게 되는 이자가 실제 운용해서 벌어들인 금액보다 적으면 보험사는 운용수익이 나며 이를 이차익이라 한다. 물론 손실이 나는 경우도 존재한다. 비차익이란 예정사업비와 실제사업비의 차이다. 1,000억 원의 사업비를 예상했지만 실제로 쓴 돈이 900억 원이라면 100억 원의 이익이 남게 되는 원리다. 이같이 보험사는 위험, 투자, 사업비를 고려하여 보험료에 배분하고 수익을 얻게 된다.

보험회사의 수익성을 체크하는 몇 가지 용어 손해율, 사업비율, 합산비율 를 알아보자. 먼저, 손해율이란 보험료 수입에서 보험금 지급액 등 손해액이 차지하는 비율을 말한다. 사업비율이란 보험료 수입에서 인건비, 마케팅 비용, 모집 수수료 등 보험영업을 위해 쓰인 비용의 비중을 말한다. 즉, 손해율은 손해액 비중, 사업비율은 사업비 비중인 것이다. 손해율과 사업비율을 합한 수치를 합산비율이라고 한다. 만약 합산비율이 100%를 넘는다면 손해액과 사업비를 합한 금액이 보험료 수입을 초과한다는 말이기에 손실이 나게 된다. 반대로 합산비율이 100% 이하라면 손해액과 사업비 합산 금액이 보험료 수입보다 낮기 때문에 그 만큼 이익을 보게 된다. 통상적으로 합산비율은 100%를 목표로 하지만 실손보험의 합산비율은 이를 훌쩍 넘는 등 보험 부문별로 손해율, 사업비율, 합산비율의 차이가 있다.

보험사들의 수익구조를 살펴보면, 보통 보험 영업을 통해 벌어들이는 이익은 크지 않거나 적자를 보기도 한다. 하지만 이를 통해 들어오는 보험료 수입을 운용해 투자영업이익을 늘려나가는 구조이다. 해마다 신규 보험이 증가하기 때문에 투자할 수 있는 자산 역시 증

7) 예정이율 : 보험사가 보험가입자에게 보장하는 금리

2부 업종별 개요, 특징 및 트렌드 분석

가하고 이로 인해 투자영업이익이 꾸준히 상승하는 구조를 띤다.

보험업은 사회보장제도의 부족한 부분을 보완하는 기능을 담당한다. 보험에 가입하지 않은 사람을 찾아보기 힘들 정도로 국민들 대다수가 민간보험에 의지하고 있다. 이처럼 보험산업은 공적인 성격이 강하기 때문에 정부의 규제도 많이 받는다. 보험업을 시작하려면 정부의 허가를 받아야 하는데 이는 높은 진입장벽을 형성하여 기존 사업자들에게는 유리하게 작용한다. 반면 법적, 제도적 요인 등의 영향력이 커서 이에 대한 대응능력이 요구된다. 또한 보험업은 전형적인 내수산업으로 경기변동에 민감하여 GDP성장률과 보험업성장률은 비슷한 추이를 보이고 있다.

보험은 다루는 상품에 따라서 생명보험과 손해보험으로 나뉜다. 생명보험은 사람의 생명을 바탕으로 설계되고 손해보험은 재산상의 손해를 바탕으로 설계된다. 취급하는 상품이 다르면 산업의 특성도 달라지기 때문에 보험업도 크게 생명보험업과 손해보험업으로 구분한다.

생명보험업

생명보험은 크게 사망보험, 생존보험, 생사혼합보험, 단체보험, 변액보험, 퇴직연금, 퇴직보험으로 나눌 수 있다.

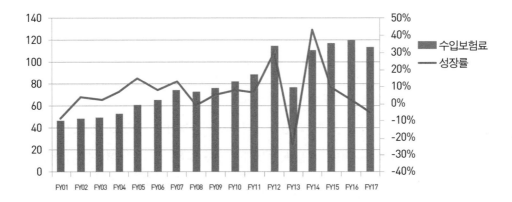

【생명보험 수입보험료 추이 생명보험협회, 단위: 조 원】

2013년부터 보험사 회계연도가 기존 3월말에서 12월말로 바뀌면서 FY13 실적은 2013년 4월 1일부터 2013년 12월 31일(9개월간) 기준

사망보험은 피보험자가 사망할 시 보험금을 받게 되는 구조이다. 5년, 10년 등 기간을 정해놓고 그 기간 안에 사망했을 때 보험금을 수령하는 정기보험과 사망 시기에 관계없이 피보험자가 사망하기만 하면 보험금을 수령하는 종신보험으로 크게 구분된다. 반대로 생존보험은 일정 기간 내 사망하지 않았을 때 보험금을 수령하는 구조이다. 생사혼합보험은 사망보험과 생존보험을 결합시킨 구조로서 기간 내에 사망하든 생존하든 어떤 경우에서든지 보험금을 수령한다. 보장범위가 넓기 때문에 보험료가 비싼 편이며 양로보험, 저축보험 등이 이에 속한다. 단체보험이란 개인이 가입하는 개인보험과 달리 회사 등의 단체가 가입하는 생명보험이다. 변액보험은 보험료 중 일부를 주식이나 채권 등에 투자하여 운용 실적을 가입자에게 나눠주는 보험을 말한다. 퇴직연금과 퇴직보험은 비슷한 개념으로 퇴직금 적립금의 일부 또는 전부를 사외 금융기관에 적립하여 근로자가 퇴직 시 보험금을 수령하는 형태이다. 2011년부터 퇴직보험제도가 폐지되어 기존의 퇴직보험은 퇴직연금으로 전환되고 있다.

【생명보험업계 구도】

구분	보험사수	회사명
대형3사	3	삼성생명, 한화생명, 교보생명
금융지주계열사	7	NH농협생명, 오렌지라이프, 신한생명, KB생명, DGB생명, 하나생명, 교보라이프플래닛생명
중소형사	6	미래에셋생명, 흥국생명, KDB생명, 현대라이프, DB생명, IBK연금보험
외국계	9	동양생명, 메트라이프생명, ABL생명, 푸르덴셜생명, AIA생명, PCA생명, 라이나생명, BNP파리바카디프생명, 처브라이프생명

국내에 생명보험사는 총 25개가 있다. 삼성생명, 한화생명, 교보생명의 대형3사를 필두로 중소형보험사 13개, 외국계보험사 9개가 생명보험산업을 형성하고 있으며 삼성생명, 한화생명, 오렌지라이프, 동양생명, 미래에셋생명이 상장되어 있다. 1997년 외환위기 이전에는 총 33개의 생명보험사가 있었지만 외환위기 이후 구조조정을 거치면서 20여 개의 보험사만 살아남았다. 2000년대 들어 정부는 한동안 생명보험사를 신규 허가하지 않고 있다가 2010년대 들어 IBK연금보험 2010년, NH농협생명 2012년, 교보라이프플래닛 2013년 등을 허가하였다. 2016년 중국 안방보험이 동양생명을 인수하여 한국 시장에 진출했으며, 2018년에는 신한지주가 오렌지라이프 옛 ING생명 를 인수해 빅딜을 성사시켰다.

생명보험은 전통적으로 보험 설계사를 중심으로 판매가 이루어졌으나 2003년 방카슈랑스[8]가 도입되면서 현재는 초회보험료[9]의 70%가 방카슈랑스를 통해 유입되고 있다. 중

8] 방카슈랑스 : 은행과 보험사가 상호 제휴하여 보험성격이 짙은 금융상품을 개발/판매하는 것

9] 초회보험료 : 처음 납부하는 보험료

소형 보험사들은 방카슈랑스를 활용해 저축성보험[10]을 주로 판매하며 시장점유율을 늘려왔다. 이로 인해 대형3사의 수입보험료가 50% 이하로 떨어지며 시장지배력이 약화되고 있다.

한편, 저축성보험은 단기간에 외형을 급성장시킬 수 있는 무기이나 이자 역마진차가 발생할 가능성이 있기 때문에 수익성 악화의 원인이 되기도 한다. 이에 따라 최근 보험사들은 저축성보험 판매를 자제하고 보장성보험[11] 위주로 판매하며 수익성 강화에 나서고 있다.

손해보험업

손해보험은 자동차보험, 장기보험, 일반보험으로 나뉜다. 자동차보험이란 자동차 사고 등으로 발생한 손실을 보상받을 수 있는 보험이며, 장기보험은 보험기간이 1년 이상인 보험으로 상해, 질병, 저축성 보험 등으로 구분하고, 일반보험은 화재, 해상, 특종보험 등을 바탕으로 설계된 보험이다. 우리나라의 경우 장기보험 비중이 약 70%로 외국에 비해 크다. 외국은 장기보험을 손해보험사에서 판매하지 못하게 하는 반면 우리나라는 저축장려정책으로 장기보험판매를 허용하였기 때문이다.

---

10) 저축성보험 : 변액보험, 퇴직연금 등 노후를 대비한 보험, 예정이율이 높기 때문에 보장성보험 대비 수익성이 열위

11) 보장성보험 : 종신보험, 정기보험 등 저축 목적보다는 보장을 목적으로 한 보험

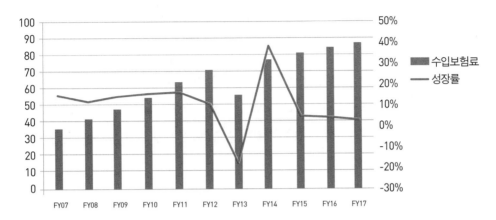

【손해보험 수입보험료 추이 손해보험협회, 단위: 조 원】

2013년부터 보험사 회계연도가 기존 3월말에서 12월말로 바뀌면서 FY13 실적은 2013년 4월 1일부터 2013년 12월 31일(9개월간) 기준

　　보험사들이 2005년 이후 통합보험 상해, 질병 등 여러 가지 보장을 통합한 보험상품, 2009년부터는 저축성보험 판매를 강화하면서 장기보험 성장률이 높았고 이에 따라 손해보험산업은 고성장을 기록해 왔다. 하지만 2013년 이후 저금리 기조, 세제혜택 축소 등의 영향으로 장기보험 성장세가 꺾였고, 대한민국 경제도 저성장 국면에 진입하며 현재는 성장률 한자리수 초중반의 성숙산업으로 변모하였다.

【손해보험업계 구도】

구분	보험사수	회사명
대형사	4	삼성, 현대, DB, KB
중소형사	6	메리츠, 한화, 롯데, 흥국, NH농협, MG

해외사, 재보험사, 온라인전업사 제외

국내 손해보험 시장은 대형사 4개사 삼성화재, 현대해상, DB손해보험, KB손해보험, 중소형사 6개사 메리츠화재, 한화손해보험, 롯데손해보험, 흥국화재, NH농협손해보험, MG손해보험가 경쟁하고 있으며, 상장사는 삼성화재, 현대해상, DB손보, 메리츠화재, 한화손보, 롯데손보, 흥국화재가 있다. 2012년 NH농협손해보험이 시장에 신규 진입하였고, 2013년에는 새마을금고컨소시엄이 그린손해보험을 인수하며 MG손해보험을 출범시켰다. 2015년 KB금융지주가 LIG손해보험을 인수하였으며, 2017년에는 동부그룹이 DB로 사명을 변경하면서 현재의 업계 구도가 완성되었다.

손해보험업계는 생명보험업계보다 과점현상이 더욱 뚜렷한 형태이다. 빅4가 전체 원수보험료의 70% 이상을 꾸준하게 점유하고 있다. 대형사는 다양한 영업채널과 브랜드 인지도를 바탕으로 점유율을 유지하고 있으며 중소형사는 방카슈랑스, 텔레마케팅, GA 등 새로운 영업채널을 활용한 영업 전략을 구사하고 있다.

자본적정성

금융업계는 자본이 건전한가를 측정하는 지표를 가지고 있다. 증권사에는 NCR이 있고, 은행에 BIS비율이 있다면 보험사는 RBC비율을 가지고 있다. RBC Risk-Based Capital ratio 비율이란 보험계약자가 보험금을 일시에 요청했을 때 보험사가 제때 지급할 수 있는지를 나타내는 지표이다. 보험사에게 요구되는 자본 요구자본 대비 보험사가 가용할 수 있는 자본 가용자본이 얼마나 있는지를 나타내는 비율 =가용자본/요구자본 이다. 금융감독원은 150% 이상 유지할 것을 권고하고 있으며, 100% 밑으로 떨어지면 자본금 증액 요구 등 적기시정조치를 받게 된다. 현재 국내 보험사들의 RBC 비율은 150% 이상이다.

IFRS17 도입으로 인한 RBC비율 하락 우려

IFRS17이 2021년부터 도입될 예정이다. IFRS17이란 보험회사에 적용되는 새로운 국제회계기준으로서, 세계 보험사의 재무 상황을 동일한 기준으로 평가할 수 있도록 한 제도이다. IFRS17의 핵심은 부채의 시가평가이다. 보험사의 부채는 보험가입자에게 판매한 보험계약이다. 기존에는 이러한 보험 계약을 가입 시점의 이자율로 평가했지만 IFRS17 하에서는 매 결산마다 변하는 시장금리를 반영한 시가로 평가해야 한다. 과거에 비해 낮아진 금리 상황 때문에 보험사들의 부채는 크게 증가할 것으로 예상된다. 이에 따라 정상적인 보험 영업을 위해서는 충분한 자본확충이 필요할 전망이다.

보험료 자율화에 따른 수익성 향상

2015년 보험산업 규제 완화의 일환으로 보험료 자율화가 시행되었다. 이에 따라 보험사들은 보험료를 올리기 시작했다. 자동차보험과 실손보험 부문에서 손해율이 높았기 때문이다. 손해보험사들이 보험료를 올리기 시작하면서 특히, 자동차 보험의 손해율이 낮아지기 시작했고 이로 인해 수익성이 급격히 상승했다.

2018년 수익성 향상은 현재진행형이다. 실손보험은 갱신 기간을 1년, 3년, 5년 등으로 정하는데 실손보험 갱신이 이루어지면서 실손보험료 상승효과가 지속되고 있기 때문이다. 단, 손해보험사들의 수익 정상화가 이루어지면서 다시 시장 경쟁이 치열해지는 양상도 나온다. 또한 정부의 보험료 규제도 예정되어 있어 향후 귀추가 주목된다.

정부의 건강보험 보장성 강화 대책

문재인 정부는 2017년 8월 9일 '건강보험 보장성 강화 대책'을 내놓았다. 이른바 '문재인 케어'이다. 골자는 건강보험 보장률을 현재 60%에서 2022년 70%로 10%p 올리겠다는 내용이다. 3,800여 개의 비급여 항목을 단계적으로 급여 항목으로 전환함으로써 계획을 실행하겠다는 의도이다. 해당 정책이 시행되면 손해보험사들의 수익성은 향상될 수 있다. 정부의 지급률이 올라가면서 보험사들의 보험금 지출이 줄어들기 때문이다. 하지만 정부 역시 이 같은 손해보험사들의 반사이익을 알고 있으며, 후속 조치로 보험료 인하 카드를 꺼냈다. 단, 예상보다 보험료 규제 폭이 크지 않아 손해보험사들의 손해율 개선 추세가 이어질 것으로 예상된다.

03 은행·저축은행 업종

은행 · 저축은행업종 Summary

　은행의 수익은 예대마진에서 나온다. 예대마진은 대출금리와 예금금리의 차이를 말하며 예대마진이 클수록 은행의 이익은 커지게 된다. 은행의 이익은 금리 변동에 따라 달라지는데 통상적으로 금리가 상승하면 은행 이익은 증가하는 구조다. 한편 은행업은 국민경제와 밀접하게 연결되어 있어 정부의 규제가 심하다. 현재 은행업계는 KB국민은행, 우리은행, 신한은행, KEB하나은행의 빅4가 선두권을 차지하고 있고 2017년부터 인터넷은행이 영업을 시작했다. 저축은행의 경우 2018년 6월말 현재 79개 업체가 난립하고 있는 상황이다.

은행의 시초는 BC 17세기 바빌로니아의 함무라비법전에서 찾을 수 있다. 함무라비법전에는 재산의 기탁과 그에 대한 운용, 그리고 이자에 관한 규정이 기록되어 있다. 당시 국제 무역의 중심이었던 바빌론에서 최초의 은행이 등장한 것이다. 중세시대 때는 이탈리아 베네치아에서 환전상이 유행했다. 어떤 유태인이 방카banca 라는 탁자를 놓고 환전업을 하기 시작했는데 그 유태인이 돈을 벌자 당시 부유한 상인들이 환전업에 대거 진출했다고 한다. 은행bank 이라는 단어의 유래도 당시 유태인이 사용한 탁자, 방카banca 에서 시작되었다. 이후 은행은 단순 보관, 환전은행에서 나아가 대체은행으로 발전하였다. 대체은행은 화폐를 들고 다니는 대신 은행에서 발행된 증서만으로 지급결제를 가능하게 하여 상인들 사이에서 인기가 많았다.

은행은 이에 그치지 않고 대부업무도 수행하게 된다. 17세기 영국에서는 금세공사가 대부업의 길을 열었다. 당시 금세공사는 귀금속을 보관해주며 수수료를 받았는데 이때 골드스미스노트라는 영수증을 써주었다. 이 노트는 금화처럼 시중에서 유통되었다. 이를 본 금세공사는 자신이 보관하고 있는 귀금속의 양보다 더욱 많은 노트를 발행하여 사람들에게 이자를 받고 빌려주었다. 이처럼 은행은 보관, 환전, 대체, 대부업무를 수행하며 현대의 은행으로 발전하였다.

우리나라 최초의 은행은 1878년에 개설된 일본 제일은행 부산지점이다. 이후 외국은행이 지점 형식으로 국내에 진출하여 우리나라 금융업을 차지하기 시작했다. 이에 위기감을 느낀 국내 자본가들이 1897년 한성은행, 1899년 대한천일은행 등을 설립하였다. 일제강점기 때는 식민지정책을 효율적으로 수행하기 위해 일본 주도로 각종 은행들이 설립되었다. 해방 후 정부가 수립되고 나서야 국내 은행업이 본격적으로 발달하기 시작했다. 1950년 우리나라 중앙은행인 한국은행이 설립되었고 1953년에는 장기산업자금을 공급하기 위한 산업은행이 설립되었다. 1960년대 이후 국가 주도로 설립되어온 은행은 우리나라의 경제성장을 뒷받침하였다. 1961년 중소기업 전담 금융기관인 중소기업은행이 설립되었고 1962년에는 국민은행을 설립하여 건전한 서민금융 발전을 도모하였다. 1960년대 후반에는 대구은행, 부산은행 등 10개의 지방은행이 설립되어 지역경제의 균형적 발전을 이루고자 하였다. 1980년대 이전까지 우리나라의 급속한 경제성장과 더불어 조흥은행, 한국상업은행, 제일은행, 한일은행, 서울신탁은행의 5개 시중은행이 꾸준히 성장하였다.

1980년대에 많은 시중은행이 신설되어 1995년 말에는 시중은행이 15개에 달했다. 하지만 IMF외환위기로 인하여 대다수 은행이 구조조정 된 결과 현재 6개의 시중은행으로 통폐합되었다.

상호저축은행의 전신인 상호신용금고는 1972년에 만들어졌다. 당시 영세 서민들과 소규모 기업이 사금융에 의존하다 파산하는 사태가 만연했다. 정부는 이러한 폐단을 극복하고 서민들의 건전한 금융활동을 도모하기 위해서 상호신용금고를 만들게 된 것이다. 상호신용금고법이 제정되고 약 350개의 상호신용금고가 설립되었다. 정부는 부실화된 상호신용금고의 인수합병을 장려하여 1997년에는 231개의 상호신용금고가 남았다.

여기에 IMF외환위기가 터지면서 2001년에는 121개로 줄었다. 당시 상호신용금고라는 명칭이 부실화의 대명사가 되면서 상호신용금고법을 상호저축은행법으로 개정하고 명칭도 바꾸게 되었다. 2008년에는 상호라는 말을 빼고 지금의 저축은행으로 불리게 되었다.

수익 구조

은행의 주 수익은 여수신업무를 통해 발생한다. 고객의 예금으로 자금을 조달하고 _{수신} 또 다른 고객에게 대출하여 자금을 운용한다 _{여신}. 예금을 받을 때는 예금금리에 따른 이자를 지급하고 대출을 해줄 때는 대출금리에 따른 이자를 수취한다. 여기서 대출금리와 예금금리의 차를 예대마진 NIS : Net Interest Spread 이라고 한다. 은행은 낮은 금리로 자금을 조달하여 높은 금리로 운용하는데 이에 따라 예대마진은 보통 양수를 나타낸다. 예대마진은 은행의 수익성을 보여주는 대표적인 지표로서 높을수록 이자에 따른 이익이 크다.

예대마진을 높이기 위해서는 낮은 금리로 자금을 조달해야 한다. 하지만 금리가 낮으면 사람들이 예금을 하지 않게 된다. 은행의 경쟁력은 여기에서 갈린다. 낮은 금리를 주면서도 고객을 이탈시키지 않는 은행이 유리한 위치에 설 수 있다. 요구불예금 등 낮은 금리의 예금 _{저원가성 예금} 이 많다는 것은 일반 유통회사로 치면 상품을 싸게 다량 구입했다는 것을 의미한다. 따라서 저원가성 예금을 많이 보유하면 다른 은행보다 가격경쟁력이 앞선다는 뜻이다. 그렇다면 저원가성 예금 확보를 위해서는 어떻게 해야 할까? 저리 예금 확보를 위해서는 신뢰도 높은 브랜드, 폭넓은 영업망, 편리한 전산서비스, 우수한 금융인력 등이 필요하다. 따라서 시중은행들은 이에 대한 지속적인 투자가 필요하다.

저축은행 역시 낮은 금리로 자금을 조달해야 유리하다. 하지만 시중은행처럼 낮은 예금금리를 책정할 수 없다. 만일 시중은행과 같은 금리로 예금상품을 판매한다면 사람들은 보다 안전한 시중은행의 상품을 살 것이기 때문이다. 따라서 고객을 유치하기 위해서는 시중은행보다 높은 금리를 책정해 위험을 보상해 주어야 한다. 이른바 High risk high return의

법칙이 적용되는 것이다. 하지만 높은 금리로 자금을 조달하게 되면 그에 준하여 고수익의 투자처를 찾아야 한다. 그렇지만 고수익의 투자처는 그만큼 위험도 높기 때문에 부실화의 가능성이 존재한다. 그동안 수많은 저축은행의 부실화 원인이 여기에 있다.

순이자마진NIM : Net Interest Margin 은 예대마진과 더불어 은행의 수익성을 나타내는 지표이다. 요즘에는 예대마진보다 순이자마진의 중요성이 커지고 있는 추세이다. 순이자마진이란 운용수익에서 조달비용을 차감해 운용자산 총액으로 나눈 것을 말한다. 예대마진이 예금과 대출의 금리차이로 인해 발생한 수익이라면 순이자마진은 여기에 채권 등의 유가증권을 통해 벌어들인 수익도 포함하는 지표이다.

통상적으로 시중금리가 상승하면 은행의 이익도 증가한다. 은행의 경영전략상 대출은 변동금리 위주, 예금은 고정금리 위주로 확보한다. 따라서 금리가 상승할 때 대출금리는 빨리 오르고, 예금금리는 천천히 오르게 된다. 이에 따라 금리 상승 국면에서는 은행 이익이 증가하게 된다. 단, 금리 상승에 따라 대출자들의 이자 규모도 커져서 대손비용[12] 부담 역시 증가하게 된다. 은행들은 적절한 대손충당금[13] 적립을 통해 이자상승에 따른 자산건전성 악화를 방어해야 한다.

산업 특성
은행은 기본적으로 자금중개의 역할을 수행한다. 가계에서 조달한 자금을 기업에 투자

---

12) 대손비용 : 대출금 등을 돌려받지 못하여 발생하는 비용

13) 대손충당금 : 돌려받지 못할 것으로 예상되는 대출금 등을 미리 계산하여 재무제표에 반영하는 금액

하는 기본 골격을 가지고 있어 국민경제의 자금순환을 돕는다. 하지만 기업이 잉여자금을 은행에 맡기기도 하고 가계에서 자금을 대출해가기도 한다. 이처럼 은행은 여러 갈래로 뻗어있는 교차로처럼 자금의 흐름을 원활하게 한다. 따라서 은행은 수많은 기업, 가계와 맞닿아있는 금융기관이다. 그렇기 때문에 은행을 경영하는 데 있어 수익성뿐만 아니라 공공성도 매우 중요하게 생각해야 할 덕목이다. 정부는 이러한 공공성 때문에 은행에 대한 개입이 심하다. 은행을 설립하려면 금융위원회의 인가를 받아야 하고 은행법, 외국환거래법, 예금자보호법 등 다양한 법적, 제도적 규제를 받아야 한다.

한편, 은행업은 부동산 경기와도 밀접하게 연관되어 있다. 은행이 기업이나 가계에 대출해줄 때 담보 없이 신용만으로 대출해주는 경우도 있지만 상당 부분 부동산 관련 담보를 확보하고 대출해주기 때문이다. 따라서 부동산 경기 침체로 부동산 가격이 하락한다면 은행이 확보하고 있는 담보의 가치도 하락하여 은행의 자산건전성이 악화될 수 있는 구조이다. 규제 측면에서 볼 때, 정부는 부동산 경기 조정 부양 혹은 연착륙 을 위한 부동산 규제를 다양하고 빈번하게 시행한다. 이에 따라 은행들은 은행업 자체에 대한 규제뿐만 아니라 부동산 규제에도 영향을 받게 된다.

재무 건전성

은행의 비즈니스 모델을 간단히 요약하면 자금을 조달하고 그것을 운용해서 수익을 내는 구조이다. 은행의 자금 조달 방법은 고객의 예수금이다. 예금, 부금, 적금 등을 판매하여 고객에게서 자금을 조달한다. 이외에도 유가증권을 발행하거나 돈을 차입하거나 하여 자금을 조달하지만 그 비중은 일부분에 불과하다. 이렇게 조달한 자금은 대부분 기업이나 가계에 대출해주며 유가증권에 투자하기도 한다.

시중은행은 제1금융권으로서 비교적 안전한 자산에 투자한다. 신용도가 높은 기업과 가계에 대출해주고 적정한 대출이자를 받는다. 하지만 은행이 수익극대화를 위해 고수익/고위험자산에 투자하는 경우도 생긴다. 수익을 극대화하는 것은 기업의 당연한 논리이지만 공공성이 중요한 은행의 경우 무분별하게 수익을 극대화하다가 파산하기라도 하면 가계나 기업에 큰 타격이 될 수 있다. 따라서 BIS자기자본비율이라는 지표를 통해서 무분별한 투자를 규제한다. BIS자기자본비율은 BIS _{국제결제은행}가 정한 자본적정성 지표로서 위험자산 대비 자기자본의 비율을 말한다. 시중은행은 BIS자기자본비율을 8% 이상 유지해야하기 때문에 무턱대고 위험자산을 늘릴 수 없다.

고정이하여신비율도 자산의 안전성을 측정하는 대표적인 지표이다. 여신은 위험성에 따라 정상, 요주의, 고정, 회수의문, 대손의 다섯 가지 단계로 나뉜다. 이때 고정이하여신, 즉 고정, 회수의문, 대손 단계의 여신의 합을 전체 여신 총합으로 나눈 비율이 고정이하여신비율이다. 고정이하여신비율이 높을수록 위험자산이 많다는 이야기이므로 이 비율이 낮을수록 안전성이 좋다는 뜻이다.

2018년 6월말 현재 BIS자기자본비율은 은행 _{15.33%}과 저축은행 _{16.83%} 모두 안정적인 상황이다. 하지만 저축은행의 고정이하여신비율은 5.82%로 은행 1.07%에 비해 열위한 모습을 보여주고 있다. 금융 당국은 과거 저축은행이 부실화되면서 사회에 악영향을 끼쳤던 이력을 감안해 일반은행 수준으로 자산건전성 규제를 강화해 나가고 있는 추세다.

업계 구도

1) 은행

은행은 크게 일반은행과 특수은행으로 구분되며 일반은행은 다시 시중은행, 지방은행, 인터넷전문은행으로 나뉜다. 시중은행은 총 6개로 KB국민은행, 우리은행, 신한은행, KEB 하나은행의 4대 은행을 필두로 한국스탠다드차타드은행, 한국씨티은행이 포함된다. 지방은행 역시 6개로 대구은행, 부산은행, 광주은행, 제주은행, 전북은행, 경남은행이 있다. 인터넷은행은 2016년에 케이뱅크, 카카오뱅크가 신규 설립되어 2017년부터 영업 중이다. 특수은행으로는 산업은행, 기업은행, 수출입은행, 농협, 수협이 있다.

아직까지 시중은행과 지방은행의 점유율이 압도적이지만 인터넷은행의 시장 진입으로 경쟁강도가 세지고 있다. 인터넷은행은 무점포 기반으로 시중은행 대비 영업비용이 낮다. 따라서 높은 예금금리와 낮은 대출금리로 금융상품을 제공할 수 있으며 이를 통해 시장점유율을 높이고 있다. 뿐만 아니라 초대형증권사의 발행어음 업무가 허용되면서 타업권과의 경쟁 역시 강해지고 있는 상황이다.

2) 저축은행

2010년 부동산 경기 악화로 저축은행이 부실화되면서 실물경제에 악영향을 끼쳤다. 이후 예금보험공사 주도로 부실 저축은행 30여 개가 구조조정 되었다. 부실 저축은행들은 주로 대형 금융지주 우리금융지주, KB금융지주, 하나금융지주, 신한금융지주 등 나 우량 대부업체 아프로서비스그룹, 웰컴 등 산하로 편입되었다. 해당 저축은행은 우량 기업으로 탈바꿈되었다. 금융지주 계열 저축은행은 연계대출영업을 통해, 우량 대부업체 계열 저축은행은 모기업의 영업지원을 기반으로 상위권 업체로 나가고 있는 반면 자산규모가 작은 소형저축은행은 도태되어 양극화가 진행되고 있다. 한편, 법정 최고이자율 인하로 여전업[14], 대부업과의 경쟁이 치열해지고 있으며, 인터넷은행, P2P[15]업체 진입으로 경쟁강도는 심화되고 있는 상황이다.

---

14) 여전업(여신전문금융업) : 신용카드업, 리스업, 할부금융업, 신기술사업금융업을 포함. 수신은 불가능하고 여신만을 전문으로 하는 금융업

15) P2P(Peer To Peer) : 은행과 같은 금융기관을 거치지 않고 온라인 플랫폼을 통해 개인끼리 자금을 빌려주고 돌려받는 것

가계대출 규제

2018년 9월 13일 주택시장 안정대책이 발표되었다. 고가 다주택자에 대한 종부세율을 인상하고, 실수요자 이외의 주택담보대출을 금지하며, 주택임대사업자의 혜택을 축소하는 내용이다. 정부의 의도는 부동산 세금을 늘리고, 은행 대출을 규제함으로써 부동산 가격 상승을 막아보자는 것이다.

정부는 지난 몇 년간 부동산 시장 안정화를 위해 대출 규제LTV[16], DTI[17] 조정 등를 시행해왔으며, 10월부터 DSR 규제를 통해 대출 문턱을 높인다. DSR은 DTI의 업그레이드 버전으로서, 마이너스통장과 같은 신용대출이나 자동차, 신용카드 등의 할부금까지 원리금 상환액에 포함시키는 제도이다. 그동안 DSR은 은행 자율에 맡겨 리스크 관리를 하게 했으나 이제는 정부가 일정 비율로 규제하여 관리감독 한다는 이야기이다. 정부의 가계대출 규제로 은행들의 자산건전성은 높아지지만 부동산 관련 대출 성장률은 낮아질 전망이다.

인터넷전문은행 특례법 통과

인터넷전문은행 지분율 상한을 기존 4%에서 34%로 확대하는 인터넷전문은행 특례법

---

16) LTV(Loan To Value, 주택담보인정비율) : 주택을 담보로 돈을 빌릴 때 인정되는 자산가치의 비율. 예를 들어 LTV가 70%이고 3억짜리 주택을 담보로 돈을 빌리고자 한다면 빌릴 수 있는 최대금액은 3억의 70%인 2억 1천만 원이 된다.

17) DTI(Debt To Income, 총부채상환비율) : 주택담보대출의 예상 원리금이 대출자의 연소득에서 차지하는 비중을 의미. 예를 들어 연봉이 4천만 원이고 DTI가 50%일 경우 대출원리금이 2천만 원을 넘지 않게 제한을 둔다.

이 통과되었다. 이에 따라 KT 및 카카오가 각각 케이뱅크, 카카오뱅크를 최대 34%까지 보유하게 될 것으로 전망된다. 아직 인터넷은행의 대출 및 예금 규모는 전체 시장 대비 극히 미미하다. 하지만 이번 특례법이 통과되면서 자본 확충 여력을 가지게 된 인터넷은행들의 공격적인 영업 전략이 예상된다. 또한 키움증권을 중심으로 한 제3의 인터넷전문은행 설립도 가시화될 것으로 전망된다. 인터넷은행의 확대로 소비자들은 다양한 금융상품을 접하고 이전보다 유리한 예금 및 대출을 선택할 수 있을 것으로 기대된다. 다만, 해외사례를 볼 때 인터넷은행의 침투율은 아직까지 5% 미만에 불과하여 기존 은행들이 얼마나 영향을 받게 될지는 지켜봐야할 이슈이다.

04 | 카드 업종

카드업종 Summary

카드사는 신용판매 수수료와 현금대출 이자를 통해 수익을 창출한다. 신용판매부문은 안정성이 높지만 수익성이 낮으며, 반대로 현금대출부문은 수익성은 높지만 안정성이 낮다. 두 부문 모두 민간소비와 밀접한 연관성을 가지며, 특히 신용판매부문은 민간소비지출에 큰 영향을 받는다. 카드업은 다른 금융업과 마찬가지로 정부의 규제가 심하고, 현재 20개의 회사가 경쟁하고 있어 경쟁강도는 센 편이다.

지갑을 열어보면 주민등록증, 운전면허증과 함께 꽂혀 있는 것이 있다. 바로 신용카드다. 가로 8cm, 세로 5cm의 조그마한 신용카드는 현대인들의 필수품이 되었다. 적게는 한두 개, 많게는 서너 개씩 지갑 속에 넣고 다니며 백화점에서, 마트에서, 편의점에서 편리하게 물건을 산다. 카드사는 신용을 기반으로 카드를 발급해주며 카드 사용자들은 나중에 한꺼번에 대금을 지급하는 편리한 시스템이다. 이렇게 되면 현금을 들고 다니지 않아도 되고 현금 없이도 결제가 가능하다. 이러한 유용성으로 신용카드는 현금을 앞질러 제1의 지급결제수단으로 자리 잡았다.

신용카드를 처음 생각해 낸 사람은 미국의 에드워드 벨라미이다. 1888년에 출간한 그의 저서 'Looking Backward'에서는 현금 대신에 물건을 살 수 있는 새로운 지급결제수단으로 신용카드가 등장한다. 그로부터 6년 뒤에 미국의 크레딧 레터 컴퍼니라는 호텔에서 책 속의 신용카드를 실제로 도입하여 사용하기 시작했다. 지금의 것과 유사한 신용카드는 1950년 미국의 사업가 프랭크 맥나마라라는 사람에 의해 만들어졌다. 어느 날 그가 식당에 가서 저녁식사를 했는데 미처 지갑을 가지고 오지 않았다. 지갑이 없어서 곤란한 상황에 처했던 그는 이러한 불편을 해결하고자 훗날 신용카드를 만들었다고 한다.

우리나라 최초의 신용카드는 1969년 신세계백화점이 자사의 임직원들에게 나눠준 것이 시초이다. 1978년 9월에 코리안익스프레스, 11월에는 한국신용카드가 설립되어 카드 전문회사가 등장하였고 은행계 카드는 외환은행의 비자 인터내셔널카드가 첫 번째이다. 1980년대에는 다섯 개 시중은행이 연합하여 은행신용카드협회 현재 비씨카드를 만드는 등 은행계 카드사의 확장이 두드러졌다. 1987년 정부는 무분별한 카드사의 난립을 차단하고자 '신용카드업법'을 제정하여 신용카드업계의 건전성을 제고하였다. 한편, LG와 삼성 등 대기업들이 신용카드업계에 진출하면서 카드산업의 한 축을 점했다. 카드산업은 타 금융산업에 비해 역사는 짧지만 빠르게 성장하였다. 하지만 안전성을 등한시하고 수익성만 쫓은 결과 2003년 카드대란과 같이 커다란 사회적 혼란을 야기하기도 했다.

【 **개인 신용카드 이용금액** 한국은행, 단위: 조 원 】

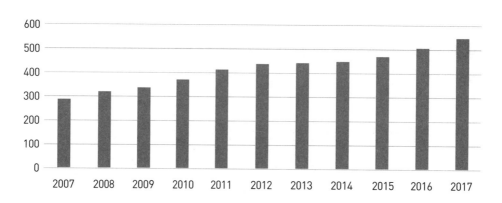

한편, 개인 신용카드 사용액은 2007년부터 2017년까지 연평균 경기에 따라 증가율 등락 7% 정도로 꾸준히 증가해오고 있다.

수익 구조

신용카드사가 돈을 버는 방법은 크게 두 가지이다. 첫 번째 방법은 신용판매 시 발생하는 수수료를 수취하는 것이다. 여기서 신용판매란 어떤 물건을 카드로 구입하는 것을 말한다. 소비자는 카드를 긁고 추후에 카드사에 대금을 납부하게 된다. 소비자의 반대편에 서 있는 판매자는 카드를 긁어주고 대금은 카드사에게 받게 되는데 이때 카드사가 일정 부분의 수수료를 떼어 간다. 이러한 수수료 수익이 카드사의 주된 수익이 된다. 두 번째 방법은 현금대출 시 발생하는 이자를 수취하는 것이다. 카드사는 카드를 이용해서 고객들에게 대출을 해준다. 이렇게 대출을 해주고 이자를 수취함으로써 수익을 얻게 되는데 이는 카드사의 부수익이 된다. 신용판매는 대금 납부 방식에 따라 일시불과 할부로 나뉘며 현금대출은 대출 방식에 따라 현금서비스와 카드론으로 구분된다.

카드사들은 신용판매를 기반으로 하여 현금대출을 조합하는 형태로 사업을 운영하고 있다. 신용판매와 현금대출은 몇 가지 특성에서 차이점을 보인다. 첫 번째는 민간소비와의 연관성이다. 당연하게도 신용판매와 민간소비지표의 연관성은 밀접하다. 사람들의 소비여력이 높아지면 신용판매도 높아지고 반대로 소비여력이 낮아진다면 신용판매 역시 낮아질 것이기 때문이다. 반면 현금대출은 마냥 그렇지만은 않다. 민간소비와 연관성을 가지긴 하지만 신용판매에 비해 상대적으로 연관성이 덜하고 자금상황이나 정책변수 등 여타 외부 요인에도 영향을 받는 특성이 있다. 따라서 신용판매에 비해 현금대출의 이용실적 변동이 크다.

두 번째는 안정성측면이다. 신용판매는 안정적인 수익확보가 가능하다. 말하자면 떼일 염려가 적다는 것이다. 반면 현금대출의 경우 신용판매보다 떼일 염려가 상대적으로 크다. 1999년부터 2002년까지는 카드업계가 급성장한 시기였다. 이 시기 카드사들의 사업방식은 현금대출을 늘려 이자수익을 확보하는 식이었다. 하지만 안정성을 뒤로한 채 무분별하게 현금대출을 늘려온 카드사들은 결국 2003년 카드대란을 낳으면서 심각한 타격을 입었다. 이후 카드사들은 보다 안전한 신용판매 위주로 사업 포트폴리오를 재편하여 지금까지 안정적 성장을 이루고 있다.

세 번째는 수익성측면이다. 안정성과 수익성은 대개 상충관계이며 카드업계도 예외는 아니다. 신용판매부문은 안정적이나 수익이 낮으며 현금대출부문은 상대적으로 큰 위험이 따르지만 수익이 높다. 그렇기 때문에 카드사들은 자기 회사의 역량을 철저히 파악하여 적정한 사업 포트폴리오를 짜는 것이 중요하다.

네 번째는 수요측면이다. 신용판매는 민간소비여력에 따라 등락은 있지만 안정적인 시장수요를 가지고 있다. 경기가 어렵다 하더라도 생활필수품은 구매해야하기 때문이다. 반면 현금대출의 수요는 불안정하다. 앞서 말한 것처럼 경제상황, 자금상황, 정책변수 등 다양한 외부요인에 영향을 받기 때문에 이용실적의 변동이 상대적으로 크다.

산업 특성

국내의 여타 금융업이 그러하듯 카드산업 역시 전형적인 내수산업이다. 따라서 국내 경기에 민감하게 반응하는 특성이 있다. 특히 민간소비여력과 맞닿아 있는 카드업의 특성 상 민간소비지출, 소비자물가상승률 등의 지표와 아주 밀접하게 연관되어 있다.

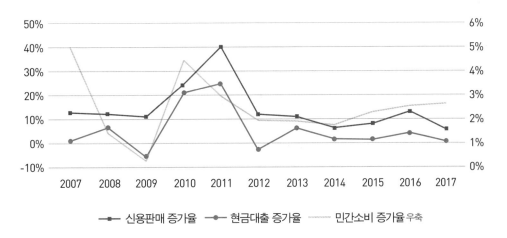

【신용카드 이용액 및 민간소비지출 증감율 금융감독원, 한국은행】

신용판매 증가율
현금대출 증가율
민간소비 증가율 우축

국내 소비와 밀접한 관계를 가지고 있기 때문에 정부는 카드업계에 대해 관심이 크다. 꽤 오래 전부터 가맹점수수료가 뜨거운 감자로 떠올라 신문에 주기적으로 오르내리고 있다. 뿐만 아니라 카드사의 외형확대 제한, 지급결제 시스템 개선 등 카드사에 대한 정책이 다수 포진해 있어 정책변수에 대한 민감도가 큰 편이다. 실제로 카드업계는 정부의 지원 및 규제 정책에 따라 실적이 변동하는 추세이다. 전반적으로 신용카드를 장려하는 정부 정책 덕분에 카드업계의 급성장이 뒷받침되어 왔지만 지배적인 지급결제수단으로 자리 잡은 이후에는 신용카드사의 재무 건전성 제고를 위해 규제 강화가 이루어지고 있다.

한편, 정부는 정책적으로 카드산업에 진입장벽을 형성해주고 있다. 금융위원회의 허가를 얻어야만 카드업을 영위할 수 있기 때문이다. 정부는 2003년부터 지금까지 새로운 사업자를 허가해주지 않고 있다.

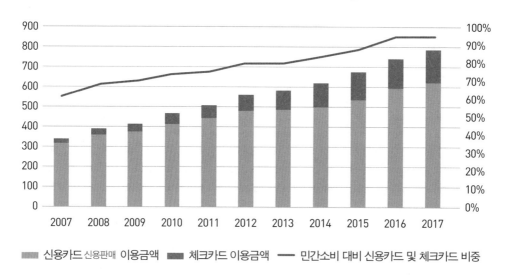

【신용판매 이용실적 추이 여신금융협회, 단위: 조 원**】**

- 신용카드 신용판매 이용금액
- 체크카드 이용금액
- 민간소비 대비 신용카드 및 체크카드 비중

2017년 말 기준 민간소비 대비 신용카드 결제비중은 70% 이상이며, 체크카드를 포함할 시 95%가량이 카드를 통해 상품 구매가 이루어지고 있다. 카드결제 문화가 정착된 현재 상황을 감안하면 향후 신용카드 산업의 성장 여력이 둔화될 것으로 보인다.

업계 구도

국내 카드업계는 은행계 전업카드사 5개, 기업계 전업카드사 3개, 겸영은행계열 11개, 기타계열 1개사로 형성되며 총 20개의 카드사가 과당경쟁하고 있다. 신한카드는 전체 카드 이용실적 중 약 20% 이상의 점유율을 차지하여 업계 선두를 달리고 있으며 그 뒤를 삼성카드, KB국민카드, 현대카드 등이 뒤쫓고 있는 구도이다. 상장사로는 삼성카드가 유일하다.

【신용카드업계 구도5】

구분		사업자수		회사명
전업카드사	은행계	8	5	비씨, 신한, KB국민, 우리, 하나
	기업계		3	삼성, 현대, 롯데,
겸영은행		11		경남, 광주, 기업, 대구, 부산, 수협, 전북, 제주, 씨티, 농협, SC
기타		1		KDB캐피탈

2009년 10월 하나SK카드, 2011년 3월 KB국민카드가 분사하여 은행계 전업카드사가 증가하였다. 2012년에는 하나금융지주가 외환은행을 인수한 뒤 외환은행 카드사업본부를 분할하여 하나SK카드와 합병하면서 2014년 하나카드가 출범하였다. 카드사 분사는 카드 업무의 효율성을 높여줄 것으로 기대되지만 카드사간 경쟁강도 역시 더욱 세질 것으로 예상된다. 이로 인해 전업카드사의 시장점유율은 80%에 육박하여 시장집중도가 큰 편이다. 특히 삼성카드는 모그룹과의 사업연계로 시장지위가 상승하고 있다. 은행계 카드사의 경우 체크카드부문에서 우위를 가지고 있지만 점유율의 급격한 변화는 이루어지지 않을 것으로 판단된다. 한편, 2015년 이후 카드론을 중심으로 현금대출 이자수익이 증가했지만 금융당국의 재무건전성 규제가 재차 강화되면서 최근에는 이마저도 여의치 않은 상황이다.

외환위기 이전에는 100여 개에 달하기도 했던 카드사는 업계 구조조정을 통해 현재 21개로 줄었다. 하지만 여전히 숫자가 많아서 경쟁강도가 센 편이다. 무엇보다 산업 성장성이 둔화된 상황에서 가맹점수수료율 인하와 같은 규제로 인해 사업기반 확보를 위한 카드사 간의 경쟁은 치열해지고 있는 추세이다. 금융상품 특성 상 회사 간 제품차별화에 한계가 있어 가격경쟁으로 빠질 위험이 있다. 카드사들은 브랜드 이미지 제고, 신규고객 확보를 위해 마케팅비용을 늘려가고 있다. 마케팅비용은 부가서비스비용, 광고선전비 등으로 구성되어 있다. 카드 혜택이 늘어나고 카드광고가 자주 보이는 것도 카드사의 마케팅 강화에 따른 현상이다. 이에 정부는 카드사들의 수익성 악화를 우려하여 마케팅 경쟁 실태 점검을 강화하는 규제를 내놓고 있다.

2부 업종별 개요, 특징 및 트렌드 분석

가맹점수수료 인하 압박

정부는 2007년 이후로 법 개정을 통해 가맹점수수료율을 꾸준히 인하해왔다. 특히 2012년부터는 카드사 적정원가에 기반한 가맹점수수료 산정이 시작되었으며, 3년마다 가맹점수수료율을 조정하고 있다. 2016년에 가맹점수수료를 조정했으며, 2019년부터 시작될 수수료 조정을 위해 현재 원가분석 작업이 진행 중이다.

하지만 카드사의 수수료 인하 여력이 과거 대비 많이 줄었다는 관측이 나오고 있다. 이미 연매출 3억 원 이하 가맹점에 대해서 0.8%까지 수수료율이 낮아진 상황이기 때문이다. 한편으로는 급격한 최저임금 인상으로 자영업자들의 경기가 침체되고 있어 이를 지원하고자 카드사 수수료율 규제가 지속될 전망이다. 카드사들은 광고선전비, 부가서비스비 등 비용절감을 통해 수익성을 유지할 것으로 보인다.

간편결제 확대

최근 삼성페이, 네이버페이, 카카오페이, 페이코 등 간편결제 시장이 확대되고 있다. 또한 서울페이 등 지자체 주도의 간편결제 수단도 등장하고 있다. 이에 따라 신용카드 결제 비중이 하락할 것이라는 우려가 있다. 하지만 아직까지 그 우려는 기우인 것으로 판단된다. 왜냐하면 삼성페이, 네이버페이 등 대부분의 간편결제가 신용카드를 앱에 등록해서 결제하는 방식이기 때문이다. 사실상 간편결제를 하더라도 신용카드 사용이 줄어들지 않는 구조이다.

하지만 서울페이 그리고 네이버페이 오프라인 결제 는 다르다. 이들은 앱투앱 방식으로서 신용카드를 거치지 않고 고객 계좌에서 가맹점 계좌로 직접 돈이 전송되는 방식이다. 중국의 알리페이가 앱투앱 방식으로 자국 온라인 지급결제 시장을 장악하고 있다. 그렇지만 신용카드 사용률이 높은 우리나라에서는 만만치 않다. 앱투앱 방식으로 전환하면 가맹점수수료가 사라지는 것은 사실이지만 소비자들이 상품 구매 시 번거로워지는 단점 앱을 켜서 QR코드를 촬영하고 결제해야 함 이 있다. 이러한 단점에도 불구하고 소비자들을 유인할 수 있는 인센티브를 마련해야 앱투앱 시장이 활성화될 수 있을 것으로 예상된다.

05 | 할부리스 업종

할부리스업종 Summary

　할부리스사는 할부, 리스, 대출을 통해 수익을 창출한다. 할부리스업 역시 다른 금융업과 마찬가지로 정부의 규제를 받으나 진입장벽이 낮아 60여 개 이상의 회사가 난립하고 있는 상황이다. 또한 수신기능이 없어 타 금융업에 비해 자금조달에 어려움을 가지고 있다. 전체 할부리스업 중 자동차를 대상으로 하는 것이 대부분을 차지한다.

우리는 자동차나 가구 등 고가의 제품을 사기 위해 할부를 이용한다. 할부금융사는 사람들이 할부를 이용할 때 구매자 대신 물건 대금을 판매회사에 지급해준다. 구매자는 할부금융사에 원리금을 나눠서 지급하고 할부의 대가로 소정의 수수료를 지불한다. 이러한 시스템은 우리가 고가의 물건을 부담 없이 구매할 수 있도록 도와준다.

할부는 19세기 미국 가구업계에서 처음으로 나타났다. 그러다가 제1차 세계대전 이후부터 할부판매가 즐겨 사용되었고 1960년대 들어 별도의 금융상품으로 취급되기 시작하였다. 우리나라의 경우 1967년 현대자동차, 1982년 삼성전자 등이 할부판매를 시작했으며 1990년 '신용카드업법'을 통해 할부금융의 제도적인 기틀이 마련되었다. 이후 1998년에는 '여신전문금융업법'으로 신용카드업, 리스업, 신기술금융업과 함께 관리되기 시작했다.

국내 할부금융이 기업의 자생적인 할부판매에서 발생되었다면 리스금융은 국가의 주도로 시작되었다. 리스는 시설을 임대해 주는 것을 말하며 리스업을 전문으로 하는 회사를 리스회사라고 한다. 리스를 이용하면 사용자는 시설을 소유할 때 발생하는 위험을 피할 수 있고 세금도 절감할 수 있어 매력적이다. 정부는 이 같은 특성을 이용하여 기업의 설비투자를 활성화시켰다. 국내 리스산업은 1972년 한국산업은행의 자회사인 한국산업리스회사가 설립되면서 시작되었고 이듬해 '시설대여 산업육성법'이 제정되면서 법적 지원을 받게 되었다. 1998년에는 '여신전문금융업법'으로 제도가 정비되었으며 대부분의 리스회사가 할부업을 동시에 영위하고 있다.

수익 구조

할부는 일반 소비자들이 고가의 물건을 살 때 이루어지므로 소비자금융의 성격을 띤다. 반면 리스는 기업이 선박, 항공, 기계장치 등을 대여할 때 이루어지므로 기업금융에 속한다. 하지만 여신전문금융업법 제정 이후 할부업과 리스업을 겸영하는 회사가 많아지고 있어 일반적으로 두 산업을 함께 묶어 할부리스업이라 부른다.

할부리스사는 본업이라 할 수 있는 할부리스에서 나오는 대금으로 돈을 번다. 하지만 꼭 할부리스업무만 하는 것이 아니다. 여신전문금융회사의 하나로서 고객들에게 대출을 해주고 이자수익을 받는 업무도 영위한다. 할부리스업의 특징 자체가 고객들에게 자금이나 물건을 빌려주는 성격을 가지고 있기 때문에 여신기능_{일반대출} 을 가진다는 것이 별 무리는 없어 보인다. 신용카드사가 신용판매 수수료 이외에도 현금대출 이자수익을 벌어들이는 것과 비슷한 구조이다.

산업 특성

할부리스산업은 수신기능이 없기 때문에 은행에 비해 자금조달측면에서 열위에 있다. 따라서 경기변동이나 금융시장 상황에 따라 자금조달에 어려움이 생길 수 있으며 이에 대한 대응력이 요구되는 산업이다. 더욱이 타 금융업에 비해 제도적 진입장벽도 낮다. 신용카드업의 경우 정부의 허가를 받아야 하지만 할부리스업은 등록만 하면 사업을 할 수 있기 때문에 군소사업자들이 난립하고 있는 상황이다.

할부금융업 추이

국내 할부금융시장에서 자동차할부금융이 차지하는 비중은 할부취급액 기준 90% 이상이다. 자동차 이외에도 기계류, 주택, 기타내구재 등이 할부금융의 대상이 되지만 자동차할부에 비하면 미미한 수준이다. 자동차할부금융 시장은 현대캐피탈, 아주캐피탈, JB우리캐피탈 등 소수업체들의 과점시장이다. 현대캐피탈은 최대주주인 현대자동차그룹과 전속적인 관계를 맺고 있어 산업 내에서 유리한 위치에 있다. 국내 자동차 점유율 중 과반수가 현대기아차라는 점을 감안하면 현대캐피탈의 경쟁우위는 압도적이다.

아주캐피탈 역시 한국GM, 쌍용자동차와의 밀접한 관계를 기반으로 자동차할부시장의 한쪽 파이를 차지하고 있었다. 하지만 2014년부터 추진한 매각이 여러 번 무산되면서 신용등급이 하락해 자금조달 위기를 겪었다. 이를 틈타 2015년 KB캐피탈이 쌍용자동차와 손잡고 쌍용차 전담 할부금융사인 SY오토캐피탈을 설립하면서 아주캐피탈의 시장점유율을 뺏고 있다. KB캐피탈은 쌍용차뿐만 아니라 한국GM 시장도 잠식하고 있으며, 나아가 중고차 분야에서도 1위를 넘보고 있다. 한편, 아주캐피탈은 2017년 7월 우리은행이 주주로 있는 사모펀드 웰투시인베스트먼트에 인수되면서 새로운 국면을 맞고 있다. 신차할부 비중을 줄이고 중고차, 상용차 할부와 개인 및 기업 금융을 확대해 나가겠다는 전략이다.

자동차할부금융을 제외한 기타 할부금융시장은 수요가 많지 않아 활성화되지 않고 있다. 그나마 기계류는 기업들의 꾸준한 수요가 존재하지만 주택, 기타내구재 등의 할부금융은 침체된 상황이다. 주택의 경우 할부금융사를 이용하기보다 은행과 같은 타 금융권을 이용하기 때문이다.

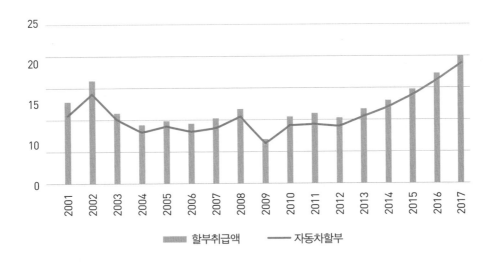

【할부금융 취급액 추이 여신금융협회, 단위: 조 원】

┈┈┈┈ 할부취급액　━━━ 자동차할부

위 그래프에서 보이듯이 국내 할부금융시장은 2003~2004년에 급격하게 축소되었다. 그 이유는 자동차리스 시장의 성장 때문이다. 자동차리스는 자동차할부의 강력한 경쟁자로 등장하여 시장을 갉아먹었다. 자동차리스와 자동차할부의 차이점은 자동차의 소유여부이다. 자동차할부가 할부금을 주고 자동차를 사는 것이라면 자동차리스는 리스료를 내고 자동차를 빌려 타는 것이다. 단, 리스기간이 끝났을 때 소유권의 이전이 가능하다. 자동차리스는 빌려 타는 것이기 때문에 차량 관리를 리스사에서 할 수도 있다. 또한 리스료는 비용 처리되어 기업들에게 유리하게 작용하기 때문에 자동차리스 시장이 성장할 수 있었다.

하지만 2013년부터 자동차 할부금융시장의 재도약기가 시작되었다. 사실 해당 기간 국내 자동차 판매 대수는 크게 늘지 않았다. 그럼에도 불구하고 할부시장이 커진 이유는 차량 판매 단가가 높아졌기 때문이다. 소비자들은 소형차보다 대형차를 선호하였고, 수입차 점유율도 20%에 육박하여 고가 차량 판매가 호조를 이루었다. 자동차 구매액이 높아짐에 따라 할부금융을 이용하는 소비자들이 많아진 점도 할부시장 성장의 요인이다. 아직까지 국내 자동차금융 이용률은 50% 이하로, 미국 80%, 독일 60% 등 선진국에 비해 낮아 추후에도 성장잠재력은 남아있는 상황이다.

리스금융업 추이

국내 리스금융시장에서 자동차리스가 차지하는 비중은 리스실행액 기준 70% 이상이다. 할부금융시장과 마찬가지로 자동차부문의 비중이 크지만 상대적으로 의존도는 적다. 리스 시장의 경우 자동차 이외에도 의료기기, 컴퓨터, 건설기계, 산업기계 등 다양한 부문에 대한 수요가 존재한다. 외환위기 이전에는 거액의 산업기계리스 비중이 컸지만 2000년대 들어 사무기기, 통신기기 등 소액 단품 부문의 비중도 커져서 이전보다 리스크 관리가 용이해지고 있다.

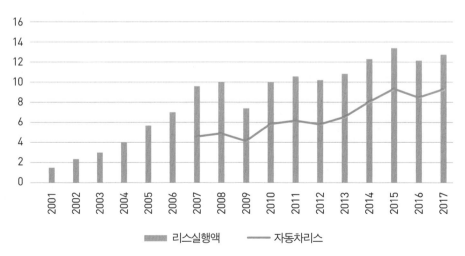

【리스금융 실행액 추이 여신금융협회, 단위: 조 원】

리스실행액 ——— 자동차리스

2부 업종별 개요, 특징 및 트렌드 분석

2010년 이전까지 리스실행액 성장률은 연평균 19%로 고성장을 이루었다. 자동차리스의 성장이 두드러진 가운데 산업기계, 의료기기 등 고른 부문에서 리스금융이 급성장했기 때문이다. 하지만 이후 성숙기에 접어들면서 증가율은 한자리수로 둔화되었다. 2013년부터 다시 성장성이 높아진 이유는 할부금융과 마찬가지로 자동차 판매단가의 증가 때문이다.

자산 건전성

할부리스업체들의 자산 성장이 빠르게 진행됨에 따라 2015년부터 레버리지 규제가 시행되었다. 총자산을 자기자본의 10배 이내로 제한하여 무분별한 외형 확대를 경계하는 것이다. 또한 조정자기자본비율=조정자기자본/조정총자산 을 7% 이상 유지하도록 지도하여 자본완충력을 가지도록 했다. 2017년 기준 모든 할부리스사는 해당 규정을 충족했다. 조정자기자본비율은 16.3%, 레버리지비율은 6.6배로 자산 건전성은 안정적인 모습이다.

연체율 역시 하락 추세다. 금융위기 당시 부동산 PF와 선박리스 등이 부실화되며 3%대 후반까지 올라갔던 연체율이 부실자산 감축 노력으로 2% 밑으로 하락했다. 이에 따라 대손비용 역시 안정적으로 유지되고 있는 상황이다. 하지만 은행 대비 신용도가 떨어지는 고객들이 많기 때문에 금리 변동, 경기 침체 등 외부변수가 악화될 때 연체율 등 자산 건전성 지표가 급격히 하락할 가능성도 배제할 수 없다.

업계 구도

2017년 말 기준 국내에서 할부업 혹은 리스업만 단독으로 하는 회사는 6개사에 불과하며 할부업과 리스업을 동시에 하는 회사는 41개이다. 한편 카드사들의 할부리스 시장 진입이 이루어지면서 현재 대부분의 전업카드사들은 할부리스업을 동시에 영위하고 있다. 뿐만 아니라 저축은행 역시 할부금융 시장에 진출하며 시장 경쟁이 격화되고 있다. 신기술금융업 벤처캐피탈을 함께 영위하는 회사들을 포함하여 전체 할부리스업체는 총 60여 개이다.

【할부금융업 등록 현황 2017년 말 기준】

구분		회사수	회사명
전업사		21	동화캐피탈, 롯데캐피탈, 메르세데스벤츠파이낸셜, 메리츠캐피탈, 스카니아, 아주캐피탈, 에코캐피탈, 웰릭스캐피탈, 코스모캐피탈, 하나캐피탈, 하이델베르그, 한국자산캐피탈, 현대캐피탈, DB캐피탈, JB우리캐피탈, JT캐피탈, NH농협캐피탈, RCI파이낸셜, SPC캐피탈, SY오토캐피탈, JM캐피탈
겸업사	리스사	22	데라게란덴, 도이치파이낸셜, 롯데오토리스, 메이슨캐피탈, 무림캐피탈, 산은캐피탈, 스타파이낸셜, 신한캐피탈, 애큐온캐피탈, 오릭스캐피탈, 토요타파이낸셜, 폭스바겐파이낸셜, 효성캐피탈, BMW파이낸셜, BNK캐피탈, DGB캐피탈, KB캐피탈, OK캐피탈, CNH캐피탈, 한국캐피탈, 현대커머셜, 홈앤캐피탈
	신용카드사	8	롯데카드, 삼성카드, 신한카드, 우리카드, 하나카드, 현대카드, BC카드, KB국민카드
	신기술금융사	5	IBK캐피탈, 우리기술투자, 포스코기술투자, 에이스투자금융, 미래에셋캐피탈
	타업권 저축은행	7	OSB저축은행, JT저축은행, 인성저축은행, 웰컴저축은행, 조은저축은행, SBI저축은행, 오케이저축은행
	소계	42	
총계		63	

할부리스업은 금융당국으로부터 인가를 받아야 하는 타 금융업권과는 달리 허가만 받으면 되기 때문에 60여 개나 되는 업체들이 난립하고 있다. 실제로 지난 5년간 20개에 육

2부 업종별 개요, 특징 및 트렌드 분석

박하는 업체들이 할부리스업 신규 허가를 받으면서 경쟁강도는 세지고 있는 형국이다. 특히 카드사와 저축은행의 진출이 주를 이뤘다.

【 리스금융업 등록 현황 2017년 말 기준 **】**

구분		회사수	회사명
전업사		26	데라게란덴, 도이치파이낸셜, 롯데오토리스, 메이슨캐피탈, 무림캐피탈, 산은캐피탈, 스타파이낸셜, 신한캐피탈, 애큐온캐피탈, 오릭스캐피탈, 중동파이넨스, 토요타파이낸셜, 폭스바겐파이낸셜, 한국캐피탈, 한국투자캐피탈, 현대커머셜, 홈앤캐피탈, 효성캐피탈, AJ캐피탈파트너스, BMW파이낸셜, BNK캐피탈, DGB캐피탈, KB캐피탈, OK캐피탈, CNH캐피탈, HP파이낸셜
겸업사	할부사	19	동화캐피탈, 롯데캐피탈, 메르세데스벤츠파이낸셜, 메리츠캐피탈, 스카니아, 아주캐피탈, 에코캐피탈, 코스모캐피탈, 하나캐피탈, 하이델베르그, 한국자산캐피탈, 현대캐피탈, DB캐피탈, JB우리캐피탈, JT캐피탈, NH농협캐피탈, RCI파이낸셜, SPC캐피탈, SY오토캐피탈
	신용카드사	6	삼성카드, 신한카드, 우리카드, 하나카드, 현대카드, KB국민카드
	신기술금융사	6	미래에셋캐피탈, 아주IB투자, 우리기술투자, 제니타스인베스트먼트, 포스코기술투자, IBK캐피탈
	소계	31	
총계		57	

이들 중 자동차금융시장 내에서 상당 수 점유율을 차지하고 있는 회사들은 안정적인 수요를 바탕으로 사업을 영위할 수 있을 것이다. 또한 은행계 할부리스사는 은행권과의 연계를 통해 업계 내에서 경쟁력을 가질 수 있을 것이다. 하지만 중소형 할부리스사의 경우 특정 상품에 특화된 경쟁력을 가지지 못하고 비차별적 사업을 영위한다면 업계 내에서 도태될 가능성이 있다.

타 금융업권의 할부금융시장 진출

차량 구매가격 상승으로 자동차 할부금융시장이 급성장하면서 은행권과 카드사의 시장 진입이 이루어지고 있다. 특히, 카드사는 신용카드업 성장률 둔화와 가맹점수수료율 인하에 따른 수익성 악화로 자동차 할부금융시장에 공을 들이고 있다. 카드사들은 낮은 조달금리를 앞세워 고객에게 값싼 가격에 자동차할부를 제공하고 있다. 저축은행 역시 금융당국의 가계대출 총량 규제로 수익 확대가 한계에 부딪히면서 할부리스 시장에 진입하고 있다. 의료기기, 운동기기, 오토바이 등 다양한 제품을 취급하며 니치마켓을 공략하고 있다. 향후에는 자동차 등 대형 할부금융도 추진해나갈 계획이다. 신차 자동차할부 시장에서 타업권 금융사들의 진출로 경쟁강도가 세진 만큼 기존 할부리스업체들은 중고차 및 상용차 시장으로 진출하며 수익성 다각화를 꾀하고 있다.

2장

• • •

전력, 도시가스,
전선,
건설·플랜트업종

01 | 전력
업종

전력업종 Summary

　전력업은 크게 발전부문과 송/배전부문으로 나뉜다. 발전부문은 경쟁체제가 도입되어 400여 개 발전회사가 있으나 한국전력의 발전 자회사가 시장의 대부분을 차지하고 있다. 송/배전부문은 아직 경쟁체제가 도입되지 않았으며 한국전력의 독점체제이다. 하지만 정부의 규제가 심하여 독점으로 인한 기업의 혜택은 거의 없는 실정이다. 한국전력의 자회사로는 한국전력기술, 한전KPS 등이 있으며 발전소 설계/정비 등 세부적인 업무를 담당하고 있다.

1887년 3월 6일 저녁, 경복궁 내 건천궁에서 조명등 하나가 켜졌다. 이 날은 우리나라에서 최초로 전기가 사용된 날로서 에디슨이 전구를 발견하고 8년만의 일이다. 이로부터 11년 후인 1898년에는 국내 최초의 전기회사인 한성전기회사가 만들어졌다. 한성전기회사는 발전용량 200kW의 동대문발전소를 가동하여 서울 시내의 전등, 전차, 전화의 이용을 가능하게 했다. 이후 1946년까지 70~80개의 회사가 난립하여 지역별 독점체제를 이루었으나 일제 말기, 회사들을 통합하여 발/송전회사 1개, 배전회사 4개로 정비하였다. 1961년에는 조선전업, 경성전기, 남선전기 3곳을 통합해 한국전력주식회사가 설립되었다. 1978년에는 원자력발전소인 고리 1호기가 준공되어 원자력 시대를 열었고 1982년에는 정부가 한국전력주식회사의 지분을 100% 확보하여 한국전력공사로 탈바꿈하였다.

외환위기 이전까지 국내 전력산업은 사실상 한국전력의 독점체제였다. 하지만 외환위기를 기점으로 공공부문의 구조조정이 이루어지면서 전력산업의 시장구조도 바뀌게 되었다. 1999년 '전력산업구조개편 기본계획'을 발표하고 2000년 '전기사업법'을 개정하였다. 마침내 2001년에는 한국전력의 발전부문을 따로 떼어내 6개의 발전자회사가 탄생하였다. 이외에도 포스코에너지, GS파워, GS EPS 등 민간발전사도 다수 존재하여 발전부문의 경쟁구도가 갖추어졌다.

【 **최근 10년간 전력소비량 추이** 한국전력거래소 】

	전력소비량 억kWh	1인당전력소비량 kWh
2001	2,577	5,444
2002	2,785	5,845
2003	2,936	6,126
2004	3,121	6,491
2005	3,324	6,883
2006	3,487	7,191
2007	3,686	7,607
2008	3,851	7,922
2009	3,945	8,092
2010	4,342	8,883
2011	4,551	9,142
2012	4,666	9,331
2013	4,748	9,285
2014	4,776	9,305
2015	4,837	9,555
2016	4,970	9,699
2017	5,077	9,869

수익 구조

전력산업이란 전력을 생산하여 소비자에게 판매하는 산업이다. 전력산업을 세부적으로 살펴보면, 전력을 생산하는 발전단계, 생산된 전력을 소비자에게 전달하는 송/배전단계로 나뉜다. 이에 따라 전력산업도 크게 발전회사와 송/배전회사로 구분된다.

발전회사는 화력, 수력, 원자력 등을 이용하여 발전소를 돌린다. 화력발전소는 석유, 연탄, 천연가스 등의 연료를 태워 증기를 발생시키고 이것으로 터빈을 회전시킨다. 터빈이 돌아가면서 터빈과 연결되어 있는 발전기도 함께 돌아가 전기를 만들어낸다. 수력발전소는 물의 위치에너지를 이용하여 수차를 돌리고 이를 통해 전기를 발생시키게 된다. 원자력발전소는 우라늄의 핵분열을 이용하여 증기를 발생시킨다. 이후 증기가 터빈과 발전기를 돌려 전기를 만드는 과정은 화력발전소와 동일하다. 화력, 수력, 원자력 이외에도 신재생에너지 등을 이용하여 전기를 만들기도 하나 아직까지 그 비중은 미미한 수준이다.

국내 400여 개의 발전회사가 만들어낸 전기는 전력거래소에서 거래된다. 전력거래소는 전기를 판매하는 발전회사와 전기를 구매하는 송/배전회사가 만나는 장소이다. 전력거래소는 변동비 반영시장CBP, Cost-Based Pool 으로, 발전회사들은 자신들이 생산해 낸 전기를 전력거래소에 입찰하고 그 중 가장 값이 저렴한 전기부터 계약이 체결된다. 보통 원자력, 연탄, 수력, 천연가스, 석유 순으로 단가가 낮다. 발전회사의 수익은 전력거래소에서 완성된다. 전기를 최대한 싸게 만들어야 전력거래소에서 더욱 많은 양을 판매할 수 있다. 반면, 송/배전회사는 전력거래소에서 전기를 구매하면서 사업이 시작된다. 국내 송/배전회사는 한국전력의 독점체제이다. 한국전력은 전력거래소에서 전기를 구매하여 송전, 변전, 배전을 통해 각 소비자에게 전달한다. 전기를 높은 전압으로 변전소까지 운반한 후^{송전} 변전소에서 전압을 낮춰^{변전} 최종 소비자에게 전달한다^{배전}. 소비자는 한 달간 전기를 쓰고 전기요금을 납부하게 되는데 이로써 한국전력의 수익이 완성된다.

산업 특성

전력은 국민생활과 산업활동에 필수적인 기본에너지로서 정부정책상 중요한 위치에 놓여 있다. 정부는 안정적인 전력공급을 위해 원자력, 화력, 천연가스, 신재생 등 발전원별 공급계획을 가지고 장기적인 전력계획을 세우고 있다. 또한 전기가 생활필수재인 만큼 급격한 전기요금 상승을 방지하기 위하여 한국전력의 전기요금 책정에도 영향력을 행사하고 있다. 이로 인해 한국전력의 흑자폭이 커지면 전기요금 상승에도 불리하게 작용하며 반대로 적자폭이 커질 때는 전기요금 인상으로 이익을 보전해 주게 되는 구조이다. 다만, 그 인상 시기와 규모는 당시 정치, 경제적 상황에 따라 달라질 수 있다.

전력 수요는 경제성장률, 경기동향, 소비심리, 기온변동 등에 영향을 받는다. 국민의 경제수준과 산업의 가동률이 증가하면 전력소비도 커진다. 그리고 날씨가 더워지면 냉방부문 전력소비가 커져 전체 전력소비량이 커진다. 실제로 전력거래소는 경제성장률과 날씨를 토대로 전력수요를 예측하고 있다. 다만, 전기 수요는 하방경직적인 특징이 있어 상당부분 일정 수요가 존재하며 타 산업에 비해 경기에 대한 민감도가 작다.

전력산업은 발전, 송전, 배전 등 일련의 단계를 거치는 네트워크산업이다. 각각 단계에서 사업을 하려면 초기 대규모 설비투자가 필요한 장치산업이어서 진입 장벽이 높은 특징이 있다.

산업 추이

1990년 이후 국내 전력소비 증가율은 GDP성장률에 동행하는 추이를 보이고 있다. 또한 국민소득이 증가하면서 고급에너지원인 전기에 대한 수요가 늘고 있다. 여기에 전력설비 확충이 더해져 전기소비량과 전력소비 비중은 커지는 추세이다. 하지만 2013년 이후 전기요금 인상, 산업용 전기수요 증가세 둔화 등으로 전력소비증가율이 GDP성장률에 못 미치는 수준이다. 경제가 고도화될수록 전력수요 증가세는 둔화되기 때문에 향후에도 저성장 국면이 이어질 것으로 예상된다.

【국내 판매소비량 및 성장률 추이 단위: 억kWh 】

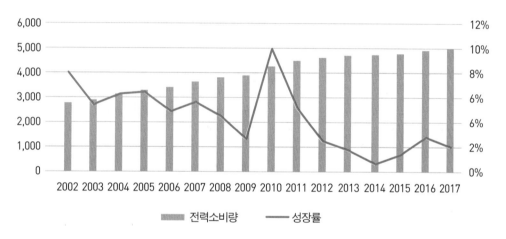

업계 구도

앞서 언급한대로 국내 전력시장은 발전부문과 송/배전부문으로 나뉜다. 2001년 이후로 발전부문에는 경쟁체제가 도입되었지만 송/배전부문은 아직까지 한국전력의 독점체제이다. 하지만 한국전력은 정부의 강력한 통제 하에 있어 가결결정권을 가지고 있지 않다. 따라서 독점에 따른 혜택이 거의 없는 실정이다.

발전부문은 한국전력의 6개 자회사가 국내 전력거래량 및 거래금액의 80%가량을 차지하고 있다. 한국수력원자력은 국내 유일의 원자력발전회사로서 전력거래량의 약 30%를 차지하고 있으며 한국전력의 나머지 자회사인 한국남동발전, 한국중부발전, 한국서부발전, 한국남부발전, 한국동서발전은 화력발전을 토대로 각각 10%가량의 점유율을 기록하고 있어 국내 발전시장 대부분을 한국전력 자회사들이 차지하고 있는 구도이다. 이외에도 포스코에너지, GS파워, GS EPS 등 민간발전사들은 5~6%의 점유율을 차지하고 있다. 최근 민간발전사들이 공격적으로 전력설비를 확충하면서 이들의 점유율이 꾸준히 늘고 있는 추세이다.

【 발전설비용량 추이 한국전력 전력통계속보, 단위: MW 】

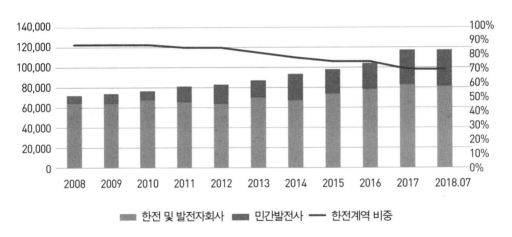

한전 및 발전자회사 ■ 민간발전사 — 한전계열 비중

한국전력 자회사

전력산업은 크게 발전부문과 송/배전부문으로 나뉘지만 발전소 정비, 전력계통 감시 등 부수적인 부문도 존재한다. 이에 따라 한전에서는 자회사를 통해 해당 업무를 처리한다. 발전부문을 제외한 한전의 자회사는 한국전력기술, 한전KPS, 한국원자력연료, 한전KDN

등이 있다. 이 중 한국전력기술과 한전KPS는 유가증권에 상장되어 있다.

한국전력기술은 발전소 설계를 주 업무로 하는 엔지니어링 회사이다. 한국수력원자력이 발주하는 원자력발전소의 설계와 엔지니어링을 독점하고 있다. 원자력산업은 발주, 설계, 주기기 제작, 시공, 연료공급, 유지보수 등으로 구성되어 있다. 이 중 한국전력기술은 설계와 주기기 제작 분야에서 독점적 위치에 있다. 주기기 제작은 원자력산업의 핵심 요소로서 세계에서도 몇몇 회사만이 해당 기술을 보유하고 있다.

한전KPS는 전력설비 정비를 맡고 있는 정비전문회사다. 원자력발전소와 송/변전 정비 분야에서 독점적 위치를 차지하고 있으며 화력발전소 정비에서도 40% 이상의 점유율을 차지하고 있어 전력설비 정비업계의 1위 기업이다. 발전소 운영에는 반드시 주기적인 정비가 뒤따라야 하기 때문에 전력산업의 발달과 함께 한전KPS도 꾸준히 성장하고 있다. 발전설비가 노후화되고 신규 발전소도 꾸준히 세워지고 있어 향후에도 정비분야에 대한 수요는 증가할 것으로 예상된다. 다만, 정비산업에 대한 경쟁도입이 추진되어 민간 발전정비사들의 점유율이 상승하고 있는 추세이다.

한국원자력연료는 국내 원자력발전소용 핵연료를 공급하는 업체이다. 핵연료산업은 원자력산업의 핵심사업으로서 원자력산업의 성장에 따라 꾸준히 성장해오고 있다. 한국원자력연료는 국내에 유일한 핵연료업체로서 독점적 지위를 차지하고 있으며 국내뿐만 아니라 UAE 등 해외 원전에도 핵연료를 공급하고 있다.

한전KDN은 전력의 생산, 거래, 수송, 판매 등 전력 전 분야에 전력IT 서비스를 제공하는 회사이다. 전력의 전 분야에 관여하고 있어 전력산업에 대한 높은 이해도를 가지고 있다. 현재 스마트그리드 토탈 솔루션 개발에 박차를 가하고 있어 향후 성장성에 관심이 가는 회사이다.

탈원전 및 석탄 정책과 재생에너지 3020 계획

문재인 대통령은 후보시절부터 원자력발전소 비중을 단계적으로 낮추는 탈원전 정책을 주장해왔다. 이를 대체할 발전원으로 LNG 및 신재생에너지를 선택하고, 특히 신재생에너지 산업에 대한 지원을 강화할 것이라고 밝혔다. 2017년 12월 발표된 제8차 전력수급 기본계획에 따르면 2030년 전력 수요는 100GW가 예상되며 이 중 신재생에너지 비중을 20%로 채울 계획이다. 반면, 원자력발전 비중은 현재 30%에서 2030년 24%로, 석탄발전 비중은 45%에서 36%로 낮추는 로드맵을 발표했다. 한편, 신재생에너지 발전용량은 2017년 11GW에서 2030년 59GW로 확대하고 이 중 태양광이 33GW, 풍력은 18GW로 신재생에너지의 대부분을 담당하게 될 것이라고 밝혔다.

하지만 해당 정책에 대한 논란도 끊이지 않고 있다. 값싼 원자력과 화력 발전소를 급격하게 축소하게 된다면 비싼 LNG로 발전을 해야 하기 때문에 전기요금 인상은 불가피하다는 것이다. 또한 원전산업 경쟁력 약화 우려도 제기되고 있으며, 국내에서는 신재생에너지로 생산성을 얻기가 힘들다는 주장도 나오고 있다. 정부는 추진하고 있는 에너지 정책을 국민들에게 설득하고 사회적 합의를 통해 중장기 전략을 세워나가야 할 것이다.

ESS Energy Storage System 시장 개화

ESS란 수백kWh 이상의 전력을 저장하는 단독 시스템을 말한다. ESS를 활용하면 전기를 적게 사용할 때 저장해서, 많이 사용할 때 공급할 수 있기 때문에 에너지효율을 높일 수 있다. 특히 전기 발전량이 불규칙한 신재생 발전소에 장착될 때 매우 효과적이다. 한편, 정부는 에너지 수요를 관리할 목적으로 피크저감용 ESS 보급 확대를 위해 요금할인을 적용 중이다. SNE리서치에 따르면 세계 리튬이온배터리 ESS 시장은 2016년 3GWh에서 2020년 16GWh로 급성장할 것으로 예측하고 있다.

ESS는 배터리, PCS 전력 변환 장치, EMS 시스템 제어 등 크게 세 가지로 구분된다. ESS용 배터리는 LG화학, 삼성SDI가 업계 1, 2위를 차지하고 있고, LS산전, 현대일렉트릭, 효성중공업 등 전력기자재 업체들이 PCS와 같은 ESS 주요 부품을 생산한다.

02 | 도시가스 업종

도시가스업종 Summary

도시가스업종은 도매부문과 소매부문으로 나뉜다. 도매부문은 한국가스공사의 독점체제이며 소매부문은 34개의 업체가 지역별로 자리 잡고 해당 지역에서 독점을 이루고 있다. 도시가스업종은 공익적 성격이 큰 유틸리티 산업으로서 정부의 간섭이 심하다. 또한 난방용으로 주로 사용되어 겨울에 매출이 큰 계절성을 보이며, 안정적 성장을 보이고 있는 성숙기 산업이다. 지역별 독점을 이루고 있어 경쟁강도는 낮으나 타 에너지원과의 경쟁 가능성은 열려 있다.

도시가스의 주원료인 천연가스는 고대 원시시대부터 사용했다는 기록이 있다. 그 당시 "불타는 샘", "영원한 등불"이라 불린 천연가스는 주로 숭배의 대상으로 신성시되었다. 물론 고대 원시인들은 천연가스가 유용한 에너지원이라는 것을 알지 못했다. 천연가스를 에너지원으로서 본격적으로 사용하게 된 시기는 제2차 세계대전 이후부터이다. 파이프라인을 부설할 수 있게 되면서 천연가스를 소비지까지 끌어오는 것이 가능해졌기 때문이다.

우리나라의 경우 1951년 LPG를 이용한 도시가스가 처음으로 공급되었으며, 1964년 울산 정유공장 설립으로 LPG 자체생산이 가능해짐에 따라 LPG를 원료로 한 도시가스 산업이 발전하였다. 1980년대 후반부터 도시가스의 주원료가 LPG에서 LNG로 바뀌게 되었다. 1980년 제2차 석유파동으로 인해 우리나라 경제성장률이 -5.7%를 기록하면서 정부는 에너지 다변화 정책을 추진하였으며 이에 따라 LNG 도입의 기틀이 마련되었다. 1987년 LNG 도시가스 공급을 시작으로 현재는 도시가스 원료의 99%가 LNG로 대체되었다.

국내 도시가스 산업은 도매부문과 소매부문으로 나뉜다. 도매부문은 한국가스공사의 독점체제이며 소매부문은 총 34개의 도시가스업체가 지역별로 독점체제를 이루고 있다. 한국가스공사는 가스를 안정적으로 공급하기 위해 1983년 설립된 공기업으로 1986년 LNG를 최초로 들여왔고 1999년 증권거래소에 상장되었다. 국내의 경우 현재까지 정부가 한국가스공사의 도시가스 도매부문 독점체제를 보장하고 있다. 지역별 도시가스업체들은 1980년대 초반 설립되기 시작하여 1992년 24개, 2000년 32개 업체가 등록되었다. 2005년 제주도시가스가 사업권 허가를 받은 이후로 최근 7년 동안 신규 도시가스 업체의 진입은 없는 상황이다.

> 개념 설명

도시가스란 가스회사가 배관을 통해서 수요자에게 공급하는 연료가스를 말한다. 도시가스는 석탄, 나프타, LPG, 천연가스 등 다양한 원료로 만들어질 수 있다. 현재 도시가스의 99%는 천연가스로 만들어지며 나머지 1%는 LPG로 만들어진다. 도시가스의 주원료가 천연가스인 이유는 타원료 대비 경제성, 청정성, 안정성 면에서 우위에 있기 때문이다.

천연가스란 지하에서 천연적으로 발생하는 가연성 가스[18] 를 말한다. 천연가스는 파이프를 통해서 소비지까지 운송되며 이를 파이프라인가스PNG 라고 한다. 우리나라는 삼면이 바다이고 북쪽은 북한으로 막혀 있어 PNG 도입이 어렵다. 따라서 천연가스를 액화시켜 선박으로 운송하는데 이때 액화시킨 가스를 액화천연가스LNG 라고 한다. 한국가스공사는 카타르, 인도네시아 등 16개국에서 LNG를 수입해오고 이를 평택, 인천, 통영 기지에서 기화시켜 지역별 도시가스업체들에게 판매한다. 지역별 도시가스업체들은 구입한 도시가스를 가정, 빌딩, 공장 등에 판매하며 각각 가정용, 업무용, 산업용 등으로 분류한다.

LNG가 천연가스를 액화시킨 것이라면 LPG는 석유가스를 액화시킨 것이다. 석유가스란 석유정제 과정에서 중유, 경유, 휘발유 등과 함께 만들어지는 가스형태의 석유제품을 말한다. LPG는 가정용 난방이나 택시연료 등으로 쓰이나 LNG 확산과 LPG차량 감소로 현재 국내 수요가 정체된 상황이다. 그나마 석유화학용 수요가 LPG 산업을 지탱하고 있는 형세이다.

---

18) 가연성 가스 : 공기와 혼합하면 폭발할 수 있는 기체

2부 업종별 개요, 특징 및 트렌드 분석

산업 특성

도시가스 산업의 가장 큰 특징은 공익적 성격이 큰 유틸리티 산업이라는 것이다. 도시가스는 서민의 필수에너지로서 도시가스 사업을 영위하는 회사에게 정부의 깊숙한 개입이 뒤따른다. 정부의 개입은 해당 산업에 긍정적, 부정적 영향을 동시에 끼친다. 긍정적인 부분은 지역독점체제를 보장해 준다는 것이다. 현재 34개의 도시가스 소매업체들은 할당된 지역군 내에서 유일한 도시가스 회사로서 사업을 영위하고 있다.

【도시가스업체 현황 한국도시가스협회】

지역	회사명
수도권	코원에너지서비스, 예스코, 서울도시가스, 귀뚜라미에너지, 삼천리, 대륜E&S, 인천도시가스
강원도	강원도시가스, 참빛도시가스, 참빛원주도시가스, 참빛영동도시가스, 명성파워그린
대전광역시	CNCITY에너지
충청북도	참빛충북도시가스, 충청에너지서비스
충청남도	미래엔서해에너지, 중부도시가스
대구광역시	대성에너지
울산광역시	경동도시가스
부산광역시	부산도시가스
경상북도	대성청정에너지, 영남에너지서비스 구미, 영남에너지서비스 포항, 서라벌도시가스
경상남도	경남에너지, 지에스이
광주광역시	해양도시가스
전라북도	군산도시가스, 전북에너지서비스, 전북도시가스
전라남도	전남도시가스, 대화도시가스, 목포도시가스
제주도	제주도시가스

부정적인 부분은 가격결정권이 없다는 것이다. 도시가스 도매가격은 지식경제부가, 소매가격은 지방자치단체가 승인하게 되는 구조로써 물가안정을 위한 정부의 개입으로 인해 사업자 임의대로 가격을 조정할 수 없다. 종합적으로 판단해보면 정부개입의 결과 해당 산업의 안정성은 높은 반면 수익성은 낮은 형태이다.

도시가스 산업의 안정성을 높여주는 또 다른 특징은 가격, 경기에 둔감하다는 것이다. 도시가스는 취사, 난방을 위한 서민의 필수 에너지이므로 가격이 오른다고 해서 사용자가 가스사용을 중단하지 않는다. 마찬가지로 경기가 나빠져 경제상황이 안 좋아지더라도 가스는 계속 써야하기 때문에 경기에 따른 수요 감소도 적다. 따라서 전반적으로 연도별 이익의 변동이 작은 특성을 나타낸다. 다만 산업용 도시가스는 가정용 도시가스에 비해 상대적으로 가격, 경기에 민감하다.

도시가스 산업의 연도별 이익 변동은 작지만 분기별 이익 변동은 크다. 도시가스가 주로 난방용으로 사용되기 때문이며 이에 따라 1분기와 4분기 매출액이 연간 매출의 70%에 육박하고 있다. 이러한 계절성으로 인해 겨울이 추울수록 도시가스업체들의 매출은 늘어날 가능성이 높다.

도시가스산업은 계속적인 배관설치가 필요한 장치산업이다. 설비투자비용을 회수하는데 드는 기간이 길기 때문에 신규 사업자가 들어오고자 하는 유인이 적다. 여기에 해당 지자체의 허가를 받아야 하므로 도시가스산업의 진입장벽은 매우 높다.

도시가스 산업은 성숙기 산업이다. 1990년대는 정부의 천연가스 보급 확대 정책에 힘입어 연평균 20%씩 성장하는 성장기 산업에 속했다. 하지만 2000년대 들어 보급률이 일정 수준에 이르면서 성장여력이 줄어들었다. 이에 따라 연평균 증가율이 3% 내외를 기록하고

2부 업종별 개요, 특징 및 트렌드 분석

있는 성숙기 산업의 모습을 보여주고 있다.

　도시가스 산업은 건설 산업과 연관 관계가 있다. 신규 건설되는 주택에는 대체로 도시가스가 함께 설치되기 때문이다.

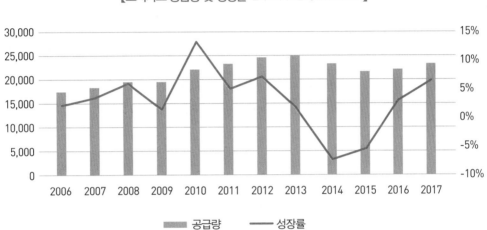

【도시가스 공급량 및 성장률 한국도시가스협회, 단위: 백만m³ **】**

경쟁 강도

　지역별 독점체제를 이루고 있기 때문에 도시가스 업체 간의 경쟁은 없다고 보아도 무방하다. 하지만 집단에너지 사업자와의 경쟁구도가 형성되고 있다. 집단에너지사업이란 열병합 시설 등을 이용하여 일정 지역 내에 열과 전기를 공급하는 사업이다. 주거지 근처에 발전소를 세워서 전기를 만들고 부수적으로 발생되는 온수를 근처 주거지에 공급하여 에너지 효율이 높아지게 된다. 도시가스 사업권 내 집단에너지사업자가 있으면 해당 지역의 에너지 수요를 잃게 되므로 집단에너지사업의 확산은 도시가스 업계의 걸림돌로 부상했다. 이에 대한 대응책으로 일부 도시가스 업체들은 직접 집단에너지사업에 진출하여 경쟁자를 사전에 차단하는 전략을 사용하고 있다.

타 에너지원과의 경쟁관계도 존재한다. 국내 2차 에너지 소비량 중 도시가스가 차지하는 비중은 석유의 비중을 갉아먹으면서 꾸준히 상승해왔다. 경제성, 청정성, 안전성 면에서 석유보다 우위를 가지고 있기 때문이다. 청정성, 안정성은 절대적인 성질이지만 경제성은 상대적인 측면이 있다. 유가가 급락한다면 석유의 경제성이 높아져 수요가 옮겨갈 수 있다. 그러나 원유의 매장량이 적은 반면 천연가스는 지속적으로 시추 가능량이 늘고 있어 향후 경제성 면에서도 도시가스의 우위는 지속될 가능성이 크다.

신재생에너지와의 경쟁에서도 우위를 점하고 있다. 신재생에너지는 기술과 비용 측면에서 도시가스에 미치지 못한다. 다만, 장기적으로는 태양열, 풍력 등의 에너지원이 값싸게 상용화 된다면 도시가스와 강력한 경쟁관계를 이룰 가능성이 있다.

전기에너지의 비중 증가가 눈에 띄는데 전기에너지와 도시가스는 서로 다른 분야에 위치해 있다. 가정집을 예로 들면, 전기는 조명과 냉방을 맡고 있고 도시가스는 취사와 난방을 맡는 형국이다. 따라서 전기에너지와 도시가스는 직접적인 경쟁관계는 아니다. 하지만 서로 간에 불가침의 영역은 아니기 때문에 전기요금과 도시가스요금의 수준에 따라 전기나 가스가 가정의 냉난방을 동시에 맡을 가능성도 있다.

성장성

도시가스는 전통적으로 가정용으로 많이 사용되었으나 최근 10년간 산업용 비중이 늘고 있다. 도시가스의 용도는 본래 가정용, 산업용, 업무용, 일반용, 수송용 등 다양하다. 2001년 기준으로 가정용이 전체의 56%를 차지하고, 산업용이 27%를 차지했었는데, 2017년 말 기준으로는 가정용이 43%로 하락하고 산업용이 33%까지 상승했다. 업무용 6%를 포함할 경우 산업 및 업무용 도시가스의 비중은 40%로 가정용과 유사한 수준까지 상승한 것이다.

가정용 도시가스를 따로 살펴보면 안정적 성장이 예상된다. 2017년 기준 수도권 보급률이 93%에 도달하여 성장여력이 줄어든 반면 아직 지방 보급률은 74%로 낮은 수준이다. 따라서 지방을 중심으로 가정용 도시가스의 성장이 이루어질 것이다.

산업용 도시가스는 유가 변동에 따라 공급량 변동이 예상된다. 산업용 도시가스의 경쟁 연료는 중유의 한 종류인 벙커C유이다. 고유가로 인해 벙커C유 가격이 상승하여 상대적으로 LNG의 가격경쟁력이 유리해지면 산업용 도시가스 공급량이 증가한다. 반면, 저유가로 인해 벙커C유의 가격경쟁력이 우수해지면 산업용 도시가스 공급량은 줄어드는 구조이다.

전체적으로 도시가스 산업은 안정적 성장이 예상되나 예전과 같은 고성장을 이루기는 힘들 것으로 보인다. 이에 따라 신성장동력을 확보하기 위한 도시가스 업체들의 노력이 눈에 띈다. 대표적으로 기존 사업과의 시너지 효과를 위해서 LNG 연관사업에 뛰어드는 경우가 많다. 집단에너지사업권을 획득하거나, 중국 도시가스 사업에 진출하거나, 복합화력 발전소를 통한 발전사업에 뛰어드는 등 LNG 연관사업에 진출하고 있다. 이외에도 해외 자원개발이나, 신재생에너지사업, 수처리사업 등 LNG 비연관사업에도 뛰어들고 있으나 아직까지 사업다각화로 인한 뚜렷한 성과가 드러나지 않고 있는 실정이다.

도시가스 공공성 논란

최근 도시가스의 공공성에 대한 논란이 대두되고 있다. 해당 이슈는 미공급지역의 보급 확대, 도시가스 요금인하, 독점사업 폐지 등 3가지를 지적하고 있다.

미국 셰일가스가 증가하면서 국제 LNG가격이 싸지고 있다. 하지만 우리나라 도시가스 사용자들은 그 혜택을 온전히 누리지 못하고 있다. 한국가스공사의 LNG 원천은 주로 중동이기 때문이다. 이로 인해 한국가스공사를 거치지 않고 미국에서의 직도입을 늘려야 한다는 주장이 커지고 있다. 정부는 직도입을 허가해주고는 있지만 신규 수요에 대한 자가소비용에 한해 직도입을 허용해주고 있어 아직 직도입 비중은 10%에 불과한 상황이다. 직도입과 관련된 제한을 풀어줘야 한다는 입장이다.

여기에 따라 붙는 주장은 도매부문에도 경쟁체제를 도입해야 한다는 것이다. 이미 오래전부터 제기되어 온 주장이다. 이와 더불어 지역별 독점사업 구조인 소매부분에 대한 경쟁체제에도 불만을 가지는 세력 역시 나타나고 있다. 이처럼 최근 도시가스업에도 정책 변화 가능성이 높아지면서 사업 안정성이 위태해 질 수 있는 상황에 처해 있다.

03 전선 업종

전선업종 Summary

전선 제품은 크게 전력선, 통신선, 나동선 등으로 분류되며, 세부적으로 들어가면 전력선은 송/배전용과 특수/산업용으로, 통신선은 동케이블과 광케이블로 구분할 수 있다. 전선의 원재료는 전기동으로서 제품 가격이 원재료 가격에 연동되는 특징을 가지고 있다. 전방산업은 전력, 통신 산업으로서 전방산업과 마찬가지로 전선업 역시 성숙기 산업의 특징을 보이고 있다. 국내 전선회사는 무수히 많으나 상위 5개사가 시장의 60~70%를 차지하고 있는 과점시장이다.

일반적으로 전선은 전기를 운반하는 선으로 통칭되며 전기가 있는 곳에 전선이 함께한다. 1887년 우리나라에서 전기를 최초로 사용한 날부터 태양으로 전기를 만들어내는 오늘날까지 120년이 넘는 세월동안 전선은 변함없이 전기를 운반해왔다. 현대사회가 운송수단 자동차, 철도, 비행기, **통신수단** 유선전화, 핸드폰, 스마트폰, **에너지** 석탄, 석유, 가스, 신재생 등 다양한 분야에서 기술의 발전을 거듭해왔지만 전기를 운반하는 수단은 예나 지금이나 전선을 사용하고 있다. 이는 전선 자체가 뛰어난 발명품이란 말인 동시에, 다른 측면에서 생각해보면 전선이라는 제품이 기술발전의 중심에서 비켜서 있다는 말이기도 하다. 하루가 멀다 하고 새로운 기술과 이를 바탕으로 한 신상품이 나오는 요즘 시대에 전선만큼은 늘 우리 곁에 묵묵히 자리 잡고 있다.

전선이 그러하듯이 전선산업 또한 전방산업 뒤쪽에서 묵묵히 성장해 왔다. 1947년 국내최초로 국제전선 현재 가온전선 이 설립되어 전선 국산화에 첫 발을 내딛었으며, 1955년 대한전선, 1962년 한국케이블공업 현재 LS전선, 1967년 일진전기 등이 설립되었다. 1962년 경제개발 5개년 계획이 시작되면서 정부는 전력·석탄 등의 에너지 공급원 확충, 기간산업 확충과 사회간접자본 충족 등 국가 발전 계획을 세웠으며 이에 따라 전선산업 역시 성장의 발판을 마련하게 되었다. 1970년대부터 1980년대 초반까지 전선산업은 급격한 성장을 하게 된다. 정부 주도의 강력한 국가 발전 정책으로 중화학공업 등 산업 전반에 투자가 커지게 되었다. 이에 따라 전력 및 통신의 인프라 구축 수요가 늘면서 자연스럽게 전선산업이 비약적 발전을 이루게 되었다.

하지만 이후 국내에 전력망, 통신망이 어느 정도 갖춰지면서 성장성은 갈수록 둔화되었다. 이를 타개하기 위해 전선업체들은 해외시장으로 눈을 돌렸으며 현재 업계 선두권 전선사들의 경우 40~50%의 수출비중을 보여주고 있다.

제품 종류

전선업체의 제품은 크게 전력선, 통신선, 나동선으로 분류된다. 전력선은 전선업체의 주력제품으로서 송/배전용 전선과 특수/산업용 전선으로 구분된다. 초고압, 고압, 중저압 전선 등으로 나뉘는 송/배전용 전선은 전력을 발전소에서 수요가[19]로 운반해주는 역할을 한다. 송전이란 전력을 발전소에서 변전소까지 운반하는 것을 말하며, 배전이란 변전소로 운반된 전력을 각 수요가로 배분해주는 과정을 말한다. 전력 손실을 줄이기 위해서 높은 전압으로 송전하게 되는데 이때 초고압, 고압 전선이 사용된다.

반면 배전단계에서 사용되는 전선은 고압, 중저압 전선이다. 특수/산업용 전선은 해저 케이블, 선박용 전선, 원자력용 전선 등 다양한 종류가 있으며 제조하는 데 있어 특수 설비와 높은 기술력이 요구된다. 통신선은 크게 동케이블과 광케이블로 분류된다. 기존에는 동 케이블이 통신선의 주류를 이루었으나 무선통신의 발달로 광케이블 투자가 증대되면서 수요가 옮겨가고 있다. 나동선이란 원재료인 전기동을 지름 8~9mm의 원형으로 길게 뽑아낸 중간재이다. 나동선은 몇몇 대형업체에서만 생산하고 있다.

매출비중이 가장 큰 전력선은 거액의 설비투자가 필요한 장치산업이며, 제품이 다품종·다규격 특징을 가져 주문생산방식으로 생산이 이루어진다. 하지만 제품 간 생산공정이 비슷하여 약간의 공정조정만으로 다양한 제품을 만들 수 있기 때문에 공정조정 과정에서 발생하는 비효율을 얼마나 효과적으로 통제하느냐가 수익성을 가르는 중요한 요소가 된다. 또한 여타 제조업과 마찬가지로 대량생산을 통하여 규모의 경제를 이루는 것이 중요한데

---

19) 수요가 : 수요자

이를 뒷받침하는 대량수주능력을 보유한 업체가 업계에서 유리한 고지를 점하게 된다.

전력선 내에서의 매출비중은 배전용 전선인 고압과 중저압 비중이 크다. 고압, 중저압 전선은 기술적 진입장벽이 낮아 대부분의 전선기업들이 생산하고 있기 때문에 매출비중도 크고 경쟁이 치열하여 수익성이 낮다. 반면, 송전용 전선인 초고압, 고압 전선은 LS전선, 대한전선, 일진전기 3사의 과점체제이므로 매출비중은 낮고 수익성이 높다. 송전용 전선 생산기업이 적은 이유는 높은 기술력과 제품신뢰도가 요구되어 진입장벽이 높기 때문이다. 특수/산업용 전선 역시 송전용 전선과 마찬가지로 높은 기술력이 요구되며 특수한 설비가 필요하여 상당한 자금이 필요하다. 따라서 자금력, 기술력이 뒷받침되는 업체들을 중심으로 생산되어 매출비중이 낮고 수익성이 높다.

국민소득 증가에 따른 전력수요 증가가 예상됨에 따라 발전소와 송배전설비는 꾸준하게 증축될 전망이다. 이에 따라 전선수요도 안정적으로 증가할 것이 예상되지만 그 규모는 크지 않아 과거와 같이 급격한 성장을 이루지는 못할 것으로 보인다. 노후화된 기존 전선을 대체하는 수요도 일정 부분 존재할 것이나 전선업계의 성장을 견인하기엔 역부족이라 예상된다. 따라서 해외로의 수출이 전선업계 성장의 화두가 되고 있다. 아직 전력망이 부족한 중국, 동남아, 중동 등 개발도상국과 미국, 유럽 등 선진국의 노후 전선 교체 수요를 잡는 기업이 전력선 시장에서 우위를 점할 것이라 판단된다.

전력선은 전선업계 전체 매출의 50%내외를 차지하고 있다. 반면 통신선동케이블, 광케이블 비중은 약 5~10%로 전력선에 비해 매출비중이 크지 않다. 통신선의 경우 전력선과 달리 제품종류가 많지 않고 생산공정도 단순하다. 또한 기술적 진입장벽도 낮아 규모의 경제를 통한 수익성 확보가 중요하다. 따라서 고객확보가 중요한데 통신선수요는 KT 등 통신사업자 투자에 따라 오르락내리락 하는 특성이 있다. 나동선의 경우 LS전선, 대한전선, 가온전선, 일진전기 등 상위권 전선업체에서 생산하며 매출의 상당 부분을 차지한다. 하지만 원재료인 전기동을 단순 1차 가공한 저부가가치 제품으로서 수익성은 크지 않다. 생산된 나동선은 자체 소요되며 잉여물량은 중소업체와 해외에 판매하고 있다.

산업 특성

전선업체의 생산비용 중 원재료비가 차지하는 비중은 70~80% 정도이며, 원재료 중 전기동이 차지하는 비중은 약 80%이다. 즉, 전체 생산비용 중 전기동의 비중이 56~64% 정도이다. 따라서 전기동 가격의 변동이 전선업체의 수익성에 큰 영향을 미치게 된다. 전기동이란 전기분해를 통해 불순물을 없앤 구리를 말한다. 전기동의 순도는 99.96% 이상으로 그 이하인 일반 구리와 비교되며 순도 높은 구리가 요구되는 전선 제조 등에 사용된다. 전기동 가격은 런던금속거래소LME 가격을 기준으로 하며 세계 경기 동향과 밀접한 관계를 이루고 있다. 시장 수요가 실수요자 위주로 구성되지만 투기세력이 전기동 시장에 진입함에 따라 전기동 가격의 변동성이 커지는 추세이다.

얼핏 보기에 원재료인 전기동 가격이 비싸지면 전선업계의 수익성이 나빠질 것으로 생각되지만 꼭 그렇지만은 않다. 전선제품 판매가격 자체가 전기동 가격에 연동되는 특성을 가지기 때문에 전선업계 매출액은 증가하게 된다. 전기동과 전선업계 매출액 추이를 비교해보면 이 같은 특성을 확연히 알 수 있다. 2003년 이후로 전기동 가격이 상승세를 보이면서 전선업계 매출액도 증가하는 추세였다. 하지만 2011년부터 2016년까지 전기동 가격은 하락 국면이었는데 이 시기 전선업체 매출 역시 감소하였다. 이와 같이 전기동 가격은 전선 판매가격과 전선업체 매출액의 가장 중요한 요소이다. 단, 경쟁강도에 따라 전선 제품별로 판매가격을 전가시킬 수 있는 능력에 차이가 있어 수익성 역시 달라질 수 있다.

전선산업은 전력 및 통신 인프라를 기반으로 하는 산업으로서 전방산업 전력 및 통신산업 이 국민소득 증가에 따라 안정적인 성장을 하는 특성을 가지며 이를 통해 전선산업도 안정적 성장을 유지할 수 있게 된다. 다만 우리나라가 상당한 수준의 인프라를 구축하면서 국내 전선산업은 꽤 오래전에 성숙기 단계에 진입했으며 향후 성장을 도모하기 위해 수위권의 전선업체들은 해외진출에 박차를 가하고 있다.

전선산업은 국가기간산업으로서 사업 초기 대규모의 설비투자가 필요한 장치산업이나 추가적인 설비투자 부담이 적어 지속적인 투자금이 소요되지는 않는다. 여타 장치산업, 예를 들어 도시가스를 판매하는 도시가스산업의 경우 새로운 수요처가 생기면 그 곳까지 배관망을 연결해야하는데 이 과정에서 지속적인 설비투자부담이 존재한다. 전선산업은 이같은 설비투자부담이 작다. 설비투자부담뿐만 아니라 기술위험도 작다. 전선이라는 제품은 기술의 발전이 급격하게 이루어지는 분야가 아니기 때문에 제품수명주기가 길다. 핸드폰이나 자동차 등은 소비자 입맛에 맞게 지속적으로 신상품을 출시해야 한다. 이 과정에서 새로운 기술과 디자인이 첨가되어 R&D 비용이 커지는데 이와 비교하여 전선산업은 R&D 비용 부담이 작다.

전선의 수요처는 크게 공공부문과 민간부문으로 나눌 수 있다. 한국전력, KT 등 공공부문의 수요는 안정적인데 반해 민간부문은 건설경기, 제조업황, 기업의 설비투자 수요에 영향을 받아 경기에 따른 민감도가 비교적 큰 편이다. 현재 대부분의 수요가 공공부문에 기반하고 있어 종합적으로 판단해 보았을 때 여타 산업대비 경기민감도는 낮은 수준으로 판단된다. 다만, 업계 선도업체의 경우 산업 내 수출비중이 커지고 있는 현재 상황에서 신흥

2부 업종별 개요, 특징 및 트렌드 분석

국 경기 역시 전선수요에 영향을 주는 중요한 요소로 작용하고 있다.

업계 구도

전선업계는 다수의 중소기업이 난립하고 있지만 소수의 대형 전선업체들이 산업을 이끌어가는 과점형태의 시장구조를 보인다. 상장업체는 대한전선, 가온전선, 일진전기, 대원전선이 있고 광통신선을 전문으로 생산하는 대한광통신도 상장되어 있다. LS전선은 상장되어 있지 않으나 지주사인 LS가 상장돼 있으며, LS그룹의 전선사업 베트남 법인인 LS전선아시아가 따로 상장되어 있다.

시장점유율을 살펴보면 LS전선이 약 30%를 점유하고 있고, 대한전선이 13~15%, 가온선전이 7~8%를 차지하고 있다. 일진전기는 특정 제품에 특화된 기업으로서 5~8%의 점유율을 차지하고 있다. 이렇게 전선산업은 상위 5개사 시장점유율이 60~70%에 달하는 안정적인 시장을 이루고 있는 반면 대다수의 중소기업들은 중저압 전선, 통신선 등만을 생산하여 저수익 구조를 면치 못하고 있다.

전선업계는 제품군별 경쟁관계를 가지고 있으며 중저압 전선, 통신선 등 범용전선을 제외하고는 경쟁강도가 세지 않다. 초고압 전선의 경우 LS전선, 대한전선, 일진전기 3사의 과점체제이고, 산업/특수용 전선 역시 5곳 내외의 사업자만이 존재하여 범용전선에 비해 고수익을 창출할 수 있다.

세계 전력선시장은 2017년 기준 1,300만 톤 규모로 추정되며, 유럽, 미국, 일본, 한국에 본거지를 둔 상위 10여 개 회사가 1/3의 점유율을 차지하는 것으로 파악된다. 이들 회사는 자국을 기반으로 하여 주변 지역으로 수출하는 전략을 세우고 있다.

【전기동 가격 추이 및 전망 한국비철금속협회, 단위: 달러/톤 **】**

위 내용대로 전기동 가격 추이는 전선제품의 가격인상으로 이어져 전선업체 매출액 상승의 원동력이 된다. 2003년 하반기부터 국제경기가 회복되면서 동가격 역시 상승추세를 그렸다. 금융위기로 인하여 2008년 하반기부터 2009년 상반기까지 동가격이 급락했지만 급격한 회복세를 보이면서 2011년 최고점을 찍었다. 이후 유로존 위기, 중국 경제 성장 둔화 등으로 2016년까지 하락하는 모습을 보여주다가 광산 생산량 감축 및 중국 수입 확대 영향 등을 기반으로 2017년부터 가격 상승 추세로 전환되었다.

04 | 건설·플랜트 업종

건설·플랜트업종 Summary

건설업은 공종에 따라 토목, 건축, 플랜트로 나뉘며, 발주자에 따라 공공과 민간으로, 판매지역에 따라 국내와 해외로 분류된다. 국내 건설업은 성숙기에 접어들었으며 이에 따라 해외시장 개척이 성장의 중요한 요소이다. 건설업은 진입장벽이 매우 낮아 6만 개 이상의 업체가 난립하고 있으며 경쟁강도가 세다. 또한 수주업의 성격을 가지고 있어 자금회수 측면에서 불리한 입장에 있다.

여기 바벨탑 이야기가 있다. 고대 바빌론 사람들은 스스로를 위대하다고 생각하여 신의 경지에 이르고자 탑을 쌓아 나갔다. 이에 분노한 신은, 인간들이 서로 다른 언어를 쓰게 만들어서 탑을 쌓는 공사를 중단시켰다는 이야기이다. 폐허가 된 탑은 '혼란'이라는 뜻의 '바벨탑'으로 불렸으며 이라크의 수도 바그다드에서 남쪽으로 80km쯤 내려간 곳에 바벨탑으로 추정되는 유적이 있다. 이곳은 바벨탑뿐만 아니라 세계 7대 불가사의 중 하나인 공중정원이 있는 곳으로도 유명하다. 이 지역은 '고대시대의 뉴욕'이라고 불릴만한 고대의 중심지 '바빌론'이 위치했던 지역이어서 당시로는 최첨단의 건축물들이 세워졌던 곳이다.

바벨탑의 교훈을 뒤로 하고, 하늘과 맞닿으려는 인간의 도전은 현재진행형이다. 빌딩 높이 최고기록은 계속 경신되고 있다. 최근 세계에서 가장 높은 건축물은 한때 '버즈 두바이'라 불렸던 '부르즈 할리파'이다. 옛 바빌론 사람들이 본다면 같은 아랍 지역에 세계 최고 빌딩을 세워서 자랑스러울 테지만 사실 이 건물을 지은 사람들은 멀리 동쪽에서 온 한국인이다. 부르즈 할리파는 삼성물산_{건설부문}이 지은 세계인의 랜드마크이다.

지금의 부르즈 할리파가 있기까지 국내 건설업은 많은 변화를 겪어왔다. 6.25전쟁 이후 국토는 폐허가 됐고 수많은 건물들이 파괴되었다. 이에 따라 국가재건을 위한 건설업의 진흥이 필수적이었다. 당시 주한미군의 병영, 막사, 활주로 등 다수의 공사가 발주되면서 우리나라 건설업이 본격적으로 시작되었다. 정부는 1958년 건설업법을 제정하고 건설사 면허제도를 도입하였으나 1600여 개의 건설사가 난립하였다. 1960년대 초 박정희 군부정권이 들어서면서 건설업 면허제도를 강화한 결과 건설사 숫자가 500여 개로 감소하였다. 1960년대 경제개발 5개년 계획기간에 고속도로, 지하철, 항만, 전력, 통신 등의 사회간접자본이 급속도로 확충됨에 따라 건설업체도 급격한 성장을 이루었다. 국내 건설사가 처음으로 해외에 진출한 시기도 이 때이다. 1965년 현대건설이 태국의 고속도로를 시공하여 첫 해외진출 건설사로 기록되었고 당시 다른 건설사들도 동남아시아 등지로 진출하였다. 1970년대 건설사들은 유럽을 제외한 전 세계로 진출하였다. 특히 1980년대까지 중동에 진출하여 벌어들인 국내 건설사들의 오일달러는 어마어마했다. 해외건설은 당시 중공업과 함께 우리나라의 경제성장을 일군 효자종목이었다. 국내건설도 1990년대까지 꾸준한 성장을 지속하였다. 하지만 그 이후 국내에 건축물이 하나둘씩 들어서면서 성장여력이 감소하기 시작했으며 그 결과 현재 국내건설업은 성숙기에 진입한 것으로 판단된다.

개념 설명

건설이란 아파트, 빌딩, 고속도로, 항만 등을 짓는 것이다. 한 단계 세부적으로 들어가면, 건설은 공사의 종류에 따라 크게 토목, 건축, 플랜트로 나눌 수 있다. 토목이란 도로, 철도, 항만, 댐, 상하수도 등의 건설을 말한다. 건축은 사람이나 물건을 수용하기 위한 구축물의 건설을 말하며, 주거용과 비주거용으로 나뉜다. 주거용은 아파트, 주택, 등을 대상으로 하며, 비주거용은 상가, 학교, 사무실 등을 취급한다. 플랜트는 발전소, 유전설비, 석유화학 플랜트 등 물리적, 화학적 변화를 거치게 하는 설비의 건설을 말한다. 건설을 발주자에 따라 분류하면 공공부문과 민간부문으로 구분되며, 판매지역에 따라 분류하면 국내와 해외로 나뉜다. 만약 베트남 정부가 고속도로 공사를 발주하여 국내 건설사가 맡게 된다면 이는 해외/정부/토목건설이고, 국내 민간 시행사가 아파트 건축을 발주한다면 이는 국내/민간/건축/거주용 부문이 된다.

건설 관련 신문을 보다보면 시행사, 시공사, 하도급 등 낯선 단어들이 등장한다. 이 같은 단어들은 주로 아파트 건설 사업부문에서 흔히 등장하는데 이에 대해 간단히 살펴보면, 시행사는 공사를 발주하는 곳이다. 수익이 날 것 같은 프로젝트를 구상하여 그와 관련된 공사를 의뢰하는 것이다. 이렇게 발주된 공사를 시공사가 맡아서 건물을 짓게 된다. 이때 시행사는 해당 프로젝트에 대한 전체적인 관리를 맡게 되고 시공사는 그 중 일부인 공사만을 담당한다. 시공사가 공사를 담당하긴 하지만 공사 전체를 맡는 것은 아니다. 전문적인 기술이 필요한 부분은 하도급 업체에 맡긴다.

예를 들어 현대건설이 아파트를 짓는다고 할 때, 조경이나 엘리베이터 공사 등 일부 공사는 관련 분야의 전문 건설사에 맡긴다. IT나 자동차의 전문 부품업체들이 삼성전자나 현대자동차 등에 부품을 납품하는 것과 비슷한 구조이다. 하도급과 대비되는 용어는 원도급으로 시행사로부터 발주를 직접 받은 시공사의 업무를 말한다. 여기서 현대건설, GS건설 등 원도급 업체를 일반건설사라고 하고 조경, 엘리베이터 등 하도급 업무를 맡은 회사를 전문건설사라고 한다. 일반적으로 일반건설사가 규모나 자금 면에서 월등히 앞서기 때문에 전문건설사에 대한 협상력이 우위에 있다.

수익 구조

건설사는 건물을 짓고 그에 대한 대가로 대금을 받는다. 하지만 건물이 완성되는 기간이, 짧게는 1년 길게는 10년까지 걸려서 판매대금 회수가 매우 늦다. 따라서 건설사들은 사업을 하는데 불리한 입장에 처해있다. 일반적으로 발주자는 이러한 특성을 고려하여 건설사에 미리 일정부분 선수금을 지급해주며 공사 진행에 따라 중도금을 지불한다.

보통 발주자가 건축물을 발주하면 건설사들이 입찰하는 방식으로 거래가 형성되기 때문에 낙찰을 받으려면 낮은 가격을 써내야 유리하다. 하지만 공사비용을 제대로 산정하지 않은 채 무작정 낮은 가격으로 낙찰을 받게 되면 마진이 남지 않거나 손해를 보는 경우도 생긴다. 따라서 건설사들은 효과적인 시공 등을 통해 원가를 절감하는 일이 중요하다. 또한 비용을 정확하게 산정할 수 있는 능력도 중요한 경쟁요소이다. 건설업은 규격화, 정형화된 제품을 취급하는 것이 아니라 규모, 종류, 지역 등이 다양한 건축물을 대상으로 하기 때문에 원가산정이 어렵다. 따라서 시공 전에 정확한 원가산정 능력을 보유하고 있다면 경영을 하는 데 유리할 수 있다.

건설업은 수주업이라는 점 때문에 일반 제조기업과 다른 특성을 가진다. 일반 제조업의 경우 수요를 예측하고 그에 맞게 제품을 생산한다. 반면, 건설업은 발주자의 주문이 있어야 수주를 받을 수 있는 수주업이다. 따라서 소비자 발주자에 대한 협상력이 약하다. 또한 수주업이라는 특성상 재고자산이 적다. 건설업의 재고자산은 건축물인데 건축물은 완공되는 즉시 발주자의 소유가 되기 때문이다.

건설업의 또 다른 특징은 진입장벽이 낮다는 것이다. 건설업은 시설투자가 거의 필요하지 않고 노동력 위주의 노동집약적 산업이다. 또한 소자본으로 창업이 가능하기 때문에 수많은 중소회사들이 난립하고 있다.

건설업은 산업연관효과와 고용효과가 크다. 시공사가 건물을 하나 짓게 되면 전방의 시행사부터 후방의 하도급 업체까지 활기를 띠게 되며, 건설업의 노동집약적 특징으로 전후방 업체의 일자리도 창출되는 효과가 있다. 이 같은 효과로 인해 건설업은 정부의 경기조절수단으로 활용된다. 특히 토목부문의 발주자는 주로 공공기관이어서 재정정책의 수단으로 활용된다. 건축부문에서도 정부의 영향력이 크다. 정부는 부동산 시장에 대한 규제 혹은 지원을 바탕으로 경기를 조절한다. 이러한 정책적 리스크로 인해 건설사들은 수익 변동성이 큰 편이다.

부문별로 특징을 살펴보면, 공공건설부문은 사업의 수익성은 낮지만 수익금 회수의 안정성이 높은 특징이 있다. 공공부문은 입찰가격이 중요한 낙찰기준이 된다. 따라서 건설사 간 가격경쟁이 심하여 수익성이 낮다. 반면, 발주자가 정부, 지자체, 공기업 등이기 때문에 수익금 회수에는 큰 문제가 없다. 민간건설부문의 경우 공종별, 건축물별, 부동산 시황 등에 따라 수익성이 달라지는 만큼 수익금 회수도 사업성과에 영향을 받는다. 해외건설부문은 플랜트부문의 비중이 높다. 자원개발을 중심으로 한 해외 플랜트부문은 기본적으로 기술력을 필요로 한다. 기술력 이외에도 시공실적, 높은 신인도, 안정적인 자본조달능력 등을 필요로 하기 때문에 업계 선두권 대형건설사가 대부분의 수주를 따내고 있다.

플랜트부문은 건설업에 속해있지만 건설업과 미묘하게 차별화되는 특성이 있다. 플랜트는 외국의 수입규제가 적다. 보통 국내의 물품을 해외에 수출하게 되면 수입국의 산업이 타격을 입을지도 모르기 때문에 그 나라의 견제를 받을 확률이 높다. 하지만 플랜트는 수입국의 산업을 활성화시키는 원동력이 되므로 수입에 대한 규제가 적다. 또한 플랜트산업은 설계, 시공뿐만 아니라 기계산업 기술이 다수 포함된 지식집약적 산업으로 부가가치가 높다. 플랜트산업은 해외수출비중이 높기 때문에 환율, 수출대상국가의 환경 등에 영향을 많이 받는다.

업계 추이

정부, 지자체 등 공공기관이 토목 관련 사업을 주로 하고, 민간업체들은 건축물에 대한 수요가 크다. 이에 따라 공종별 토목/건축 추세도 발주자별 추이와 비슷한 흐름이다.

2008년 금융위기 이후 2009년 들어 정부는 경기 부양을 위해 공공부문 토목건설을 대규모로 발주했다. 당시 공공과 민간의 수주규모가 비등비등할 정도로 공공 발주가 많았다. 이후 공공기관의 재정건전성 강화로 인한 투자여력 감소로 2012년까지 공공 부문 수주는 하락세를 나타냈다. 2013년부터 침체된 부동산 경기를 살리고자 공공부문 발주가 완만히 증가하다가 2017년 하반기에 다시 하락 반전한 상황이다. 정부는 SOC예산을 2017년에

22조 원을 집행하였지만 2018년 19조 원, 2019년 17조 원, 2020년 16.5조 원으로 감축할 계획이고, 공공기관 재무건전성 강화 기조 역시 예정되어 있어 공공부문에서의 향후 수주 환경은 어려워질 전망이다.

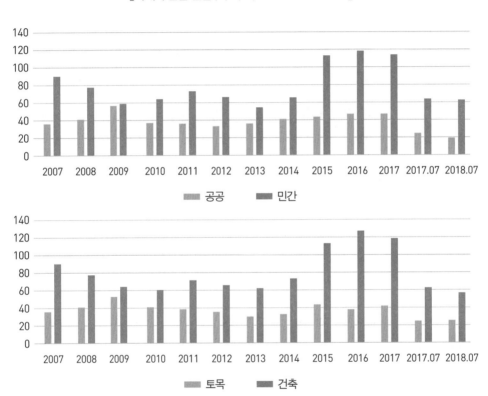

민간부문 수주는 공공부문 대비 변동성이 큰 특징이 있다. 2013년 부동산 경기 침체 이후 2014년부터 주거용 건축을 바탕으로 민간 수주가 증가해 왔다. 2013년 55조 원이었던 민간부문 수주는 2014년 67조 원22% 성장, 2015년 113조 원69% 성장으로 급성장을 이루었으나 2016~2017년에는 수주 규모가 정체, 2018년은 감소세로 전환된 상황이다. 정부는

2부 업종별 개요, 특징 및 트렌드 분석

과열된 부동산 경기를 연착륙시키고자 대출을 억제하고 세금을 인상하는 수요억제책을 쓰고 있어 향후 민간부문 수주 여력이 높지는 않아 보인다. 다만, 지역별로 수요공급의 차이가 존재해 부동산 경기 및 수주 상황 역시 지역적 편차가 있을 것으로 예상된다.

【해외건설 수주추이】 해외건설협회, 단위: 억 달러

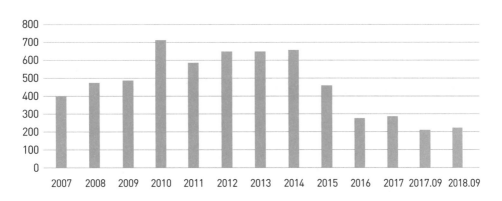

해외건설부문은 유가에 따라 수주규모가 변동되는 특성이 있다. 우리나라 건설사들은 주로 중동 국가에 석유화학 플랜트를 건설하는데 유가가 높아야 석화플랜트 발주가 많이 나오기 때문이다. 2014년 이전 고유가 시대에는 수주 규모가 600억 달러 이상을 기록한 반면, 저유가 시대에 들어선 현재는 300억 달러에도 못 미치는 상황이다. 한편, 과거 2010년 초반부터 받았던 중동 수주가 채산성이 좋지 않아 2013년 이후 건설사들은 대규모 비용을 인식하게 되었다. 현재는 해외 플랜트 관련 비용 인식이 마무리 국면에 들어선 것으로 보이나 저유가 기조로 인해 플랜트 신규 수주 환경이 우호적인 상황은 아니다. 다만, 최근 글로벌 경기 상승, 이란 제제 등으로 인해 유가가 반등하고 있는 추세여서 미래 해외 플랜트 수주에 대한 기대감을 갖게 하고 있다.

업계 구도

현재 6만 개 이상의 건설사가 사업을 영위하고 있는 것으로 파악된다. 매우 낮은 건설업의 진입장벽으로 중소형 건설사들이 난립하고 있는 상황이다. 국토해양부는 발주자들을 위해 국내 건설사들의 시공능력을 평가하고 이를 공시한다. 건설사의 시공능력 평가는 과거 공사실적, 경영능력, 기술능력, 신인도를 각각 평가하여 종합하는 방식이다.

【2018년 종합 시공능력평가 상위 10개사 현황 국토교통부】

순위	업체명	시공능력평가액	브랜드
1	삼성물산	17조 3,719억 원	래미안
2	현대건설	13조 675억 원	힐스테이트
3	대림산업	9조 3,720억 원	e편한세상
4	대우건설	9조 1,601억 원	푸르지오
5	GS건설	7조 9,259억 원	자이
6	현대엔지니어링	7조 4,432억 원	힐스테이트
7	포스코건설	6조 9,633억 원	더샵
8	롯데건설	5조 5,305억 원	롯데캐슬
9	SK건설	3조 9,578억 원	SK뷰
10	HDC현대산업개발	3조 4,280억 원	아이파크

현재 삼성물산과 현대건설이 1, 2위를 달리고 있고 대우건설, GS건설, 포스코건설 등 상위 10개사 대부분이 대기업 그룹 소속이다. 토목분야 실적 선두는 삼성물산으로 현대건설, 대우건설 등이 그 뒤를 따르고 있으며, 건축분야는 대림산업 e편한세상, 삼성물산 래미안, GS건설 자이, 대우건설 푸르지오 순이다. 산업·환경설비 분야에서는 삼성엔지니어링, GS건설, 현대엔지니어링이 수위권이며, 조경 부문은 반도건설, 제일건설, 호반건설 등이 경쟁력을 가지고 있다.

수도권 30만 호 공급

문재인 정부는 출범 이후 부동산 시장에 대해 수요억제책 위주로 정책을 펴 왔지만 생각보다 주택 가격이 진정되지 않자 공급확대 정책을 병행하기 시작했다. 수도권에 30만 호를 공급하겠다는 계획이다. 2018년 9월 현재는 아직 발표되지 않았지만 수도권에 대규모 신도시 4~5개20만 호와 서울, 경기, 인천 등에 중소규모 택지10만 호를 선정하고 공급할 예정이다. 다만 서울시와의 의견 차이로 그린벨트 해제는 결정되지 않았다. 한편, 과거 대단지 신도시를 공급했을 때도 주택 가격 잡기가 어려웠던 만큼 어떤 입지에 얼마만큼의 택지를 어떻게 공급하느냐에 따라 정책의 성공 여부가 판가름 날 전망이다.

3장

• • •

철강, 비철금속,
시멘트, 제지업종

01 철강 업종

철강업종 Summary

2017년 국내 조강생산량은 7,100만 톤으로 세계 6위이며, 포스코가 독점해오던 고로 사업은 2010년 현대제철이 고로 1, 2호기를 준공함으로써 2강 체제로 경쟁구도가 바뀌었다. 철광석은 글로벌 TOP5 광산회사가 세계 시장의 약 70%를 점유하고 있어 후방교섭력은 낮다. 철강업계의 화두인 중국 철강생산 감축이 이루어지며 공급과잉률은 낮아지고 있지만 여전히 철강 수요 대비 공급이 많은 상황이다.

"철" 하면 떠오르는 것은 무엇인가? 한 종합일간지의 설문조사에 따르면 "고로에서 쏟아지는 쇳물"이라고 한다. 철은 우리가 소유하고 있는 자동차, 가전제품, 집, 자전거 등 많은 물건을 만드는데 널리 쓰이고 있다. 그렇다면 이런 철은 어떻게 발견되고 쓰여 왔을까? 철은 지각을 구성하는 원소 중에서 산소, 규소, 알루미늄 다음으로 많이 분포하고 있어 지각 전체의 약 5%를 차지하고 있는 천연자원이다. 특히, 철은 광맥의 형태로 집중적으로 매장되어 있어 다른 어떤 천연자원보다 쉽게 사용할 수 있다. 철을 발견하게 된 가장 유력한 가설은 채광 착오설이 있다. 청동을 만드는 과정에서 구리 대신 철광석을 잘못 넣어 제련하면서 철 덩어리를 발견했다는 설이다. 철은 쉽게 구할 수 있고 가격이 저렴하고, 여러가지 모양으로 쉽게 제조가 가능하다는 장점으로 널리 사용하게 되었다. 실제로 철강 선진국이 세계를 지배해 왔으며 로마 역시 철기 문화가 발달했었고, 2차 세계대전에 승리한 미국은 당시 세계 제1의 철강 생산국이었다.

우리나라 철강산업의 역사는 포항제철의 창립자인 박태준 회장을 빼놓고는 말하기 어려울 것이다. 1967년 9월 박정희 전 대통령의 명을 받아 종합제철소 설립이라는 거의 불가능해 보이는 일에 도전한다. 당시 한국은 자본도, 기술도, 경영능력도 없는 가난한 후진국으로 세계은행IBRD 으로부터 출자를 받을 예정이었지만, 한국은 원리금을 상환할 능력이 없다는 이유로 포항제철이 신청한 프로젝트 파이낸싱이 끝내 거절당했다. 하지만 여기에서 포기하지 않고 불굴의 노력과 우여곡절을 겪은 끝에 황량한 모래밭이었던 포항의 한 해변에 1973년 7월 연산 103만 톤 규모의 1기 고로가 완성된다. 이런 노력으로 포스코는 가동한지 25년 만에 세계 정상급 제철소가 되었으며 우리나라 철강산업의 토대를 마련하였다.

산업 특성

철강은 산업의 쌀이라 할 만큼 중요한 기초 소재로서 자본 및 기술집약적 산업으로서 막대한 초기투자를 필요로 하는 장치산업이다. 또한 초기 투자 이후에도 생산성 유지 및 향상을 위한 투자와 더불어 국가 경제성장에 따른 수요증가에 대응하기 위한 생산능력 확대가 수반되므로 자본적 진입장벽이 높다. 하지만 철강 제조의 원료가 되는 철광석과 원료탄 등은 전량 수입에 의존하고 있다. 철광석은 VALE, 리오틴토, BHP빌리톤 등 상위 5개사가 세계 시장의 약 70%를 점유하고 있는 상태로, 국내 철강사들의 교섭력이 열위에 있어 철광석의 국제가격 변동을 대부분 수용해야 한다.

철강산업은 증설에 장기간 소요되어 경기 변동 시 적절한 대응이 어려운 산업이다. 일관체철소는 설비투자가 통상 연간 생산능력 기준 400만 톤 단위로 이루어지므로 호황기에 즉각적인 증설이 어려울 뿐만 아니라 불황기에도 설비 폐쇄 및 제거에 거액의 손실이 발생하여 생산 감축이 쉽지 않다. 따라서 불황기 거액의 손실발생, 호황기 투자계획 확정의 곤란 등 사업위험을 내포하고 있다. 하지만 건설, 조선, 자동차, 전기전자 등 다양한 전방산업을 보유하고 있어 위험분산 효과로 그 위험성을 조금은 완화해주고 있다.

제품 종류

철은 탄소C 함유량에 따라 그 종류가 달라진다. 탄소량이 적을수록 연하고 늘어나기 쉬우며 탄소량이 증가할수록 경도 표면의 딱딱함 와 강도 단단함 는 증가하지만, 탄성력과 연신율 늘어나는 정도 이 감소한다. 철은 크게 순철, 선철, 강철로 구분되며 우리가 흔히 말하는 철은 강철을 말하며 철강이라고도 한다. 순철은 불순물탄소, 규소, 망간, 인, 유황이 거의 없는 것으로, 탄소 함유량이 0.035% 이하의 철을 말한다. 선철은 탄소 함유량이 1.7%~6.7%이고 흔히 주철이라고 부르며 용광로고로에서 철광석을 녹여 만든 초기 상태의 철로 불순물이 다량 함유되어 있어서 단단하고 부서지기 쉬워 강을 만드는 재료로 사용된다. 강철은 탄소 함유량이 0.035%~1.7%로 선철에서 불순물을 제거하거나 줄인 것으로써 질기고 늘어나는 성질이 있어 산업현장에서 많이 사용되고 있다.

또한 철에는 특수원소를 첨가했을 때 첨가 원소에 따라 성질이 변한다. 텅스텐 W 은 경도를 향상시키고, 몰리브덴 Mo 은 내열성, 니켈 Ni 은 질김, 규소 Si 는 탄성, 크롬 Cr 은 내산화성, 망간 Mn 은 내마모성을 향상시키는 원소로 사용된다. 산업현장에서 많이 사용하는 철강은 다시 아래와 같이 판재, 조강류, 특수강으로 분류된다.

1) 판재

- 후판 : 판재류로써 선박에 가장 많이 쓰이며 교량, 보일러 및 압력용기 등 산업시설에도 사용됨
- 열연강판 : 강판의 중간재로써 냉연강판을 만들기 위한 재료가 되거나 강관을 만드는 데 사용됨
- 냉연강판 : 자동차에 가장 널리 쓰이며 가전제품, 건축 의장재 등에 사용됨

2) 조강류

- 형강제품 : 공장, 건물, 교량, 지하철 등의 기초공사로 사용됨
- 봉강제품 : 기계부품, 건설용 볼트, 너트의 재료로 사용됨
- 강관 : 수도관, 가스관, 송유관, 석유 시추용 파이프에 사용됨

3) 특수강

특수강에는 구조용 특수강, 공구강, 부식에 강한 스테인리스강 등이 있으며, 위에서 언급한 특수원소를 첨가하여 용도에 맞게 특정성질을 강화한 제품이다.

제조 공정

철강은 제선-제강-압연공정을 통해 만들어진다. 첫 번째 제선은 쇳물_{선철}을 만드는 공정으로 소결공정 _{철광석을 석회석 및 가루형태의 코크스와 혼합하여 소결광으로 만듦}과 코크스공정 _{석탄을 구워 석탄 숯으로 만드는 공정}을 통해 원재료를 준비하고 철광석, 소결광, 코크스를 용광로에 넣고 뜨거운 바람_{열풍}을 불어주면 코크스가 타면서 발생한 열에 철광석이 녹는다. 이 과정에서 암석 등 불순물들은 위로 뜨게 되며 녹아내린 쇳물_{선철}은 아래로 가라앉게 된다.

두 번째는 제강공정이다. 제선공정에서 얻은 쇳물에는 탄소, 유황 등 불순물이 많이 들어 있으므로 항아리 모양의 전로 안에 쇳물과 철 스크랩을 넣은 후 고압의 산소를 불어넣어 불순물을 제거한 쇳물을 "강"이라고 하고 이를 연속주조기를 통해 일정한 모양으로 만들어 슬래브 _{열연강판, 후판의 소재}, 블룸 _{슬래브와 빌릿의 중간크기로 중대형 H강을 만드는 소재}, 빌릿 _{철근, 선재의 소재} 등 중간소재를 만드는 공정이다.

세 번째 압연 공정은 제강공정에서 중간제품으로 만들어진 슬래브, 블룸, 빌릿을 어떤 최종제품을 만들 것인가에 따라 알맞은 압연기를 통하여 냉연코일, 열연코일, 후판, 선재 등을 만드는 공정이다.

【일관제철소 철강 제조공정】

전기로 방식은 이와는 다르게 철광석을 이용한 제선공정 없이 제강공정에서 고철철스크랩을 주원료로 하여 전기의 열로 고철을 녹여 철강을 생산하는 방식이다. 이 방식은 제선공정이 없어 규모가 작다는 영어식 표현으로 미니밀이라고도 하며, 초기 투자비용이 일관제철소보다 적게 드는 장점이 있지만 철근, 형강과 같은 조강류 제품만 주로 생산할 수 있다는 한계가 있다.

【전기로 철강 제조공정】

업계 구도

포스코는 한국을 대표하는 철강회사다. 세계철강협회WSA에 따르면, 2017년 기준 포스코의 조강생산량은 4,220만 톤으로 아르셀로미탈9,700만 톤, 바오우강철6,540만 톤, 신일철주금4,740만 톤, 허베이강철4,560만 톤에 이어 세계 5위이다. 같은 해 국내 조강생산 점유율은 52.7%로 1위이다. 원재료인 철광석, 유연탄 등을 투입하여 반제품인 슬래브를 거쳐 열연강판, 냉연강판, 후판, 선재 등 다양한 제품을 생산하는 일관제철공장을 보유하고 있다. 2017년 별도기준 매출비중은 냉연 42.5%, 열연 18.8%, 스테인리스 15.5%, 후판 12.4%, 선재 8.1%, 기타 2.8%로 제품 포트폴리오가 다변화되어 있다. 한편, 재무구조 개선의 일환으로 2015~2016년 포스코특수강 현 세아창원특수강 을 세아그룹에 매각했다.

2010년 이전까지는 포스코가 국내 유일 고로 업체였지만 현대제철이 뛰어들면서 독점 구도가 깨지게 되었다. 현대제철은 2,600만 톤 봉형강 840만 톤, 열연 350만 톤, 냉연 630만 톤, 후판 320만 톤 등 의 조강능력을 보유한 국내 2위 종합철강그룹으로서, 봉형강류를 주로 생산하는 전기로공정 조강생산능력 1,100만 톤 과 판재류를 생산하는 고로공정 조강생산능력 1,300만 톤 을 보유하고 있다. 철근 및 형강은 국내 1위이며, 열연강판, 냉연강판, 후판도 2위권으로 다변화된 제품 포트폴리오를 확보하고 있다. 과거에는 전기로 봉형강이 주력제품이었으나 2010년 제1~2고로 준공이 완료되며 판재류 매출이 증가하고 있다. 2013년에는 제3고로가 완성되었고, 현대하이스코 냉연사업 양수 및 합병으로 판재류 사업이 강화되고 있다. 특히, 캡티브 마켓인 현대기아차를 확보하고 있어 열연강판, 냉연강판의 시장점유율이 상승하고 있다. 2017년 별도기준 매출비중은 냉연 34.5%, 형강 14.4%, 열연 12.8%, 철근 12.3%, 후판 8.9%, 강관 및 경량화 7.9%, 기타 9.2%이다. 한편 자회사인 현대비앤지스틸을 통해 스테인리스강판을 생산하고 있다.

특수강, 강관 시장의 강자로는 세아제강, 세아베스틸, 세아창원특수강, 세아특수강 등을 거느리는 세아그룹이 있다. 세아제강은 강관 부문의 강자로서 시장점유율 20%를 차지하며, 현대제철과 함께 양강구도를 형성하고 있다. 세아베스틸은 자동차, 기계 부품 등에 주로 사용되는 특수강봉강 내수 시장에서 50%를 점유하고 있으나 현대제철의 100만 톤 규모 설비투자가 완료되면서 경쟁이 치열해지고 있다. 세아창원특수강은 스테인리스봉강 및 선재 시장에서 50% 이상을 점유하고 있으며, 세아특수강 역시 냉간압조용강선과 마봉강 부문에서 40%의 시장점유율을 유지하고 있다.

이외에도 국내 3위 철강사로서 냉연, 철근 등 완제품만을 생산하는 동국제강, 철근 제품을 주로 생산하는 한국철강 및 대한제강 등이 있으며 휴스틸, TCC동양 등 강종별로 저마다의 사업을 영위하는 소규모 회사들이 존재한다. 또한, 생산자와 수요자 사이에서 철강재 수급과 2차 가공을 통해 제품의 부가가치를 향상시켜 수익을 창출하는 철강제품 판매대리점 SSC : Steel Service Chain 이 있으며, 부국철강, 대동스틸, 문배철강, 삼현철강 등이 대표적이다.

【국내 철강산업 계층도 나이스신용평가】

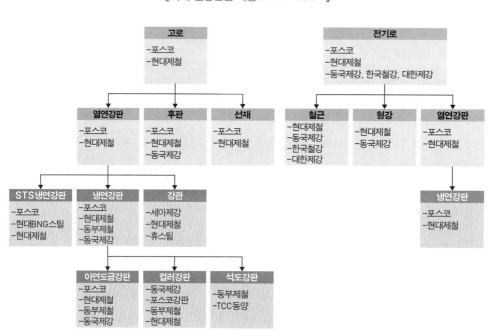

산업 현황

2008년까지 국내 철강소비는 꾸준히 증가해 왔지만 2008년 이후로는 수요 성장이 이루어지지 않고 있다. 2008년 국내 철강 소비가 5,860만 톤을 기록한 이래 2016년 5,710만 톤으로 수년간 성장이 없는 상황이다. 글로벌 철강소비 역시 전체 소비의 50%를 차지하는 중국의 성장률 둔화로 과거 대비 소비 증가율이 둔화된 상태이다. 하지만 국내 철강 생산은 내수 소비량을 훌쩍 넘는 7천만 톤 수준이어서 생산의 상당 부분을 수출하고 있다. 포스코경영연구원에 따르면 2016년 국내 철강 생산은 7,430만 톤이었으며, 이 중 3,100만 톤을 해외로 수출했다. 한편, 국내로 수입되는 철강량은 2,370만 톤이어서 공급과잉이 지속되고 있다. 이로 인해 국내 철강업체들은 보수적인 경영기조를 가지고 신규투자보다는 재무구조 개선에 힘쓰고 있다.

【 **국내 조강생산량** 세계철강협회, 단위: 만 톤 】

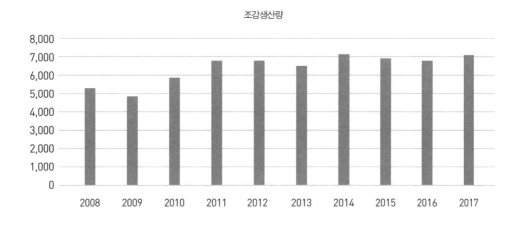

조강생산량

중국 철강산업 구조조정

중국 정부는 2015년 철강가격 하락으로 자국 내 철강업체들의 부실 우려가 커지자 조강생산량 감축과 구조조정으로 철강산업 재편을 시작했다. 당시 중국 정부는 상위 10개사의 조강생산량 비중을 60%까지 확대함으로써 시장집중도를 높이고, 2020년까지 조강생산능력을 1~1.5억 톤을 감축하겠다는 전략을 세웠다. 이 같은 계획은 순조롭게 진행되어 2018년 중국 정부의 계획인 생산설비 10억 톤 하회 및 가동률 80% 회복을 달성할 것으로 보인다. 2017년 국내 철강업체들은 중국 철강 구조조정의 수혜를 받았다. 2016년까지 내수소비 중 중국 수입 철강의 비중이 20% 중반까지 상승했으나 2017년 들어 소폭 감소했기 때문이다. 또한 전 세계 생산의 50%를 차지하는 중국 철강생산의 구조조정으로 글로벌 철강재 가격 역시 회복되는 모습을 보이고 있다. 다만, 최근 중국 철강업계의 구조조정이 마무리 국면에 들어선 것이 아니냐는 관측이 나오고 있다. 향후 중국의 구조조정 상황을 지속적으로 주목할 필요가 있다.

철강 통상문제

2018년 8월 기준 18개국에서 총 87건의 한국산 철강재에 대한 수입규제 및 조사가 진행 중이다. 국가별로는 미국이 25건으로 가장 많고 캐나다 10건, 태국 8건, 인도 6건, 호주 6건, 말레이시아 6건가 그 뒤를 잇고 있다. 유형별로는 반덤핑 63건, 상계관세 8건, 세이프가드 긴급 수입제한 조치 16건이다.

철강 통상문제의 발단은 미국이었다. 트럼프가 집권한 미국은 무역확장법 232조에 근거하여 철강재 수입을 막고 있다. 무역확장법 232조란 외국산 수입 제품이 미국의 국가 안보를 위협한다고 판단되면 수입을 제한하거나 고율의 관세를 매길 수 있도록 한 조항이다. 1962년 도입된 이후 사문화 되었으나 2018년 트럼프 행정부가 보호무역 정책을 펴면서 수입규제의 근거로 활용되었다. 우리나라 역시 철강재 수입 쿼터를 적용받고 있다. 2015~2017년 대미 평균 수출량의 70%를 할당받고 있다. 특히, 미국으로의 수출비중이 큰 강관업체에게 악영향을 끼치고 있다.

미국뿐만 아니라 EU와 캐나다도 외국산 철강제품에 대한 세이프가드를 도입하기 시작했다. EU의 경우 지난 7월 유럽의 철강기업 보호를 위해 2015~2017년 평균 수입물량의 100%를 넘는 물량에 대해 25% 관세를 부과하는 조치를 내렸다. 캐나다 역시 10월 25일부터 할당량을 초과하는 물량에 대해 25% 관세를 물리기로 결정했다. 캐나다는 중국 등지의 값싼 철강제품이 미국으로 흘러들어갈 수 있는 통로가 될 수 있다. 캐나다는 이 같은 트럼프 대통령의 우려를 해소시키기 위해 관세율을 올린 것으로 파악된다. 이처럼 미국에서 시작된 무역전쟁은 국제적인 수입 규제를 촉발시켜 국내 철강업체들에게 악영향을 드리우고 있다.

02 | 비철금속 업종

비철금속업종 Summary

비철금속 중 가장 많이 쓰이는 동, 알루미늄, 아연, 연을 4대 비철금속이라 한다. 비철금속 업종은 크게 제련업종과 가공업종으로 나눌 수 있으며, 전반적으로 제련업이 산업 위험도가 낮고 교섭력에서도 우위를 보이고 있다. 비철금속 가격이 상승하면 매출과 이익 역시 증가하고 비철금속 가격이 하락하면 매출 및 이익 또한 감소하는 특성을 보이고 있다. 한편, 최종 수요산업은 다양하게 분포되어 있어 특정 산업경기 변화에 따른 비철금속 업종의 실적 변화는 둔감한 편이다.

비철금속은 용어에서도 알 수 있듯이 철을 제외한 금속을 말한다. 금속을 생산량, 수요량 순으로 배열하면 철강이 압도적으로 많고, 그 밖의 전체 금속 생산량을 합하여도 철에는 전혀 미치지 못한다. 비철금속 중 가장 많이 쓰이는 구리, 납=연, 아연, 알루미늄을 4대 비철금속이라 하고 비교적 새롭게 공업재료가 된 니켈, 마그네슘, 카드뮴 등이 있다.

우리나라의 근대 비철금속 역사를 보면 전기동을 생산하는 엘에스니꼬동제련이 1936년 장항제련소 가동으로 시작하였으며 1960년대 후반 풍산이 설립되어 동 및 동합금과 가공품을 제조, 판매하고 있다. 아연은 1949년 설립된 영풍 전 영풍기업사 이 1970년에 경북 봉화에 아연제련공장을 준공하면서 본격 생산을 시작하였으며, 1974년 영풍의 계열사로 종합비철금속 제련회사 고려아연을 설립하면서 아연, 연, 금, 은, 동을 제조 및 판매하고 있다. 알루미늄은 1960년대에 롯데알미늄이 설립되면서 알루미늄박 및 인쇄 포장재 등을 생산하기 시작하였다.

산업 특성

비철금속은 철강 부문과 더불어 산업용 재료로 가장 널리 쓰이고 있으며, 그 중요성은 비철금속 고유의 특성과 용도의 다양성 및 산업 고도화로 인해 커지고 있다. 그 가운데서도 동, 알루미늄, 아연, 연 등 4대 비철금속은 철강, 자동차, 가전, 전기, 건설 산업의 중요한 기초 소재 산업이다. 동은 높은 열·전기전도성과 뛰어난 내식성, 가공성, 합금성과 그 아름다움으로 일상 생활용품, 장신구를 비롯하여 자동차, 조선, 기계, 전기 등의 산업 기초소재에서 전자, 반도체, 우주항공 등 첨단 분야에 이르기까지 용도가 더욱 다양해졌으며 중요성도 날로 높아가고 있다. 이처럼 동은 다양한 제품에 쓰이기 때문에 글로벌 경제의 건강상태를 반영한다는 의미로 "닥터 코퍼 Dr. Copper"라는 별명이 있다.

아연은 자동차 및 가전제품의 외장재와 건설용 철판재에 쓰이는 철강재의 부식 방지용 도금원료로 쓰이고 있고, 연은 자동차의 주요 부품인 배터리의 원료와 건설자재, 전선피복, 방음재의 기초재료로 사용되고 있다. 알루미늄은 잘 늘어나고 열전도성이 뛰어나 각종 알루미늄박, 자동차 및 에어컨용 열교환기 분야뿐만 아니라 방습, 가공성, 보호성이 우수하여 포장 재료로도 많이 사용되고 있다. 이처럼 비철금속은 다양한 업종에서 다양한 용도로 쓰이기 때문에 특정 산업경기 변화에 따른 비철금속 업종의 실적 변동성은 낮은 편이다.

비철금속 산업은 크게 제련업종과 가공업종으로 나눌 수 있으며, 전반적으로 제련업이 산업 위험도가 낮고 교섭력에서도 우위를 보이고 있다. 제련업은 비철금속 광석을 매입하여 제련과 정련과정을 거쳐 괴 형태의 순도가 높은 비철금속을 생산하는 산업을 말한다. 비철금속 제련회사의 원료가 되는 정광은 대부분 수입하고 있으며, 철강과 같이 정광 생산회사의 시장 집중도가 높은 수준이지만, 초기 투자 부담이 큰 제련업 특성상 진입 장벽이 높은 수준에 있어 교섭력에서는 강한 면모를 보이고 있다.

가공업은 제련 및 정련 과정을 거친 비철금속 괴를 원재료로 하여 압연, 압출, 주조, 단조 등의 공정을 거쳐 가공품을 제조하는 산업이다. 제련업에 비해 설비 규모가 상대적으로 과소해 시장진입이 용이하며, 생산능력이 국내 수요를 초과하는 공급과잉이 지속되고 있어 경쟁강도가 상대적으로 높은 수준이다.

업계 구도

비철금속의 제련업은 전기동, 아연, 연(鉛)을 생산하는 회사로 분류할 수 있다. 전기동의 생산은 비상장 회사인 엘에스니꼬동제련이 시장을 독점하고 있으며, 생산능력은 약 68만 톤이다. 2004년부터 고려아연이 전기동 생산을 시작했지만 아직 생산능력은 2.5만 톤으로 미미하다. 아연 시장에서는 고려아연이 국내시장의 약 50%를 점유하고 있으며, 영풍은 약 35%의 점유율을 보이고 있다. 영풍, 고려아연은 상호계열사 관계이며, 두 회사의 합산 생산능력은 106만 톤, 합산 국내 점유율은 85~90%로 사실상 독점체제이다.

연은 고려아연이 국내 유일의 전기연 생산기업으로 생산능력은 50만 톤이며 국내 생산능력의 55%를 차지하고 있다. 폐축전지 등을 이용한 재생연 생산기업으로 단석산업, 화창, 중일, 상신금속 등이 있으며 생산능력은 40만 톤이다. 한편, 알루미늄을 제련하는 국내 기업은 없다.

비철금속의 가공업은 동판, 동봉, 동관 등 동 가공회사와 알루미늄판, 알루미늄박, 알루미늄압출 등 알루미늄 가공회사로 분류된다. 동 가공회사를 먼저 살펴보면, 동판은 풍산의 생산능력이 15만 톤으로 60%를 차지하며 이구산업은 6만 톤으로 24%의 점유율을 보이고 있다. 동봉은 대창의 생산능력이 15만 톤으로 59%를 점유하고 있고 풍산은 4만 톤으로 16%를 차지하고 있다. 동판과 동봉이 과점시장인데 반해 동관은 상위사 점유율이 낮다. 능원금속공업이 6.5만 톤으로 33%, 엘에스메탈이 2.8만 톤으로 14%를 차지하고 있으며, 이외에도 다수의 기업이 시장에 참여하고 있어 경쟁강도가 높은 특성이 있다.

알루미늄판 시장은 노벨리스코리아가 100만 톤으로 78%를 점유하고 있으며, 조일알미늄은 20만 톤으로 16%를 차지하고 있는 과점체제이다. 알루미늄박은 생산능력19만 톤에 비해 수요7만 톤가 부족하여 공급과잉 상태이다. 해당 시장은 5사 경쟁체제로 롯데알미늄5만 톤, 26%, 동일알루미늄4만 톤, 21%, 삼아알미늄3.8만 톤, 20%, 동원시스템즈3.6만 톤, 19%, 한국알미늄0.9만 톤, 5% 등이 사업을 영위하고 있다. 알루미늄압출 제품의 경우, 상당 부분은 국내 건축용 샷시로 판매되기 때문에 국내 건설경기 변동에 민감하다. 알루코, 남선알미늄, 신양, 새서울 등 다양한 업체들이 경쟁하고 있어 경쟁강도가 높다.

비철금속 가격 변동

【비철금속 연평균 LME가격 추이 한국비철금속협회, 단위: 달러/톤 】

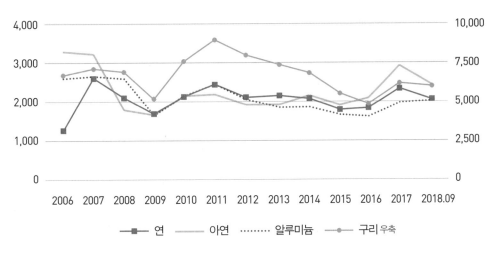

· 2018년 9월 수치는 2018년 9월 평균 가격
· LME가격 : LME(London Metal Exchange, 런던금속거래소)에서 발표하는 가격, 글로벌 비철금속 가격은 LME가격을 기준으로 함

비철금속 가격은 글로벌 경기 변동과 유사한 흐름을 보이고 있으며, 금속별로도 약간의 차이는 있지만 큰 흐름은 비슷하다. 2000년대 중반부터 이루어진 글로벌 경기 호황으로 비철금속 가격은 상승 추세를 이루다가 2008년 금융위기 이후 급격한 하락을 맛봤다. 2011년까지 경기 반등으로 재차 상승을 이루다가 2011년 이후부터 2016년까지 글로벌 성장세 둔화로 전반적인 하향 추세를 그리고 있다. 2017년에 이루어진 급격한 가격 반등은 글로벌 광산들의 생산량 조절, 중국 내 과잉설비 구조조정, 미국 인프라 투자 확대 등이 배경으로 작용했다. 하지만 2018년 들어 미중 무역분쟁으로 가격이 하락 추세에 있다.

비철금속 시장 내 중국의 위상

중국의 경제 성장으로 산업화가 급격히 이루어지며 전 세계에서 차지하는 중국의 비철금속 수요, 공급량이 증가해 왔다. 2001년 중국의 비철금속 생산 및 소비 비중은 15% 수준이었으나 2015년에는 약 50% 수준까지 확대되며 1위를 차지하고 있다. 비철금속 중 구리와 아연이 중국 내 공급부족 상황이어서 해외로부터 수입하고 있다. 한편, 중국 정부의 환경규제는 중국 내 비철금속 업체들의 생산성을 저하시키고 구조조정을 촉발시키는 촉매제가 되었다. 이로 인해 글로벌 비철금속 수요 및 공급에 차질이 빚어지고 있다.

03 | 시멘트 업종

시멘트업종 Summary

2017년 국내 시멘트 생산량은 5,650만 톤이며 이 중 90% 가량을 국내 7개 회사가 생산하고 있다. 시멘트를 운반할 때 물류비가 많이 들기 때문에 수출입이 활발하게 이루어지지 않는 특성이 있다. 시멘트는 레미콘으로 만들어진 후 토목/건설에 사용되기 때문에 국내 건설경기에 영향을 많이 받는다. 또한 시멘트 제조 시 에너지원으로 유연탄이 다량 사용되어 유연탄 가격 변동에 따라 시멘트 업체의 수익성 변화가 나타나기도 한다.

주위를 한번 둘러보자. 우리가 일하고, 걷고, 잠을 자며 생활하고 있는 이 많은 아파트, 빌딩, 도로는 무엇으로 만들어져 있을까? 대부분 시멘트로 만들어져 있다. 시멘트는 넓은 의미에서 물질과 물질을 접착하는 재료를 말하나, 일반적으로는 토목/건축용의 무기질 결합 경화제를 의미한다. 그 중에서도 우리가 흔히 말하는 시멘트는 포틀랜드 시멘트이다. 시멘트는 크게 포틀랜드 시멘트80%와 혼합/특수 시멘트20%로 나눌 수 있다. 기록상 첫 번째 시멘트는 1760년경 영국에서 스미튼Smeeaton, John 이 캔더Cander 강의 수문에 사용했다고 전해진다. 포틀랜드 시멘트의 주성분은 석회, 실리카, 알루미나, 산화철 등이며, 1824년 영국의 벽돌공 애습딘Aspdin joseph 이 처음 발견하였다. 시멘트가 경화한 후 색채가 마치 포틀랜드 섬의 채석장 돌과 유사하다 하여 포틀랜드 시멘트라 불리어지게 되었다.

우리나라 시멘트 산업의 성장 히스토리를 보면, 1963년에는 동양시멘트와 대한시멘트현 쌍용양회 2개사에 불과했지만 1, 2차 경제개발계획이 끝난 1971년에는 8개사로 늘어났으며, 연간 시멘트 생산량은 51만 톤에서 687만 톤으로 약 13.5배 증가하여 일약 세계 20위의 시멘트 생산국으로 발돋움하게 되었다. 1980년대까지 정부의 수출 진흥정책에 힘입어 10대 수출 전략 산업으로 자리 잡았으며, 1990년대 후반까지 국내 사회간접자본 및 주택건설 활성화로 크게 성장하였다.

하지만 1997년 말 IMF 구제 금융이라는 초유의 경제위기에 접어들면서 불황에 빠져들자 설비 증설에 따른 금융비용 부담과 영업환경 악화로 인해 심각한 경영난에 봉착하여 한라시멘트의 부도 등 업계 전체가 어려움에 빠졌다. 이후 다국적 기업인 라파즈가 한라시멘트를 인수하면서 라파즈한라시멘트로 재탄생하였고, 쌍용양회도 일본 태평양시멘트사와 공동출자계약을 통해 공동경영을 시작함에 따라 우리나라 시멘트 산업에 외국 메이저사들이 진출하기 시작하였다. 한편, 우리나라는 시멘트 수출 기준 글로벌 6위권에 랭크되어 있다.

산업 특성

시멘트 산업은 건설/토목에 가장 중요한 건축 재료로서 건설경기에 매우 밀접한 국가 기간산업이다. 시멘트를 생산하기 위해서는 광산 확보와 더불어 기계장치, 공장용지, 유통 기지 등의 확보가 선행되어야 하며 이에 많은 자본 투자가 필요하지만, 타 제조업에 비해 제조과정이 고도화되어 있지는 않다. 또한 대량의 시멘트를 소비지까지 운반하는 유통시 스템이 필수적이므로 물류비 부담이 높음에 따라 수입 시멘트의 국내 잠식을 제약할 뿐만 아니라 수출에도 제약이 따른다.

국내 건설경기와 밀접한 관련이 있는 내수 주력업종으로 대개 건설 산업과 경기 변동 성을 같이 한다고 볼 수 있으며, 시멘트 수요의 계절별 편차가 커서 건설 현장의 공사가 집 중적으로 진행되는 봄과 가을에 성수기를 형성하고, 동절기 및 강수량이 많은 7~8월에 수 요가 낮은 계절적인 특성을 가지고 있다. 현재 국내 시멘트 제품은 제조사 간 제품의 품질 및 생산 기술의 차이가 거의 없으며, 7개 제조사가 국내 시멘트 공급의 90% 가량을 차지하 고 있는 상태이다.

제조 공정

시멘트는 천연자원인 석회석을 주원료로 하여 점토, 철광석 등 원료를 혼합한 후 1,450℃의 고온에서 소성하여 제조한 것으로, 채광-배합 생산-소성-제품생산/출하 과정을 거쳐 만들어진다.

【시멘트 제조 공정】

| 채광 | ➡ | 원료생산 | ➡ | 소성 | ➡ | 시멘트 생산/출하 |

첫 번째 채광공정은 광산에서 발파[20] 등의 방법으로 시멘트 원료 량의 90% 이상을 차지하는 석회석을 채굴한 후 최초로 분쇄하는 공정이다. 광산에서 거대한 덤프트럭에 실려 석회석 덩어리를 파쇄하는 기계인 조쇄기로 운반되어 1차적으로 150mm 이하로 분쇄되고, 2차적으로 75mm 이하로 혹은 3차적으로 30mm 크기로 분쇄되어 석회석 치장으로 보내진다. 석회석 치장은 채굴된 석회석을 골고루 섞어 성분을 고르게 하여 품질을 향상시키는 역할을 한다.

두 번째 원료배합 생산공정은 석회석 치장에서 1차 혼합된 석회석과 점토 및 산화철 등을 정량공급 장치를 통해 정확하게 배합하여 원료 분쇄기로 투입하고, 원료 분쇄기 내에서 건조 및 미분말 상태의 분쇄과정을 거쳐 원료 사일로 원료 혼합 저장실 에 저장된다. 원료 사일로 내부에서는 공기를 이용하여 저장된 원료를 또 다시 혼합하여 다음 단계인 소성 공정에서 클링커의 소결이 잘되도록 한다.

세 번째 소성공정은 시멘트 제조의 핵심공정으로서 원료생산공정에서 제조한 조합원료를 예열기를 거쳐 약 900℃ 소성로[21]에서 1,450℃ 정도의 열에 의해 용융된 후 2.5~4.0cm

---

20) 발파 : 광산·탄광·토목공사장 등에서 물체를 파괴하는 것

21) 소성로(Kiln) : 강철제의 커다란 원통으로 3~5º 의 경사를 두어 1분에 3~4회의 속도로 회전함

정도의 둥그런 덩어리로 만들어 진다. 이것을 클링커Clinker 라고 하며 냉각장치로 이송되어 공기에 의해 급랭되고 클링커 치장에 저장된다.

네 번째 시멘트생산/출하공정은 냉각시킨 클링커를 석고 3~5%와 함께 시멘트 분쇄기에서 미분쇄하여 포틀랜드 시멘트를 제조한다. 이때 클링커만을 분쇄하여 시멘트를 만들면 응결이 너무 빨라 시멘트의 작업이 곤란하다. 따라서 응결을 지연시키기 위해서 석고를 함께 넣고 분쇄한다. 각 공정을 거쳐 생산된 시멘트는 시멘트 사일로시멘트 혼합저장실에 저장하여 무포장 상태인 벌크 시멘트 또는 포장된 포장 시멘트 상태로 출하하게 된다.

이렇게 제조된 시멘트는 크게 세 가지 형태의 제품, 즉 시멘트, 레미콘, 드라이몰탈Dry Mortar 로 판매된다. 시멘트는 앞에서도 언급한 바와 같이 크게 포틀랜드 시멘트와 슬래그 시멘트로 구분되어 판매된다. 슬래그 시멘트는 철광석을 정제하고 남은 슬래그Slag 를 포틀랜드 시멘트와 1대1 비율로 혼합하여 제조한다. 레미콘은 레디믹스드콘크리트Ready Mixed Concrete 의 약자로써 콘크리트의 제조설비를 갖춘 공장에서 미리 설계된 배합비율에 따라 골재, 혼화제의 재료를 물과 혼합하여 제조한 후 믹서트럭Mixer truck 을 이용하여 공장현장까지 운반되는 콘크리트이다. 드라이몰탈은 레미콘과 같은 방식이지만 물을 제외한 재료들은 공장에서 배합한 후 현장에서는 자동화된 믹서와 펌프를 사용해 물과 혼합하여 시공한다.

업계 구도

2017년 우리나라 시멘트 생산량은 5,650톤이며, 7개 시멘트 회사가 전체 생산량의 약 90%를 차지하고 있다. 쌍용양회21%, 한일시멘트14%, 삼표시멘트14%, 성신양회14%, 한라시멘트12%, 한일현대시멘트8%, 아세아시멘트7%가 그들이다. 이 중 한일시멘트와 한일현대시멘트는 한일 계열, 아세아시멘트와 한라시멘트는 아세아 계열로서 사실상 5개 집단이 국내 시멘트 시장을 장악하고 있다.

지난 몇 년간 시멘트 업계 구도는 빠르게 변화해 왔다. 2015년 8월 레미콘 업체인 삼표그룹이 동양시멘트현 삼표시멘트를 인수하면서 시멘트-레미콘 수직계열화에 성공했다. 2016년 1월에는 사모펀드 한앤컴퍼니가 쌍용양회를 인수한 이후 비주력 사업부를 매각하면서 시멘트 사업 중심으로 구조조정을 단행했다. 뿐만 아니라 중소형 시멘트업체인 한남시멘트와 대한시멘트를 합병해 2017년 6월 쌍용양회의 100% 자회사로 만들어 슬래그 시멘트 시장에도 진출했다. 같은 해 7월, 한일시멘트가 현대시멘트를 인수하며 한일현대시멘트로 사명을 변경했고, 2018년 1월에는 아세아시멘트가 한라시멘트 인수에 성공하면서 업계 선두권으로 올라섰다. 이로써 한일 계열, 쌍용 계열, 아세아 계열이 각각 20% 내외의 점유율을 확보한 3강체제가 마련되었다.

【제조사 연도별 생산 비중 한국시멘트협회】

연도	쌍용	삼표	성신	한일	한라	현대	아세아	기타
1991	33.7%	17.8%	9.4%	10.8%	5.8%	7.8%	7.8%	6.9%
1992	29.9%	17.2%	9.5%	9.8%	9.3%	9.5%	8.7%	6.0%
1993	29.1%	17.8%	9.5%	11.3%	8.3%	10.4%	8.4%	5.3%
1994	27.5%	16.8%	10.8%	10.8%	7.2%	12.5%	7.7%	6.7%
1995	26.8%	18.5%	11.8%	10.3%	7.2%	12.6%	7.3%	5.5%
1996	24.9%	18.4%	11.8%	11.1%	8.5%	12.5%	7.0%	5.9%
1997	24.5%	17.9%	12.1%	11.8%	8.6%	12.3%	6.8%	6.1%
1998	24.0%	16.7%	13.4%	10.7%	10.3%	11.5%	6.5%	6.9%
1999	24.8%	17.6%	13.5%	9.8%	9.8%	10.3%	6.1%	8.1%

2000	25.6%	16.4%	13.8%	9.7%	10.1%	10.2%	6.0%	8.2%
2001	23.9%	16.5%	13.9%	9.8%	10.5%	10.4%	6.1%	9.0%
2002	23.2%	16.5%	14.5%	10.1%	10.0%	10.6%	6.3%	8.9%
2003	23.7%	16.6%	14.5%	10.0%	10.1%	10.2%	6.0%	8.8%
2004	24.0%	16.4%	13.5%	10.4%	10.1%	10.2%	6.1%	9.2%
2005	25.2%	15.3%	12.9%	9.3%	13.2%	10.2%	6.1%	8.0%
2006	25.3%	15.7%	12.6%	9.9%	14.0%	9.6%	5.6%	7.3%
2007	24.3%	15.8%	12.8%	10.7%	13.2%	9.9%	5.9%	7.3%
2008	24.2%	15.1%	13.3%	11.1%	12.3%	10.4%	6.0%	7.7%
2009	23.9%	15.2%	12.4%	11.4%	13.8%	9.9%	6.2%	7.1%
2010	23.5%	15.1%	12.1%	13.5%	13.0%	9.4%	6.8%	6.6%
2011	23.2%	16.5%	11.0%	12.5%	13.9%	9.0%	6.5%	7.5%
2012	23.5%	15.8%	13.0%	11.8%	11.9%	9.7%	6.4%	7.9%
2013	23.1%	14.7%	13.3%	12.3%	12.4%	9.5%	6.4%	8.2%
2014	23.2%	14.8%	12.5%	12.6%	13.0%	9.3%	6.9%	7.8%
2015	23.2%	13.9%	14.9%	12.1%	12.0%	9.6%	7.1%	7.2%
2016	22.8%	14.5%	13.8%	12.6%	11.9%	9.4%	7.1%	7.9%

전·후방산업

시멘트의 후방산업에는 원재료인 석회석, 슬래그, 석고를 공급하는 회사, 연료로 쓰이는 유연탄/전기를 공급하는 회사, 그 외에 부재료로써 자갈/모래들을 공급하는 회사들로 구성되어 있다. 포틀랜드 시멘트의 주요 원료는 석회석으로 원재료 양의 80~90%를 차지하며 이는 국내에 풍부하게 매장되어 있어 공급상의 문제는 없지만, 소성 과정에서 필수 에너지원인 유연탄은 전량 수입하고 있다. 유연탄은 업체별로 차이는 있지만, 제조 원가의 약 25%를 차지하고 있어 유연탄의 가격 변동이 수익성에 큰 영향을 준다. 슬래그 시멘트의 원재료는 슬래그와 포틀랜드 시멘트로써 각각 1:1의 비율로 혼합하여 제조한다.

【시멘트산업 후방산업 및 전방산업】

건설/토목회사 : 주택/토목/도로/항만				

전방산업

시멘트 제조사

후방산업

에너지		원재료			부재료
유연탄	전기	석회석 포틀랜드 시멘트	슬래그 슬래그 시멘트	석고	자갈, 모래

슬래그 시멘트의 초기 강도는 포틀랜드 시멘트 비해서 떨어지나, 장기 강도가 우수하고 원가경쟁력을 가지고 있어 국내 시멘트 소비량에서 차지하는 비중이 2002년 11%에서 2017년에는 약 20%까지 확대되었다. 다만, 원재료인 슬래그의 공급이 일관 제철소를 보유하고 있는 포스코와 현대제철로 한정되어 있다.

전방산업 회사로는 시멘트를 가공하는 레미콘 업체들이 있다. 2016년 기준 850개 이상의 업체들이 존재해 시멘트 업체 대비 협상력은 열위에 있다. 하지만 규모가 큰 건설사들이 최전방에 위치해 무작정 시멘트 가격을 올리지는 못한다. 시멘트, 레미콘, 건설사 등 이해관계자들은 원재료 변동, 건설경기 상황에 따라 협상을 통해 시멘트 기준가격을 정한다.

건설경기 둔화

【건설 수주 추이 대한건설협회, 단위: 조 원 **】**

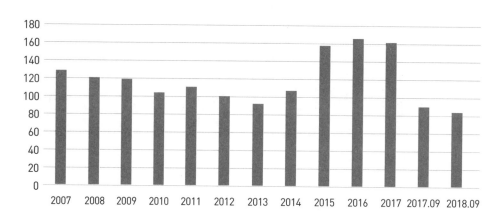

시멘트 출하량은 국내 건설경기에 영향을 많이 받는다. 국내 건설 수주는 금융위기 이후 2013년까지 꾸준한 하향 추세를 보이며 극심한 침체에 빠졌다. 정부는 부동산 경기 부양을 위해 주택담보대출 규제 완화, 재건축 연한 단축, 청약제도 개편 등 부동산 관련 규제를 대폭 완화시켰다. 이에 따라 건설 수주는 2014년 107조 원으로 반등하더니 2015년 158조 원, 2016년 165조 원을 기록했다. 2015년 확대된 건설 수주가 착공으로 이어지면서 시멘트 출하량 역시 2016년 크게 증가했다. 하지만 2016년 이후 건설 수주 성장이 멈추면서 2018년부터 시멘트 출하량 역시 성장세가 둔화될 것으로 예상된다.

유연탄 가격 상승

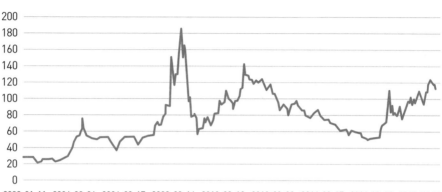

【유연탄 가격 한국자원정보서비스, 단위: 달러/톤】

시멘트를 만들기 위해서는 1,450℃의 고온으로 소성로를 가열해야 한다. 이 과정에서 유연탄이 대량으로 사용되기 때문에 유연탄 구입비용은 시멘트 제조 원가의 25% 내외를 차지하고 있다. 따라서 유연탄 가격이 하락하면 시멘트 회사들의 수익성은 좋아지고, 반대로 유연탄 가격이 상승한다면 시멘트 업체들의 수익성은 나빠진다.

유연탄 가격은 2000년대 중반 이후 글로벌 경기 호황으로 급격한 상승을 이루다가 2008년 금융위기 때 급락했다. 이후 2011년까지 가파른 회복세를 보이다가 유럽 경제위기, 글로벌 경기 둔화 등으로 2016년 중반까지 하향세를 그렸다. 2016년 하반기부터 유연탄 가격은 급등하기 시작해서 2018년 10월 현재까지 상승 추세에 있다. 최근 유연탄 가격 상승의 배경은 폭염에 따른 중국 수요 급증, 호주의 유연탄 탄광 파업 등으로 유연탄 가격 상승에 따라 시멘트 업체들의 수익성은 악화되고 있는 추세이다.

시멘트 가격 정상화

2018년 10월 1일부터 시멘트 업체들은 시멘트 가격을 5~10% 가량 인상하기로 했다. 현재 톤당 6만 원대 중후반인 시멘트 가격을 7만 원대 초중반으로 인상한다는 계획이다. 이에 대해 레미콘 업체들의 반발이 만만치 않지만 시멘트의 원재료가 되는 유연탄 가격 상승, 건설경기 둔화로 인한 시멘트 출하량 감소 등 시멘트 업황을 살펴볼 때 시멘트 가격 상승은 불가피할 것으로 보인다. 사실 시멘트업체, 레미콘업체, 건설사 등 3자 협의체에서 결정된 기준가격이 있다. 2011년 67,500원이었던 기준가격은 2012년 2월 73,600원으로 9.0% 인상됐고, 2014년 7월에는 다시 75,000원으로 1.9% 인상된 전례가 있다.

하지만 실제 시멘트 가격은 2015년 이후로 꾸준히 하락하여 2018년 초에는 6만 원대 초반까지 떨어진 상황이다. 기준가격과 실제가격간의 괴리율이 20%까지 벌어지게 된 배경에는 삼표그룹의 시멘트 사업 진출로 인한 경쟁 격화에 있다. 또한 2016년에는 2013년 이전에 이루어진 시멘트 가격 담합행위에 대한 공정위의 제재가 시작되면서 시멘트 가격 하락폭은 더욱 커졌다. 다행히 2015년부터 건설경기의 급격한 상승 추세로 시멘트 출하량은 많아져 시멘트 가격 하락에도 불구하고 큰 폭의 이익을 보았지만, 건설경기 상승세가 둔화된 2018년부터 시멘트 업체들은 적자를 보기 시작했다. 이로 인해 시멘트 가격 정상화를 위한 노력이 시멘트 업체들 사이에 이루어지는 상황이다. 향후 시멘트 가격 상승이 진행된다면 시멘트 업체들의 상황은 나아질 수 있겠지만 원재료 가격 상승 및 건설경기 둔화 등 시멘트 업황을 둘러싼 외부변수가 어떻게 되느냐에 따라 시멘트 업체들의 실적이 결정될 것으로 보인다.

04 제지
업종

제지업종 Summary

제지업종은 주원료인 펄프의 약 85%를 수입에 의존하고 있어 환율 및 수입가격에 크게 영향을 받는다. 내수는 공급과잉으로 경쟁강도가 높지만, 상위 3~4개 회사가 과점하고 있어 일정 수준 경쟁을 완화시키고 있다. 지종별로 살펴보면, 인쇄용지, 신문용지 등 종이류는 수요가 감소하고 있는 반면, 백판지, 골판지 등 판지류는 성장세가 이어지고 있다. 한편, 무림P&P는 2011년 일관화공장을 완공하여 국내에서 유일하게 표백화학펄프를 생산할 뿐만 아니라, 생산공정 축소에 따라 원가경쟁력에서 우위를 가지게 되었다.

　　종이는 식물성 섬유를 나무에서 분리시킨 다음, 다시 이것을 물속에서 짓이겨 천이나 망으로 떠서 건조시킨 얇은 섬유조직으로 정의된다. 그 종류는 이루 헤아릴 수 없을 만큼 다양하며 생활에서 자주 사용하는 A4용지, 노트, 책, 신문에서부터 포장용 박스, 택배용 박스까지 모두 종이로 만들어진다.

　　종이의 기원은 지금으로부터 5000년 전, 고대 이집트인들이 강에 자라는 파피루스라는 식물의 줄기로 평평한 판을 만들어 냈는데, 이것이 원시적인 종이의 발명이 되었다. 영어로 종이를 "페이퍼"라고 하는데 이 단어도 파피루스에서 온 것이다. 현대적 종이는 서기 105년경 한나라의 채륜이 제지술을 개량하여 나무껍질, 삼, 넝마 섬유, 포 등을 이용하여 종이를 만들면서 발전하였다. 우리나라에는 중국에서 불교를 수용하던 3~4세기경에 불교와 함께 건너온 것으로 알려졌다. 그 후 수많은 책이 쏟아지기 시작했고, 제지 업자들은 삼, 넝마 섬유가 부족하여 어려움을 겪게 되었다. 1719년 프랑스 과학자 르네 레오뮈르는 말벌들이 나무를 씹어 종이 벌집을 만드는 것에 아이디어를 얻어, 넝마를 쓰지 않고 나무에서 바로 종이로 만들 수 있는 방법을 개발하였다. 이 방식을 제지업자가 보완, 발전시켜 오늘날의 종이 만드는 방법으로 태어나게 되었으며, 근대 제지산업을 크게 발전시킨 계기가 되었다. 우리나라의 근대 제지산업은 1950년대에 새한제지 현 한솔제지, 정구제지 현 무림제지, 한국특수제지 현 대한제지 등이 설립되면서 본격적인 제지산업의 면모를 갖추게 되었다.

제조 공정

종이를 제조하는 데는 크게 펄프공장, 제지공장 두 가지 형태의 공장이 필요하다. 우리나라에서 표백화학펄프공장이 있는 곳은 무림P&P가 유일하며, 다른 제조회사들은 주로 제지공장만 보유하고 있어 펄프를 수입하여 종이를 제조하고 있다. 무림P&P는 2011년에 펄프공장과 제지공장이 함께 있는 일관화공장을 완공하였다. 본 장에서는 일관화 공장을 예로 제조 공정을 설명한다.

펄프 제조 과정은 나무_{목재} → 목재칩 → 증해공정 → 세척공정 → 1차 정선공정 → 표백공정 → 2차 정선공정 → 건조공정 → 마감공정 → 운송 과정을 거쳐 종이의 원재료가 되는 펄프가 고객사에 인도된다.

1) 나무 Wood : 참나무 Oak 에 유칼립투스 Eucalyptus 등을 혼합한 활엽수를 주로 사용

2) 목재칩 Wood chip : 공법상 기계펄프, 반화학펄프, 화학펄프로 나누어지며 무림P&P 는 화학펄프를 생산

3) 증해공정 Cooking : 증해약품을 이용해 목재칩을 고온, 고압의 압력용기인 증해기 Digester 에서 증해 Cooking 함으로써 섬유질과 섬유질을 결속시키는 리그닌을 약화시키는 공정

4) 세척공정 Washing : 섬유소 Fiber 에서 분리된 리그닌을 물로 씻어내는 공정

5) 1차 정선공정 Screening : 세척공정을 거친 섬유소 Fiber 에서 이물질을 분리하고 순수한 펄프 성분만 건져냄

6) 표백공정 Bleaching : 표백약품을 사용해 산화, 환원 반응을 통해 미표백 펄프 속에 함

유된 착색 성분을 탈색 또는 제거하여 원하는 수준의 백색도를 얻는 공정

7) 2차 정선공정 Screening : 미세한 이물질을 분리함

8) 건조공정 Drying : 표백된 펄프를 건조시키는 공정으로써, 크게 초지부, 압착부, 건조부 3단계로 구분, 이 과정을 거치면서 2% 수준에서 80%수준까지 펄프를 건조

9) 마감공정 Finishing : 최초 생산된 제품을 일정 크기 및 무게로 포장해 야적과 운송이 용이하도록 하는 공정

10) 운송 : 포장을 마친 펄프는 국내 각 제지사로 운송

일관화공장의 제지 공장은 펄프 공장에서 슬러리펄프 건조전의 펄프를 바로 투입 받아 시작된다. 즉, 건조된 펄프를 구입하여 다시 슬러리펄프로 만드는 공정이 필요 없다. 제지공장의 공정을 살펴보면 슬러리펄프 투입공정 → 초지공정 → 가공공정 → 완정공정 → 자동창고/운송 과정을 거쳐 고객에게 인도된다.

1) 슬러리펄프 투입공정 : 펄프를 종이생산에 적합한 상태로 물과 혼합한 후 약품과 배합하여 원료를 만드는 공정, 일관화공장에서는 슬러리펄프를 펄프공장에서 관을 통해 공급받아 바로 투입

2) 초지공정 : 초지기를 통해서 종이의 원지가 되는 도공원지 또는 비도공원지를 생산

3) 가공공정 : 생산된 원지에 코터라는 기계를 통해 도료를 코팅하며, 슈퍼캘린더를 통해 도공지의 표면에 광택과 평활도를 개선하는 과정

4) 완정공정 : 생산된 종이를 고객이 원하는 크기와 행태로 재단하고 포장해 최종적으로 완성하는 공정

5) 자동창고/운송 : 완성된 제품을 보관, 빠른 배송을 위한 최적의 자동창고에 저장 후 고객에게 운송

제지산업은 성숙기 산업으로 자동화가 많이 이루어져 노동인력의 수요가 비교적 적으며, 시설투자를 위해서 막대한 자금이 소요되는 산업으로 높은 진입장벽을 가지고 있다는 장점이 있다. 그러나 생산량 대비 내수 소비 비중이 약 70% 수준에 그치고 있어 공급과잉에 따른 경쟁강도가 높다. 또한 초과분은 수출하는 구조이므로 제지 업계는 환율 등 수출 환경 변화에 민감한 수익 변동성을 보이고 있다. 수출은 판매처의 안정적인 확보가 어렵고 운송비 등 부대비용이 발생함에 따라 수익성이 내수시장에 비해 낮은 수준이다. 제지산업은 크게 종이제조사와 펄프제조사로 나눌 수 있으며 종이제조사는 생산하는 종이 형태에 따라 나누어지며 다음 장에서 자세히 설명하겠다.

국내 펄프제조사는 모두 5개 업체가 있으나 4개 업체는 신문용지의 원료인 쇄목펄프를 생산하고 있다. 인쇄용지와 판지의 주원료가 되는 표백화학펄프는 무림P&P가 유일하게 생산하고 있으며, 국내 소비량의 약 15%를 생산하고 있고 나머지 85%는 캐나다, 미국, 인도네시아, 칠레, 브라질, 베트남 등에서 수입하고 있다. 주요 원재료인 펄프는 제조 원가의 50% 내외를 차지하고, 수요량 대부분을 수입에 의존하고 있어 안정적인 원재료 조달이 원가경쟁력을 좌우하는 주요 요소이다. 따라서 펄프가격의 상승은 원재료 비용 부담 증가로 이어져 제지사들의 수익성에 부정적인 영향을 미친다.

제품 종류 및 제조 회사

제지는 아래 표와 같이 종이와 판지로 크게 구분되며, 종이는 다시 용도에 따라 인쇄용지, 신문용지, 위생용지, 표장용지, 특수지로 나뉘고, 판지는 백판지, 골판지원지, 기타판지로 분류된다.

【제지의 종류 밑줄은 상장기업】

구분	내용	제조회사
종이 – 판지에 대응하는 용어로 초지공정상 단층이며, 상대적으로 얇음		
인쇄용지	인쇄, 필기 목적 또는 다른 정보교환 형태로 사용되는 종이. 신문용지는 제외함. 용도에 따라 비도공, 미도공, 도공, 박엽, 정보 인쇄용지로 분류됨	한솔제지, 무림페이퍼, 무림P&P, 무림SP, 한국제지, 홍원제지
신문용지	신문 인쇄에 사용되는 종이로 주요 사용원료는 폐지이며 일부 펄프가 포함되기도 함	전주페이퍼, 페이퍼코리아, 대한제지
위생용지	화장지, 티슈, 타월, 기저귀 등과 같이 가정이나 공공장소에서 위생용으로 사용됨	삼정펄프, 모나리자, 유한킴벌리, 그린페이퍼텍
포장용지	물품의 수송, 보관 등에 사용되는 종이. 판지는 제외함	국일제지, 케이지피, 남강제지
특수지	용도에 따라 적합한 성질을 부여하여 특정용도에 사용. 벽지원지, 팬시용지 등	크린앤사이언스, 케이지피 등
판지 – 종이에 대응하는 용어로 펄프 또는 폐지 등을 배합하여 여러 층으로 겹뜨기한 두꺼운 종이		
백판지	여러 층으로 겹뜨기한 판지의 한 종류로 제약, 제과, 화장품 등의 낱개포장에 쓰임. 주로 내부 포장용으로 사용	한솔제지, 깨끗한 나라, 세하, 한창제지, 신풍제지
골판지원지	주로 물품의 외부포장에 사용되는 골판지의 원지로 표면과 이면에 쓰이는 라이너와 가운데 주름으로 쓰이는 골심지로 구분	아세아제지, 신대양제지, 대양제지, 대림제지, 태림페이퍼, 영풍제지, 한국수출포장 등
기타판지	백판지와 골판지에 포함되지 않는 판지 컵원지, 황판지, 지관표지 등이 있음	대화제지, 천일제지 등

2017년 지종별 시장점유율을 살펴보면, 인쇄용지는 한솔계열 한솔제지, 한솔아트원제지 34%, 무림계열 무림페이퍼, 무림P&P, 무림SP 33%, 한국제지 17%, 기타 16%의 점유율을 보이고 있다. 2011년 무림P&P의 일관화공장 완공으로 무림계열의 점유율이 2005년 18%에서 2012년 9월 32%로 증가했다. 이에 따라 국내 인쇄용지 시장의 구도가 1강 2중 체제에서

2강 1중 체제로 전환되었다. 한편, 2017년 3월에는 한솔제지가 그룹 내 계열사인 한솔아트원제지를 흡수합병하면서 기업규모를 확대하였다. 신문용지의 경우 전주페이퍼, 보워터코리아, 페이퍼코리아, 대한제지 순으로 생산량이 많으나 2017년 3월 보워터코리아가 국내 사업 철수를 선언해 현재 3사 과점 상태이다. 전주페이퍼는 2017년 9월 청주공장을 페이퍼코리아에 팔며 업계 내 생산량 재편이 이루어지고 있다. 인쇄용지 및 신문용지 업계는 수요 감소에 따라 생산량 감축과 고급지종으로의 전환이 이루어지고 있는 상황이다.

백판지는 한솔제지가 40% 정도의 점유율을 보이며 확고한 1위를 나타내고 있고, 그 뒤를 깨끗한나라, 세하, 한창제지, 신풍제지가 뒤따르며 5개사 과점시장 구도를 꾸준히 유지하고 있다. 골판지원지는 아세아제지계열 아세아제지, 경산제지, 신대양제지계열 신대양제지, 대양제지, 태림포장계열 태림페이퍼, 월산페이퍼, 동원페이퍼, 삼보판지계열 대림제지, 고려제지 등이 업계 수위권을 차지하고 있다. 골판지업계는 골판지원지로 골판지 원단과 골판지 상자를 만드는 구조로써 수많은 업체들이 난립해 있었으나 선두권의 원지 혹은 원단/상자회사가 인수합병을 통해 수직계열화에 성공한 모습이다. 현재는 앞서 언급한 빅4 아세아, 신대양, 태림, 삼보에 원단/상자 업계 점유율 10%를 차지하고 있는 한국수출포장까지 빅5가 시장의 70% 이상을 장악해 과점화가 진행되고 있다.

업계 추이

2016년 기준 제지 판매량은 1,170만 톤으로 2012년 1,135만 톤과 비교했을 때 증가폭이 크지 않은 상황이다. 이 중 수출비중은 약 27%로 국내 시장의 공급과잉을 해외 수출로 타개하고 있다.

【제지 판매량 및 수출비중 단위: 만 톤】

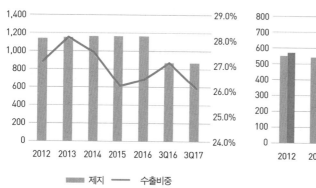

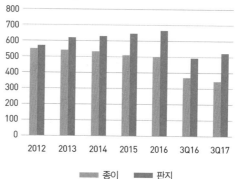

국내 전체 제지 판매량은 정체되어 있지만 세부적으로 들어가 보면 종이와 판지의 상황이 다르다. 먼저 종이의 경우 꾸준히 판매량이 감소하고 있다. 2012년 559만 톤에서 2016년 503만 톤으로 10.0% 감소했으며 2017년 3분기에도 전년 동기 대비 6.1% 감소하여 감소폭이 확대되고 있다. 인쇄용지와 신문용지가 종이 판매량의 80% 이상을 차지하고 있는데 두 지종 모두 판매량 하락이 지속되고 있다. 2012년 인쇄용지와 신문용지의 판매량은 323만 톤, 152만 톤이었는데 2016년에는 280만 톤, 138만 톤으로 각각 13.3%, 9.2% 감소한 상황이다. 인터넷 매체의 성장, 스마트폰, 태블릿PC 등 전자기기의 발달로 책, 문서, 신문 등이 디스플레이 속으로 들어감에 따라 인쇄용지와 신문용지의 수요 하락이 지속되고 있다. 관련 업계는 생산량 감축 및 고급 인쇄용지로의 지종 전환으로 수요 악화 상황에 대응하고 있다.

반면, 판지의 경우 꾸준하게 성장하고 있다. 2016년 판지 판매량은 667만 톤으로써 2012년 576만 톤 대비 15.8% 성장했다. 가장 성장성이 큰 지종은 골판지원지로 2012년 404만 톤에서 2016년 487만 톤으로 20.5% 상승했다. 이처럼 골판지원지가 상승하는 이유는 택배시장의 성장 때문이다. 온라인 상거래 활성화로 택배시장이 커지면서 택배용 상자에 주로 이용되는 골판지의 수요가 상승하고 있는 것이다. 백판지 판매량 역시 꾸준히 상승하고 있는데 2012년 141만 톤에서 2016년 155만 톤으로 9.9% 성장했다. 백판지의 경우 화장품이나 전자기기 등 고급 제품의 포장재로 사용되는데 경공업 산업 성장 및 플라스틱 포장재가 지류로 대체되는 트렌드 등으로 성장 추세가 계속되고 있다.

【세부 지종별 판매량 추이 단위: 만 톤】

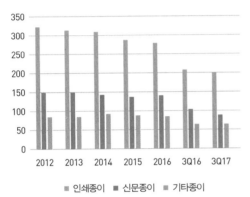

원재료 동향

【펄프 및 폐골판지 수입가격 추이】단위: 달러/톤

　　자원조달 면에서 주원료인 펄프는 약 85%를 수입에 의존하고 있기 때문에 환율에 영향을 많이 받으며, 환율이 하락할 때 유리한 측면이 있다. 펄프가격은 2008년 금융위기 이후 급락한 후, 2009년 중반부터 상승하여 2010년 초반에는 기존가격을 회복하였다. 하지만 2011년 후반 유럽위기 및 글로벌 경기 침체로 인해 펄프가격이 하락세로 전환되었으며 2015년까지 추세가 지속되었다.

　　통상적으로 펄프와 폐골판지 가격은 동조하는데 2016년부터 디커플링decoupling 현상이 발생했다. 그 이유는 중국 환경정책 때문이다. 국제사회에서 스모그 문제로 규탄받았던 중국은 자국 내 영세 제지회사의 약 30%에 환경인증을 내주지 않는 방식으로 제지 생산량을 조절했다. 이로 인해 중국 내 제지 공급량이 줄고 폐지 발생량이 감소하자 안정적인 폐지 조달을 위해 한국 등 해외에서 폐지를 싹쓸이하면서 2016년 중반부터 2017년 중반까지 폐지가격이 급등했다. 이렇게 중국 내부에 폐지가 급격히 쌓여 쓰레기로 몸살을 앓게 된 중국은 폐지 수입 규제책을 펼치며 폐지 수입을 막았다. 중국의 폐지 수요가 급감하자 2017년 하반기부터 폐지가격은 하락 반전하였고 2018년 중순 현재까지 그 추세를 이어가고 있다. 이렇게 중국 내부에 폐지가 부족해지자 중국 제지업체들은 자국 내 재활용 회수율을 높여 폐지를 공급받음과 동시에 펄프를 사용하여 제지를 만들기 시작했다. 이로 인해 펄프 수요가 증가하며 폐지 가격과는 반대로 펄프 가격은 2017년부터 상승하기 시작해 현재는 가격이 한 단계 뛰어 오른 상태이다. 이러한 환경 변화_{펄프 가격 상승, 폐지 가격 하락}로 인해 펄프를 생산하는 무림P&P, 원재료 중 폐지 비중이 큰 골판지 업체들의 수익성이 급격히 상승했다.

4장

• • •

디스플레이,
반도체, 통신기기,
유무선통신업종

01 | 디스플레이 업종

디스플레이업종 Summary

디스플레이 업종은 한국, 중국의 치열한 경쟁 속에서 완성업체 보다는 대량 양산 체제를 갖추기 위한 양산시설 확대 경쟁으로 인해 장비와 소재 업체에 크게 유리한 환경이 조성되고 있다.

LCD분야는 지난 10년 동안 LCD분야에 엄청난 투자를 해왔던 중국 디스플레이업체들을 비롯한 한국 업체들은 OLED 패널원가가 절반으로 하향하고 대중화되면서 OLED 시장의 확대와 전환을 염두에 두고 있다. 그리고 삼성디스플레이의 원가절감을 위한 새로운 공정 기술 도입이 대규모 손실로 이어지면서 실패 위험이 높은 기술 혁신 보다는 시장 수요에 맞는 제품 양산에 사업 초점을 맞추고 있다.

OLED분야는 애플의 차세대 아이폰, 아이패드, 맥북에 OLED가 탑재되고 자동차용

OLED 주문도 본격화 한다는 전망이 대두되자 중국 디스플레이업체들은 오는 2020년까지 OLED 공장 건설 등 약 22조 원의 대규모 투자에 나서고 있다. 규모의 경제 구축을 통한 양산체제를 갖추면서 한국 업계에 강력하게 도전하고 있는 것이다.

아직까지는 한국업체가 OLED 출하면적기준으로 1, 2위로 앞서고 중국 LCD 보조금 축소로 인해 당분간 선두를 유지할 것으로 예상된다. 하지만 패널값 재차 하락 전망과 고객사로부터의 단가 인하 압력으로 수익성을 지키기가 쉽지 않아 보인다.

1888년에 오스트리아의 식물학자인 프리드리히 리차드 라이니처 Friedrich Richard Reinitzer 가 식물의 콜레스테롤의 기능 실험 중 물질을 가열하는데 145도에서는 물질이 불투명한 복굴절 성질을 지니다가 179도 이상을 가열했을 때 투명하게 되는 물질을 발견하게 된다. 당시에 물질은 고체, 액체, 기체라는 3가지 상태만이 존재한다고 믿던 시절이었다. 그런데 물체의 녹는점이 두 개라는 것이 당시로서는 놀라운 일이었기에 과학자였던 오토 레만 Otto Lehman 에게 시료를 보내게 되고 이를 통해 고체와 액체 사이의 어떤 물질이 존재한다는 것을 최초로 발견하게 된다. 2년 뒤에 그들은 이것이 고체와 액체의 중간 성질을 지닌 액체 수정 즉 액정Liquid crystal 이라고 이름을 붙였고 이 발견은 엄청난 논란거리가 되었다. LCD 디스플레이를 최신의 기술로 아는 현대인의 생각과 달리 이 물질은 위와 같이 무려 100년이 넘는 역사를 가지고 있다. 놀라운 점은 머크Merck 와 같은 회사는 그 때부터 이 물질을 합성해서 과학자들에게 공급했다는 것이다. 지금도 머크는 LCD 회사들에게 액정 원재료를 공급하는 유명한 화학 회사다

액정 물질의 연구는 1차 대전 전까지 수많은 과학자들이 연구했지만 전쟁이 시작되고 끝날 때까지 그 응용분야를 찾지 못했고 결국 돈이 되지 않는 쓸모없는 물질로 모두에게 잊혀져가는 존재가 되었다.

이런 분위기가 변화한 것은 무려 40~50년이 지난 1962년 리처드 윌리암스가 전기 자기장으로 광산란 효과를 사용하여 디스플레이를 만들 수 있는 가능성을 제시하면서 부터이다. 얇게 액정 물질을 바른 곳에 전기를 주면 분자 구조가 움직여서 광학적인 효과를 준다는 동적 산란DSM : dynamic scattering mode 이론은 윌리엄스 도메인Williams domains 이라고 불리게 된다.

1964년에 조지 해리 헤일메이어는 위의 동적산란 기술을 바탕으로 드디어 디스플레이를 개발할 수 있다는 것을 보여준다. 1968년에 이 기술을 사용한 LCD가 세상에 나오게 되고, 1971년이 지나서야 DSM dynamic scattering mode 을 이용한 LCD모듈이 각종 시계들에 들어가게 되고 잘 생긴 외형과 편의성으로 고가 제품들이 나왔다.

드디어 70년대부터 DSM-LCD의 개발로 LCD 모듈의 상용화가 시작되었는데, 이 시기의 가장 중요한 발명은 1972년 켄트 연구소에서 나온 TN twist-nematic 이다. 이 액정 물질의 분자 구조는 지금까지도 디스플레이에서 사용되는 기술이다. 특히 동작 온도의 문제나 화질적인 문제들을 해결할 수 있는 실마리를 풀기 시작하면서 이 시기부터 다양한 응용 분야에 LCD가 나오게 된다. 샤프의 첫 LCD 전자계산기가 1973년에 등장하고 이 시기에 한개 화소 하나하나를 분할해서 껐다 켜는 스위치 형태로 만들어 디스플레이를 만든 AMLCD Active Matrix Liquid Crystal Display 의 이론적인 토대 역시 TN LCD의 개발에 있었다.

한편, 1930년대부터 기술적인 연구가 이루어졌던 TFT 박막 트랜지스터, Thin Film Transistor 기술이 1971년 비정질 기술을 통해서 AMLCD의 기술적 가능성을 열기 시작했다. 1980년대에는 비정질 실리콘 a-Si TFT와 TN 소자의 결합으로 드디어 제대로 된 디스플레이가 나오기 시작했다. 또한 STN Super Twisted-Nematic LCD와 같은 기술이 나와 휴대용 TV, 휴대용 포켓 게임기들의 출현으로 많은 놀라움을 주었다. 80년대 초중반부터 산요, 세이코엡손, 샤프, 도시바와 같은 업체들이 모니터나 휴대용 TV들의 출시와 함께 노트북 컴퓨터를 판매하기도 했다.

실질적으로 한국 업체들이 LCD 사업에 뛰어 든 것은 1990년대 중반 이후이며, 12인치 TFT-LCD모니터가 1997년에 삼성에서 발매되기도 했다. 특히 고해상도 표현이나 대형화 기술의 기초들이 이 시기에 나오면서 LCD가 모니터로 이용되기 시작했다.

1990년대를 지나면서 LCD의 시대가 오게 되었고 2000년 이후에 기술이 매우 고도화되면서, 현재는 환경오염을 막기 위해 LED 백라이트의 채용이나 광배향 같은 저전력 기술들이 나왔다.

특히 2000년대 중, 후반기에 LED 백라이트에서 냉음극형 광램프Cold Cathode Fluorescent Lamp, CCFL, 즉 형광등이 LCD 뒤에서 빛을 내는 방식이 환경 이슈로 문제가 되기 시작한다. 그래서 수은이나 카드뮴과 같은 유해 물질이 들어가 있고 수명이 짧고 전력 소모가 큰 CCFL BLU 대신, 수명이 길고 빠르게 반응하며 발광 효율이 좋은 LED가 모바일 기기나 노트북을 넘어 모니터나 TV에 쓰이게 된다.

1990년대 중후반부터 시작된 대형화 기술들이 폭발적으로 성장해서 40인치대의 LCD는 어려울 것이라는 예상을 뛰어넘었고, 현재 70인치 이상의 LCD TV가 실제로 팔리는 시대가 되었다. 기존의 LCD의 약점이었던 시야각의 문제는 1990년대에 만들어진 광시야각 기술VA, IPS 의 개량으로 상당히 개선되었고 느린 LCD의 반응 속도 문제도 오버 드라이브와 같은 기술로 개선되었다.

국가 별로 보면, LCD 디스플레이는 유럽에서 연구되기 시작하여, 미국에서 제품으로 최초 발명되었으나 시장의 미성숙으로 인해 본격적인 생산체제로 진입하지는 못했다. 일본은 이 기술을 받아 LCD 대량생산체제를 구축하여 상업화에 성공하면서 LCD 디스플레이를 하나의 산업으로 위치시켜 놓는다. 일본은 2000년까지 LCD 디스플레이 요소기술 및 생산기술을 발전시키면서 부동의 세계 1위의 LCD 생산국으로서의 위치를 유지하고 있었다. 한편, 1995년 이후 한국에서 가격경쟁력 측면에서 적기 투자와 수율이 생명인 LCD 디스플레이산업에 본격적으로 투자하면서 고도의 생산기술을 완성하였다. 그래서 2001년 이후 중대형 TFT LCD부문에서 한국이 세계시장 1위의 생산 국가로서 자리매김해 왔다.

한국이 LCD 디스플레이시장을 주도할 수 있게 된 배경에는 기술혁신을 가속화할 수밖에 없는 기술적인 요인이 중요한 역할을 했다. 한국은 신속한 기술력으로 LCD 디스플레이시장에서 기판의 크기와 LCD 생산능력을 빠르게 늘려 가격경쟁에서 우위를 점하면서 시장을 주도했다.

이에 비해 일본은 불황기를 지나면서 기업들의 투자 지연이 맞물리면서 LCD 디스플레이 산업의 시장 주도권을 상실했다. 대규모 투자를 하기 어려운 일본은 중대형 LCD 부분에서 철수하면서 기술력으로 승부하는 중소형 LCD 부분에 집중하고 있다. 또한 일본은 한국을 견제하기 위하여 대만에 기술이전과 생산설비를 이전하면서 중대형 LCD 부분에서 대만의 생산기지화를 추진하고 있다. 그리고 대만 폭스콘이 일본 기업 샤프를 인수하면서 LCD·OLED·마이크로LED 등으로 사업을 확대하는 등 대만이 빠르게 한국을 추격하고 있는 상황이다.

한국디스플레이산업협회에 따르면 중국발 LCD공급과잉에 더불어 중국의 OLED 투자는 2016년 기준 29조 5,000억 원으로 LCD투자 22조 5,000억 원을 넘어섰다. BOE, CSOT 등 중국 내 6개 기업이 OLED 양산을 시작할 예정이어서 치열한 경쟁이 가속화되고 있다.

개념 설명

디스플레이장치는 전기적으로 처리된 정보를 인간이 눈으로 볼 수 있는 시각적 정보로 바꾸어 주는 장치로서, 정보화 시대에 있어서 반도체, 2차 전지와 더불어 세계 3대 전자정보통신 핵심부품에 속한다. 이러한 디스플레이장치는 과거에는 저가격의 브라운관 방식이 주를 이루었으나 오늘날에는 전자부품의 경박단소화 경향에 따라 평판디스플레이장치가 각광받고 있다.

디스플레이장치의 종류로는 크게 브라운관과 평판디스플레이로 구분된다. 평판디스플레이 장치는 정보를 표시하는 광원의 유무에 따라 발광 디스플레이와 수광 디스플레이로 구분한다. 발광 디스플레이에는 PDP와 유기 EL 등이 있으며 수광 디스플레이에는 LCD가 있다. LCD 디스플레이장치는 구동방식에 따라 수동 매트릭스방식과 능동 매트릭스방식으로 구분된다. 수동 매트릭스 방식의 LCD로는 TN LCD와 STN LCD가 있으며, 능동 매트릭스 방식의 LCD로는 TFT LCD가 있다. 오늘날에는 주로 TFT LCD가 사용되고 있다. 이는 TFT LCD가 가지고 있는 높은 해상도와 빠른 응답속도 특성에 기인한다.

【디스플레이의 종류】

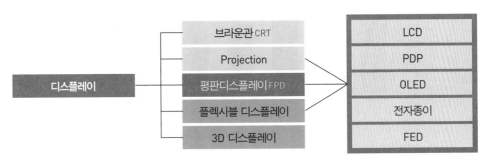

LCD는 가정 및 사무실에서 쉽게 접할 수 있는 형광등을 광원으로 사용하며 LED는 신호등 및 간판에서 이용되는 LED조명을 광원으로 사용하고 있다. 디스플레이의 주요 부품 중 빛을 내뿜는 백라이트Back Light에 어떤 램프를 적용하느냐에 따라 디스플레이 패널은 LCD와 LED로 구분된다. LED조명을 광원으로 사용하는 경우 기존 LCD에 비해 소비전력을 절감할 수 있고 색 재현 범위가 더 넓어진다. 그러나 LCD와 LED는 백라이트의 광원이 다르다는 점 외에 기타 부품 구성은 큰 차이가 없다. LED는 2009년 세트업체들의 LED TV 본격 출시 이후 프리미엄 TV에 대한 교체 수요, 일부 선진국에서의 친환경 TV 구매 지원 정책 등에 힘입어 대중화되었다.

차세대 디스플레이로서 시장의 주목을 받고 있는 AMOLED는 LA에서 열린 CES가전박람회,Customer Electronics Show에서 삼성전자와 LG전자가 AMOLED TV를 발표하면서 부터라고 할 수 있다. AMOLED의 대표적인 적용 분야는 스마트폰이었지만 현재는 AMOLED의 대형화 시대가 본격적으로 시작되었다.

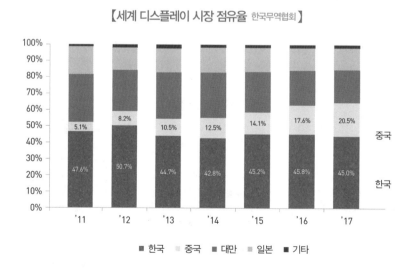

【세계 디스플레이 시장 점유율 한국무역협회 】

2부 업종별 개요, 특징 및 트렌드 분석

LCD는 백라이트에서 내뿜는 빛이 컬러필터를 통과하며 색을 지니게 되고, 이러한 기능을 구현하는 데 많은 부품이 필요하다.

반면에 AMOLED는 자체발광하는 인공색소_{유기재료}에 전류를 인가하면 각 유기재료가 빛과 색을 동시에 내뿜게 되어 LCD만큼 많은 부품이 필요하지는 않다. TV로 만들어지는 경우 LCD TV에 비해 훨씬 얇게_{두께 4~5mm} 제작이 가능하다. 그 밖에도 AMOLED의 응답속도나 색 재현력이 LCD보다 뛰어나다는 장점이 있다.

한편, AMOLED의 주요 소재인 유기재료가 수분과 공기에 약하기 때문에 기존 디스플레이 대비 수명이 짧다는 단점을 극복하기 위해서 유기재료를 수분과 공기로부터 안전하게 보호하는 봉지_{Encapsulation} 기술이 이용되고 있다. AMOLED 디스플레이를 만드는 경우 기존 LCD에서 사용되는 컬러필터, 백라이트는 사용되지 않지만 LCD에서 전원공급 스위치 기능을 하는 박막트랜지스터_{TFT}는 필수적으로 사용된다. 또한 기존 LCD 디스플레이에서는 박막트랜지스터_{TFT}의 주요 소재로 비정질 실리콘_{Amorphous Silicon}이 사용되었는데, AMOLED 디스플레이에서는 고해상도 구현이 필수적이므로 AMOLED에 보다 적합한 박막트랜지스터_{TFT}의 재료로 저온폴리실리콘_{LTPS : Low Temperature Polysilicon}이 활발하게 이용되고 있다.

그러나 저온폴리실리콘은 대면적 제작이 힘들고 생산원가가 높기 때문에 가격이나 전자 이동도면에서 LCD용 비정질 실리콘과 AMOLED용 저온폴리실리콘의 중간에 해당되는 산화물 반도체_{Oxide TFT}가 대체 소재로 주목받고 있다.

한편, TFT_{Thin Film Transistor}란 디스플레이의 단위 Pixel 구동을 위한 스위치 소자를 말하며, 사용되는 소재에 따라 a-Si, Poly-Si, Oxide로 그 종류가 나뉜다. 어떠한 소재가 사용될지는 디스플레이의 해상도_{ppi}와 구동속도_{Hz}에 의해 결정되며, a-Si은 저해상도에 Poly-

Si과 Oxide는 고해상도 디스플레이에 사용되는 것이 일반적이다. 고해상도 디스플레이는 보다 작은 사이즈의 TFT가 필요하여 기존 a-Si의 사용이 어렵기 때문이다. Poly-Si은 단가가 높은 반면 양산성이 확보되어 이미 갤럭시S3, 갤럭시노트2, 아이폰5 등에 사용되고 있지만, Oxide TFT는 단가가 낮은 반면 아직까지 소재의 신뢰성과 양산성 확보가 어려운 것으로 알려져 있다.

LCD에서 고해상도화가 진행될수록 TFT의 성능향상을 위해 단위면적당 픽셀_{화소}의 크기는 작아지고 개수는 많아진다. TFT의 크기가 작아지면 전기적 저항이 증가하여 전류의 흐름이 나빠지고 전기 신호의 이동속도가 느려져, 결국 영상의 속도 저하로 연결된다. 또한 픽셀 개수가 많아지면 그만큼 TFT의 반응 속도가 빨라져야만 영상의 표현 속도를 유지할 수 있다. 따라서 고해상도 LCD는 기존 a-Si 보다 고속화된 Oxide TFT가 필요하다.

Oxide TFT는 기존 a-Si TFT대비 이동성이 10배 이상 빨라서 UD급 고해상도와 Narrow Bezel Design의 TV 구현, 투명한 산화물을 적용한 투명 디스플레이 제조가 가능하다. 그리고 제조 공정상 저온의 스퍼터링 방식으로도 제조가 가능하다. Flexible 디스플레이 구현과 고해상도 구현을 위해 p-Si을 형성할 경우 7~11 단계의 공정이 필요하지만 Oxide-TFT를 적용할 경우 4~5 단계로도 제조가 가능하고, 기존 TFT 공정에서 사용되는 장비의 활용도가 높아서 신규 설비 투자 규모도 줄일 수 있고, 별도의 결정화 공정이 필요하지 않아 기판 대형화에 유리하다. a-Si 제조 수준의 비용으로 p-Si에 가까운 성능을 구현할 수 있어 현재 Sharp, LGD, 삼성전자를 중심으로 활발한 기술개발이 진행 중에 있다.

OLED TV에서도 최근 Oxide TFT의 니즈가 커지고 있는데 OLED는 현재 모바일용 패널에서는 LTPS 방식을 사용하고 있다. 하지만 TV 양산에 있어서는 공정비용이 높은 문

2부 업종별 개요, 특징 및 트렌드 분석

제가 있어 Oxide TFT로 전환하려는 노력이 진행 중이다. Oxide TFT는 모바일용 OLED 에 적용은 다소 어렵지만 TV에서는 구현이 가능한데, 그 이유로 TV는 모바일 보다 픽셀 사이즈가 현저히 크기 때문이다.

플렉서블 디스플레이Flexible display 는 플라스틱 등 휠 수 있는 기판에 만들어진 평판 디 스플레이다. 우수한 표시특성을 그대로 가지면서 접거나 구부리거나 두루마리 형태로 변 형이 가능하기 때문에 현재의 평판 디스플레이 시장의 차세대 기술로 평가되어 전 세계적 으로 급격한 연구가 이루어지고 있다. 플렉서블 디스플레이는 원리적으로 종이와 같이 수 센티미터 이내로 휘거나, 구부리거나, 말 수 있는 얇고 유연한 기판을 사용하게 된다. 기존 의 딱딱한 유리기판을 사용하는 디스플레이와는 달리 가볍고, 얇고, 내충격성이 강하며, 구 부림이 자유롭다.

산업 특징

평판디스플레이산업은 수많은 부품이 결합되어 만들어지는 제품으로서 시스템의 인터 페이스 역할을 하는 완성품이자, 시스템중 하나인 중간부품산업이기도 하다. 반도체기술, 액정기술, 회로기술, 조립기술 등 복합된 기술 집약 산업인 동시에 시스템업체와 공동으로 신시장, 신상품 개발을 위해 상호공조가 필요한 산업이다. 또한 메모리반도체와 이동통신 단말기에 이어 차세대 유망산업 수출상품으로 강력하게 부상되고 있는 것이 CRT의 뒤를 이어 신기술로 등장한 TFT-LCD, PDP, OLED 등 평판디스플레이 산업이다. 우리나라는 반도체산업을 통해 축적한 제조공정기술과 브라운관 생산을 통해 구축한 부품산업을 기반 으로 1995년 TFT-LCD 사업에 참여하여 눈부신 성장을 하였다.

디스플레이 산업은 대규모 투자가 필요한 장치산업으로 그 특징으로는 첫째, 유사업종 반도체, 브라운관을 소유하고 있는 대기업을 중심으로 참여 업체가 많고 다양하다. 둘째, 수급밸런스가 일반적인 다이아몬드 형태로 공급초과와 부족이 반복적으로 나타난다. 셋째, 제품군별 다양한 신규응용 제품이 탄생 소멸하는 형태로 여러 가지 제품이 시장에 출시되지만 지극히 제한적인 제품만이 성공한다. 넷째, 기업 간 시장선점 경쟁이 무척 치열해서 타사보다 경쟁우위에 서기 위해 원천기술 확보 등 기술개발에 전력을 쏟고 있으며 지적재산권을 통한 자기방어와 견제가 심하다. 다섯째, 일반적으로 정부의 지원 하에 기업이 주도하는 국가전략사업이다.

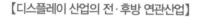

【디스플레이 산업의 전·후방 연관산업】

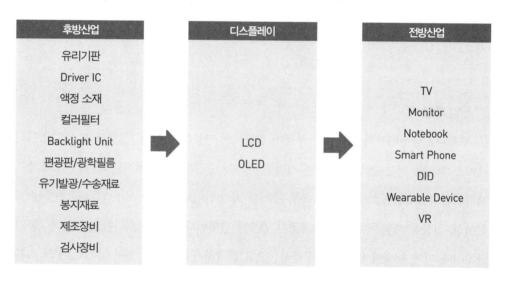

후방산업	디스플레이	전방산업
유리기판		
Driver IC		TV
액정 소재		Monitor
컬러필터		Notebook
Backlight Unit	LCD	Smart Phone
편광판/광학필름	OLED	DID
유기발광/수송재료		Wearable Device
봉지재료		VR
제조장비		
검사장비		

디스플레이 산업은 장치산업으로 양산을 위해서는 대규모 투자가 필요하며, 투자에서 생산안정화를 통한 상업 생산까지는 일정한 시차가 나타나게 된다. 수요측면에서 디스플레이 생산업체들이 투자가 필요하다는 판단에 의해 투자를 하게 되면 일정기간 후에는 공

2부 업종별 개요, 특징 및 트렌드 분석

급 과잉현상이 발생하게 된다. 이어서 공급과잉에 의해 투자축소가 발생하면 일정 시차 후에는 반대로 공급 부족현상이 발생하게 되어 수요공급의 과잉과 부족현상이 주기적으로 반복하게 되는데 이를 크리스탈 사이클이라 부른다.

【Crystal Cycle】

구분	LCD산업의 Crystal Cycle								
수급상황	공급 〉수요	▶	투자위축	▶	수요 〉공급	▶	투자확대	▶	공급 〉수요
가격	가격 하락		하락세 둔화		가격 상승		상승세 둔화		가격 하락

업계 구도

디스플레이 산업은 한국, 중국, 대만, 일본에서 전후방 연관효과가 큰 전략 산업으로 주목받고 있다. 삼성디스플레이와 LG디스플레이가 전체 디스플레이 시장의 90% 차지하는 대형 TFT-LCD 시장에서 점유율 1, 2위를 다투고 있다. 이들 한국 패널업체와 경쟁하고 있는 글로벌 경쟁업체로는 대만의 AUO AU Optronics, CMI Chimei Innolux, 일본의 Sharp 등이 있다.

LCD 산업은 2010년 이전까지 연평균 40% 이상의 설비증설이 이뤄지며 극심한 수급 변동을 겪어왔다. 디스플레이 산업 내 경쟁이 심화되는 가운데, 전반적으로 LCD 패널크기는 대형화되고, LCD 패널 가격은 지속적으로 하락하는 추세를 보이고 있다. 디스플레이 패널은 TV, 데스크탑 모니터, 삼성전자, LG전자, Sony, Philips, Panasonic, Toshiba, Visio, Skyworth 등의 노트북 세트업체로의 수출이 이루어지고 있으며, 패널 업체의 매출액 중 수출비중은 대부분 80~90%에 이르고 있다.

한국 패널업체는 대만 패널업체와 달리 세트-부품-소재의 수직계열화가 이루어져 있다. 대만 패널업체는 PC 패널 및 중소형 사이즈 TV 패널 등의 범용제품을 대량 생산한 후 시장에 밀어내는 전략을 취했다. 그러나 부품 및 고객기반의 수직 계열화에 강점을 지닌 한국 패널업체는 삼성전자, LG전자, Apple, Sony 등의 우수한 고객기반을 확보하여 고 부가가치 패널을 생산하고 있다. 이에 한국 패널업체의 반사 이익이 가시화되고 있고 대만 패널 업체는 현재까지 영업적자를 기록하며 재무구조 악화로 신규 투자 여력이 감소하였다.

현재 한국 디스플레이 업체들이 프리미엄 제품군에서 압도적 점유율을 보이며 혁신기술에서도 앞서 가고 있다. 하지만 국내 소재·장비 업체들의 제품 80% 이상이 삼성·LG에 납품되고 있어 글로벌 경쟁력이 낮다. 거기에 핵심장비와 소재는 80% 이상을 미국·독일·일본에서 수입하고 있어 원가 경쟁력 확보가 어려운 실정이다.

이와 같은 상황에서 자동차·사물인터넷·인공지능 등 4차 산업 관련 디스플레이 신시장을 앞선 기술력으로 확보하면서 스포츠 경기장에서 관중이 즐길 수 있는 초대형·초고화질TV를 비롯 자동차 실내 전면 디스플레이, 초실감 웨어러블 모바일 디스플레이, 행동인지·보안·자가제어 디스플레이 등 천문학적 수요 창출로 이어질 타 시장과의 기술협력을 통해 국내 업체에 사업 기회로 이어지느냐가 관건이 될 것으로 보인다.

중국의 '디스플레이 굴기'

디스플레이 산업의 후발주자인 중국이 세계 1위 한국을 바짝 추격하고 있다. IHS의 '대형 디스플레이 시장 환경 분석' 발표에 따르면 2017년 중국 BOE는 수량 기준 글로벌 대형 TV용 LCD 시장에서 점유율 21%로 1위를 차지했다. 면적 기준으로는 여전히 1위 LG디스플레이 23%, 2위 삼성디스플레이 17% 이지만 두 기업의 점유율은 점차 줄어드는 추세이고 이는 중국 디스플레이 업체가 수익성 높은 대형 패널의 적극적 진출과 확대로 해석된다.

BOE는 대형 LCD와 함께 중소형 OLED 시장에도 진출하고 스마트폰용 플렉시블 OLED 양산까지 시작했다. 거기에 TV용 OLED 패널까지 개발하며 디스플레이 모든 분야에서 무서운 속도로 추격해 오고 있다.

IHS에 따르면 2022년까지 중국 내에 총 19개의 8세대급 이상 디스플레이 공장이 가동될 것으로 전망했다. 이는 중국발 공급과잉이 당초 예상보다 훨씬 빠르게 찾아올 것을 의미한다.

국내 디스플레이 패널 공장들은 대부분 6세대, 8세대급 공장이어서 대형 패널 생산에서 월등한 생산성을 자랑하는 10세대 공장과 비교하면 열세이고 LG디스플레이가 파주 P10에 10세대 장비를 투입해 2020년에나 가동할 예정이지만 2018년 하반기부터 BOE 10.5세대가 가동을 시작하면 LCD사업에서 수익을 내기가 쉽지 않아 보인다.

중국 최대 디스플레이 업체인 BOE의 경우 TV, 노트북PC, 모니터, 태블릿PC 등의 업계 선두권 업체인 애플, 삼성전자 등의 프리미엄 분야의 고객사를 확보해 패널을 공급하면서 질적으로도 한국 업체와 대등하다는 견해도 있다.

한국의 구조조정과 중국의 LCD 보조금 축소

중국의 물량 공세에 따른 LCD 가격 폭락으로 인한 실적 악화와 인건비 부담 때문에 7년 만에 적자 위기에 직면한 LG디스플레이가 위기 탈출을 위한 전략으로 구조조정에 나섰다. 이미 삼성디스플레이도 2016년 LCD 부문에서 애플 전용 OLED 생산라인 구축에 따른 A3 공장의 공간 부족과 저수익 LCD 라인 비중 축소를 통해 수익성 개선을 위해 구조조정을 단행한 바 있다. 이러한 구조조정으로 중복투자 축소, 분산된 양산능력 통합, 생산 효율성 재고 등의 긍정적 효과를 통해 수익성 개선을 기대해 볼 수 있다.

하지만 중국 BOE는 65인치 LCD까지 20% 할인 판매하면서 초대형 LCD 시장도 위협하고 있고 애플의 '아이폰X'의 판매부진 등의 영향으로 인한 스마트폰 시장 정체로 인한 중소형 OLED 판매가 부진해 시장 상황이 만만치 않은 실정이다. 거기에 LG디스플레이의 광저우 대형 OLED 공장 건설은 중국의 기술이전 요구로 계속 지연되면서 기술 초격차를 위한 정부의 연구개발 자금 지원이 필요한 시점이다.

그나마 다행인 것은 과거 수년간 보조금 및 지원 정책을 통해 중국 업체들이 디스플레이 설비 투자의 90%를 연간 6,000억 원~8,000억 원 수준으로 조달했었던 것이 중국 정부의 부채 감축 정책과 미중 무역 갈등 영향으로 인한 수익성 약화로 LCD 산업 구조조정 가능성으로 기존 대비 20% 수준인 연간 1,200억 원~1,600억 원 규모로 대폭 축소되거나 폐지될 것으로 보인다.

거기에 중국 1위 디스플레이 업체 BOE는 총 15조 원 규모의 10.5세대 LCD, 6세대 flexible OLED 설비투자를 진행 중이어서 고정비 상승에 대한 압박을 받고 있는 실정이다. 원가구조가 앞으로 감가상각비 증가와 고정비 부담, 생산수율 하락 등으로 취약해질 것으로 보이며 LCD 패널 부분의 수익성 개선으로 신규설비의 감가상각비 연간 1조 원 추정 를 해결할 것으로 전망된다.

이는 BOE의 공격적인 LCD 패널 가격 인하가 쉽지 않다는 것을 의미하며 대형 OLED TV 흑자기조 정착, 중소형 OLED 적자 폭 축소, 자동차 OLED 공급 본격화 국면에 진입하며 LCD 가격이 안정화되고 OLED 라인 이익이 본격화되면 한국 업체에 새로운 기회가 열릴 것으로 기대된다.

패널 수급 공급과잉이 지속될 전망

중국발 공급과잉은 중국 정부의 적극적 지원 하에 BOE, CSOT 등 중국 업체들이 대규모 LCD 투자를 통해 10.5세대 공장을 가동하면서 LCD 시장에 공급과잉이 발생해 패널 가격이 하락하고 있다. 이와 더불어 한국 업체들은 주력품목을 LCD에서 OLED로 전환하며 LCD 생산능력이 감소해 2017년을 기준으로 LCD 생산능력이 중국에 추월당한 상태이며 중국 업체들의 생산능력 증가는 당분간 지속되면서 공급과잉이 지속될 전망이다.

차세대 디스플레이 시장 전망

OLED 시장규모는 2017~2020년 기간 중 연평균 29.8% 수준의 고속 성장을 지속하며 2020년에는 590억 불에 이를 것으로 보인다.

9″이하 중소형 OLED 패널은 Flexible 디스플레이의 활용도가 높은 스마트폰, 웨어러블 기기 등에 주로 사용되어 전체 OLED 시장 성장을 주도하며 2020년까지 연평균 28.9% 성장해 461억 불 규모에 이를 전망이다.

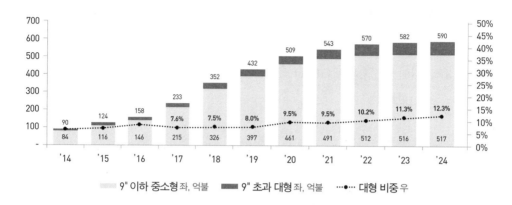

9″초과 대형 OLED 패널도 대형 프리미엄 TV 수요 증가에 힘입어 연평균 39.6% 성장해 2020년 49억 불에 이를 전망이다.

아직까지는 한국이 OLED 시장의 96.6%를 차지해 사실상 독점 공급하고 있는 상황에서 중소형은 삼성디스플레이가 대형은 LG디스플레이가 주도 하고 있다.

삼성디스플레이는 강점을 보유한 중소형 OLED를 주력으로 6세대 설비 증설을 지속하고 있고 LG디스플레이는 대형 OLED에 집중하기 위해 LCD 설비로 계획했던 파주 P10 공장10.5세대을 OLED 설비로 전환을 추진하면서 8세대 이상 W-OLED 설비 증설에 집중할 것으로 보인다.

중국의 BOE를 비롯한 중국 업체들은 OLED투자에 적극적으로 나서며 생산능력이 중소형 패널 위주로 급증할 것으로 보이며, 한국 업체의 CAPA 기준 점유율은 90%대에서 2020년 60%대로 하락할 전망이다.

중국 정부는 2025년까지 글로벌 제조 강국 대열 진입을 목표로 하는 '중국제조 2025'

전략을 발표하며 제조업 육성에 전력을 다하고 있다. 특히 OLED 산업을 중점 육성 산업으로 선정해 보조금과 관세 등에 전폭적인 혜택 지원을 제공하는 중이다. 다만, 중국 업체의 수율 개선속도가 느릴 경우 중국 업체의 실질시장 점유율은 생산기준 점유율보다 낮게 나타날 수도 있다.

일본은 산업혁신기구의 지원 아래 소니와 파나소닉의 OLED 사업 부문을 분리시켜 Japan Display의 자회사로 JOLED를 설립해 잉크젯 방식의 OLED 양산을 목표로 연구개발 중이다. 이미 2012년에 같은 산업혁신기구의 지원 아래 히타치, 도시바, 소니의 디스플레이 사업부를 합쳐 회사를 설립해 애플 아이폰용 LCD 패널 공급을 통해 성장하기는 했으나 애플 의존도가 매출의 55%로 높고 OLED에 대한 투자가 부족해 한계를 드러낸 바 있다.

지금은 기술력 부족과 양산체제를 갖추지 못해 의료용 OLED 패널 등 틈새시장을 공략하고는 있으나 잉크젯 방식은 대량 생산 시 원가절감의 장점이 있어 양산체제 구축을 위한 자금확보에 심혈을 기울이고 있다.

대만 업체들은 주로 LCD 시장에 집중하고 있어 이미 경쟁에서 뒤처진 OLED 투자보다는 마이크로 LED 연구에 집중하고 있고 기술력 부족으로 6세대 규모의 OLED 양산이 어려워 웨어러블, VR 등 틈새시장을 공략할 것으로 전망된다.

02 | 반도체 업종

반도체업종 Summary

반도체 산업 전망에 대한 시장의 시각은 DRAM 가격 급락으로 인한 이익 급감을 우려하고 있다. 하지만 사물인터넷용 반도체 및 센서 시장의 전망이 밝고 인공지능이 강조되면서 반도체의 가치가 치솟고 거기에 동남아를 중심으로 스마트폰 수요가 급증하고 있다. 과거에는 CAPEX 증가 → 공급증가 → 가격하락 → 이익감소로 이어졌지만 현재는 공급부족 → CAPEX 증가 → 균형 → Big cycle 지속으로 해석하는 견해가 강하다. 그래서 DRAM 가격 하락은 공급초과가 아닌 수익성 정상화로 해석되어야 하고 기술 진화에 따른 원가 개선을 분기당 약 3% 정도로 본다면 3% 내외의 가격 하락은 수급의 균형으로 보아야 한다. 서버 수요 지속과 삼성전자, SK하이닉스, 마이크론 등의 공급경쟁 회피로 인한 공급제약으로 DRAM 초과공급 발생이 힘들어 DRAM의 완만한 가격 하락 또는 유지를 통해 고수익성을 지켜갈 것으로 전망된다. 인텔, 삼성전자, TSMC 등의 글로벌 반도체 업체들을 중심으로 NAND 시설투자가 활발해지면서 10나노 시스템반도체 생산을 위한 투자가 진행되고 주요 스마트폰에 10나노 AP가 탑재되고 있다.

메모리 분야에서는 삼성전자의 경기도 평택 18라인 시설투자와 SK하이닉스 이천 M14 2층 라인에 3D NAND 신규 투자 등 3D NAND에 투자를 집중하고 있다. 삼성전자와 SK하이닉스가 20나노 이하 미세공정 생산율을 높이고 30~40나노 공정 수준에 머물러 있는 중국, 대만 반도체 업체들은 미세공정화 경쟁에 한계를 드러내며 현재로써는 국내업체가 원가 경쟁에 우위에 서 있는 상황이다.

1947년 벨연구소의 윌리엄 쇼클리, 존 바딘, 월터 브래튼 등 3명이 트랜지스터를 개발한 이후 반도체 역사는 60여 년이 흘렀다. 한국이 주력으로 생산하는 D램 사업을 인텔이 처음 시작한 1970년 이후 40년이 흐르는 동안 반도체시장에 큰 변화를 몰고 온 두 차례의 대형 지각변동이 있었다. 그것은 초기 미국 반도체 산업의 태동을 시작으로 한 미국 기업과 일본기업의 쇠락이었다.

세계 메모리 반도체 시장의 패권은 미국을 거쳐 일본 그리고 한국으로 이어져왔다. 한국의 뒤를 이어 대만이 급성장하면서 2000년대 중반에는 D램의 패권이 대만으로 이동할 것이라는 우려가 제기되기도 했다. 하지만 한국에 다가왔던 위기를 국내업체들이 잘 견디면서 위기는 한국을 건너뛰고 대만을 엄습하고 있다.

우선 세계 반도체 시장의 주도권 변화를 자세히 살펴보자.

과거 반도체시장 초기는 미국 기업의 독무대였다. D램을 처음 개발한 세계 최대 반도체회사인 인텔이 요즘엔 PC나 휴대통신의 중앙처리 장치인 CPU 업체로 이름을 날리고 있지만 설립초기인 1970년대에는 D램 세계 1위였다.

당시 인텔과 텍사스인스트루먼트TI, 페어차일드, 모토로라 등 미국 기업들이 세계 D램 시장을 제패했다. D램 시장의 경쟁이 치열해지자 미국 기업들은 기술 이전을 요구하는 일본 업체들에게 앞다투어 특허료를 받고 기술이전을 했다. 1980년대에 들어서는 일본 업체들이 자신들에게 기술을 넘긴 미국 기업들을 차례차례 쓰러트리기 시작했다.

1984년 인텔은 결국 D램 시장에서 물러나 TI와 마이크론만이 미국 D램 업계의 자존심을 지켰다. 그러나 TI도 한국과 일본에 경쟁력이 밀리면서 1998년 메모리 사업에서 물러나 디지털신호처리DSP 칩에 집중하고 있다. 마이크론은 현재 유동성 위기에 몰려 대만과의 제휴를 꿈꾸고 있다.

D램 시장 패권을 잡은 일본은 한때 전체 시장의 3/4을 차지하며 성과를 높였다. 1987년에는 도시바, NEC, 후지쯔, 미쓰비시, 히타치, 오키, 니폰스틸 등 일본의 7개 D램 업체들이 전체 시장의 75%를 차지하며 세계 시장을 잠식했다.

한편, 인텔이 D램 시장에서 물러나던 시점인 1983년과 1984년에 한국에서는 새로운 싹이 움트고 있었다. 삼성전자와 현대전자, LG반도체가 잇따라 D램 시장에 진출했다.

패러다임 이동이 진행되는 순간이었다. 그 후 10년만인 1992년 세계 1위인 일본 도시바를 제친 다크호스로 등장한 삼성전자는 1992년부터 2008년까지 17년 동안 1위 자리를 내주지 않고 있다. 이 와중에 실리콘 사이클과 글로벌 경기침체 사이클이 겹치면서 반도체 업계는 또다시 빙하기에 들어섰다.

과거 패러다임 이동으로 융성하던 국가의 반도체 산업이 위기를 맞으면, 그 다음 국가로 힘이 이동했던 선례 때문에 한국에 이어 D램의 힘이 대만으로 넘어갈 수도 있다는 위기감이 팽배했다. 1999년 LG반도체와 현대전자가 합병한 하이닉스는 과도한 부채 부담과 D램 경기침체로 2002년 위기를 맞았다. 하이닉스를 마이크론이나 독일 인피니언현 키몬다에 매각해야 한다는 목소리가 높았지만 하이닉스를 살려야 한다는 국민적 관심 속에 하이닉스는 극적으로 회생하며 마이크론과 인피니언이 꿰찼던 2위 자리에 올랐다.

한국 기업의 생산성이나 기술경쟁력이 경쟁국가의 기업들보다 월등히 앞서면서 3차 빅뱅의 진원지가 한국이 아닌 대만으로 바뀌었다. 생산성이 떨어진 일본이 기술을 이전하며 대항마로 키운 대만 D램 업체들이 글로벌 경기침체의 직격탄을 맞고 6개 기업 모두가 유동성 위기에 몰려 파워칩, 프로모스, 렉스칩파워칩 엘피다 합작사, 난야테크놀로지, 이노테라

메모리 난야 마이크론 합작사, 윈본드일렉트로닉스 등 6개 D램 업체를 대만 정부가 통합했다. 그리고 일본 엘피다, 미국 마이크론 등과 제휴해 세계 1, 2위를 점하고 있는 한국 업체들에 대항하겠다는 계획을 세웠지만 기술 수준 및 경영 상태가 각기 다른 회사들을 합치는 구상을 현실화시키는 과정에서 난관에 봉착했다. 이에 생산라인까지 모두 합치는 대통합 대신 기술 획득에 주력하는 신설법인을 만든 뒤 업계 내 구조조정 과정에서 살아남는 회사들의 입수·합병을 모색하는 방향으로 선회했다.

한편, 국내 반도체 업종의 역사를 간단히 살펴보자.

한국 반도체산업의 경우 1965년 미국계 다국적기업들의 국내 진출로 반도체기술을 처음 접하게 되면서, 풍부한 양질의 저임노동력을 기반으로 조립가공분야에 진출하였다.

1982년 상공부에서 최초로 반도체만의 개별특정산업지원정책인 「반도체공업육성세부계획 1982~86」을 수립하면서부터, 국내기업에 의한 실질적인 일관공정의 대량생산체제 및 자립연구개발체제가 갖춰지기 시작했다. 이를 계기로 1983년 기존의 삼성과 금성 외에 현대전자가 신규 참여하여 동시에 DRAM사업을 본격 투자함으로써 일관생산체제의 메모리 시대를 개막하였다. DRAM분야에서 선진국을 추월하기 시작한 시기는 불과 10년만으로, 1992년에 64M DRAM을 세계 최초로 개발하기 시작하면서 부터이다. 90년대 중반이후부터는 메모리위주의 생산체제에서 균형발전으로 성장하기 위해 반도체 설계기술 및 장비기술 인력양성센터 등이 설립되고, 파운드리업체가 등장하였다.

개념 설명

반도체semiconductor 란 구리처럼 전기가 잘 통하는 도체와 나무나 돌처럼 전기가 통하지 않는 부도체不導體의 중간성질을 갖는 물질을 말한다. 반도체는 원래는 전기가 거의 통하지 않지만 필요시 빛, 열, 불순물 등을 가하여 전기를 통하게 함으로써 전기신호를 제어하거나 증폭, 기억하도록 가공된 전자부품의 일종이다.

반도체의 종류는 크게 정보를 저장할 수 있는 메모리반도체와 정보 저장 없이 연산이나 제어기능을 하는 비메모리반도체로 구분된다. 반도체는 부품이므로 용도, 기술, 집적도, 제조공정 등에 따라 각각 분류체계를 달리하며, 국가별로도 분류를 다르게 나타내고 있다.

예를 들어 우리나라는 메모리반도체를 주로 생산하고 있기 때문에 메모리에 대한 분류는 구체화되어 있다. 하지만 메모리가 아닌 반도체는 모두 비메모리라고 부르며 우리나라에서만 사용하는 분류체계를 사용하고 있다.

메모리반도체는 정보를 기록하고 저장해둔 정보를 읽거나 내용을 바꿔 다시 넣을 수 있는 램RAM : random access memory 과 기록된 정보를 읽을 수만 있고 바꿀 수 없는 롬ROM : read only memory 이 있다. 롬과 달리 램은 전원이 끊기면 기록해둔 자료가 사라지는 것이 특징인데 램에는 S램과 D램이 있으며, D램은 전원이 켜져 있는 상태에서도 미세한 전류가 계속 흘러야만 정보를 기억할 수 있으나, 작은 칩에 많은 정보를 담을 수 있어 PC에 주로 사용된다. S램은 전원만 들어오면 정보를 지속적으로 저장할 수 있어 정보 처리속도가 빠르고 전력소모가 적지만, 작게 만들기가 힘들어 캐시메모리, 통신기기, 서버, 통신기지국 장비에 주로 사용된다.

【반도체의 구분 산업연구원 】

	중분류	세분류	제품 설명
메모리	휘발성 RAM	D램	주로 PC용 주기억장치에 이용되며 정보처리 속도 및 그래픽 처리 능력에 따라 SD램, 램버스, D램, DDR, DDR2 등이 있음
		S램	소비전력이 적고 처리속도가 빠르기 때문에 컴퓨터의 캐시 cache , 전자오락기 등에 사용
		V램	화상정보를 기억하기 위한 전용 메모리
	비휘발성 ROM	Mask롬	제조공정시 고객이 원하는 정보를 저장하며, 전자게임기의 S/W 저장용, 전자악기, 전자사전 등에 사용
		EP롬	자외선을 이용하여 정보를 지우거나 저장
		EEP롬	ROM의 특징과 입출력할 수 있는 RAM의 특징을 겸비
		Flash 메모리	전력소모가 적고 고속프로그래밍 및 대용량 저장이 가능하여 컴퓨터의 HDD를 대체할 수 있는 제품으로 NOR 코드저장 형과 NAND 데이터저장 형으로 구분
비메모리	시스템IC	마이크로 컴포넌트	컴퓨터를 제어하기 위한 핵심부품으로 Micro Processor Unit, Micro Cont-roller Unit, Digital Signal Processor 등이 있음
		Logic ASIC	사용자의 요구에 의해 설계된 특정회로 반도체이며, 주문형 IC로서 다품종 소량생산에 적합
		Analog IC	제반 신호의 표현 처리를 연속적인 신호변환에 의해 인식하는 IC로서 Audio/Video, 통신용, 신호변환용으로 사용
		LDI	LCD driver IC로서 구동 또는 제어에 필수적인 IC
	개별소자 discrete		Diode, 트랜지스터처럼 직접회로 IC 와는 달리 개별품목으로서 단일기능을 갖는 제품을 의미하며, 이것이 모여 IC가 됨
	기타		Opto 광반도체 , 반도체센서 등

플래시메모리 flash memory 는 D램이나 S램과 달리 전원이 끊긴 뒤에도 정보가 계속 남아 있는 반도체이다. 플래시메모리를 쓰면 램과 같이 빠른 속도로 정보를 읽고 쓸 수 있고, 하드디스크처럼 전원과 무관하게 정보도 저장할 수 있다. 이러한 플래시메모리는 전원

이 꺼지더라도 정보가 지워지지 않는 비휘발성 메모리로서 휴대폰, 캠코더, 디지털카메라, MP3플레이어, PDA 등 모바일 제품에 널리 사용되고 있다.

비메모리 반도체에는 마이크로프로세서MPU , 마이크로컨트롤러MCU , 디지털신호처리DSP 등 컴퓨터를 제어하는 핵심부품인 마이크로칩과 논리소자Logic IC , 아날로그 IC, 개별소자discrete , 광반도체 및 센서 등 다양하다.

사업형태별로 살펴보면, 메모리는 표준품의 대량생산에 필요한 생산기술이 경쟁력의 핵심요인으로 작용하고 있고, 비메모리는 시스템의 운용에 필요한 설계기술이 경쟁력의 관건으로 작용하고 있다.

비메모리 반도체는 대부분 활용분야가 다양하여 공급이 급격히 증가하더라도 수요 측에서 이를 흡수할 여지가 있는 반면, 메모리 반도체는 수요가 특정기기에 한정되어 있기 때문에 공급 급증이 수급 불균형으로 직결되고 있다.

【메모리 반도체와 비메모리 반도체의 사업 비교 산업연구원】

	메모리 사업	비메모리 사업
제품 성격	생산기술 지향 DRAM 등 표준품 짧은 수명주기 PC시장 의존	설계기술 지향 ASIC 등 용도별 품목다양성 시스템 및 소프트웨어와의 조화 기계의 전자회로수요 다양
사업 특성	소품종 대량생산 대규모투자 집중추구 공정의 극한기술 극복 대기업형 사업구조	다품종 소량생산 제품의 칩세트화 구축 시스템부문의 경쟁력 제고 중소벤처기업형 사업구조
경쟁 구조	선행기술 개발, 시장 선점 중단없는 설비투자 관건 높은 위험 부담 참여업체 제한적	우수한 설계인력 및 IP확보 관건 경쟁시스템과의 기능 경쟁 낮은 위험 부담 참여업체 다수 다양

산업 특징

현재 반도체가 이용되는 분야는 PC를 비롯하여 TV, DVD 등 가전제품뿐만 아니라 통신기기, 자동차, 산업용기계, 로봇, 시계 등 다양한 분야에 걸쳐 있다. 그 중에서도 자동차, 휴대폰 등은 최근에 새로운 시장으로 부상하여 각 국에서 개발 경쟁을 치열하게 벌이고 있다. 최근의 자동차는 달리는 전자제품이라고 할 정도로 많은 반도체가 사용되고 있다.

반도체기업들은 자사의 기술 역량, 자금, 반도체 경기 등에 따라 전략적으로 생산에 참여하고 있다. 반도체 생산업체는 제조공정에 따라 크게 일관공정 업체IDM : Integrated Device Manufacturer, 설계전문업체Fabless, 수탁제조업체Foundry, IP개발업체Chipless 등의 전공정 Front-End Process 업체와 후공정Back-End Process의 어셈블리 및 테스트 전문업체가 있다.

메모리분야는 대부분 일관공정체제IDM 이며, 비메모리분야는 부가가치 체인별 분업화가 잘 이루어져 있다. 특히 IP전문업체Chipless 비즈니스는 새로운 수익모델기업으로 등장하고 있다. 이는 반도체 칩을 완제품으로 설계하지 않고 칩의 아키텍처 설계, 규격설정, IP개발 등 R&D부문에 가까운 분야를 특화하는 기업이다. 설계전문Fabless 비즈니스도 고속성장하고 있다. 반도체칩을 직접 생산하지 않고 특정용도 IC의 설계 및 마케팅에 특화한 기업이다. 그리고 이들 기업을 뒷받침하는 파운드리Foundry 비즈니스도 활발히 성장하고 있다. 생산기술 및 생산코스트의 우위성을 바탕으로 설계업체의 위탁에 의해 제조만을 전문하며 대만, 한국, 중국이 치열한 경쟁을 벌이고 있다.

국가별로 보면 대체로 일본과 한국은 수직계열화의 종합기업들이 대부분이기 때문에 자신들이 사용할 반도체를 생산하는 설비를 보유하고 있으며, 미국과 유럽은 반도체 전문업체가 많은 편이다.

【반도체 제조공정별 특성과 주요기업 산업연구원】

구분	공정별	사업특성	주요업체
전공정	일관공정 IDM	–칩설계에서 제조, 테스트까지 일관공정체제 구축하여 직접수행 –메모리제조의 가장 성숙모델 –기술력과 규모의 경제를 통한 경쟁확보 –거대투자의 고위험 고수익 형태	Intel,삼성전자, 하이닉스, Micron, TI, STMicro, Infineon, Elpida, Renesas, Doshiba
	설계전문 Fabless	–칩 설계만 전문으로 하는 업체 –고위험의 거대투자를 회피할 수 있으나, 위탁제조 비용부담 필요 –고도의 시장예측이 필요하며, 주문생산의 최소물량수준 예측필요	Broadcom, Qualcomm, Nvidia, 코어로직, 엠텍비젼
	제조전문 Foundry	–주문방식에 의해 칩생산만 전문 –직접 칩설계하지 않고, 설계전문업체로부터 위탁제조	TSMC, UMC, SMIC, Chartered Semi, IBM Micro, 동부하이텍
후공정	패키지 및 테스트	–메모리제조는 자체 조립하지만, 비메모리분야는 다양한 제품을 모두 패키징할 수 없어 외부위탁 –반도체테스트는 전수검사를 해야 하며, 조립업체에서 수행하지만, 고가 검사장비로 다양한칩을 모두 검사할 수 없어 테스트 전문업체에 위탁	ASE Test, Amkor, Siliconware Prescision, STATS-ChipPAC
설계 및 장비	IP전문 Chipless	–설계기술 R&D전문 –IDM이나 Fabless에 IP제공	ARM, Rambus, Artisan, TTCom
	공정 장비	–반도체제조장비 개발 및 생산 –제조공정 기술개발도 주도	Applied Material, TEL, ASML, Adventest, Nikon

업계 구도

미국은 마이크로프로세서, DSP, 마이크로컨트롤러, ASSP, 주문형 ASIC, 아날로그 IC 등의 생산을 주도하고 있고, 일본은 마이크로컨트롤러 MCU, 개별반도체 discrete, 아날로그 IC 등의 주요 공급을, 한국은 메모리 공급을, 대만은 파운드리의 공급을 주도하고 있다. 반도체산업을 둘러싼 환경이 급격히 변화되고 있는 상황에서 각 기업들은 새로운 성장 패러다임의 변화에 대응하여 사업구조 개편, 핵심 역량 강화, 연구개발, 주변산업의 재구축 등 자신의 강점을 재정비하고 있다. 이러한 반도체산업의 성장여건 변화는 과거 90년대 메모리 전성시대에서부터, 21세기의 SoC System-on-a-Chip 시대로 이어지고 있다.

SoC 기술은 고도의 하드웨어 기술은 물론 소프트웨어 기술이 복합적으로 요구되기 때문에 반도체 공정기술, 전자공학, 기계, 화학, 물리 등의 다양한 과학기술과 산업현장의 경험이 융합된 통합적 산업의 성격을 띠고 있다. 연구개발에 막대한 투자가 수반되는 SoC는 하나의 칩에 시스템이 필요한 논리적 계산, 데이터전환, 기억 등의 기능을 모두 담은 반도체다. 칩 하나로 시스템을 구현하기 때문에 장점이 매우 크고 SoC 기술을 이용하면 시스템의 크기 최소화, 제조비용 절감, 다양한 복합기능 구현 등의 장점이 있다.

반도체의 제조공정기술이 나노기술로 진행됨에 따라, 기기를 구성하는 시스템의 대부분을 하나의 칩으로 집약하는 것이 가능해졌다. 이에 따라 SoC를 설계하는 것은 곧 시스템의 완성품을 설계하는 것과 같게 되었다. 이로 인해 SoC개발에는 시스템 전체를 바라볼 수 있는 넓은 기술적인 시야와 고도의 시스템 설계 능력이 요구된다. SoC의 출현은 반도체산업의 성장 조건을 크게 변화시키고 새로운 비즈니스모델로 등장하고 있다.

한편, 반도체시장을 견인하는 주력시장이 기존의 PC 위주에서 모바일제품과 디지털가

전으로 급속히 전환하고 있다. 메모리제품의 경우 모바일 및 정보가전제품의 수요로 확대되고 시스템IC는 다양한 기능의 복합칩 SoC 으로 발전되고 있다. 이러한 반도체산업의 패러다임 변화로 다양화 및 차별화를 위한 반도체의 차세대제품 경쟁이 치열해지고 있다. 미세화, 고속화, 저전력화 기술 등의 경쟁이 가속화되고 있는 커다란 변화 속에서, 메모리 사업은 계속적으로 거대화되어 과점화가 진행되고, 메모리 제품도 D램에서 플래시메모리로 점차 무게중심이 이동하고 있다.

업계의 환경변화에 따라 경쟁국의 반도체업체들은 반도체 시장의 흐름을 신속하게 간파하고 획기적인 구조조정을 통해 시장에 적극 대응하고 있다. 일본은 메모리를 과감하게 버리고 복합기능칩 SoC 육성에 박차를 가하고, 대만은 메모리반도체 대신 파운드리 수탁가 공생산로 성공을 거두며, 중국은 세계의 공장답게 다국적기업들을 유도하여 곳곳에 반도체 공장을 세우고 있다.

해외 주요 경쟁기업들은 퇴출 위기에 놓인 하위 업체 중심으로 구조재편 움직임이 활발히 진행되고 있는데, 생존경쟁에서 세계 메모리업계의 하위그룹인 대만 업계, 일본 엘피다 및 독일의 키몬다가 심각한 위기를 맞고 있다. 2009년 1월에 독일의 키몬다가 뮌헨 법원에 파산을 신청하고, 미국의 생산 공장 폐쇄를 결정하고 앞서 독일 정부로부터 3억 2,500만 유로 5,700억 원를 지원받아 회생을 모색했으나, 결국 생존에 실패했다.

난야, 파워칩, 프로모스 등 대만 업체들도 2009년 9월 영업 손실률이 무려 100%를 넘어서며 정부 지원 없이는 살아남기 힘든 상황이다. 그래서 대만 업계들은 DRAM연합의 핵심을 담당하는 Taiwan Memory Co TMC를 정부 주도로 출범시켜 대만 자국 6개 반도체 업체들의 통합을 추진하고, 미국·일본의 선진 기술을 도입하여 업계 1위 삼성전자와 2위하이닉스에 버금가는 경쟁력을 회복하는 것을 목표로 했다. 하지만 미국의 마이크론을 비롯하여 대만 난야와 이노테라가 TMC 진영 불참을 선언함에 따라 TMC에 합류할 수 있는 대만의 D램 업체는 파워칩, 프로모스, 윈본드, 렉스칩 정도가 되었다. 하지만 이중 파워칩과 프로모스 등은 글로벌 경기 침체와 경쟁 과열로 인한 세계 D램 가격 하락으로 파산위기에 놓여 있다. TMC에 합류해도 힘을 더할 수 있는 여건이 되지 못하여, 세계 D램 시장 구도는 외형상 삼성전자, 하이닉스, 엘피다-TMC 진영, 마이크론-난야-이노테라 진영 등 크게 4개 진영으로 재편되었다.

일본 반도체업계도 구조개편이 가속화되면서 일본 업계의 각사 모두 공장의 통폐합, 파견사원을 포함한 인원삭감 등 구조 개혁을 실시하고 있다. 1사 단독의 개혁만으로는 불충분하고, 대기업을 포함한 기업 통합이 현실로 나타나고 있다. 또한 기술개발부담 및 설비투자 부담을 경감하기 위해 최첨단 미세화가공 제조를 포기하는 기업도 나타나고 있다. 이미 2008년에 소니가 첨단 프로세스의 기술개발 제조를 철수, 오키전기공업 OKI 도 2008년 10월에 반도체사업을 롬사에 매각하였다.

2009년 도시바가 시스템LSI 사업의 분리를 발표하고 NEC일렉트로닉스와 르네사스테크노로지가 사업 통합을 발표하는 등 재편 움직임이 활발해졌다. 일본 DRAM업체인 엘피다가 파산한 독일 Qimonda사의 그래픽 DRAM 사업을 인수하여 제품구성을 넓히고 대만 DRAM업계와의 제휴를 추진하여 저가격 DRAM 개발을 가속화하면서 공격적 경영으로 전환했다. 이는 반도체 시황의 회복 전망과 현안이었던 자금 문제가 2009년 6월에 경산성의 "산업활력 재생특별조치법 산업재생법"의 인정을 받아 공적자금 400억 엔을 포함한 1,600억 엔의 출자 및 융자를 받게 되었기 때문이다.

한편, 엘피다-TMC 연합은 대만 DRAM 업계재편의 핵심으로 기대되었지만 대만

DRAM 각사는 TMC의 생산 자회사라는 자리매김에 반발하면서 재편의 움직임이 진행되지 않았는데, 2009년 7월에 대만 경제부가 DRAM업계 재편을 전제조건으로 자금을 지원한다고 발표 후 재편을 다시 추진했다. 하지만 대만 정부가 주도하는 D램 업계 위기극복 프로젝트 '타이완메모리컴퍼니 TMC'에 대해 9억 달러 약 1조 원 수준으로 알려졌던 정부 지원 금액이 대폭 줄어들었으며, TMC가 구체적인 자구 방안을 정부에 제출했음에도 지원 방안이 발표되지 않았다. 대만 정부가 2009년 여름 발생한 최악의 태풍 피해를 구제하고, 대규모 적자에 허덕이는 대만 고속철도회사의 구조조정 때문에 TMC가 정부정책 우선순위에서 밀리면서 추진 동력을 잃어버린 것이다.

르네사스와 NEC일렉트로닉스는 비메모리반도체인 마이크로컨트롤러 MCU 와 시스템 LSI를 만드는 업체다. 두 기업의 연매출 합계는 1조 6,000억 엔 약 20조 원으로 일본 반도체 업계 2, 3위인 르네사스 테크놀로지와 NEC일렉트로닉스가 글로벌 경기침체를 극복하고 세계 3위의 반도체업체로 등극하기 위해 르네사스 일렉트로닉스로 합병했다. 하지만 전 세계적인 불황으로 반도체 수요가 줄어든 가운데 삼성전자 등과의 경쟁이 심화되면서 르네사스 일렉트로닉스는 계속해서 막대한 손실을 냈고, 심각한 경영난으로 인해 르네사스 3대 주주인 NEC, 히타치, 미쓰비시 등은 일본정부가 출자한 산업펀드 '산업혁신기구 INCJ'와 민간 기업에 2,000억 엔 약 2조 8,000억 원에 지분을 넘겨주었다. 르네사스일렉트로닉스는 지금까지 대규모의 인원감축과 생산부분 축소를 위한 공장 매각 등을 통해 강도 높은 구조조정을 진행해 왔다.

이제 한국의 반도체산업 현황을 살펴보면, 크게 소자 IDM, 패키징, 테스트 포함 와 설계 fabless 업계로 구성된 소자업계군과 제조장비·소재, 부분품 등을 공급하는 1, 2차 벤더군으로 구성되어 있는데, 소자업체에는 IDM과 팹리스·파운드리 및 패키지업체로 구성되며,

약 185개사가 있다. 1, 2차 벤더에는 장비업체가 약 83개, 소재업체가 25개, 부분품 업계가 37개, 설비업체가 10개사, EDA 및 IP업계가 10개사 등 총 165개사로 구성되어 있다. 소자업체 중에서 설계업체는 국내 1위 업체가 세계시장 점유율이 0.1% 수준이며, 1차 벤더인 장비도 국내 1위 업체가 세계 50위권으로 영세하고, 소규모업체의 난립으로 인해 글로벌 경쟁력이 절대 부족한 실정이다. 소자업체에는 종류별로 메모리, 시스템반도체, 디스크리트, 옵토일렉트로닉스, 센서와 파운드리 등이 있다.

【한국의 반도체 소자종류별 생산업계 현황】

구분	품목명	주요기업
메모리 부문	D램 메모리	삼성전자, 하이닉스
	플래시 메모리	삼성전자, 하이닉스, 엑셀반도체
	Embedded 메모리	EMLSI, 피델릭스, 림스웨이
	SSD 등 스토리지	삼성전자, 인디링스, 세인정보통신, 유비큐브
시스템 반도체 부문	CPU/MCU/GPU	삼성전자, 에이디칩스, 텔레칩스, 코아리버, 넥스트 칩
	베이스벤드/DSP	삼성전자, LG전자, 자람
	음원칩	화음소, 포인칩스, 네오피델릭스, 펄서스 MCS로직
	GPS/RF IC/UWB	시스온칩, 텔레칩스, 삼성전기, 레이디오펄스, 뮤텔
	DMB/DAB	넥실리온, 씨엔에스, 아이앤씨, 에프씨아이, e-MDT
	DTV/셋톱박스	삼성전자, LG전자, 브로드큐, 휴맥스, 씨엔엠
	MP3	삼성전자, 다믈멀티미디어
	CCTV/DVR	넥스트칩, 라닉스, 아이칩스
	LCD 관련	삼성전자, 토마토, TLI, Display칩스, 신코엠, 실리콘웍스
	텔레메틱스	삼성전자, LG전자, 현대차, 현대오토넷, 만도
	DSRC	라닉스, 텔트론, 자람, 라디티텔레콤, 만도
	기타	네오와인, I&C, 파인스, 다이나릿
디스크리트 부문	IGBT/트랜지스터	페어차일드, KEC, LS산전
	PM IC/다이오드	실리콘마이터스, KEC

옵토 일렉트로닉스 부문	이미지센서	삼성전자, 실리콘화일, 하이닉스, 팩셀플러스
	Backend ISP 칩	엠텍비전, 코아로직
	LED	삼성전기, LG이노텍, 서울옵토반도체, 루미마이크로
	LED모듈 패키지	삼성전기, LG이노텍, 서울반도체, 대진디엠피, 럭스피아
	LED Driver IC	KEC, TLI, 동운이니텍, 엘디티, 엠실리콘, 테라칩스
PCB/센서 부문	RF ID	쓰리에이로직스, 파이칩스
	광센서/터치센서	애트랩, 터치로직스, 이미지스
	마이크로폰	BSE, 삼부커뮤닉스, CST, 서광
모듈 조립 / 파운드리 부문	PCB	스테코, 삼성전기, 대덕전자, 코리아써키트, 인터플렉스
	파운드리 전공정	동부하이텍, 삼성전자, 매그나칩스
	패키징	스테츠칩팩, 엠코, ASE코리아
	테스트 모듈 시스템	엠코, 테스나, 아이텍반도체, 지엠엔티 하나마이크론, STS반도체통신, 삼성전기, 심텍

반도체 장비 투자 증가

반도체 장비 투자 증가의 원인은 크게 3가지로 요약된다. 반도체 수요의 지속적 증가, 메모리 공급 부족에 의한 가격 강세 지속, 생산성 향상과 원가절감을 위한 미세공정 개선 투자.

반도체 장비 투자는 한국이 주도하고 있는 가운데 중국 반도체 업체의 장비 투자 증가가 주목된다. 이에 국내 반도체 장비 및 소재 업체 중 상당수가 유례없는 반도체 장비 투자의 수혜를 입고 있으며 국내 및 중국 반도체 업체가 빠른 속도로 설비증설에 나서며 경쟁 국면에 돌입한다면 국내 반도체 장비업체는 호황 국면이 이어질 것으로 보인다.

과거와 다른 반도체 Big Cycle 과 CAPEX

시장은 DRAM 가격 급락에 의한 이익 급감을 우려하고 있다. 그러나 DRAM 가격은 공급제약과 서버 수요 증가, 스마트폰 메모리 탑재량 증가, HBM, CIS용 DRAM, 가상화폐 등의 신규 수요 발생으로 인해 그 하락 폭이 생산업체들의 DRAM 원가개선율 2~5% 수준에 머물 것으로 보인다. 삼성전자, SK하이닉스, 마이크론 등 DRAM 3강 업체들이 수요에 맞게 CAPEX 전략을 탄력적으로 추구하고 있어 DRAM 초과 공급의 발생은 쉽지 않을 것으로 보인다. 따라서 과거의 반도체 Big Cycle과 다르게 메모리 반도체 호황이 생각보다 더 크고 길게 지속될 전망이다.

중국의 반도체 굴기에 의한 수급 악화를 우려하는 시각도 있다. 그러나 중국 업체들이 장비 발주, 장비 셋업, 공정 셋업, 수율 확보까지 최소 2~3년의 시간이 소요될 것으로 보이고 2019년부터 중국 업체들이 생산하고자 하는 기술은 한국 업체의 원가 대비 DRAM 4

배 이상, NAND 3배 이상 높아 미세공정기술을 확보해 대량 생산 가능한 수준에 도달하기까지 단기 3년 이내에 중국이 메모리 반도체 수급에 미칠 영향은 극히 제한적일 것으로 보인다.

반도체 소재의 가격 상승

현재 반도체 웨이퍼의 수요는 매우 강하고 재고 역시 현저히 낮은 수준으로 공급 부족에 따른 제품 가격 상승이 계속 이어질 것으로 보인다. 웨이퍼의 공급 부족은 전방 산업인 DRAM의 공급을 제한하기 때문에 현재의 DRAM 호황이 당분간 지속될 것으로 보인다. 웨이퍼를 비롯한 반도체 소재의 가격 상승은 DRAM 가격 상승과 NAND 수급 개선, 신규 데이터 센터 증축, 스마트폰 판매 호조, 원/달러 환율 안정화 등에 기반한 전방 수요 호조와 반도체 생산업체들의 높아진 수익성으로 인해 당분간 지속될 것으로 전망된다.

시스템 반도체 수요 확대

반도체 전체 시장에서 시스템반도체 시장이 차지하는 비중은 70~80% 수준으로 규모로 볼 때 비교도 안 될 만큼 커다란 시장이다. 메모리 반도체가 주로 데이터저장에 쓰이는 데 반해 시스템반도체는 데이터 처리에 주로 쓰여 최근 주목받고 있는 5G, IoT 사물인터넷, 자율주행차, AI, 블록체인 등 향후 성장성이 높은 시장 등에 적용되는 반도체이다. 하지만 인텔, 퀄컴 등을 비롯한 해외 기업들이 70% 이상 점유하고 있고 국내 반도체 업체들의 점유율은 5%로 극히 낮은 상황이다. 하지만 이미 메모리 시장에서 시장 경쟁력을 확보하고 있어 점차 시스템반도체 시장에서도 점유율을 높이기 위한 경쟁을 시작할 것으로 보인다.

시스템반도체 시장은 크게 파운드리와 팹리스로 나뉘는데 파운드리 시장의 경우 대만 기업들이 60% 이상을 차지하고 있지만 최근 삼성전자와 SK하이닉스가 파운드리 사업부를 분리해 기존 메모리 라인들을 시스템반도체 라인으로 전환하면서 시장 경쟁력 확대를 시도하고 있다.

최근 스마트폰 출하량 증가율 정체에도 불구하고 기기당 카메라 탑재량 증가로 이미지 센서 수요가 급증했다. 거기에 의료기기 방산, 자율주행차 등 다양한 분야에서 이미지 센서 수요가 늘고 있어 시스템반도체 시장의 중장기적 성장이 전망된다. 또한, 스마트폰 AP 수요도 증가하고 머신러닝, AI, 5G 등 고성능 기반 기술 구현으로 AP의 사용이 확대되면서 반도체 업체들에게 새로운 시장이 열림과 동시에 중장기적으로 시스템반도체 시장의 국내 반도체 업체들의 점유율 상승과 성장이 기대되고 있다.

03 통신기기 업종

통신기기업종 Summary

전 세계의 28.7%를 차지하는 것으로 알려진 중국 스마트폰 수요가 ASP 상승에 따른 가격 저항, 교체 추가 3개월 이상 증가, 4G 가입자 완료에 따른 보조금 축소, 방수기능 강화에 따른 고장 감소 등의 원인으로 감소하며 시장이 역성장 함에 따라 샤오미와 화웨이만 성장세를 이어가고 후발업체들은 구조조정이 본격화될 것으로 보인다.

국내 스마트폰 출하량은 전년대비 1% 역성장이 지속되는 가운데 아시아^{중국제외} 와 중동/아프리카 지역의 스마트폰 성장률이 10%가 넘고 있다. 이는 피처폰이 50% 가까이 판매되기 때문에 스마트폰 신규 수요 창출이 가능하고 안드로이드 GO버전의 저가 스마트폰 출시가 영향을 미친 것으로 추정된다. 삼성전자가 아시아^{중국제외} 에서 25%, 중동/아프리카에서 30% 점유율로 1위를 지키고 있어 아시아, 중동/아프리카 지역의 성장률은 삼성전자 스마트폰 출하량 증가로 이어질 것으로 기대된다.

국내 5G 주파수 경매에서 통신 3사가 28GHz 대역을 각각 나눠 갖게 됨에 따라 네트워크 장비업체 입장에서는 커다란 호재를 맞이하게 되었다. 주파수를 할당받게 되면 총 주파수 할당 가격에 비례하여 할당 대가를 지불 하게 될 뿐만 아니라 연차별 망 구축 의무를 지게 되어 신규 배정받은 5G 주파수에 설비투자를 진행하기 때문이다. 기존 사용하지 않던 주파수 대역이 새롭게 통신사에 할당되고 많은 주파수 대역이 할당되면 장비 가격이 비쌀 수밖에 없고 투자 범위도 커지기 때문에 네트워크 장비업체 입장에서는 커다란 호재로 작용할 전망이다.

1837년 미국의 모르스가 전신부호 특허를 얻었고, 1844년 워싱턴과 볼티모어사이의 전신선을 통한 모르스부호에 의한 전신사업을 개시했다. 전화는 1876년 A.G 벨이 발명한 전화기가 세계 유선통신 역사의 시작이었다. 그 후 독일의 H.헤르츠가 발견한 전자기파와 프랑스의 E.브랑리가 발명한 검파기에, 이탈리아의 G.마르코니가 직접 고안한 안테나와 어스를 결합하여 전파에 의한 통신방법을 1895년에 발명하였는데, 이것이 세계 무선통신의 시초가 되었다.

1980년대 들어서 세계 통신기기산업은 선진국을 중심으로 발전하면서 AT&T, Alcatel, Siemens 등 몇몇 거대기업을 포함하여 200여 개의 중소규모 업체들로 구성되어 있었다. 각국이 통신기기산업을 자국의 기반 산업으로 인식하여 보호·육성함으로써 자국의 안정적인 내수시장을 기반으로 성장할 수 있었으나, 1980년대 중반 이후 빠른 기술발전과 통신기기산업의 규제완화와 민영화 등이 추진되면서 세계시장은 전반적으로 큰 변화를 겪게 되었다. 세계적으로 M&A와 joint venture 등을 통한 구조개편이 지속적으로 전개되었으며, 1990년대에 들면서 이러한 업체 간 제휴를 통한 세계 통신기기산업의 구조개편은 더욱 활발하게 전개되었다.

2000년 이후 최근에 이르기까지 세계 통신장비 시장에서는 기업 간 경쟁에서 생존하기 위한 대형 업체 간의 합종연횡이 지속되고 있다. 2006년 4월 프랑스 알카텔과 미국의 루슨트의 합병과 2006년 6월의 노키아와 지멘스의 합작 등이 대표적이다. 2007년 당시 세계 통신장비시장의 업체별 매출 현황을 보면 노키아, 모토로라, 시스코시스템 등이 상위를 차지하고 있고 이전까지 시장을 주도했던 루슨트 테크놀러지, 알카텔 등은 시장변화에 신속하게 대처하지 못하면서 매출이 둔화되었다. 세계 통신장비시장은 소수 거대기업들이 시장을 주도하고 있는 상황으로, 2007년을 기준으로 상위 5대기업이 세계시장의 약 79.4%를 차지하고 있었고, 세계 통신장비시장에서 화웨이, ZTE 등 중국의 통신장비 업체들의 신장세도 두드러지게 나타나고 있었다.

세계 휴대폰시장에서도 단말기 제조업체간 경쟁이 치열하게 전개되면서, 시장에서 살아남기 위해 여러 대형 M&A가 이루어졌다. 1999년 퀄컴이 단말기부문을 일본 교세라에 매각했고, 2001년 일본 소니와 스웨덴 에릭슨이 50대 50으로 합작법인을 세웠으며, 2004년 TCL이 알카텔의 휴대폰 사업부를 인수했고, 2005년 대만 Benq사가 지멘스의 휴대폰 사업부문을 인수했다.

세계 휴대폰 시장은 글로벌화가 더욱 심화되고 시장경쟁이 치열하게 전개되면서, 소수의 거대기업들이 독점하고 있는 모습을 보였다. 2009년 당시 세계 휴대폰 빅3업체의 세계시장 점유율은 69%로 매우 높은 비중을 차지하고 있었다. 세계 휴대폰 업체별 시장점유율을 보면, 노키아가 2000년대 이후 세계 시장의 약 1/3의 비중을 차지하며 부동의 1위를 기록하고 있었다. 모토로라, 삼성전자, LG전자 및 소니에릭슨 등이 상위 순위에 포함되어 있었으나 2008년 미국발 금융위기에 따른 세계 경기침체 이후 부진을 겪은 모토로라 및 소니에릭슨은 경쟁구도에서 5위권 밖으로 밀려났다. 노키아가 1위 자리를 삼성전자에게 내주는 상황에서 삼성전자, 애플, LG전자의 지속적인 성장세로 인해, 세계 휴대폰 시장에서 기존 빅5업체의 경쟁구도는 삼성전자, 노키아, 애플, ZTE, LG전자 체제로 변화되었다.

현재 시장 조사 기관 IDC에 따르면 2018년 3분기 기준 스마트폰 시장 점유율 1위는 삼성전자20.3%, 2위 화웨이14.6%, 3위 애플13.2%, 4위 샤오미9.7%, 5위 오포8.4%로 작년 동분기와 비교했을 때 2~5위가 애플이 2위에서 3위로 밀려나며 화웨이가 2위로 올라섰고 오포가 샤오미에게 4위 자리를 내주며 5위로 밀려나면서 치열한 경쟁이 벌어지고 있다.

개념 설명

통신기기산업은 음성, 데이터는 물론 영상 등과 같은 다양한 정보의 교환, 전송 및 통신 처리 기능을 갖는 기기를 대상으로 한 산업이다. 통신사업자들이 서비스를 구현시킬 수 있 도록 하고 구현된 서비스를 소비자들이 이용할 수 있도록 하는 기기 산업을 말한다. 통신 기기는 크게 유선통신기기와 무선통신기기로 구분할 수 있다. 유선통신기기는 통신망에 접속하여 구성되는 기기로서 전화기와 전신기기 등의 단말기, 교환기, 반송장치 그리고 전 선 및 광섬유케이블 등이 포함된다. 무선통신기기로는 전파를 처리하는 통신·방송시스템 과 이동전화기·무선용 송수신기 등이 있다. 일반적으로 통신기기산업을 크게 유선통신기 기와 무선통신기기로 구분한다.

산업 특징

통신기기산업은 미래의 고도 정보화 사회를 구축하는데 있어 중요한 역할을 담당할 산 업이다. 기업의 경쟁력을 제고하고, 국민의 편익을 증진하며, 사람의 공간적 이동의 필요성 을 감소시켜 도로 등 사회간접시설 확충에 대한 수요를 줄일 수 있다. 이를 통해 전 산업에 걸쳐 산업구조의 고도화를 이루고 국제경쟁력을 제고시켜 사회경제 전반의 효율성을 극대 화시킬 수 있다. 통신기기는 단말기 통신장비에 있어 다소간 차이는 보이지만, 대체로 서비 스 변화에 영향을 받고, 이러한 서비스 흐름에 대응하기 위한 대규모의 연구개발투자가 지 속되며, 기술 및 제품의 라이프사이클이 매우 짧다. 또한, 통신기기는 대규모 투자가 요구 되는 산업으로 R&D의 위험부담과 여타산업에 대한 기술파급효과 그리고 기술 인력에 높 은 의존도를 나타낸다. 통신기기의 제품구성에 있어서는 서비스의 흐름과 국내업체의 기술진전에 따라 유선통신기기의 비중이 줄어드는 가운데, 이동통신 분야의 시장 확대로 휴대폰 등 무선통신기기의 생산이 크게 확대되었다.

특히, 무선통신기기산업은 휴대폰 등 단말기와 인프라부분에서부터 모바일 콘텐츠 및 소프트웨어 등에 이르기까지 경제적 파급효과가 크게 확대되고 있다. 그 중에서 휴대폰은 디스플레이, 컴퓨터, 반도체, 전자부품 및 소재 등 첨단기술이 결집된 결정체로서 전·후방 효과가 큰 산업이자 기술·지식 집약적 산업으로 관련기술의 융합과 응용의 폭이 확대됨으로써 지속적으로 신규 및 대체수요를 창출하고 있다.

업계 구도

국내 통신기기산업은 그동안 꾸준히 발전하여 우리나라 경제에서 중요한 핵심 산업으로서의 위치를 차지하고 있다. 국내 통신기기산업의 주력품목인 휴대폰은 통신기기 전체 수출의 93% 정도의 높은 비중을 차지하고 있다. 국내 통신기기산업은 지속적으로 무역수지 흑자를 시현해 오고 있는 대표적인 수출산업이다. 국내 통신장비 업체들은 삼성전자와 LG전자 등의 대기업군과 중소기업군으로 구분되지만 대부분의 중소기업들은 규모가 작고 기술경쟁력 수준이 미흡한 실정이다.

세계 통신기기산업은 1990년대까지 미국, 일본 및 유럽 국가들의 생산점유율이 높았다. 하지만, 2000년대에 들면서 미국 및 유럽의 비중은 점차 감소하고 중국 및 한국의 생산점유율은 점차 높아지고 있다.

국내 통신기기 수출의 60% 정도를 차지하는 휴대폰의 경우, 세계 최초 상용화에 성공한 CDMA용은 물론 전 세계 시장의 70% 내외를 차지하는 GSM용에 이르기까지 다양한 수출수요를 충족시키는 높은 경쟁력을 확보하고 있다. 국내 휴대폰 업체들은 그동안 신기술 변화 흐름에 빠르게 대응하고 브랜드 이미지의 제고 등을 통해 세계시장에서 주로 프리미엄급 제품을 위주로 높은 경쟁력을 확보해 나가고 있다. 하지만 선진국에 비해 원천기술 수준이 아직은 미흡하여 핵심부품에 대한 해외의존도가 높고 상대적으로 낮은 원가경쟁력 등이 단점으로 작용하고 있다.

세계시장에서 나타나고 있는 주요 휴대폰 업체들의 경쟁구도 변화로는 중국과 대만 업체들의 시장점유율이 계속해서 성장하고 있는 가운데, 신흥시장 진출을 확대하고 있는 국내업체들과 경쟁이 치열해지고 있다는 점이다.

중저가 시장의 경우, 중국 및 대만 업체들이 국내 중소업체들에 비해 경쟁우위를 보이고 독자 기술력 확보를 통한 자체 브랜드 이미지 개선 노력으로 시장점유율을 높여나가고 있다. 그리고 프리미엄 폰 시장에서도 가성비를 중시하고 중저가 폰을 내세우던 중국 업체들도 판매량 대비 이익이 더 높은 프리미엄 폰 시장에 도전하기 시작했다. 이에 삼성전자는 중저가 라인업을 줄이고 프리미엄 라인에 집중하기 위해 저가 브랜드를 통합하거나 정리하고 신제품 공개를 매년 미국 뉴욕에서 했던 것을 스페인 바로셀로나 모바일월드콩그레스로 바꾸면서 치열한 경쟁이 벌어지고 있다.

전세계 스마트폰 시장 출하량 감소와 프리미엄 전략

스마트폰 보급률이 높아져 포화상태가 되면서 출하량도 줄고 기술도 상향평준화로 가격 대비 성능 전략마저도 통하지 않게 되었다. 세계 스마트폰 시장 1위 중국과 2위 미국도 마이너스 성장을 기록하고 있는 실정이고 신흥국도 성장률 둔화를 보이고 있어 과거 대비 성장률은 높지 않을 것으로 보인다. 이에 가성비를 중요시하고 중저가 스마트폰을 내세우던 중국 업체들도 프리미엄 폰으로 전략을 전환하고 있다. 애플은 초고가 스마트폰 모델 출시로 판매 대수는 줄었지만 매출 순이익은 최대치를 기록하고 있다. 삼성전자도 중저가 라인업을 줄이고 프리미엄 라인에 집중하려고 분산되어 있던 브랜드를 통합하고 정리하고 있다. 스마트폰 교체주기가 길어져 이익률이 떨어지는 중저가 폰 대신 프리미엄 폰으로 이익 증대를 꾀하는 전략에 집중하는 것으로 보인다.

아시아중국제외, 중동/아프리카 지역 스마트폰 시장

글로벌 스마트폰 시장의 성숙기 진입에 따른 성장 정체가 본격화되면서 신흥지역까지 스마트폰 보급 포화에 근접함에 따라 휴대폰 시장과 함께 스마트폰 시장까지 모두 한 자릿수 대 성장률을 기록할 것으로 보인다. 전 세계 휴대폰 시장의 79%에 달하는 스마트폰 성장은 그동안의 두 자릿수 대 성장을 마감하고 2016년 5%로 하락한 상황이다. 휴대폰 판매 중 스마트폰 판매의 경우, 선진시장은 2017년 이미 96.1%에 달하고 신흥시장은 2017년에 73.5%, 2021년에는 89.8%로 급격히 확대될 것으로 전망된다.

신규 스마트폰 수요 창출이 가능한 아시아중국제외 와 중동/아프리카 지역의 경우 성장률이 10%가 넘고 있다. 이들 지역의 휴대폰 대비 스마트폰 비중은 56%, 52%로 글로벌 평균인 75%를 밑돌고 있다. 2017년 Kai OS 기반 피처폰의 폭발적인 인기로 스마트폰 시장이 타격을 받았지만 2018년 안드로이드 GO버전 기반의 저가 스마트폰이 인기를 얻으며 상황이 다시 반전되었다. 아시아 중국제외에서 점유율 1위는 삼성전자 25%, 2위는 샤오미 15%를 중동/아프리카에서 점유율 1위는 삼성전자 30%, 2위는 Tecno 10%로 삼성전자의 경쟁력이 높아 이들 지역에서의 판매 증가가 삼성전자 스마트폰 출하량 증가로 이어지는 기회가 될 것으로 기대된다.

5G 주파수 할당과 네트워크 장비업체

통신 3사의 주파수 경매는 네트워크 장비업체들에게 중요한 이벤트 중 하나다. 통신사들의 주파수 할당은 신규 배정받은 주파수에 대한 설비투자로 이어지기 때문이다. 기존에 사용하지 않던 주파수 대역이 새로이 할당되고 넓은 주파수 대역이 할당될수록 장비가격도 비싸지고 투자 범위도 훨씬 커지기 때문에 네트워크 장비업체에 호재로 작용한다. 2018~2019년 3.5GHz 대역 장비 매출과 함께 2020~2021년 28GHz 대역 장비 매출 발생으로 장기 호황을 맞이하게 될 것으로 보인다. 초고주파수 특성상 안테나/스몰셀/초저지연스위치 등 다양한 업체들의 수혜가 예상되고 3.5GHz 대역과 28GHz 대역의 순차적 CAPEX 집행과 함께 진보된 IoT 조기 도입을 위해 2018~2021년까지 국내 통신 3사가 높은 CAPEX 수준을 유지할 가능성이 높아 이러한 상황이 네트워크 장비업체에 기회가 될 것으로 기대된다.

04 유무선통신 업종

유무선통신업종 **Summary**

보조금 대신 요금제를 바탕으로 한 차별화된 통신서비스 경쟁이 치열해질 것으로 전망되는 가운데 통신사 마케팅 비용은 당분간 감소 추세로 돌아설 것으로 보인다. 고가 요금제 수요에 잘 대응할 수 있는 LG유플러스의 ARPU 상승 가능성이 높을 것으로 판단되고 약정지원금이 폐지된 미국 통신시장 상황을 고려하면 국내 통신사는 차별화된 통신서비스를 제공함과 동시에 다양한 결합 상품, 프리미엄 콘텐츠 제공을 통한 경쟁이 치열하게 벌어질 전망이다. 과거 4G 도입 과정에서 통신사의 1차 기업 가치 상승은 상용화 후 요금제와 신제품 출시를 통해 4G만의 서비스 가치를 확인하는 과정에서 발생했다. 본격적인 CAPEX와 함께 전국망 구축이 시작되면서 ARPU 상승 기대감이 극대화되는 시점에서 강한 2차 기업 가치 상승이 이뤄졌다. 그래서 5G 도입으로 본격적 기업 가치 상승의 시작 시점을 예상하기 위해서는 요금제, 신제품, CAPEX, ARPU 등을 주목하고 있어야 한다.

우리나라 최초의 전신시설은 1885년 9월, 한성과 제물포 즉 서울과 인천 간 전신시설이다. 최초의 전화통화는 1896년 궁내부에 자석식 교환기가 설치되면서 시작됐다. 일반인도 이용할 수 있게 된 것은 1902년 3월에 서울과 인천 간 전화가 개통되면서부터이다. 이를 계기로 전화 사업이 확장되는 듯했으나 1905년 우리나라 전화 사업은 일본이 한·일 통신협정 체결을 통해 통신권을 빼앗아 가면서 암울한 수난시대를 맞는다. 1945년 광복 이후에는 한·미 간 최초 국제직통무선전화가 개통되기도 했으나 6.25전쟁으로 전신과 전화시설에 막대한 피해를 입게 된다. 하지만 1952년 국제전기통신연합ITU 에 가입하고 1965년 12월 가입전신 텔렉스 업무를 개시하면서 경제개발을 위한 효과적인 통신 인프라 조성을 시작하게 된다. 1971년 3월에는 서울 부산 간 장거리자동전화DDD 가 개통됐으며, 1975년 11월에는 가입전화 시설이 100만 회선을 돌파했다.

한편, 우리나라 통신 산업이 비약적 발전을 이룩한 것은 1980년대 들어서인데, 1982년 1월 한국전기통신공사가 발족했고, 3월에는 데이터통신서비스를 위한 한국데이터통신㈜가 설립됐다. 1983년 8월에는 미국, 일본 등 24개국의 국제자동전화가 개통됐고, 1987년에는 전국전화 광역자동화가 완성되었으며, 1993년 가입전화시설 2,000만 회선을 돌파하면서 세계 제8위의 통신시설 보유국이 된다. 1994년 12월에는 체신부가 정보통신부로 개편되면서 전기통신은 정보통신으로 확대돼 불리게 됐으며, 21세기 정보화 시대에 대비한 초고속 정보통신망 구축에 주력하게 된다. 1995년 8월에는 국내 최초의 통신방송복합위성인 무궁화호가 발사돼 우리나라 통신 역사에 새로운 장을 열었다. 1996년 통신시장 전면개방에 대비해 1995년 7월 '통신사업 경쟁력 강화방안'을 발표하고 각종 통신사업에 대한 신규사업자 참여를 허용한 이후, 완전한 경쟁체제를 구축한 우리나라 통신 산업은 비약적인 발전을 거듭하면서 휴대폰의 대중화가 급속도로 이뤄지기 시작한다.

한국이동통신의 011에 이어 017 신세기 이동통신이 세계 최초로 CDMA 휴대폰 서비스를 시작하면서 휴대폰 가입 유치 경쟁이 시작되었다. 1997년에는 016 KTF, 018 한솔 PCS, 019 LG텔레콤, 3개의 PCS 사업자가 CDMA 서비스 확대와 함께 본격적인 휴대폰 시장에 뛰어들며 이른바 휴대폰의 대중화가 실현되기 시작했다. 단말기 보조금 등으로 사업자간 출혈경쟁이란 부작용이 있긴 했지만, 우리나라 단말기 제조 산업의 활성화와 세계적인 단말기 경쟁력의 기틀을 마련했다. 1998년에는 LG텔레콤이 세계 최초로 CDMA 방식의 무선 데이터 서비스를 상용화한다. 휴대폰을 노트북에 연결해 데이터나 화상을 무선으로 송수신할 수 있는 서비스인데 이러한 서비스를 통해 부가서비스나 콘텐츠 산업 발전의 발판이 마련됐다.

이후 우리나라 이동통신은 유무선 통합과 융합의 컨버전스convergence를 통한 다양한 서비스를 제공하며 '1인 1휴대폰 시대'를 이끌어냈다. 국내 이동전화 가입자 수는 2005년 3,800만 명을 넘어선 이후 2012년 5,300만 명을 넘어서며 실질적으로 1인이 1개 이상의 휴대폰을 사용하는 시대가 도래했다.

2018년 현재 한국은 세계최초 5G 이동통신과 10기가 인터넷 상용화로 새로운 경제가치와 비즈니스 모델을 창출하는 초석을 마련했다. 하지만 차세대 무선통신기술로 주목받았던 와이브로는 2018년 12월 31일로 중단됐다. 옛 정보통신부가 2006년 로열티를 주는 나라에서 받는 나라가 되겠다며 야심차게 상용화한 와이브로는 음성 미탑재 등 정책 판단 미스와 글로벌 경쟁력 저하로 통신시장에서 퇴출되며 사라져 갔다.

개념 설명

통신이란 거리가 떨어진 상태에서 수단이나 매체를 통해서 정보를 교환하는 것을 의미한다. 통신의 방법은 전기의 개발 전과 후에 많은 차이를 보인다. 개발 전에는 파발, 봉화, 북소리 등으로 제한적이나마 의사를 소통할 수 있었고, 개발 이후에는 전화, 텔렉스 등의 유선통신으로부터 이제는 무선을 이용한 무선전화, 이동통신, 위성통신 등의 방법을 통해 내가 가지고 있는 정보를 상대방에게 전달하게 되었다.

또한 통신의 초기에는 음성위주의 정보였지만, 이제는 데이터 정보에 글, 소리, 화상 등이 추가되어 대용량의 전송이 필요하게 되면서 전송을 위한 매체나 교환장치, 단말장치 등이 획기적으로 개선되고 있으며, 새로운 개념의 통신 방식이 속속 등장하고 있다.

무선통신은 통신케이블로 정보를 주고받는 유선통신과는 달리 전파라고 하는 무형의 정보전달 수단에 의해 통신을 하는 방식을 말한다. 이 방식은 초기에 정보를 전달하는 양측이 고정된 상태에서 정보를 전달하였다. 요즈음은 이동하는 상태에서도 정보를 교환할 수 있게 되었는데 주요한 통신방식을 보면 이동통신의 Paging, TRS 등과 셀룰라 방식, 그리고 위성을 사용한 통신방식 등이 있다.

이동통신에서 휴대용 전화기와 전파를 보내는 기지국 간에 사용하고 있는 접속방식으로는 아날로그의 FDMA Frequency Division Multiple Access 방식과 디지털인 TDMA와 CDMA가 있다. 유럽이나 동남아 지역에서 사용하는 GSM은 TDMA의 개량방식이다.

FDMA 주파수분할 다원접속 는 아날로그 방식으로 주파수를 여러개의 구간으로 나누어서 여러 사용자가 각기 주어진 주파수 대역을 겹치지 않게 사용하는 방식이다. 즉 주어진 주파수 대역에 채널을 설정하여 사용하는 방식으로 다른 방식에 비해 주파수 자원의 사용효율이 떨어지고, 가입자 수용용량이 낮다. 이 방식에서 하나의 채널은 한 가입자의 통화를 의미한다.

TDMA 시분할 다원접속 는 하나의 채널을 여러 사람이 공유하여 사용하면서, 시간 축을 여러 개의 시간 구간으로 나누어서 사용자가 자기에게 할당된 시간구간을 다른 사용자의 시간구간과 겹치지 않게 사용하는 방식이다. 이 방식은 디지털 방식으로 기존의 FDMA에 비해 동일한 주파수 대역에서 3배 이상 가입자를 증가시킬 수 있다.

CDMA 코드분할 다원접속 는 국내 디지털 셀룰러의 표준방식으로, 한 채널의 주파수 대역을 넓게 확산시키고 확산된 채널에 사용자별로 서로 다른 코드를 부여하여 여러 가입자가 동시 통화하는 방식이다. 기존의 아날로그에 비해 10~20배의 가입자 수용용량을 보이며 주파수 이용 효율이 높고 데이터통신이 용이하며 보안성이 좋은 특징이 있다.

한편, IMT-2000"이란 "International Mobile Telecommunications 2000"의 약어로 1978년부터 ITU-R 국제 전기통신연합 중 전파통신국 에서 연구해 왔으며, '유선, 무선 및 위성환경에서 음성은 물론 고속데이터와 영상서비스까지 가능한 멀티미디어를 제공하고 세계 어디서나 서비스 이용이 가능한 글로벌 이동성 서비스'를 목표로 한다. 그에 따라, 유럽/일본을 중심으로 한 GSM기반의 비동기 방식인 WCDMA와 미국을 중심으로 한 동기 방식인 CDMA2000의 양대 진영으로 나뉘어 기술 표준화 및 개발을 진행해 왔다.

LTE는 3세대 이동통신3G 과 4세대 이동통신4G 의 중간인 3.9세대 무선통신 규격이다. 2008년 ITU International Telecommunication Union, 국제 전기통신연합 는 4세대 이동통신 규격을 '저속 이동시 1Gbps, 고속 이동시 100Mbps의 속도로 데이터를 전송할 수 있어야 한다'고 정의하였는데, 현재 국내 및 해외에 적용된 LTE 및 와이브로는 엄밀히 말해 4세대 이동통신 규격이라 할 수 없지만, ITU에서 2010년 12월 'LTE, 와이브로 및 다른 진화한 3G망 등도 4G라고 부를 수 있다'는 보도자료를 내면서 명확한 세대 구분이 큰 의미가 없어졌다. 현재 각 국의 이동통신사는 LTE, 와이브로 등을 모두 4세대 이동통신4G 로 부르고 있다.

5G는 기존 이동통신이 이용하던 2.6GHz이하의 주파수 대역보다 훨씬 높은 20~30GHz 주파수 대역을 이용한다. 고대역 주파수에서는 광대역폭의 주파수를 이용하기 때문에 데이터 전송 속도가 4G보다 20배가 빠르다. 이는 기존 유선 초고속 인터넷을 대체할 수 있을 정도의 속도이다. 거기에 지연속도도 4G 대비 1/10로 줄어들면서 사람의 생명이 우선되는 자율주행차와 같은 서비스가 가능해질 전망이다. 5G의 또 하나의 기술적 특징은 네트워크 슬라이싱이다. 하나의 망을 가상으로 용도에 따라 여러 개의 망처럼 나눠 쓸 수 있게 되면서 자율주행차, 스마트공장, 스마트의료, 스마트팜, 로봇, 드론, 보안이 강화된 기업 사설망 등 다양한 서비스에 5G를 속도, 용량, 지연성, 컴퓨팅 등을 맞춤화해서 이용할 수 있게 됐다. 이로써 5G는 다양한 산업 영역의 기반망으로 활용 가능한 "one-size-fits-all" 네트워크가 될 것으로 보인다.

산업 특징

유·무선통신 산업은 공공재적 특성과 필수재적 특성을 가지고 있고, 이러한 공공재적 특성으로 자연독점성과 네트워크 외부성을 지닌다. 필수설비와 고정자산 비중이 큰 구조로 시내전화 가입자망의 경우 시외 및 국제 등 중계서비스의 필수적 설비인 동시에, 이동전화와 같은 독립망 서비스의 유무선간 접속을 위한 부분적 필수설비로 사용된다. 유무선통신은 관로, 전주, 선로시설 등에 대한 막대한 초기 투자로 인하여 고정자산 비율이 높은 특성을 지닌다.

대부분 국가에서 유무선통신은 상당 기간 동안 가입자망 구간과 중계망 구간을 모두 보유하고 있는 독점 사업자에 의해 이루어지므로, 불공정 행위 발생이 가능하다. 기존 사업자는 기존 망을 점점 세분화하여 각 부분에 신규로 진출하는 방식의 수직적 결합의 형태로 성장하는데, 선발 진입 사업자가 존재하는 상황에서 신규 사업자가 네트워크의 모든 요소를 구축하여 경쟁하는 것은 거의 불가능하므로, 선발 사업자에 의한 접속·설비 제공의 거부 또는 지연 및 접속료 부과 등 고의적 불공정 행위가 발생 가능하다. 장기간의 독점체제로 인하여 선발 사업자는 가입자 수, 규모와 범위의 경제에 따른 비용우위 등 거의 모든 측면에서 후발사업자 대비 높은 경쟁우위를 보유하게 된다.

또한, 유·무선통신 산업은 통신기능 그 자체뿐만 아니라 기간산업으로서의 역할을 담당하고 있어 대부분의 국가에서 전략적으로 육성하는 산업이다. 우리나라도 국가 경쟁력 제고 차원에서 통신 인프라 구축과 함께 산업육성 정책을 꾸준히 추진하면서 경쟁체제를 도입하여 공급을 크게 확충시킴으로써, 통신 수요에 대해 환경 조성을 하는 대표적인 성장산업의 특징을 가져왔다.

유·무선통신 산업은 시장 내 성장주도 품목을 꾸준히 교체하면서 지속적인 고도성장을 달성해 왔다. 1990년대 중반까지는 일반전화를 중심으로 한 유선통신이 성장을 주도하였으나 1996년부터는 이동전화를 중심으로 한 무선통신이 유선통신 시장을 앞지르면서 성장세를 견인하였다. 초고속 및 무선 인터넷 서비스의 빠른 확산 속도로 새로운 성장엔진이 되었으나 이러한 양호한 성장에도 불구하고 유선에서는 KT, 무선에서는 SKT라는 시장편중 현상이 과거에 지속되었다. 그 결과 일부 사업자의 경우에는 취약한 영업기반과 이에 따른 재무적 부담으로 법정관리상태에 놓이게 되는 등 어려움을 겪으면서 전략적 제휴 등 다양한 형태로 업계 구조개편이 이루어졌다.

전체적으로 볼 때 대규모 자금이 선투자되고 투자회임 기간이 긴 장치산업적 성격이 있는데다, 수요 유발과 관련해서 막대한 비용 또한 투입되어야 하기 때문에 사업성과에 대한 본질적인 불확실성이 내재되어 있다. 반면에 정도의 차이는 존재하나 기간산업으로서의 위상과 함께 차세대 전략산업으로서의 중요성도 보유하고 있어 산업 또는 기업집단 내의 위상은 비교적 확고한 편이다.

업계 구도

1) 유선통신 시장

시내전화PSTN 가입자 감소에도 불구하고 인터넷전화 가입자 증가세를 기반으로 전체 유선전화 가입자 수는 증가하고 있다. 유무선 대체현상 심화, 인터넷전화 등 대체수요 확대 등으로 시내전화 가입자는 축소되고 있지만 인터넷전화 가입자는 빠르게 증가하면서, 전체 유선전화 가입자의 연간 증가율은 3% 미만이지만 정체 상태는 면하고 있다.

인터넷전화는 2008년 번호이동성 제도 시행으로 잠재적인 수요가 현실화되면서 가입자 수가 빠르게 증가하고 있는데, LG유플러스 등 후발사업자가 인터넷전화에 대한 영업을 적극적으로 전개하면서 가입자 기반이 대폭 확대되고, KT 또한 가입자 방어를 위해 인터넷전화 사업을 강화하면서 인터넷전화 가입자가 빠르게 증가하는 모습이다.

　　그 결과, 2012년 9월말 기준 유선전화 시장점유율은 선발사업자인 KT가 69.2%로 절대적인 우위를 유지하고 있으나, 인터넷 전화를 통한 후발사업자의 시장잠식이 본격화되는 양상을 보이고 있다.

　　한편, 초고속인터넷의 우리나라 전체 가구대비 보급률이 103%에 이르고 가입자가 거의 포화상태에 이름에 따라 순증가입자 규모가 축소되면서, 초고속인터넷 가입자는 2002년에 1천만 명을 넘어선 이후 연간 증가율이 한 자릿수에 머물고 있다. 하지만 망커버리지 확대 및 사업자들의 적극적인 가입자 유치 활동 등을 통해 2012년 분기당 순증가입자 10만 명 수준은 유지하고 있다.

　　2008년 제도적 기반이 마련되고 지상파 방송사와의 재전송 협상이 마무리되면서 KT가 2008년 11월, SK브로드밴드와 LG데이콤이 2009년 1월부터 실시간 IPTV 서비스를 시작했다. 서비스 초기 CATV 대비 낮은 콘텐츠 경쟁력으로 한때 가입자가 감소하는 등 가입자 확보에 어려움을 겪기도 하였으나, 콘텐츠 경쟁력이 점진적으로 재고되면서 IPTV 가입자 수는 2012년 9월 607만 명까지 증가하였다. 특히 KT의 IPTV 가입자 증가가 눈에 띄는 것은 넓은 초고속인터넷 가입자 기반 및 자회사 위성방송과의 연계 등을 통한 콘텐츠 경쟁력 등의 강화로 보고 있다.

　　초고속인터넷 시장은 LG파워콤 시장진입 이후 가입자 유치 경쟁이 심화되기도 하였다. 그러나 2008년에는 3대 사업자 모두 가입자 정보유출에 따른 신규 영업이 정지되었고 2009년에는 KT의 KTF 합병에 따른 영업활동 위축 등으로 시장경쟁이 다소 완화되었다.

　　현재는 KT와 SK브로드밴드가 2018년 11월 10기가 인터넷 서비스를 출시하면서 치열한 경쟁이 시작됐다. KT는 SK브로드밴드보다 앞서 전국 상용화 서비스를 개시하고 SK브로드밴드는 20만 원 이상의 고가 랜카드 대신 국산 10기가 랜카드를 개발해 경쟁력 있는 가격으로 서비스를 출시하면서 경쟁이 뜨거워지고 있다.

2) 이동통신 시장

2012년 들어 LTE 서비스 가입자 모집을 위한 마케팅 경쟁 심화와 106%를 상회하는 이동전화 보급률, 이미 빠르게 확산된 스마트폰 침투율 58% 등의 요인으로 전년대비 월평균 가입자 증가성장 규모가 크게 감소하였다. 하지만 이동전화 사업자들이 2011년 4분기 이후 적극적인 투자를 통하여 LTE망 인프라를 크게 확대하면서 LTE 중심으로 마케팅 활동을 벌여왔고, 무선부분의 통신서비스를 음성에서 데이터 중심으로 전환하고 있는 추세 등을 고려하면, 순증가입자 규모가 축소되었음에도 불구하고 LTE 가입자 확대로 가입자의 질적수익 수준은 지속적으로 향상되고 있다.

2011년 4분기 SK텔레콤과 LG유플러스가 LTE 서비스를 시작한 이후 2012년 들어 LTE 가입자 유치를 위한 보조금 규모가 크게 확대되는 등 사업자간 마케팅 경쟁이 심화되고 있다. LTE 서비스를 적극적으로 도입한 LG유플러스의 시장점유율이 소폭 증가하고 있으나 전반적인 시장점유율 변동폭은 미미한 수준이다. 이는 시장지배적 사업자인 SK텔레콤의 시장점유율 유지에 대한 의지가 확고하고, LG유플러스의 사업역량 강화로 시장대응 능력이 제고되었기 때문으로 판단된다.

가입자당 통신요금이 높은 스마트폰이 빠르게 확산되면서 통신요금 인하압력이 다시 가중되고 정부가 기존 사업자들의 요금체계를 개선하고 요금을 인하하도록 유도하는 가운데, MVNO Mobile Virtual Network Operator 활성화를 통해 시장경쟁 촉진을 유도하고 있다. MVNO 가입자 수는 아직 경쟁상황에 영향을 미칠만한 규모에는 이르지 못하고 있지만 단말기 유통채널 다각화, 정부의 지속적인 경쟁촉진 의지 등을 고려하면 MVNO 가입자 규모는 지속적으로 확대될 것으로 예상된다. 순증가입자 둔화 추세, ARPU 정체 등 통신시장 상황과 요금인하 등을 위한 규제리스크 등은 향후에도 이동전화 사업자의 실적에 중요한 이슈가 될 것으로 판단된다.

삼성전자는 4G 수주를 증대시키고 2021년까지 세계 5G 시장 점유율 20% 이상 확보를 목표로 한 시장 선점을 통해 점유율 상승을 기대하고 있다. 미국 등 일부 국가에서 보안이슈로 화웨이를 배제하면서 5G 최초 상용화를 추진하는 미국과 한국의 점유율 확대 및 시장선점이 예상되고 있다. 삼성전자는 5G를 포함한 4대 미래 성장산업인 AI, 5G, 바이오, 전장부품에 25조 원을 투자한다는 계획을 발표했다. 5G 고주파 대역은 음영지역 커버를 위해 스몰셀 등 추가 장치가 필요해 소형셀 및 중계기 장비 부문에서 사업을 영위하는 중소기업의 수혜가 예상된다.

미국 통신시장의 약정 지원금 폐지

미국은 약정 지원금이 폐지되면서 요금제 가격과 서비스 부문에서 통신사간 경쟁이 치열했다. 2013년 T-mobile의 Un-Carrier 전략은 경쟁사 보다 더 저렴한 가격에 파격적인 서비스를 제공하면서 시장점유율을 3위로 끌어올렸다. 그래서 이로 인해 미국 전체 ARPU는 2013년을 기점으로 하락했고 2017년부터 Verizon을 시작으로 AT&T도 무제한 요금제를 출시하게 됐다. 현재 미국 통신사들은 다양한 결합 상품과 콘텐츠 제공을 통해 경쟁 중이다.

정부의 요금인하 정책으로 인해 국내 통신사는 ARPU 하락 극복을 위한 대안을 찾고 있는 시점이라는 점을 감안하면 파격적인 서비스를 저렴한 가격에 제공하는 요금제 출시는 힘들어 보인다. 하지만 요금제를 기본으로 차별화된 통신서비스를 제공하면서 다양한 결합 상품, 프리미엄 콘텐츠 제공을 통한 경쟁이 격화되면서 우위를 점하기 위한 통신사의 CATV 인수 움직임이 본격화 될 것으로 전망된다.

정부의 통신비 인하 정책 관련 불확실성 확대

정부가 선택약정할인율을 20~25%로 상향 조정하고 단말기 지원금 상한을 폐지함과 동시에 통신비 인하 정책을 지속적으로 추진하면서 통신사 수익성에 악영향을 끼칠 것으로 보인다. 향후 선택약정할인율 적용으로 인한 재무적 효과와 통신비 감면 적용대상 범위 및 규모, 보편요금제 도입과 관련된 진행과 함께 단말기 지급제 도입 추진, 새로운 이동통신사 진입 등을 주목해서 볼 필요가 있어 보인다.

높은 수준의 투자 부담 지속

LTE 고객 비중 증가와 콘텐츠 확대로 인한 데이터 트래픽 증가가 빠른 속도로 진행되고 있다. 이는 기술투자와 인프라 확보를 동반하며 통신사의 투자 부담을 키우는 원인이 되고 있다. 5G가 2020년 상용화되는 일정을 감안 했을 때 총 CAPEX 규모는 4G 구축 시점보다 축소될 가능성은 있지만 데이터 트래픽 확대와 기술력 유지를 위한 높은 수준의 투자 부담은 계속 이어질 것으로 보인다.

통합 방송법 제정 본격화와 CATV M&A

통합방송법 전부개정 법률안이 공개되면서 통합방송법 내에서 IPTV와 CATV가 하나의 사업자로 묶여 경계가 없어지고 지역방송이 지역 지상파와 공동체 라디오 방송으로 제한되는 상황이 될 것으로 보여 이제 CATV가 전국 단위 규제로 전환될 가능성이 높아지고 있다. 이미 지역 사업권을 부여 받은 사업자가 전국 사업권을 승인 받은 경우 지역 사업권이 소멸된다는 조항 때문에 자금여력이 있는 전국사업자인 IPTV가 지역사업자인 CATV 인수에 적극 나설 가능성이 높아 보인다. 정책적으로 보면 CATV 인수로 지역 사업권은 소멸되지만 전국사업자인 만큼 다른 지역에 도전할 수 있게 되어 지역 내 독점 사업자를 견제하게 하는 효과가 생기게 된다. 이로 인해 유료방송 시장의 경쟁이 자연스럽게 M&A를 활성화 시킬 것으로 전망된다.

5장

. . .

자동차, 타이어,
자동차부품,
기계업종

01 자동차 업종

자동차업종 Summary

자동차 산업이 무역분쟁으로 원가는 상승하고, 수요는 부진한 가운데 관세 이슈를 앞두고 가격 인상도 어려운 상황이다. 고수익의 북미시장도 역성장을 하고 있고 신흥국을 중심으로 환율 등락폭이 커지고 있는 상황에 더불어 전기차/자율주행 등 R&D 비용도 급증하고 있다. 국내 자동차업계 전방의 수익성이 저하되고 있는 가운데 부품업체의 경우 대기업 매출의존도가 높거나 중국시장 비중이 큰 업체일수록 실적 저하 폭이 크게 나타나고 있다. 자동차산업의 사업환경은 성장 둔화에 따른 고정비 부담 상승, 경쟁 심화와 인센티브 부담 등 비우호적 전망이 우세하나 신차 출시와 중국시장 회복 등으로 업계 전반의 영업실적은 개선될 것으로 보인다.

자동차의 역사를 살펴보면 17세기 중반 산업화에 따른 증기기관이 개발되면서 발달하기 시작하였다. 자동차의 대중화는 1908년 T형 자동차를 생산한 미국의 헨리포드에 의해서 시작되었는데, 헨리포드는 모든 사람이 자동차를 소유할 수 있는 세상을 꿈꾸며, 자동차를 살 수 있는 수준까지 포드사의 직원들 월급부터 올려주었다. 이를 가능케 한 것은 1913년부터 채택한 "컨베이어 라인에 의한 작업 방식"으로 일의 효율성을 크게 향상 시킬 수 있었기 때문이다.

한편, 국내의 자동차 역사는 1903년 고종황제가 캐딜락 4기통 1대를 도입하면서 시작되었고, 산업의 초창기에는 미군의 자동차, 수입 자동차를 보수하면서 업체들의 태동기를 맞이하였다. 1944년 기아차의 전신인 경성정공이 설립되었고, 현대차는 1946년 정주영 회장이 자동차 정비 회사인 현대차공업사를 설립하면서 시작되었다. 국내에서 최초로 제작된 자동차는 1955년 최무성 삼형제가 만든 지프형 차 '시발'이다. 국제차량공업사를 운영하던 삼형제는 드럼통과 미군 차량의 엔진과 변속기를 이용하여 최초의 국산 자동차를 만들었다. 현대적 개념의 자동차 생산은 1962년 교포 박노정씨가 새나라 자동차GM Korea의 전신를 설립함으로써 본격적으로 시작되었다. 그 이후 현대차는 1975년 최초의 국산 고유 모델인 포니를 개발하여, 국내 생산뿐만 아니라 수출을 통해 50만 대를 판매하면서 국내 자동차산업을 한 단계 끌어 올렸다. 현대차는 1997년 외환위기로 법정관리를 받고 있던 기아자동차를 인수하고 2000년 들어 정몽구 회장의 "품질경영"이 가시적인 성과를 보이면서, 내수 점유율 80%, 세계자동차 업계순위 5위를 기록하며 세계적인 기업으로 성장하였다.

산업의 특징

자동차 산업은 생산을 위해서 연구개발, 테스트 시설, 생산라인 구축뿐만 아니라 광범위한 산업기반을 전제로 하기 때문에 다른 산업에 비해 전/후방산업과 연관 효과가 매우 크며 진입장벽 또한 높다. 경기변동에 따른 영향은 두 가지 측면에서 살펴볼 수 있다. 국내의 80, 90년대와 같이 자동차의 대중화 시기에는 신규수요가 대부분으로 경기 변동과 큰 관계없이 지속적으로 증가하는 모습을 보인다. 그러나 국내의 2000년대 이후와 같이 성숙기에는 대체수요 및 추가수요가 대부분을 차지하게 되어 소비자가 경기변동에 따라 구매시기를 탄력적으로 조절하게 함으로써 경기변동에 큰 영향을 받는다.

자동차 산업은 크게 제조, 유통, 운행으로 나눌 수 있다. 제조에는 철강, 화학, 비철금속, 전기, 전자, 고무, 유리, 플라스틱 등을 이용하여 약 2만여 개의 부품을 만드는 부품 업체들이 연계되어 있다. 유통에는 완성차 업체의 직영 영업소, 대리점, 할부금융, 탁송회사 등이 있으며, 운행에는 정비, 부품, 주유, 보험들의 업종이 연관되어 있다.

최근 자동차 산업은 전 세계의 공급능력 과잉, 내수시장의 정체, 대규모 투자 필요 등 전통적인 문제점뿐만 아니라 최근에 이슈로 떠오른 환경규제, 안전성 강화로 인해 각 제조사별 경쟁이 더욱 치열해지고 있다. 이에 각 제조사들이 CO_2를 절감하기 위해 자동차의 무게 절감과 하이브리드 자동차, 전기 자동차, 연료전지자동차 등 친환경자동차 개발에 심혈을 기울이고 있으며, 안전한 자동차를 만들기 위해서는 전장기술, 신기술 개발, 설계능력 향상 등에 많은 투자를 하고 있다.

산업의 분류 및 제조회사

자동차 산업은 다수의 부품사와 연계하여 최종제품을 개발해야 하는 산업으로 원재료부터 최종 제품까지 다양한 공정을 거쳐야 한다. 이에 따라 각 기업의 생산품목과 기업 규모에 따라 다음 그림과 같이 계층별 구조를 가지고 있다.

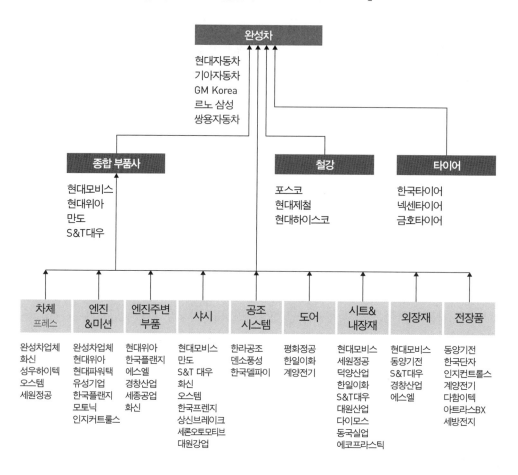

【 **자동차산업의 계층별 구조** 각사 사업보고서 및 홈페이지 】

완성차

현대자동차
기아자동차
GM Korea
르노 삼성
쌍용자동차

종합 부품사

현대모비스
현대위아
만도
S&T대우

철강

포스코
현대제철
현대하이스코

타이어

한국타이어
넥센타이어
금호타이어

차체 프레스	엔진 &미션	엔진주변 부품	샤시	공조 시스템	도어	시트& 내장재	외장재	전장품
완성차업체 화신 성우하이텍 오스템 세원정공	완성차업체 현대위아 현대파워텍 유성기업 한국플랜지 모토닉 인지컨트롤스	현대위아 한국플랜지 에스엘 경창산업 세종공업 화신	현대모비스 만도 S&T 대우 화신 오스템 한국프렌지 상신브레이크 세론오토모티브 대원강업	한라공조 덴소풍성 한국델파이	평화정공 한일이화 계양전기	현대모비스 세원정공 덕양산업 한일이화 S&T대우 대원산업 다이모스 동국실업 에코프라스틱	현대모비스 동양기전 S&T대우 경창산업 에스엘	동양기전 한국단자 인지컨트롤스 계양전기 다함이텍 아트라스BX 세방전지

첫 번째는 완성차 그룹으로서 차량의 초기 설계부터 최종 생산까지 책임지고 있으며, 엔진, 자체 등 주요 부품은 자체적으로 생산하고 다른 대부분의 부품은 부품사로부터 공급받아 조립하여 소비자에게 판매한다. 국내에는 현대차, 기아자동차, GM Korea, 르노삼성, 쌍용자동차 5개사가 있다. 완성차 그룹은 산업 계층구조상 가장 상위에 있어 영업이익률이 가장 높고, 소비자에 직접 상품을 공급함으로써 브랜드 인지도가 가장 높다.

두 번째는 원재료인 강판을 공급하는 철강회사, 개발 초기부터 함께 개발되는 타이어회사 그리고 주요 부품과 모듈형식으로 완성차업체에 공급하는 종합부품사 그룹이 있다. 해당 그룹은 기술력과 독점력이 있어 타 부품회사에 비해 완성업체와 협상력이 있고 영업이익률도 상대적으로 높은 편이다.

세 번째는 각 부품을 공급하는 회사들로서 완성업체와의 협상력이 부족하고 재무안정성이 열위에 있어 경기변동에 따라 직접적인 영향을 받는 회사들로서 생산품목에 따라 9가지 분야로 기업을 분류할 수 있다. 이런 부품업체는 투자 시 완성차나 종합부품사보다 안전성 및 CR Cost Reduction 압박에 열위에 있으므로 훨씬 더 할인해서 적정 가치를 산출해내야 한다. 이번 장에서는 완성차에 대해서만 포커스 하여 다룰 예정이며 타이어, 자동차 부품사에 대해서는 다음 장에서 따로 다루어질 예정이다.

제조공정

하나의 새로운 자동차를 개발하기 위해서는 제조회사별 약간의 차이는 있지만 보통 5년 정도가 소요된다. 새로운 자동차라는 것은 보통 1st세대 Generation , 2nd세대로 말하며 차체, 엔진, 서스펜션 등의 자동차 핵심 부품을 새로운 기술, 혁신 아이디어를 적용하여 개발하는 자동차이다. 쏘나타 예를 보면, 1985년 첫 번째 쏘나타의 탄생과 1993년 쏘나타2, 1996년 쏘나타3, 1998년 EF 쏘나타, 2004년 NF 쏘나타를 거쳐 2009년 YF 쏘나타가 5세대 쏘나타 모델이다. 출시 연도를 계산해 보면 알 수 있듯이, 2014년쯤에는 쏘나타의 6세대 모델이 나올 것이다. 이에 반해 스타일만 변경한 모델은 약 2~3년 정도 소요된다. 우리가 흔히 말하는 페이스리프트face lift 모델로 후드, 펜더 등 눈에 보이는 스타일에 관련된 파트들만 새로 디자인하여 개발한 모델을 말한다.

아래 그림은 새로운 세대 자동차New Generation 모델을 개발하는 5년의 과정을 간략하게 보여주고 있다.

【자동차 개발과정 개략도】

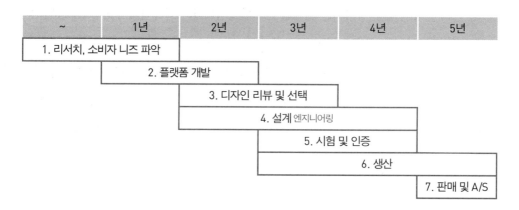

첫 번째 과정은 리서치Research & 소비자 니즈Customer needs 파악 단계로 "소비자가 약 5년 뒤에 어떤 자동차를 원할 것인가?"를 리서치와 벤치마킹benchmarking 을 통해서 파악한다.

두 번째 단계는 플랫폼platform 개발로 보통 선행개발 단계로 불린다. 리서치로 파악된

소비자의 니즈를 엔지니어링 engineering 언어로 해석하여 실제로 개발할 수 있는지? 혹은 어떤 신기술 개발이 필요한지? 등을 파악한 후 선행 엔지니어링을 시작한다. 해당 단계는 소비자 니즈에 맞게 자동차의 핵심이 되는 차체 Body, 엔진, 새시의 초기 설계를 하는 단계 이다. 개발된 플랫폼은 차량의 골격으로서 업퍼바디[22] upperbody 의 디자인을 바꿔 여러 차 종으로 생산하는데 토대가 된다.

이는 차량개발 기간을 줄이고 비용을 절감할 수 있다는 측면에서 글로벌 Global 모든 회 사들이 추구하고 있는 트렌드이다. 현대차의 예를 살펴보면, 소나타와 기아차의 K5가 같은 플랫폼으로 개발되었다. 즉, 하나의 플랫폼에 업퍼바디의 디자인만 바꿔 출시된 것이다.

세 번째 단계는 차량의 골격에 스타일을 입히는 Design 단계이다. 스타일링 초기에는 Designer들이 3~6개의 초기 모델을 디자인하여 3:1 혹은 2:1의 축소 클레이 점토 모델을 만 든다. 이를 차량개발관련자들이 평가하여 최종 1개 모델로 선택하는 단계로 차량을 시장에 내놓기 약 3년 전에 이루어진다.

네 번째 단계는 본격적인 설계 Engineering 단계이다. 선행개발단계에서 개발된 플랫폼 에 최종 선택된 디자인을 실제 자동차로 개발/생산할 수 있도록 엔지니어링 도면을 제작하 는 단계이다. 이를 통하여 그림에 불과했던 디자인이 실제 생산 가능한 도면으로 탄생하게 된다. 이 단계는 디자이너와 설계자 간에 많은 토론, 협상, 양보가 필요한 단계이며, 최근에 는 디자인이 더욱 중요해짐에 따라 디자이너의 파워가 점점 강해지고 있다. 기아자동차 경

---

22) 업퍼바디(upperbody) : 차체(body)는 크게 언더바디(underbody), 업퍼바디(upperbody)로 나눠지며, 언더바디는 엔진, 새시를 지지해주는 뼈대이며, 업퍼바디는 디자인에 따라 개발되는 부분으로 소비자의 눈에 보이는 부분의 차체를 말한다.

우를 보면 쉽게 알 수 있다. 기아차는 2006년 새로운 디자인수장으로 피터 슈라이어 사장을 영입하면서 기존의 기아차 이미지를 크게 바꾸었다. 기존의 기아차의 딱딱한 이미지를 유럽의 감성과 고급스러운 감각을 차량에 불어 넣었고 결국, 기아차는 몇 단계 도약을 거쳐 세계 톱 브랜드에 견줄 수 있는 자동차 회사로 커나가고 있다.

다섯 번째 단계는 시험 test & 검증 Validation 단계로 약 2년 반 동안 개발한 차량을 시작 차량 Prototype 으로 만들어 시험해 보고 검증하는 단계이다. 시험 & 검증은 제조회사별로 한 번 또는 두 번을 진행한다. 대부분 제조회사는 비용과 시간을 절약하기 위해 설계 Engineering 단계에서 시작차량을 한 번 만들어 테스트하여 검증하고 있지만 일부 회사의 경우는 시작차량을 플랫폼 개발단계에서 한 번, 설계 단계에서 다시 한 번 검증함으로써 총 차량 개발과정에서 두 번의 테스트 및 검증과정을 거치는 경우도 있다. 테스트 방법은 각 제조회사별로 매우 다양하고 안전성, 내구성 및 소비자들이 어떤 관점을 중요하게 생각하는지에 따라 테스트 방법이 변경 및 추가되고 있다.

여섯 번째 단계는 생산 Manufacturing 단계로 크게 프레스, 차제 제작, 도색, 조립공정 4단계로 이루어져 있다. 프레스는 자동차의 뼈대를 포스코 등의 철강업체에서 공급된 철판을 이용하여 만드는 과정이다. 즉 알맞은 모양으로 가공된 금형 위에 철판을 올려놓고 프레스 기계를 이용하여 압력을 가하면 금형과 같은 모양으로 철판이 만들어진다. 보통 차량한 대에는 약 300개의 프레스 된 판넬이 필요하다. 차체 제작 단계는 프레스 된 철판을 용접하여 자동차의 차체 body 를 완성하는 단계로 모든 공정은 자동로봇에 의해 자동으로 진행되어 작업자의 노동력 투입이 적은 편이다. 도색공정은 차체에 페인트를 칠하고 방음, 방진, 방청 장치를 하는 단계이다. 이 단계는 차체에 색이 잘 입혀지도록 대형 수조에 담그는 하도 전착, 차체에 선택된 색을 입히는 중도, 마지막으로 광택을 입히는 상도의 세 가지 과정으로 이루어진다. 조립공정은 도색까지 마친 차체body에 작업자들이 컨베이어 벨트 위에서 엔진, 새시 서스펜션, 브레이크, 전장부품, 시트, 인테리어 부품 등을 하나씩 조립하는 공정으로 작업자들의 노동력이 가장 필요한 공정이다.

마지막 단계는 판매 및 A/S 단계로 공장에서 완성된 차량을 자동차판매 대리점을 통해서 소비자에게 인도하고 차량의 오일교환, 문제점 발생 또는 사고 시 차량의 after service을 해주는 단계이다.

중국의 소비 부양책 발표

중국 국무원이 자동차 소비 관련을 포함한 내수 경기 부양 관련정책을 발표했다. 이에 중국 자동차 수요 둔화에 대한 시장의 우려가 수요 부양책에 대한 시장의 기대감으로 바뀌었다. 중국 자동차 수요 부진이 지속될 경우 중국 정부의 부양 정책이 발표될 가능성이 높은 상황이었다. SAIC와 Geely와 같은 중국 로컬 자동차 회사들의 전년 대비 판매량이 부진하다면 2015년에 자동차 소비세를 1.6리터 이하 엔진을 장착한 자동차를 대상으로 기존 10%에서 5%로 인하한 것과 같은 정책이 나올 것으로 보인다. 소비세 인하 외에도 자동차 금융 및 NEV 차량 지원금 확대와 같은 정책도 기대되고 있다. 중국 정부의 자동차 소비 부양책이 시행되면서 자동차산업의 경기 반등이 빨리 도래할 것으로 전망된다.

중국 NEV 시장의 고성장

중국의 NEV New Energy Vehicle 자동차 판매량은 40.8만대로 2018년 상반기 기준으로 전년 동기 대비 116.9% 성장했다. 이중 PHEV 하이브리드 자동차, Plug-in Hybrid Electric Vehicle 가 207.4% 증가로 전체 판매량 중 26.5%를 차지해 돋보였다. 2019년부터 NEV 크레딧 제도가 시행을 앞두고 있는 가운데 NEV 구매자에 대한 연세 혜택을 2020년까지 3년 연장했다. 이 제도 시행으로 인해 중국내 완성차 업체들은 전체 생산량 중 2019년에는 10%, 2020년에는 20%에 달하는 NEV 크레딧을 확보해야 하는 상황이다. 이를 통해 중국은 장기적으로 2025년까지 전체 자동차 생산량의 20% 이상의 NEV 확보를 목표로 하고 있다. 상하이차와 Geely는 크레딧을 충분히 확보한 상황이지만 국내 자동차 업체의 NEV는 대부분 HEV 자동차로 BEV나 PHEV 대비 크레딧이 낮아 실제 크레딧 보유가 낮은 상태일 것으로 보인다. 준비가 덜 된 중국의 로컬 자동차회사들도 크레딧이 필요한 상황이고 크레딧을 충분히 확보한 SAIC 등의 회사들이 크레딧을 판매할 예정이긴 하지만 크레딧을 필요로 할지 모르는 외국계 업체들과 파트너를 이루고 있어 크레딧 확보가 쉽지 않을 전망이다.

북미 시장

미국 및 유럽 등 주요 지역의 자동차 수요 둔화로 인한 판매 악화 및 비용 증가가 지속되고 있다. 현대차는 싼타페 신차 생산으로 미국 공장 가동률이 반등하긴 했지만 기아차는 싼타페 위탁 생산 종료로 가동률이 저조할 것으로 보인다. 현대차도 본격적인 소매 판매 회복을 기대하기는 어렵고 실적 회복을 위해서는 미국 시장 내 현대기아차의 M/S 회복이 중요하지만 단기간에 뚜렷한 변화를 기대하기는 어려운 상황이 이어지고 있다.

미국·멕시코·캐나다 USMCA 타결과 영향

미국과 캐나다, 멕시코가 타결한 USMCA로 인해 멕시코에서 자동차를 만들어 미국에 수출하는 국내 자동차 업계의 부담이 커지게 됐다. 세번 변경, 역내 부가가치 기준, 북미산 철강·알루미늄 구매 요건, 노동 부가가치 기준 등이 강화돼 멕시코와 캐나다에서 미국으로 자동차를 수출하는 기업들의 부담이 가중될 것으로 보인다. 협정에서 승용차와 경량 트럭에 대해 세번 변경과 높은 수준의 역내 부가가치 기준을 모두 충족 시켜야 하는 까다로운 규정을 적용했다.

특히 무관세로 수출하는 자동차의 역내 부품 비중을 기존 62.5%에서 75%로 상향하면서 역내 부가가치 기준은 2023년 1월 1일까지 66%→69%→72%→75% 4단계에 걸쳐 순차적으로 충족하도록 했다. 자동차를 생산하기 위해 구매하는 철강과 알루미늄의 70%

이상을 북미산으로 채워야 하고 북미산 철강 및 알루미늄 구매 조건을 충족했다는 자동차 생산자의 연간 증명서가 있어야 한다. 그래야 다음 해 자동차 생산 또는 수출을 할 수 있다. 또 2023년 1월 1일부터 30% → 33% → 36% → 40% 4단계로 순차 적용해 승용차의 40%, 경·중량 트럭 45%는 시간당 최저 16달러 이상의 임금을 받는 노동자가 만든 부품으로 채워 충족해야 한다. 미국과 캐나다 자동차 공장의 평균 시급은 20달러 이상이지만 멕시코는 7달러 수준이어서 멕시코에서 현지 공장을 가동 중인 기아차가 직접적인 영향을 받을 것으로 보인다. 기아차의 지난해 멕시코 공장 생산량은 22만 1,500대로 멕시코, 캐나다에서 생산하는 한국, 일본, 독일 등 자동차업체의 미국 내 생산을 확대시키기 위한 조치로 풀이된다. 새로운 원산지 규정을 충족하는 승용차는 무역확장법 232조에 따라 25% 관세를 면제받고 무관세로 연간 260만 대까지 수출이 가능하다. 새로운 원산지 규정을 충족하지는 않지만 기존 북미자유무역협정 규정에 충족하는 승용차는 연간 160만 대까지, 자동차부품은 연간 1,080억 달러까지 최대 2.5% 관세를 부과한다. 이 물량을 초과할 경우에는 232조 조치로 최고 25%의 고관세가 추징될 것으로 보인다.

미국이 현재 조사를 진행 중인 수입산 자동차·부품에 대한 232조 관세 부과를 협상 카드로 활용해 나프타 현대화 협상을 마친 것은 향후 다른 나라에 232조를 적용해 관세를 매기기 위한 사전 포석으로 보인다. 미국은 무역확장법 232조를 USMCA의 부속서에 포함해 향후 자동차와 부품에 대해 232조 조치를 적용할 가능성이 높고 232조 부속서는 미·유럽연합, 미·일 무역 협상에도 비슷한 형태로 반영될 것으로 보인다.

지난 3년간 평균 대미 수출량의 70%를 쿼터로 제한 받게 될 경우 2018년 3월 결정된 대미 철강 수출 쿼터와 같은 기준의 수출 제한이 현실이 되면 국산 자동차의 대미 수출은 18만 8,273대 감소될 것으로 전망된다. 추산된 손실액은 3조 6,767억 원으로 25% 관세가 부과 됐을 때의 3조 7,479억 원과 비슷한 수준이고 직접 고용 감소폭도 3,765명에 이를 것으로 보인다.

최악의 경우 한국에만 25% 관세를 물리는 최악의 상황이 발생하면 수출 손실액은 16조 5,105억 원에 고용은 13만 8,000명 감소할 것으로 예상된다.

캐나다와 멕시코에 적용된 쿼터도 현재 수출량의 130~140%의 완화된 수준으로 자동차가 철강에 적용됐던 쿼터나 그 이상의 규제를 받을 가능성은 낮다. 한국은 한미 자유무역협정에서 미국의 자동차 분야 요구를 상당 부분 수용한 데다 주요 규제 대상도 아니기 때문에 조건부 면제로 가더라도 상당히 완화된 규제가 적용될 가능성이 높다고 볼 수 있다. 하지만 자동차 업계는 100%가 넘는 완화된 쿼터라도 부정적인 시각을 가지고 있다. 그 이유는 작년 대미 자동차 수출액이 142억 달러로 전체 수출액의 34.1%에 이르는 최대 자동차 수출국인 미국 수출에 제한이 가해지게 된다면 피해는 불가피하게 보고 있기 때문이다. 고율 관세든 쿼터제든 자동차 수출에는 치명적이기 때문에 현재 시점에서는 피해를 최소화 할 수 있는 대책이 필요한 시점이다.

전기차 vs 수소차

자동차 업체들은 내연차 사업을 축소하며 새로운 시장에 대응하고 있다. 세계 환경규제 강화라는 변화로 전기차와 수소차가 경쟁하고 있다. 차세대 표준이 되기 위해 치열한 경쟁을 하고 있는 두 방식은 모두 장단점을 가지고 있다. 수소차의 장점은 전기차보다 5분이면 가능한 빠른 충전과 600km이상의 긴 주행거리다. 전기차는 급속 충전시 20분, 완속시 4~8시간 걸리고 350km를 이동할 수 있지만 에어컨이나 히터를 켜면 주행거리가 20~30% 줄어든다. 수소차의 단점은 가격과 인프라에 있다. 연료전지 촉매로 백금이 사용되어 가격이 높다. 수소 충전소 설치에 약 25억~30억 원이 들어 확산이 더뎌 1억 원 정도면 설치 가능한 전기차 충전소보다 비싸다. 에너지 효율도 전기차가 월등히 좋아 전기차는 km당 25원 수소차는 73원이다. 국내에서 수소는 모두 석유화학단지에서 부가적으로 생성돼 무료로 공급되지만 운반비로 인해 kg당 3,000~8,000원인 것이 문제다. 거기다 전기차는 심야·완속충전으로 비용절감이 가능하다. 전기차와 수소차 중 어느 것이 차세대 차종이 될지 예상하기 어렵지만 수소차는 장거리용 차량과 대형 상용차, 전기차는 소형 단거리 차량으로 상호보완적으로 발전할 가능성도 높아 보인다. 가솔린과 디젤 엔진처럼 공존할 것이라는 전망도 힘을 얻고 있다.

02 | 타이어 업종

타이어업종 Summary

타이어 수요 성장은 글로벌 저성장 구조를 감안했을 때 안정적 수준으로 볼 수 있다. 안정적인 성장에 부담되지 않는 유가 수준으로 주행거리가 늘어나고 있는 상황에서 New Mobility 시대에 접어들면서 주행거리가 급증할 것이라는 전망에 주목할 필요가 있다. 치열한 경쟁 속에서 원가 인상분의 가격전가, SUV 비중 확대에 따른 제품 인치업, 친환경타이어 신제품 등으로 인한 마진 수준 유지 또는 향상이 예상된다.

국내 완성차업체 및 북미 시장의 성장 둔화에도 유럽과 중국 시장의 초고성능타이어 판매 증가와 신흥시장의 성장으로 타이어업계 외형이 확대됐다. 그러나 원가 상승 요인인 천연고무 가격 상승, 신공장 가동 등으로 수익성은 하락한 실정이다. 하지만 수익성 저하를 초래한 원자재 가격이 안정을 찾았고 초고성능타이어 판매 증가로 제품믹스의 개선 흐름이 이어지고 있어 수익성이 개선될 것으로 보인다. 그러나 주요 매출처인 북미지역의 금리 인상은 소비위축, 경쟁심화, 완성차 대기수요 소진을 촉발해 실적 부진으로 이어질 수도 있어 보인다. 거기에 해외 신공장들의 인력 숙련도, 신설비 가동 등의 문제로 정상 가동의 지연 여부가 실적 개선의 변수가 될 것으로 예상 된다. 완성차와의 거래 관계와 내수·북미·유럽·중국 등의 지역을 기반으로 한 사업안정성과 재무안정성은 현행 수준을 유지할 것으로 보이며 원자재 가격 변동에 따른 수익 변동 가능성이 확대될 수 있어 원재료 가격 추이 및 고인치·고성능 타이어를 통한 수익성 변화에 주목해야 할 것으로 보인다.

2부 업종별 개요, 특징 및 트렌드 분석

산업의 특징

타이어는 엔진에서 발생된 회전력을 노면과 마찰을 통해 차를 움직이게 해주고, 브레이크 시 제동력을 노면에 전달하여 차량의 구동 및 제동을 가능하게 하는 필수요소이다. 또한, 안정적인 조정성, 조향성, 브레이크 성능, 소음 등 모든 조건을 만족해야 할 뿐만 아니라 회전 저항을 극소화하여 연비를 향상시키는 기술개발이 요구되는 특성이 있다.

타이어 시장은 신차용타이어 OE : Original Equipment 시장과 교체용 타이어 RE : Repairable Equipment 시장으로 구분되고 있다. OE 타이어는 차량이 처음 출고되어 소비자에게 인도될 때 차량에 장착되는 타이어로 완성차 업계의 차량 판매와 밀접한 관계를 가지고 있으며 경기 변동에 민감하다. RE 타이어는 정비소, 도매상 등 유통업체를 통해 판매되는 타이어로 신차 판매대수보다 운행되고 있는 차량의 정비 및 교체 주기에 영향을 받으므로 비교적 안정적인 수요가 발생한다. 글로벌 타이어 시장 전체에서 OE와 RE의 비율을 보면 약 30 대 70 정도로 교체용 타이어 시장의 비중이 높다.

타이어산업은 자동차 산업과 화학산업에 밀접하게 연관되어 있으며, 막대한 설비 투자가 소요되는 자본 집약적 장치산업이다. 또한 꾸준한 신·증설이 요구되며, 감가상각비용도 상당하며, 제품의 특성상 전체 공정을 자동화하는데 한계가 있어 상당 부분 인력에 의존하지 않을 수 없는 노동집약적인 산업이다. 따라서 인건비, 감가상각비, 공장가동비용 등의 고정비 관리와 재고관리가 가장 중요한 요소로 진입장벽이 높은 편이다. 국내타이어 시장은 한국타이어, 금호타이어와 넥센타이어가 전체시장을 과점하고 있어 신규업체 진출이 어려운 편이다.

타이어의 주원료는 천연고무, 합성고무, 카본블랙 등으로 천연고무는 해외에서 전량 수입에 의존하고 있으며, 기타 합성고무 등은 국내의 화학산업에서 생산되고는 있지만, 기초 원료인 원유가 해외에서 수입하고 있으므로 사실상 전량 수입에 의존 하고 있어 현지 원자재 가격 변동과 환율 변동에 민감하다.

타이어 구조 및 제조 공정

1) 타이어 구조

타이어의 구조는 트레드Tread , 숄더Shoulder , 사이드월Sidewall , 비드Bead , 카카스Carcass , 벨트Belt , 이너라이너Inner Liner 로 구성되어 있다.

① 트레드Tread : 노면과 접촉하는 부분을 말하며 두꺼운 고무 층으로 되어 있다. 타이어 내부의 카카스 및 벨트 층을 보호하기 위해 절상, 충격에 강하고 또한 타이어의 주행 수명을 늘리기 위해 내마모성이 강한 고무를 사용한다.

② 숄더Shoulder : 트레드부와 사이드월 사이에 위치하고 타이어 어깨부라 칭함 구조상 고무의 두께가 가장 두껍기 때문에 주행 중 내부에서 발생하는 열을 쉽게 발산시킬 수 있도록 설계상 고려되어 있다.

③ 사이드월Sidewall : 타이어 측면 부분으로 카카스를 보호하고 주행 중 지속적으로 반복되는 수축, 팽창작용을 견딤으로써 승차감을 좋게 한다. 표면에는 타이어 종류, 규격, 구조, 패턴, 제조회사, 상표명 등 여러 가지 정보를 표시하고 있다.

④ 비드Bead : 코드지의 끝 부분을 감아주며 타이어를 림에 장착시키는 역할을 한다. 일반적으로 림에 대해 약간의 죄임을 주어 주행 중 타이어의 공기압이 급격히 감소될 경우에도 타이어가 림에서 빠지지 않도록 설계되어 있다.

⑤ 카카스Carcass : 카카스는 타이어 골격이다. 이것은 강한 공기압을 지탱하기에 충분히 강해야 하며, 하중변화와 충격을 흡수하기에도 유연성이 있어야 한다. 카카스는 고무로 감싸진 코드 층으로 구성되어 있다. 버스와 트럭용 코드들은 일반적으로 나일론과 스틸로 만들어지는 반면 승용차 타이어에는 폴리에스커, 레이온 혹은 나일론 코드가 사용된다.

⑥ 벨트Belt : 레디알 타이어, 벨트 바이어스 타이어에 있어서 트레드와 카카스 사이에 원주 방향에 들어가는 강력한 보강 층으로서 브레카와 같은 역할을 하며, 특히 카카스를 강하게 죄여 트레드부의 강성을 높여준다.

⑦ 이너 라이너Inner liner : 튜브타입이 아닌 타이어의 고무층으로 공기의 방출을 막기 위해서 특별히 만들어진다. 공기 밀폐성이 우수한 고무 층으로 되어 있고 보통 합성고무나 폴리이소프렌 계통의 고무성분으로 구성되어 있으며, 타이어내의 공기를 유지시켜 주는 역할을 담당하고 있다.

2) 제조공정

타이어는 아래와 같이 정련, 성형 압출, 비드, 압연, 제단, 성형, 가류, 검사 4개 과정을 거쳐 제조된다.

① 정련공정 : 타이어 원료인 천연고무, 합성고무, 카본블랙, 실리카 등을 혼합하여 배합 고무를 생산하는 공정

② 성형공정

• 압출 : 타이어의 각 부위별 특성에 맞는 고무를 일정한 폭과 두께로 트레드와 사이드월을 사출하는 공정

• 비드 : 스틸와이어에 고무를 입히고 정해진 횟수로 감은 후, 규격에 맞게 사출된 비드

필러를 부착하는 공정

- 압연 : 스틸코드와 텍스타일코드의 양면에 일정한 두께의 고무를 입히는 공정. 카카 스 및 벨트 재료로 사용됨

- 재단 : 압연 된 재료를 정해진 폭과 각도로 재단하여 벨트와 카카스를 생산하는 공정

- 성형 : 준비된 트레드, 사이드월, 비드, 벨트, 카카스 등 반제품을 순서대로 조립하여 그린타이어를 만듦

③ 가류공정 : 그린타이어를 몰드에 투입하고, 정해진 온도와 압력으로 일정 시간 동안 가하여 완성된 타이어를 생산하는 공정

④ 검사공정 : 타이어 검사 규정에 따라 외관 및 성능을 검사하여 합격 여부를 판정하는 공정 외관검사, 기기 검사

【타이어 제조공정】

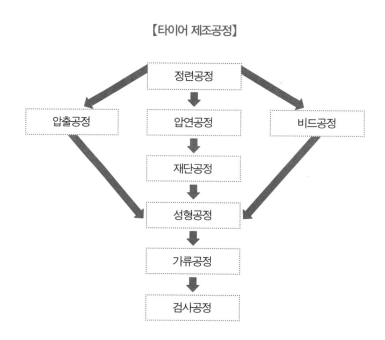

타이어 수요와 안정 성장

타이어 수요는 주요국인 북미, 유럽, 중국, 한국 등 2016~2022년 CAGR _{연평균성장률} 2.8% 성장이 전망되고 있다. 북미와 유럽은 OE/RE가 비슷한 성장을 보이고 신차 수요가 한계점에 가까워 주행거리가 상승해도 크게 늘어나지 않을 것으로 보인다. 신차 수요가 한계점에 도달한 미국의 경우 타이어 수요도 약세로 전환했고 유럽은 미국보다는 회복 여력이 남아 있지만 한계점에 근접한 상황이다. 하지만 중국은 교체용 비중이 60% 수준으로 선진국의 70~80%보다 낮아 성장 여력이 있을 것으로 기대되지만 구매세 인하정책이 환원되면서 증가율은 축소되고 있는 상황이다. 브라질은 유가하락이 반영된 2014~2016년은 부진했으나 유가가 2016년 하반기 이후 반등하면서 신차용 타이어 수요의 증가가 이어지고 있다.

교체용 타이어 수요는 신차용 타이어와 마찬가지로 경기 변동성에 영향을 받지만 신차용보다는 변동성이 적고 꾸준히 유지되는 편이다. 미국은 금융위기 이후 경기 회복을 거치면서 성장세가 둔화되었다. 유럽은 금융위기 이후 남유럽 재정위기가 추가로 이어지면서 회복이 지연되어 회복여력이 있는 것으로 보인다. 중국은 보유대수 증가율이 높게 유지되는 상황에 교체용 타이어 비중이 60% 수준이라 성장여력이 선진국에 비해 높은 편이다. 브라질은 유가하락이 반영된 2014~2016년은 부진했으나 유가가 2016년 하반기 이후 반등하면서 교체용 타이어 수요도 증가하고 있다. 이처럼 타이어 수요는 지역별로 차이는 있지만 안정적인 성장을 할 것으로 전망된다.

낮은 유가 수준과 New Mobility 시대

유가가 낮아지면서 주행거리가 늘었다. 유가의 반등이 주행거리 증가추세에 영향을 주겠지만 과거 100불을 넘어가는 수준이 아니라면 수요에 미치는 영향은 제한적일 것으로 보인다. EIA 2018년 국제 유가 전망에 따르면 WTI 58불, Brent 62불 수준으로 이 수준을 유지한다면 주행거리의 증가추세는 이어질 것으로 기대된다. 뉴 모빌리티 시대의 차량 수요에 대한 전망은 다양하다.

보스턴컨설팅과 세계경제포럼 공동 연구 보고서에서는 도심 지역 차량이 60% 감소하고 자동차의 개인 소유권은 거의 사라질 것으로 전망했다. Roland Berger 컨설팅은 차량 판매가 현행처럼 유지되겠지만 30%의 차량이 공유되고 개인 소유는 20%로 감소할 것으로 전망했다. 딜로이트 컨설팅은 2030년 전 세계 차량 판매는 차량 공유 대중화 이전과 비교해 9%까지 감소한 1.2억대로 전망했다. IHS마켓의 2040년 미래 자동차 전망을 보면 신차 판매 성장은 둔화되겠지만 주행거리는 중국, 유럽, 인도 및 미국에서 연간 110억 마일로 2017년 이후 65% 증가해 급성장할 것으로 전망했다.

경쟁 심화와 마진

글로벌 타이어업체 매출 순위는 브릿지스톤, 미쉐린, 굿이어 등 Top Tier 업체들의 순위는 불변이다. Top 3를 제외한 2nd Tier 그룹 콘티넨탈, 피렐리, 스미토모, 한국타이어, 요코하마 등이 10위권 내에 자리 잡고 있는 상황에서 3rd Tier 그룹에서 많은 변화들로 인한 순위 변동이 많았다. Top 3의 점유율이 2000년대 초반 50%를 넘었지만 2016년 이후 30% 후반으로 낮아지면서 전반적으로 점유율을 잠식당하고 있는 상황이다. 나라별 점유율은 2014년부터 중국업체들이 프랑스를 밀어내고 1위로 올라서 중국, 프랑스, 미국, 일본, 독일, 한국, 인도 순으로 기록되고 있다. 이를 통해 이머징국가의 타이어 업체 진출로 경쟁이 심화되고 있다는 것을 알 수 있다.

하지만 마진은 원재료 인상분의 가격전가, SUV 비중 확대에 따른 제품 인치업 경향, 친환경타이어 신제품 등으로 전방산업인 자동차업체들에 비해 양호한 것으로 보인다. 원재료 가격이 급등할 때 제품가격 인상 반영이 늦을 경우 마진 축소로 이어지지만 원자재 안정기나 하락기에는 양호한 수익성을 보여주기 때문에 실제 판매단가와 투입원가 격차가 벌어질 때 매출총이익률이 개선되어 타이어업체의 마진은 양호할 것으로 전망된다.

03 자동차 부품업종

자동차부품업종 Summary

완성차 시장의 해외 판매가 전년 대비 증가하여 내수판매가 정체된 상황에서도 국내 자동차부품업체의 매출성장은 이어질 것으로 보인다. 하지만 주요 완성차업체의 수익성 하락이 판매단가 인하로 이어져 심화 될 수 있고 신차 및 신기술 관련 CAPEX 부담 확대, 인건비 등 고정비 부담 증가로 국내 자동차부품업체의 수익성이 떨어질 것으로 예상된다. 자동차부품산업은 국내 완성차업체의 급속한 성장 속에 조립용 부품 납품OEM 비중이 61%, 수출 비중이 34%, 보수용A/S 4%의 매출구성을 보이며 해외 생산시설 확충과 해외 OEM에 대한 수주확대에 따른 국내 부품업체들의 수출 매출을 통해 높은 성장을 보이고 있다. 국내 자동차 시장의 부진과 부품업체 납품액의 80%를 차지하는 현대차·기아차의 중국과 미국 시장 판매실적 부진으로 부품업체의 수익성도 크게 타격을 입게 되었다. 거기에 글로벌 완성차 시장의 높은 경쟁 강도로 볼 때 국내 완성차 기업의 판매회복이 이루어지기는 쉽지 않은 상황에 신차개발과 차세대 기술 확보 관련 투자 부담 증가 등으로 부품업체들의 수익성은 과거보다 떨어진 수준을 보일 전망이다.

자율형 자동차 및 관련 부품시장은 높은 수요성장과 잠재력으로 이종산업의 신규 사업자 진입과 기존 사업자의 투자가 확대되고 있다. 그리고 북미무역협정 USMCA로 이해 국내 자동차 부품 산업은 글로벌 보호무역주의 심화로 적지 않은 타격을 입게 될 전망이다. USMCA 부속서에 수입규제조치인 무역확장법 232조의 포함으로 미국이 조만간 수입 자동차와 부품에 대해 232조를 적용해 관세를 부과할 것으로 예상된다. 원산지와 역내 부가가치 기준, 북미산 철강 및 알루미늄 구매요건, 노동 부가가치 기준 등의 강화는 멕시코와 캐나다에서 제품을 생산하는 한국, 일본, 독일 등의 미국 내 생산을 압박하기 위한 조치로 보인다. 미국이 고율의 관세를 부과할 경우 한국이 일본, 독일 등 경쟁국보다 피해규모가 클 것으로 예상된다.

산업의 특징

자동차 부품산업은 자동차 한 대를 완성하는데 약 5,000여 종에서 2만 여종의 부품을 생산하여 완성차 업계에 공급하는 역할을 하고 있으며 아래와 같이 그 특성을 네 가지로 요약할 수 있다.

첫 번째, 자동차 부품산업은 전방산업인 완성차 제조산업의 경쟁력을 좌우하는 중요한 산업이며 후방산업인 소재, 전기, 전자, 비철금속, 철강산업 등에 큰 영향을 미치는 산업이다. 특히 전방산업인 완성차 기업과 높은 연동성으로 인한 높은 경기 민감도를 갖고 있다.

두 번째, 완성차 기업을 중심으로 분업구조를 보이고 있다. 완성차는 부품 생산 형태를 크게 자체생산과 외주생산OEM [23]으로 구분하여 전략을 수립한다.

일반적으로 자동차 성능과 직접적으로 연관 있는 차체body, 엔진, 변속기 그리고 자동차 스타일과 관련 있는 외관제품 등을 주로 자체 생산한다. 그 밖에 부품인 시트, 휠/타이어, 도어 등 외주제작이 더 효율적인 제품이나 전장제품과 같이 고도의 기술이 필요하고 기술변화가 빠른 제품을 주로 외주생산하고 있다.

세 번째, 국내 부품업체들은 대부분 중소기업이며, 완성차 기업에 종속적인 거래 관계

---

23) 외주생산(OEM : Original Equipment Manufacturing) : 주문자(보통 대기업)가 기술, 돈, 인력을 투입하여 개발한 제품을, 생산설비를 갖추고 있는 생산자에게 주문하여 요구하는 제품과 상표명으로 완제품을 생산하는 것.

를 유지하고 있어 상대적으로 전방 교섭력이 약한 편이다. 2016년 기준 자동차부품사의 중소기업 비중은 72%로 이며 납품액 기준으로는 약 17%를 보이고 있다. 즉 나머지 28% 정도의 대기업 부품사들이 약 83% 정도 납품하고 있다는 것이다. 또한 완성차는 한 개 부품당 2~3개의 부품사를 납품업체로 계약함으로써 부품 공급의 안정화뿐만 아니라 교섭력에서도 더욱 강화하고 있다.

네 번째, 부품업체들이 내수 위주의 기업들이다. 부품기업의 매출 유형은 크게 외주생산OEM, 수출, A/S로 나눌 수 있다. 2016년 매출 비중을 살펴보면 OEM이 전체의 65.5%, 수출 29.6%, A/S 4.9%로 OEM이 매출에서 절대적 비중을 차지하고 있다. 완성차 업계의 경우 Global경쟁력을 기반으로 62.1% 정도를 수출하고 있지만, 부품업체의 경우는 국내 완성차에 대한 매출이 80%를 차지하고 있다.

자동차의 구성품 및 제조회사

자동차 부품을 시스템system 단위로 구분해 보면 크게 9가지로 나눌 수 있다. 1. 차체body, 2. 엔진&트랜스미션, 3. 엔진 주변부품, 4. 새시Chassis, 5. 공조 시스템, 6. 내장재Interior, 7. 도어Closures, 8. 외장재Exterior, 9. 전장품이다.

1) 차체Body

차체는 자동차의 골격을 이루는 구조물로 자동차 개발에 있어 가장 핵심 부분으로 차량 개발 초기부터 많은 시간과 비용이 투자된다.

차체는 강판을 프레스로 성형한 후 자동로봇에 의해 용접되어 만들어 진다. 앞쪽에는 엔진, 트랜스미션 등 동력발생장치가 탑재되고, 중앙에는 사람이 앉을 수 있는 시트가 탑재되며, 뒤쪽에는 트렁크가 위치하게 된다. 또한 아래쪽으로는 서스펜션과 조립되어 노면에서 들어오는 하중과 충격에 견딜 수 있도록 설계가 필요하다. 차체는 연비를 높이기 위해서 경량화가 요구되는 반면 운행 중 사고 시에는 승객을 보호하는 방어벽 역할을 할 수 있도록 견고함 또한 필요하다. 따라서 설계 시에는 이 상충되는 요건을 최적화하여 무게를 줄이고 충격을 잘 흡수할 수 있는 구조로 만드는 것이 경쟁력이다.

2) 엔진 & 변속기Transmission

엔진은 자동차 동력을 발생시키는 장치로서 자동차의 성능을 결정짓는 가장 중요한 시스템 중 하나이다. 엔진의 구성 요소를 보면 공기를 흡입하는 흡기 시스템, 엔진의 몸체를 구성하는 엔진 블록, 연소 시 발생하는 높은 열을 냉각시키는 쿨링 시스템, 폭발 시 발생하는 동력을 전달하는 피스톤, 커넥팅 로드 등의 무빙시스템, 발생된 배기가스를 배출하는 배기 시스템 등으로 구성된다. 변속기는 엔진의 회전속도를 주행 조건에 맞게 가속, 감속시키는 역할을 한다.

변속기는 외관에서 보이는 변속기 케이스와 내부의 기어 조합으로 이루어져 있으며, 변속 방법에 따라 자동변속기와 수동변속기로 나눈다. 자동 변속기는 부피가 크고, 변속기 오일 냉각에 필요한 냉각시스템, 낮은 연비 등의 단점을 가지고 있지만 그 편리성으로 인해 많이 사용되고 있다.

3) 엔진 주변 부품들

엔진 주변 부품에는 하프샤프트Half shaft , 배기시스템, 연료시스템, 쉬프터Shifter 로 구성되어 있다.

① 하프샤프트Half shaft 는 엔진에서 발생한 동력을 바퀴까지 전달해 주는 역할을 하며,

중간에 두 개의 관절로 구성되어 있어 엔진의 움직임과 바퀴의 방향 변경에 따라 자유롭게 움직일 수 있다.

② 배기 시스템Exhaust 은 엔진에서 나온 고온, 고압의 가스를 밖으로 내보는 시스템으로 배기가스에 포함된 오염물질을 최소화시켜주는 컨버터와 소음을 경감시켜주는 2~3개의 머플러로 구성되어 있다.

③ 연료시스템은 연료 주입구, 연료탱크 및 펌프, 연료라인으로 구성되어 있으며 일반적으로 연료탱크는 자동차의 뒤쪽, 의자 아래 위치해 있다. 연료는 발화성이 커서 사고나 과열 시에도 화재가 발생하지 않도록 안정성이 중요한 시스템이다.

④ MT&AT shifter는 운전자가 변속기의 1단, 2단 또는 후진R , 주차P 로 기어를 바꿀 때 사용하는 레버로 우리나라 경우 운전석의 오른쪽에 위치해 있으며 케이블로 변속기Transmission 와 연결되어 있다.

4) 새시Chassis

새시chassis 는 조향시스템, 엔진 크래들, 브레이크, 서스펜션앞/뒤, 휠&Tire로 구성되어 있다.

① 조향 시스템은 운전자가 운전대를 회전시키면 그 힘을 바퀴까지 전달해 줌으로써 운전자가 원하는 방향으로 차량을 움직이게 해주는 시스템이다. 중간에는 모터가 있어 운전자가 10이라는 힘을 주면 20~30으로 배가시키는 역할을 하고 있어, 운전자가 많은 힘을 들이지 않고 쉽게 방향을 바뀔 수 있다.

② 엔진 크래들은 엔진 아래쪽에 위치해 있으며 평상시에는 엔진의 하중을 어느 정도 받쳐주는 역할을 하며, 정면충돌 사고 시에는 충격을 흡수하여 운전자의 안전을 지켜주는 역할을 한다.

③ 브레이크 시스템은 운전 중 속도를 줄이거나 멈출 때 사용되며, 최근에는 ABSAntilock Brake system , ESP Electronic Stability Program , TCS Tracking Control System 등 다양한 신기술 등이 적용되고 있다. 이런 기술들은 운전자가 브레이크를 밟았을 때 최단 거리로 차량을 멈추게 하거나 커브길, 타이어 펑크, 빙판길 등 갑작스러운 상황변화에도 운전자가 원하는 대로 주행하거나 멈출 수 있게 해주는 시스템이다.

④ 서스펜션은 자동차가 도로를 달릴 때 오는 충격을 흡수해주는 시스템으로 타이어와 차체Body 를 연결해 주며 앞/뒤에 각각 하나씩 있다. 서스펜션은 승객의 승차감과 커브길 주행 시 또는 급한 차선 변경 시 핸들링Handling 에도 크게 영향을 주는 시스템이다.

⑤ 휠&타이어는 노면과 직접 접촉하고 있으며, 엔진에서 발생한 동력을 노면과의 마찰을 통해서 자동차를 움직이게 한다. 특히 타이어는 자동차의 연비, 승차감, 브레이크 성능에 많은 영향을 주는 요소로서 앞 장에서 따로 분리하여 정리하였다.

5) 공조시스템

공조시스템은 운전자와 승객이 최적의 환경에서 운행할 수 있도록 겨울에는 뜨거운 공기를 공급해 주고, 여름에는 차가운 공기를 공급해주는 시스템이다. 에어컨, 히터 유닛, 컴프레셔Compressor , 쿨링Cooling 모듈로 구성되어 있으며, 제조사에 따라 공조시스템 및 앞쪽 임팩트 바Impact bar 를 모듈화 하여 Front end module로 공급하기도 한다.

① 에어컨, 히터유닛은 열교환기로서 실내에 뜨거운 공기와 차가운 공기를 공급해 주는 역할을 한다.

② 컴프레셔는 에어컨의 차가운 공기를 만드는데 핵심적인 역할을 하는 부품으로 엔진에 부착되어 있으며, 엔진에서 발생하는 힘을 이용하여 냉매를 압축하고 액체로 만듦으로써 차가운 공기를 만들 수 있게 해 준다. 반면 뜨거운 공기는 컴프레셔의 역할 없이, 엔진에서 발생하는 차체 열을 이용하여 열교환기를 통해 실내에 뜨거운 공기를

공급해 준다.

③ 쿨링 모듈Cooling Module 은 엔진의 폭발에 의해 뜨거워진 물이나 열 교환을 통해 따뜻해진 냉매를 식히는 시스템으로, 달리는 자동차의 속력을 이용하거나 정차시는 팬을 이용한다.

6) 내장재Interior

내장재Interior 는 운전석에 앉았을 때 주변에 보이는 플라스틱 제품들 이다.

① Cockpit 모듈은 운전자의 앞쪽에 있으며 운전에 필요한 모든 스위치, 계기판 등이 위치에 있다.

② 에어백은 Cockpit 모듈과 운전대 안에 숨겨져 있어 보이지는 않지만 사고 시 승객의 안전을 책임지는 역할을 한다.

③ Insulator는 엔진룸에서 들어오는 소음과 노면에서 전달되는 소음을 차단해 주는 역할을 하며 안쪽에 있어 눈에는 보이지 않는 내장재이다.

④ 시트는 운전자와 승객이 편하게 여행할 수 있게 해주는 의자이며 좌우에 시트벨트, 안쪽에는 사이드side 에어백이 있다.

⑤ 트림은 그 외에 실내에서 보이는 주변의 플라스틱 제품들이다.

7) 도어Closures

도어 Closures 는 앞쪽에 엔진룸을 덮고 있는 프론트 도어Front closure 가 있으며 후드 Hood , 펜더Fender 로 구성되어 있다. 사이드 도어 Side Closure 는 운전자와 승객이 타고 내리는 양쪽 옆에 있는 도어로서 보통 앞뒤, 좌우로 4개 있다. 뒤쪽에는 트렁크를 여닫는 리어 도어 Rear Closure 가 있으며 리프트 게이트Lift gate 라고 불리기도 한다.

8) 외장재Exterior

외장재Exterior 는 외관에서 보이는 플라스틱 파트라고 생각하면 된다. 외장재의 대표적인 파트는 페시아Fascia & 범퍼Bumper, 램프Lamp, 와이퍼Wiper 등이 있다. 페시아Fascia & 범퍼Bumper 는 자동차의 전체 이미지와 엔진룸 냉각Cooling 에 큰 영향을 줄뿐만 아니라 자동차 충돌 시 충격을 흡수해 주는 역할을 한다. 램프Lamp 는 헤드램프Head lamp, 리어 램프Rear lamp, 사이트 램프Side lamp 등이 있다. 특히, 헤드램프Head lamp 는 운전자의 시야 확보에 매우 중요한 부품으로 최근에는 차량 운행 방향에 따라 빛의 방향이 자동 조절되는 램프들이 고급차종에 적용되고 있다. 와이퍼Wiper system 는 눈이나 비가 올 때 앞쪽/뒤쪽의 창문을 닦아줌으로써 운전자의 시야를 항상 최적으로 확보해 주는 역할을 하고 있다.

9) 전장품

자동차의 전장품들은 IT의 발달과 더불어 나날이 진화하고 있다. 자동차 전자기기들에 동력을 전달하고 신호를 전달해 주는 전깃줄Wiring Harness, 엔진의 동력을 이용하여 전기를 생산하는 제너레이터Generator, 발생된 전기를 저장하여 엔진 시동과 전자기기의 동력을 공급해주는 배터리Battery 가 있으며, 최근에는 각종 전자시스템의 발달로 각종 모듈BCM, ECM, 센서, 스위치 등이 많아지고 있는 실정이다.

10) 전기자동차 및 하이브리드 자동차 핵심 부품

전기자동차의 핵심 부품은 크게 아래와 같다.

① RESS Rechargeable Energy Storage System 는 대용량 배터리로 휴대폰의 배터리와 같이 재충전이 가능하다. 전기 자동차의 대중화에 키를 갖고 있는 핵심 부품으로서 배터리의 용량이 한 번 충전 후 약 100km까지 운행할 수 있는 제품은 개발이 완료되었다. 현재 글로벌 메이커들은 200km, 300km까지 주행 가능하면서 무게가 감소된 배터

리 개발에 역량을 집중하고 있다.

② 전기모터는 내연기관의 엔진을 대처하는 부품으로서, 자동차를 움직이게 하는 동력을 만들어 낸다. 전기자동차에서는 주 동력원으로 사용되며, 하이브리드 자동차에서는 보조 동력으로 사용된다.

③ BMS Battery Management System 은 배터리 관리 시스템으로 배터리의 충전, 방전조절, 전압/전류/온도 감시, 냉각 제어 등을 수행한다.

④ 인버터는 직류를 교류로 바꾸기 위한 전기 장치로서, RESS의 하이High 볼트 DC 파워power 를 모터가 사용할 수 있는 종류인 3상 AC 파워로 바꾸어 주는 역할을 한다. 고용량이면서 소형, 경량화 확보가 중요한 부품이다.

⑤ DC-DC 컨버터는 RESS의 하이볼트를 저전압12V 보조배터리에 충전할 수 있게 해주며, 헤드라이트나 계기판 조명등이 작동할 수 있게 한다.

⑥ 고전압 하니스High Voltage Wire harness 는 배터리의 High Voltage를 안전하게 모터까지 보내는 역할을 하며 안전성과 고 내구성 확보가 필요하다.

【전기차 및 하이브리드 자동차 부품 업체】

부품	관련기업
1. 배터리	LG화학, 삼성SDI, SK에너지
2. 전기모터	효성중공업, 현대중공업, 현대모비스
3. BMS	파워로직스, 레오모토스, 넥스콘테크
4. 인버터	삼화콘덴서, 현대모비스, LS산전, 에스피지, 삼화전기, 성문전자
5. DC-DC 컨버터	동아일렉콤, LS산전
6. 고전압 케이블	LS전선, 티에이치엔
7. 충전기	현대중공업, 효성중공업, LS산전

자동차 부품산업의 성장 둔화

국내 완성차업체가 위험분산 효과 및 내수 판매 부진을 만회하기 위한 해외공장 증설로 인해 국내 생산량 대비 해외 생산량은 높은 성장세를 보여 왔다. 2014년 이후 판매증가 둔화가 해외 생산량 정체로 이어지면서 국내 완성차 생산에 의존도가 높은 협력사와 더불어 해외 동반 진출로 부품산업의 성장을 이끌었던 대형 부품업체들의 매출규모도 정체되었다. 개별 부품업체들의 성장은 납품 이력 및 인지도, 기술 및 품질수준, 원가경쟁력, 투자부담을 감내할 수 있는 재무역량 등을 보유하여 신규 매출처 발굴 능력을 확보한 독자 수주능력 보유 여부에 따라 차별화될 것으로 보인다.

완성차업체 실적 하락과 부품업체의 종속성

글로벌 자동차 시장의 저성장세 및 경쟁 심화로 인한 실적부진이 국내 부품업체의 수익성으로 이어지고 있다. 부품업체 납품액 비중이 80%인 현대·기아의 중국, 미국 시장의 부진한 판매실적으로 수익성이 크게 하락했고 인해 국내 부품업체 수익성도 동반 하락했다. 글로벌 완성차 시장의 높아진 경쟁으로 인해 국내 완성차업체의 회복이 쉽게 이루어지지 않을 것으로 보여 신차개발과 차세대 기술확보 관련 투자부담 증가로 부품사의 수익성은 전년대비 저하된 수준에 머물 전망이다.

친환경차 및 자율형 자동차 시장 확대

친환경차 및 자율형 자동차 시장의 확대와 관련 기술의 변화는 부품업체에게 위기이자 기회로 인식되고 있다. 글로벌 친환경차량 판매는 전체 차량의 3% 정도지만 적극적인 신차 출시와 정부로부터의 정책적 수혜로 빠르게 시장규모가 증가할 것으로 보인다. 자율형 자동차 및 관련 부품시장은 높은 수요와 성장 잠재력으로 인해 신규 사업자 진입과 기존 사업자의 투자가 확대되고 있다. 친환경차 및 자율형 자동차 시장의 확대는 생산 체계와 가치 창출 방식 측면에서 근본적 변화를 가져와 내연기관 및 OEM 공급 중심의 사업방식에 익숙한 부품산업 내 생산방식과 공급사슬, 경쟁구조 전반에 상당한 영향을 미칠 것으로 전망된다.

미래기술 및 신규거래처 확보 관련 투자부담 증가

부품업체의 투자규모는 2010년 초반 해외진출 이후 계속적으로 확대되고 있다. 과거의 투자가 해외 동반진출에 따른 신규 생산설비 구축이 목적이었던 반면 최근의 투자는 미래기술 및 신규 거래처 확보를 위한 투자 성격이 강하다. 수익성 하락으로 당분간 설비 및 지분 투자규모 확대는 부품업체의 현금흐름과 재무에 부담이 될 것으로 보인다.

북미무역협정 USMCA 과 한국 자동차부품업계

미국, 캐나다, 멕시코가 타결한 협정으로 국내 자동차부품업계는 글로벌 보호무역주의 심화로 적지 않은 타격을 입게 될 전망이다. 무역협회는 미국이 수입 완성차 및 부품에 대한 25%의 관세를 부과하면 대미 자동차 수출 대수 감소율은 한국이 22.7%로 가장 높고 일본 21.5%, 중국 21.3% 독일 21.0% 등 순으로 뒤를 이을 것으로 전망했다. 이와 같은 전망은 작년 대미 완성차 및 부품 수출액이 240억 달러로 대미 총수출의 33.7%, 국내총생산의 1.6%로 수출의존도가 높기 때문이다. 원산지, 인건비 규정 등이 강화되면서 멕시코 공장을 운영하는 업체와 관련 부품업체들이 타격을 입을 것으로 보인다. 미국은 국가 안보를 위협하는 수입규제조치인 무역확장법 232조를 USMCA의 부속서에 포함시켜 향후 자동차/부품에 대해 232조 조치가 취해질 가능성이 높아졌다. 미국은 현재 조사 진행 중인 수입 자동차/부품에 대한 232조 관세부과를 협상카드로 활용해 NAFTA 현대화 협상을 완료했다. 이번 자동차 및 부품 쿼터 합의는 미국이 수입 자동차/부품에 대해 232조를 적용해 관세를 부과하려는 사전 포석으로 보인다. 세번 변경 및 역내부가가치 기준, 북미산 철강 및 알루미늄 구매요건, 노동부가가치 기준 등이 강화되어 멕시코, 캐나다에서 미국으로 자동차를 수출하는 업체들의 부담이 가중될 것으로 전망된다. 멕시코, 캐나다에서 생산하는 한국, 일본, 독일 등 자동차업체의 미국 내 생산을 확대하도록 압박하는 조치로 국내 자동차부품업계 타격이 심각할 것으로 예상된다.

04 | 기계 업종

기계업종 Summary

　　기계업종의 수출은 기계업종 중 수송기계의 수출 감소로 소폭 감소하였다. 그러나 기계업종 중 일반기계의 수출은 중국의 건설경기 호조세 지속과 미국, EU 등 선진국 경기회복에 따른 건설 및 설비투자 확대 영향으로 건설기계, 공작기계 등의 수요가 높은 증가세를 나타내며 생산과 수입도 증가세를 나타냈다. 중국 정부의 개발 투자와 반도체·디스플레이 등 관련 산업 호조에 따른 건설 및 설비투자의 증가가 지속되면서 건설기계, 공작기계 등의 수요 증가로 이어질 것으로 기대된다. 거기에 미국, EU 등 선진국 역시 경기회복세가 지속되면서 건설 및 설비투자 증가에 따른 기계 수요 증가가 예상된다. 하지만 미·중 간 통상마찰 심화로 글로벌 수요 위축이 우려되면서 국내 산업환경 변화와 수요산업의 부진 등이 요인으로 작용해 기계업종 성장이 둔화될 우려가 있다.

일반특성 및 분류

기계산업은 모든 산업의 기초가 되고 그 범위가 광범위하여, 우선 기계산업이 어떻게 분류되고 있는지 살펴보자. 일반적으로 한국표준산업분류KSIC 에 의거 기계산업은 금속제품, 일반기계, 전기기계, 정밀기계, 수송기계 등 5대 분야로 분류한다. 특히 일반기계산업은 자동차, 철강, 반도체산업 등 수출 주력산업의 설비를 공급하는 핵심 기반산업으로서 자본재산업의 핵심이 되는 공작기계, 건설기계, 금형, 섬유기계, 농기계, 냉동공조기계, 유체기계, 신 생산장비, 정보통신 생산장비 등 다양한 품목을 포함한다. 본 산업분석에서는 일반기계분야에서도 가장 비중이 큰 공작기계와 건설기계에 초점을 맞추어 서술하였다.

【일반기계산업의 분류】

구분	세부 구분	비고
일반기계	공작기계	주요부문
	건설기계	
	금형	기타부문
	섬유기계	
	농기계	
	냉동공조기계	
	유체기계	
	신 생산장비	
	정보통신 생산장비	

일반기계 산업의 일반적인 특징은 다음과 같이 세 가지로 요약할 수 있다.

첫째, 일반기계 업종은 제조업의 근간이 되는 시설 및 장비를 만드는 산업으로 제조업의 생산성과 정밀도를 결정한다. 이는 일반기계 산업의 수준이 국가의 전체 산업수준을 가늠하는 척도가 되며, 생산되는 기계의 기술 수준이 다른 산업에서 생산하는 제품의 수준을 결정할 정도로 국가산업의 근간이 된다는 뜻이다.

둘째, 단기간 내 제반 경쟁력 확보가 어려운 자본 및 기술 집약형 산업이며, 다수의 관련 부품산업과 동반성장은 물론 기술력 확보에 장시간의 시간이 소요되고, 대규모 시설투자가 필요한 산업이다.

셋째, 일반기계산업은 수주형 산업으로 산업경기의 선행지표가 되고, 각 산업에 생산설비를 공급하는 기간산업으로 산업간 전·후방 연관 효과가 매우 크다.

산업의 특징

공작기계Machine Tool 는 기계를 만드는 기계Mother Machine 로서 기계산업 및 설비투자의 근간을 이루며, 공작기계산업의 경쟁력 수준이 여타 산업의 경쟁력에 결정적인 영향을 미친다. 공작기계 산업의 활용분야는 주로 자동차, 항공기, 선박을 포함한 기계류의 부품제작에 활용되는 고부가가치를 창출하는 제품이다. 또한, 제조업의 설비 투자동향과 밀접한 연관성을 지니고 있으므로 관련 수요산업의 경기에 따라 호황, 불황의 기복이 심하다. 기술적인 특성으로는 규격, 품질, 성능이 다양한 기술집약적 산업으로 기술축적에 장기간이 소요되고 모방이 쉽지 않아 단기간에 경쟁력 확보가 어려우며, 엔지니어링을 기반으로 하는 고부가가치 산업이기도 하다. 또한 베어링, 주축 등 기계부품 기술과 서보모터servomotor , 제어기 등 전자기술이 복합된 메커트로닉스 기술과 IT 기술의 발전과 더불어 제품성능이나 모델변화가 다양한 산업이기도 하다.

건설기계 산업은 공사 현장의 다양한 요구를 충족하기 위하여 다품종 생산이 불가피하며 대량생산 체제 구축을 위한 대규모 시설투자도 요구되는 산업이다. 또한 건설업에 대한 종속성이 높아 건설 경기의 기복이 심한 내수시장 보다는 수출에 집중해야 하는 수출지향형 산업이며, 소재부터 부품에 이르기까지 기계산업 전반의 기술이 종합적으로 요구되는 기술 집약적 산업이다. 건설기계 산업은 엔진, 동력전달장치, 유압장치 등 다양한 부품의 가공 조립산업으로서 관련 부품산업의 발전과 계열화 정착이 경쟁력의 중요한 요소가 되며, 특히 핵심 부품은 오랜 경험과 기술 축적을 필요로 하는 고급 기술 수준이 요구된다.

공작기계, 건설기계의 종류 및 정의

1) 공작기계 종류 및 정의

공작기계 Machine Tool 는 앞에서 언급한 바와 같이 "기계를 만드는 기계 Mother Machine "이다. 기계를 만든다는 것은 기계의 부품을 만드는 것이며, 다양한 제조방법 중에서 절삭가공과 소성가공에 이용되는 모든 기계를 의미한다. 절삭기계는 가공과정에서 칩 Chip 을 발생시키면서 불필요한 부분을 제거하여 요구되는 형상으로 가공하는 기계로서 선반, 밀링, 드릴링머신 등이 있다. 또한, 공작기계와 컴퓨터가 결합된 머시닝센터, CNC 선반, CNC 밀링 등도 절삭기계이다. 성형기계는 가공과정에서 소성에 의하여 단지 형태만 변형시켜 주는 기계로서 프레스, 절단기가 대표적이다. 소성가공은 단지 가공이라고도 하며, 금속의 소성변형 영구변형 을 이용해서 필요로 하는 형상, 치수로 가공하는 것을 말하며, 주조, 압연, 절단 등이 있다. 국내의 대표적인 공작기계 기업은 두산인프라코어, 현대위아, 화천기계, SIMPAC, 삼익THK 등이 있다.

종류		내용
절삭기계	선반	원통형 소재를 가공 시 가장 널리 쓰이는 기계로서, 회전하고 있는 원통형 소재를 절삭공구의 직선운동에 의해 제품을 가공하는 기계. 엔진의 크랭크축, 각종 샤프트, 볼트, 너트 가공 시 사용
	밀링	직사각형 형태의 소재 가공 시 가장 많이 쓰이는 기계로서, 제품은 지그에 고정되어 있고 회전하는 절삭공구 앤드밀 의 좌/우, 상/하 운동을 통해서 가공하는 기계, 엔진블록, 금형 가공 시 사용
	드릴링	제품에 홀 hole 가공시 쓰이는 기계로서, 소재는 지그에 고정되어 있고 회전하고 있는 드릴을 이용하여 홀 Hole 을 가공하는 기계
	CNC선반	CNC는 컴퓨터 수치제어 Computerized Numerical Control 의 약자이며 CNC선반은 선반과 같은 기능을 가지고 있지만, 수작업을 통하여 제품을 가공하지 않고, 연결된 컴퓨터에서 작성된 프로그램에 따라 자동으로 제품을 가공하는 기계.
	머시닝센터	밀링, 드릴링, 보링머신 등을 함께 합쳐놓은 기계로서 공작물을 한번 설치한 것만으로 각 공정에 필요한 공구의 교환을 자동으로 행하면서 가공하는 수치제어 NC 공작기계. 구성은 기계 본체와 20~70개의 공구를 절삭조건에 맞게 자동적으로 바꾸어 주는 자동공구교환대가 있어, 다공정가공이 가능하므로 다품종 소량부품의 가공공정 자동화에 유리하다.
성형기계	프레스	자동차의 차체 Body 가공 시 가장 널리 쓰이는 기계로서, 알맞은 모양으로 가공된 금형위에 철판을 올려놓고 프레스 기계를 이용하여 압력을 가하면 금형과 같은 모양으로 철판을 가공하는 기계

2) 건설기계 종류 및 정의

건설기계는 토목공사나 건축공사에 쓰이는 기계의 총칭으로, 거친 현장에서 난폭하게 사용되는 일이 많을 뿐 아니라 기상조건이 나쁜 곳이나 개발되지 않은 곳에서 사용되는 경우가 많으므로 고장이 적고 내구성이 우수해야 한다. 그 종류는 매우 다양하나, 그 중에서 가장 많이 쓰이는 대표적인 기계는 지게차, 굴삭기, 로더, 불도저 등 이다. 국내의 대표적인 기업은 두산인프라코어, 볼보건설기계 코리아 비상장 , 현대중공업 등이 있다.

종류	내용
지게차	자동차의 앞쪽에 포크 모양의 크레인이 있어 짐을 2m 정도까지 높이 올릴 수 있는 기계이며, 짐을 적재 하거나 운반하기에 적합한 기계이다.
굴삭기	굴삭기는 토목, 건설현장에서 땅을 파는 굴삭작업, 지면을 정리하는 정지작업 등의 작업을 행하는 건설기계로서 장비의 이동역할을 하는 주행체와, 주행체에 탑재되어 360도 회전하는 상부 선회체 및 작업장치로 구성되어 있다.
로더	터널공사, 갱도굴진, 광산에서 운반과 적재에 사용하는 기계로서 석재, 흙 등을 운반하고 다듬는데 사용된다.
불도저	토목기계의 일종을 말하며, 무한궤도가 달린 트랙터를 운전하는데 앞머리에 블레이드 blade 를 부착하여 흙의 굴착 압토 및 운반 등의 작업하는 것으로 크롤러식과 바퀴식이 있다.

전방/후방산업

일반기계의 후방산업으로는 철강, 금속제품, 특수목적용 기계, 일반목적용 기계부품 등이 약 40%를 차지하고 있다. 우리나라는 과거 가공, 조립기술 위주의 발전으로 인하여 핵심소재 및 부품에 대한 해외 의존도가 높다. 특히 NC 공작기계를 중심으로 한 메카트로닉스 관련제품과 건설장비, 발전설비 분야에서 고가의 핵심 부품에 대해서는 대부분 해외에서 수입하고 있다.

전방산업으로는 건설, 자동차, 조선, 공공행정 및 국방 등이 약 36%를 차지하고 있다. 해당 산업들은 우리나라의 경제를 책임지고 있는 대표업종들이며 공공행정 및 국방을 제외하고는 경기 변동에 민감하게 영향을 받는 업종이므로 산업의 경기 사이클에 따라 일반기계업종도 크게 영향을 받을 수밖에 없다.

【일반기계의 전방/후방 산업】

| 자동차 9.3% | 건설 10.2% | 공공행정 및 국방 6.2% |
| 조선 8.3% | | 그 외 66% |

전방산업

일반기계

후방산업

| 특수목적용기계 9.6% | 철강 15.2% | 금속제품 9.1% |
| 일반목적용 기계부품 5.0% | | 그 외 60.1% |

선진국의 건설 및 설비투자 수요 증가

중국, 미국, EU 등 선진국의 건설 및 설비투자 수요가 지속적으로 증가해 수출과 생산의 증가세가 지속될 것으로 보이며 일반기계의 경우 연간 수출이 500억 불을 넘어설 것으로 전망된다. 일반기계를 포함한 기계업종의 대중국 수출은 높은 증가율을 나타내며 건설광산기계, 냉동공조기계, 금형 등 일반기계의 수출이 크게 증가했다. 이는 중국 정부의 SOC투자 증가로 건설기계 수요가 크게 증가하고 자동화설비 등 설비투자 증가 영향이 기계 설비와 부품의 수요 증가로 당분간 이어질 것으로 전망된다.

또한 미국, EU 등 선진국의 뚜렷한 경기 회복세가 건설과 설비투자로 확대되면서 건설·공작기계 등 기계 수요 증가로 이어지고 있다. 미국 정부의 SOC 투자 증가와 주택경기 호조로 공작기계, 건설기계, 금형 등의 수요가 증가하고 정부의 인프라투자 정책이 구체화되었다. 미국 정부는 1.5조 달러의 인프라 투자 관련 연방정부기금 집행, 제도운영 등의 계획 '18.2.12 을 발표하면서 주택공급 부족의 지속이 꾸준하게 이어지며 향후 건설기계와 부품 등 관련 기계 수요 증가가 예상되고 있다. 그리고 미국의 보호무역주의 강화에 따른 관세 부과로 국내 주요 업체들이 미국 현지공장을 건설 중이다. 삼성전자 사우스캐롤라이나주 신규 공장 가동과 2020년까지 3.8억 불 투자, 한화큐셀코리아 조지아주 태양광 모듈공장건설 MOU체결로 1.5억 불 투자, LG전자 테네시주 세탁기 공장 2.5억 불 투자 등으로 공장설비 및 기계요소 등 수출이 증가할 전망이다.

인도 제조업 육성과 인프라 확충과 아세안 수출 감소

인도 정부의 제조업 육성정책과 함께 한국 업체 기아차 현지공장 건설 13억 달러 투자,

현대모비스 등 16개사의 자동차산업 클러스터 조성 계획에 8,300억 원 투자 등의 현지투자 확대로 기계 설비 수요가 증가할 것으로 보인다. 거기에 인프라 투자 확대로 인한 건설기계 등의 수요 증가도 지속될 것으로 기대된다. 베트남 수출은 국내 대기업 설비투자 확대로 높은 수출 증가를 나타냈으나 현지공장 신증설 완료에 따른 수출 감소가 지속될 것으로 전망된다.

미·중 통상분쟁과 신흥국 불확실성 확대

미·중 간의 통상마찰이 심화되는 가운데 미국이 통상법 232조, 301조 등에 의거하여 대중 수입품에 추가관세를 부과하는 조치를 취하고 이에 중국도 미국산 제품에 보복관세를 부과하고 있다. 양국간 상호 관세 부과는 한국의 수출과 산업생산에 부정적 요인으로 작용할 것으로 보인다. 그리고 높은 외화부채 비중을 가진 아르헨티나와 터키, 높은 재정적자 비율을 가진 브라질과 인도, 채권시장의 외국인 투자비중이 높은 인도네시아, 대외지급능력이 취약한 말레이시아 등 일부 신흥국의 통화약세, 자산가격 하락 등 경기위축 현상이 나타나면서 국내 산업 여건 변화와 수요산업 부진에 대한 우려가 남아 있는 상황이다.

6장

• • •

정유·에너지, 석유화학·정밀 화학, 섬유화학 업종

01 정유·에너지 업종

정유·에너지업종 Summary

정유·에너지 산업은 석유 개발 및 탐사에서 원유 수송, 정제, 석유제품 판매 사업을 포함하지만, 국내 석유산업은 특히 원유 정제 및 판매 사업에 집중이 되어 있다. 국내 정유산업은 SK이노베이션, GS칼텍스, S-Oil, 현대오일뱅크 4사가 과점하고 있어 경쟁강도가 약하다. 이들 업체는 정유사업, 석유화학사업, 윤활유사업 등을 통해 이익을 올리고 있다. 해당 사업은 국제 유가 변동에 따라 실적 변화가 심하며, 정제마진 및 스프레드에 따라 마진율이 변동하는 구조이다.

석유는 처음에는 단순히 어둠을 밝히는 용도로 사용되면서 연구 및 기술 발전에 따라 점차 다양한 용도를 가진 중요한 에너지로 세계 경제 및 산업 발전과 궤를 같이 해왔다.

국내 정유산업은 1962년 제1차 경제개발 5개년 출범과 함께 시작되었으나 당시 국내 석유류 공급은 외국법인인 대한석유저장회사 KOSCO 에 의해 독점되어, 고가의 석유완제품만을 수입하고 있었다. 정부는 안정적인 석유에너지 공급 없이는 경제개발 성공이 어렵다는 것을 깨달아 석유정제업 육성을 하게 되었고, 1962년 10월 대한석유공사를 설립하게 되었다. 1960년 후반 석유 수요 급증에 따른 시설확장 및 석유화학사업 진출을 위하여 걸프사를 통해 투자자금을 조달하게 되었으며, 이 결과 1970년에 경영권이 정부에서 걸프사로 넘어가게 되었다. 하지만 1·2차 석유파동으로 시장이 악화되자 걸프사는 지분 50%를 정부에 인도하여 철수하게 되었고, 정부는 대한석유공사 현 SK이노베이션를 민영화하기로 결정하고 주식회사 SK를 대상자로 선정하였다. 비슷한 시기인 1964년 극동정유 현 현대오일뱅크 석유정제업 진출을 시작으로, 1966년 럭키칼텍스 현 GS칼텍스, 1976년 한이석유 현 S-Oil 가 설립되어, 현재는 이들 4개사가 시장을 점유하고 있다.

산업 특성

석유산업은 일반적으로 원유 탐사, 시추, 개발, 생산까지의 상류부문upstream 과 원유 수송, 정제, 석유제품 판매 등의 하류부문downstream 으로 구분된다. 석유산업은 상류부문인 원유의 탐사부터 하류부문인 정제된 석유제품의 판매까지 대규모 투자가 요구되는 자본집약적인 산업이며, 국내 정제능력이 내수 수요 규모를 크게 초과하고 있는 공급과잉의 시장으로 신규 참여자의 진입 가능성은 매우 낮은 편이다. 국내 정유업체들은 과거엔 하류부문의 사업만을 영위하였으나, 현재는 진입장벽이 높아 진출하기 어려웠던 상류부문에도 진출하고 있다.

정유산업의 전방산업은 석유화학산업이다. 석유화학업체들은 정유회사에서 만든 석유제품을 원료로 받아 다양한 석유화학 제품을 만든다. 이들 업체들은 정유회사 대비 규모가 작고 경쟁강도도 높아 전방회사들에 대한 정유사들의 협상력은 우위에 있다. 반면 후방산업에 대한 교섭력은 열위하다. 국내에 석유가 나지 않기 때문에 석유수출국기구OPEC 등에서 원료를 전량 수입해야 하는 입장이다. 주어진 가격 유가을 수용할 수밖에 없는 price taker의 위치에 있어 유가 변화에 따른 실적 변동이 심하다.

원재료 및 제품 특성

현재 국내 석유산업은 원유를 해외에서 전량 수입하여 정제 후 판매하는 하류부문에 집중되어 있으며, 원유 수입량 중에 중동 비중이 약 86%를 차지하고 있다. 이에 따라 중동 지역의 지정학적 리스크 발생 시 원유 공급에 차질을 빚을 수 있다. 정유업체들은 원재료가 되는 원유의 비중이 매출원가의 90% 정도를 차지하고 있어 원가 및 판관비 관리를 통한 비용절감이 어려운 특징을 가지고 있다.

정유회사들은 원유를 수입하여 정제공정을 통해 다양한 석유제품을 만들어 낸다. 원유의 주성분인 탄화수소는 탄소 원자와 수소 원자로 이루어져 있는데, 원자들의 숫자와 연결되는 모양에 따라 메탄, 프로판, 벤젠 등 각기 다른 성질을 띠게 된다. 이들 탄화수소는 서로 끓는점이 다른데 이를 이용하여 LPG 액화석유가스, 휘발유Gasoline, 납사Naphtha, 등유 Kerosene, 경유Diesel, B-C유Bunker-C Oil, 아스팔트Asphalt 등의 다양한 제품을 생산한다. 한편, 원유 정제 시 수요가 많은 휘발유, 경우 등 특정 제품만을 선택적으로 생산하기 어렵기 때문에 제품별 수급불균형이 발생하게 된다. 국내 정유사는 휘발유, 경유 등 잉여 제품을 수출하고 납사, B-C유 등 공급부족 제품을 수입하고 있다. 계절에 따른 수요 변동이 큰 등유의 경우 수입·수출로 수요를 조절한다.

【석유제품의 종류】

종류	설명	용도
LPG	기체상의 탄화수소를 저온에서 액화시킨 가스 폭발 위험 있음	취사용 자동차
납사	경질납사 끓는점 30~130℃, 중질납사 90~170℃ 추가 제조공정을 거쳐 가솔린 제조 경질유는 석유화학원료, 중질유는 휘발유원료로 사용	석화원료 자동차
휘발유	석유제품 중 약 8~9%의 생산비중 차지 휘발성이 있는 액체 상태의 석유 벤젠, 톨루엔 등이 배출되어 대기오염 발생	자동차 경비행기 공업용
등유	끓는점 160~300℃, 가장 오래 전부터 쓰임 가정용 등유보일러의 원료로 사용 이후 난방용 원료는 LPG를 거쳐 LNG가 사용됨	난방용 주방용

경유	끓는점 200~370℃ 경유의 약 80%는 디젤엔진의 연료로 사용됨 휘발유엔진이 전기방식인데 반해 디젤엔진은 압축방식	자동차 선박 공업용
B-C유	중유라고 불리는 무겁고 끈적끈적한 석유 벙커A, B는 경유에 가까워 잘 사용하지 않음 저품질의 제품, 다시 가공해 윤활유, 코크스 등 제조	동력원 열원
아스팔트	검은색의 접착성이 강한 고형 물질 석유가 열변화하여 생성되는 역청이 주성분	도로포장 건축재료

【원유의 종류】

유종	API도	황함유%	품질
두바이	32.0	1.86	중질 고유황
브렌트	38.3	0.37	경질 저유황
WTI	38~40	0.24	경질 저유황

석유제품의 원료가 되는 원유는 비중에 따라 세 가지 종류로 나뉜다. 미국석유협회가 정한 비중표시방식인 API를 활용해, API비중 30도 이하를 중重질유, 31~33도를 중中질유, 34도 이상을 경輕질유로 구분한다. 비중이 가벼운 경질유에 납사, 휘발유 등 이용가치가 높은 성분이 많이 함유되어 있으며, 유황 등 불순물은 적어 정제하기 쉽다. 한편, 글로벌 유종은 WTI유 미국 WTI사가 미국 서부 텍사스에서 생산하는 원유, 브렌트유 영국 북해 지역에서 생산되는 원유, 두바이유 중동 아랍에미리트연방에서 생산하는 원유가 있으며, WTI유가 품질이 가장 좋고, 두바이유가 타 유종 대비 상대적으로 저품질이다. WTI유와 브렌트유를 정제할 때는 경유까지 생산되고 B-C유나 아스팔트는 거의 생산되지 않는 반면, 두바이유에서는 저품질 제품인 B-C유와 아스팔트가 생산된다. 우리나라 정유사들은 주로 두바이유를 수입하기 때문에 B-C유가 생산되는데, 공장에 고도화설비를 붙여 이를 휘발유나 등·경유로 재처리해

판매한다. 또한 윤활기유 공장을 건설하여 B-C유를 재가공해 고부가가치 제품인 윤활유 또는 윤활유의 원료가 되는 윤활기유 로 바꿔 판매하기도 한다.

윤활유 및 기유사업은 기존 정유사업의 마진율 약 5% 보다 월등히 높아 20% 이상 정유회사 이익의 한 축을 담당하고 있다. 윤활유는 점도가 다른 윤활기유들을 배합하고 경우에 따라 첨가제를 추가하여 만든다. 윤활유는 기계의 마찰 면에 생기는 마찰력을 줄여 마모 및 손상을 감소시키고, 기계 작동 시 발생하는 열을 냉각시켜 기계의 효율을 높여주는 역할을 하기 때문에, 기계의 사용이 확대되면서 윤활유의 수요도 계속 증가하고 있다. 윤활유의 용도는 크게 산업용, 자동차용, 선박용, 특수용으로 구분되고, 윤활유의 종류로는 엔진오일 가솔린, 디젤용 등, 터빈유, 기어유, 유압유, 압연유, 절삭유, 그리스, 냉동기유 등이 있으며, 이 중에서 엔진오일이 가장 큰 비중을 차지하고 있다.

윤활유는 일정기간 및 사용시간에 따라 교체가 필요한 제품이며, 시장의 큰 부분을 차지하는 자동차 산업의 경기 또는 제조업의 생산 가동률과 밀접한 관계를 지닌다. 현재 자동차 및 산업설비의 기술이 크게 발달하면서 고속화, 대량화 등 각종 기계들을 성능의 한계치까지 사용함에 따라 악조건에서도 견딜 수 있는 고성능, 고품질의 윤활유를 제조, 생산하는 기술 또한 급격히 발전하고 있다. 한편, 윤활유 원료의 대부분을 차지하는 윤활기유는 국내기유와 수입기유의 수급 상황에 따라 조정 구매하고 있으며, 첨가제는 대부분 수입하고 있다. 윤활기유는 주원료가 되는 원유의 가격에 연동되어 있지 않고, 국제시장의 수급에 따라서 가격 변동을 보이고 있다. 세계 윤활유 완제품 시장에선 Shell, Exxon Mobil, BP, Chevron, Total 등 글로벌 석유업체들이 경쟁하고 있으며, 국내 윤활유 시장은 국내 4대 정유업체들이 주도하고 있다.

} 정유사의 수익은 크게 세 가지 루트 정유사업, 화학사업, 윤활유사업 를 통해 창출된다.

먼저, 정유사의 본업이라고 할 수 있는 정유사업이다. 정유사업부의 매출액은 유가에 연동된다. 정유사업부에서 생산된 석유제품들의 가격이 유가에 연동되어 매겨지기 때문이다. 유가가 오르면 석유제품의 가격 역시 오르고 덩달아 매출액도 증가하지만 유가가 떨어지면 석유제품 가격과 정유사업부 매출액도 하락한다. 유가가 매출액을 좌우한다면 이익률은 정제마진이 결정한다. 정제마진이란 석유제품가격에서 원유가격을 뺀 차이를 말한다. 휘발유, 등유, 경유 등 제품별 비중과 가격 차이를 고려하여 모든 석유제품의 상황이 반영된 마진이다. 즉, 정제마진이 상승하면 정유사업부의 마진율도 상승하게 된다. 한편, 유가 변동에 따라 재고평가손익도 변하게 되어 유가 및 정제마진 상황에 따라 정유사업부의 실적 변동이 심하다.

다음으로 비정유 부문에서 얻는 수익이 있다. 2017년 기준 비정유 부문의 매출 비중은 23%로 적지 않다. 오히려 이익률은 정유사업보다 월등히 높아 2017년 기준 비정유 부문의 영업이익 비중은 44%를 차지하고 있다. 정유사업이 부진했던 2012~2014년에는 비정유 부문에서 이익을 내며 정유사의 실적을 뒷받침했다. 비정유 부문은 석유화학 부문과 윤활유 부문으로 나뉜다. 석유화학 부문의 주요 제품은 BTX 벤젠, 톨루엔, 자일렌 와 PX이다. 따라서 벤젠, 톨루엔, 자일렌, PX, 윤활유, 윤활기유의 스프레드 변동에 따라 비정유 부문의 이익도 변하는 구조이다.

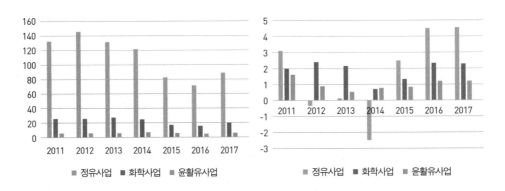

【 정유사 사업부별 매출액좌 및 영업이익우 빅4 공시자료 】

업계 구도

　현재 국내 정유업체들의 국제적인 경쟁력은 규모의 경제 측면, 산업의 비교우위 측면, 그리고 고도화 정도에 있어서 비교적 높은 수준이며, 꾸준한 설비투자와 석유제품 수출을 늘려오면서 국내 경제발전에 상당한 기여를 하고 있다. 하지만 신흥개도국들의 정유산업 진출 및 정제설비 증설 등으로 세계 정유시장 내 업체들 간의 경쟁은 과거에 비해 치열해지고 있으며, 국제 유가의 변동성 및 중동의 정치적 요인, 환경문제에 따른 신재생에너지 정책은 정유 사업에 위험 요인이 되고 있다.

　우리나라는 경질유 제품이 국제 시장에서 마진율이 상승함에 따라 고도화 설비 확충을 통해 경질유 수출 비중을 늘려왔다. 중국, 인도 등 신흥개도국들의 빠른 경제성장으로, 이들 국가들을 중심으로 물동량 급증에 따른 운송 수요가 증가하면서, 경질유 수출은 단기적으로 유망할 것으로 예상된다. 하지만 장기적으로는 신흥 개도국들, 특히 최대 석유소비국인 중국의 원유정제설비 및 고도화설비 증설로 국제 경질유 시장 진입이 예상되면서 시장 내 가격경쟁이 심화될 것으로 전망된다.

국내 정유업체들은 고도화시설 또는 석유화학시설 투자 전략을 통해 국제 환경 변화에 대응해오고 있다. 1기당 단순 정제시설의 4배인 수조 원의 자금이 투입되는 고도화시설의 경우 1기당 연간 수천억 원의 수익성 개선 효과가 유발되고 있다. SK이노베이션은 글로벌 환경규제에 대응하기 위해 2020년까지 1조 원을 들여 탈황설비를 신설할 계획이다. 또한 리튬배터리 소재 사업에도 1.8조 원을 투자해 신성장동력을 장착하고 있다. GS칼텍스의 경우 신규 포트폴리오 구축을 위해 MFC Mixed Feed Cracker 설비 투자를 검토 중이다. MFC 를 통해 에틸렌, 프로필렌 등을 생산할 수 있다. S-Oil은 잔사유 탈황/분해설비와 프로필렌 하류제품 폴리프로필렌, 프로필렌옥사이드 생산설비에 대해 4.8조 원을 투자해 2018년 가동을 앞두고 있다. 현대오일뱅크는 OCI와 카본블랙 생산을 위해 합작회사를 설립하고 2018년 상업가동을 시작했다. 또한 롯데케미칼과 석유화학 신사업에 대한 투자합의서를 체결하고 2.7조 원 규모의 석유화학공장 건설 사업을 검토 중이다. 해당 공장에서는 폴리에틸렌, 폴리프로필렌을 생산할 것으로 예상된다.

유가 추이

【WTI유 가격 추이 네이버금융, 뉴욕상업거래소 】

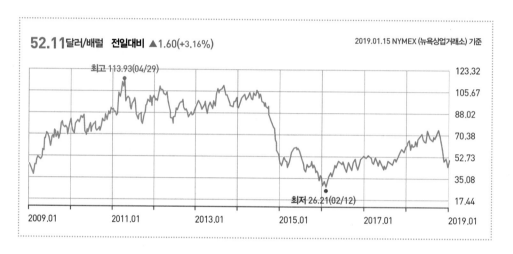

국제 유가WTI 기준는 금융위기 이후 급등하여 배럴당 100불을 상회하는 수준에 이르렀다. 하지만 미국 셰일가스의 등장으로 2014년 중반부터 급락하더니 2016년 2월에는 배럴당 30달러 이하로 내려갔다. 저유가 시기가 도래하여 석유 수요가 증가하였고 글로벌 경기 상승에 힘입어 2018년 중반에 70달러를 상회한 후 2019년 1월 초에 50달러대까지 하락한 상황이다.

유가 공급의 큰 두 축은 OPEC과 미국이다. 먼저 OPEC부터 살펴보면, 베네수엘라의 경제위기로 원유 생산을 위한 투자가 미미해 생산량이 감소하면서 OPEC의 감산량이 예상보다 컸다. 또한 이란에 대한 미국의 제재가 재개됨에 따라 이란에서의 공급감소도 예상된다. 반면 미국의 원유공급은 셰일오일의 인력, 장비, 인프라 등의 부족으로 예상만큼 이루어지지 못하고 있다. 향후 OPEC과 미국의 증산량이 어느 정도 규모일지에 따라 원유 가격이 결정될 것으로 보인다.

IMO 국제해사기구의 황산화물SOx 배출 규제

IMO는 선박 연료유의 황 함유량을 기존 3.5%에서 0.5%로 대폭 낮추는 규제를 2020년 시행할 예정이다. 이렇게 되면 모든 선사들은 저유황 중유를 쓰던지, 선박용 디젤을 쓰던지, 둘을 섞은 배합유를 쓸지 선택해야 한다. 이로 인해 선박용 디젤과 저유황 중유의 수요는 늘어날 것으로 예상된다. 2018년 현재 디젤은 CAPA가 부족하지 않지만 저유황 중유는 탈황설비가 필요하기 때문에 생산능력을 갖춘 업체가 많지 않다. 이에 따라 저유황 중유 스프레드가 상승할 것으로 판단된다. 단, 기존 선박 연료인 B-C유의 수요는 감소할 것으로 예상돼 관련 수익성은 하락할 것으로 생각된다. 국내 정유사들은 2020년 환경규제에 대비해 고도화설비 및 탈황시설을 신설 및 증축하고 있다.

02 | 석유화학 · 정밀화학 업종

석유화학 · 정밀화학업종 Summary

　석유화학 업종과 이를 기반으로 하는 정밀화학 업종은 고부가가치 산업으로 현재 국내 석유화학 업체들은 대규모 설비 구축 등으로 석유화학 업종에서는 경쟁우위를 보이나 아직 정밀화학 업종은 기술력이 부족하다. 범용성 제품의 경우 신흥개도국들의 활발한 시장 진입으로 경쟁이 심화되어 현재는 전자정보용 화학소재, 생리활성 신소재, 그린 신소재 등의 신사업에 대한 관심이 높아지고 있다.

국내 석유화학제품은 1966년 처음 폴리염화비닐PVC 을 시작으로 폴리스틸렌, 카본블랙, 프탈산무수물 등으로 생산이 확대되었으며, 정부의 제2차 경제개발 계획을 통해 울산 등의 지역을 중심으로 대규모 석유화학공업단지가 건설되어 석유화학공업이 본격적으로 시작되었다. 1968년 3월 울산 석유화학단지를 완공한 후 1970년에는 대한석유공사가 울산정유공장 안에 석유화학공업의 방향족계 원료 BTX공장을 건설하여 가동을 시작하였고, 1972년 10월에는 에틸렌 기준 연간 10만t 생산규모의 나프타 분해공장 및 9개 계열공장이 완전 가동되었다. 이때부터 국내 석유화학산업은 대량생산으로 본격적인 자립의 터전을 마련하게 되었으며, 기초유분에서 최종 제품에 이르기까지 일관된 생산체계를 갖추게 되었다. 그 뒤 정부의 산업구조 고도화를 위한 화학공업육성에 따라 공장들이 잇따라 신·증설되었고, 1979년 10월 여수석유화학공업단지, 1981년 대산석유화학공업단지가 준공되었다.

일반적으로 각종 산업은 제품에 따라 분류하지만 석유화학산업은 공정별로 특수한 화학 반응을 포함하기 때문에 공정에 투입되는 원료를 중심으로 분류하고 있다. 또 석유화학산업은 전형적인 장치산업으로 완전히 자동화되어 있으며, 새로운 분야의 개발이 급속도로 진척되어 전자공학·원자력 산업 등과 함께 기술혁신 시대의 대표 산업이 되고 있다.

주요 제품

석유화학산업은 원유, 천연가스, 석탄 등의 원료를 투입하여 화학적 변환 공정을 거쳐 화학제품 및 소재를 생산하고 관련 서비스를 공급하는 산업이다. 우리 소지품의 70%가 석유화학제품으로 이루어져 있을 정도로 석유화학산업은 현대인의 일상생활과 밀접하게 연관되어 있다.

우리나라 석유화학업체들은 정유과정에서 생산된 나프타를 원료로 사용한다. 나프타는 납사크래커 NCC : Naphtha Cracking Center 에 투입되어 에틸렌 생산비중 31%, 프로필렌 16%, C4유분 10%, RPG 14%, 메탄·수소·LPG 등 기타 29% 성분으로 쪼개진다. 이때 에틸렌과 프로필렌은 유도품 생산공정으로 판매되고, C4유분 Butadiene의 원료 과 RPG BTX의 원료 는 추가 추출 및 정제 공정을 거쳐 부타디엔, BTX Benzene, Toluene, Xylene 등 석유화학 기초유분을 만들어 낸다. 이들 기초유분으로 PX Para-Xylene , VCM Vinyl Chloride Monomer , SM Styrene Monomer 등 중간원료를 만들고 기초유분, 중간원료, 기타 화학물질을 조합해 합성수지, 합섬원료, 합성고무, 기타제품 등을 만든다. 합성수지는 PE 폴리에틸렌, PP 폴리프로필렌, PS 폴리스티렌 등으로 가전제품, 전자기기, 밀폐용기 등 플라스틱 제품에 사용되고, 합섬원료는 TPA, AN, 카프로락탐 등으로 가방, 옷, 모자 등 섬유 제품에 들어간다. 합성고무는 SBR, BR 등이며 타이어, 장화, 고무장갑 등 고무 제품에 사용되고, 기타 제품들은 도료, 화장품, 제약 등 다양한 곳에 쓰인다.

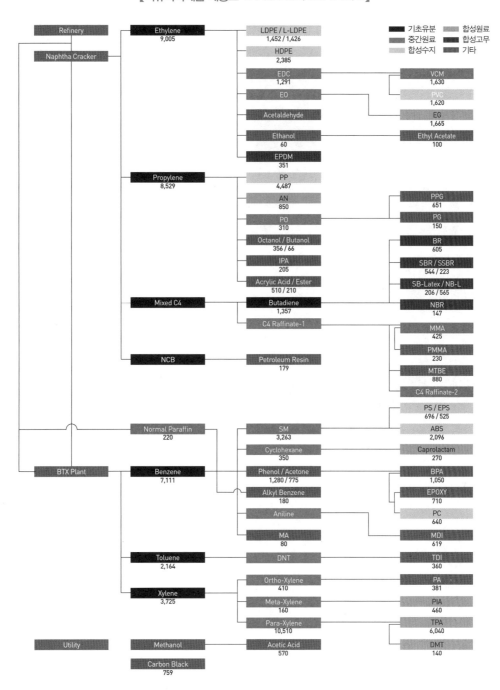

【석유화학제품 계통도 한국석유화학협회, 단위: 십억 톤/연 **】**

Refinery	Ethylene 9,005	LDPE / L-LDPE 1,452 / 1,426
Naphtha Cracker		HDPE 2,385

기초유분 / 합성원료 / 중간원료 / 합성고무 / 합성수지 / 기타

기초유분	합성원료
중간원료	합성고무
합성수지	기타

- Ethylene 9,005
  - LDPE / L-LDPE 1,452 / 1,426
  - HDPE 2,385
  - EDC 1,291 → VCM 1,630
  - EO → PVC 1,620
  - Acetaldehyde → EG 1,665
  - Ethanol 60 → Ethyl Acetate 100
  - EPDM 351
- Propylene 8,529
  - PP 4,487
  - AN 850
  - PO 310 → PPG 651
  - Octanol / Butanol 356 / 66 → PG 150
  - IPA 205 → BR 605
  - Acrylic Acid / Ester 510 / 210 → SBR / SSBR 544 / 223
- Mixed C4
  - Butadiene 1,357 → SB-Latex / NB-L 206 / 565
  - C4 Raffinate-1 → NBR 147
- NCB
  - Petroleum Resin 179
  - MMA 425
  - PMMA 230
  - MTBE 880
  - C4 Raffinate-2
- Normal Paraffin 220
  - SM 3,263
  - Cyclohexane 350 → PS / EPS 696 / 525
  - → ABS 2,096
  - → Caprolactam 270
- BTX Plant
  - Benzene 7,111
    - Phenol / Acetone 1,280 / 775 → BPA 1,050
    - Alkyl Benzene 180 → EPOXY 710
    - Aniline → PC 640
    - MA 80 → MDI 619
  - Toluene 2,164
    - DNT → TDI 360
  - Xylene 3,725
    - Ortho-Xylene 410 → PA 381
    - Meta-Xylene 160 → PIA 460
    - Para-Xylene 10,510 → TPA 6,040
- Utility
  - Methanol → Acetic Acid 570 → DMT 140
  - Carbon Black 759

밸류 체인

석유화학제품 종류가 워낙 방대하다 보니 한 회사가 모든 제품을 만들 수 없고 제품별로 제조회사가 나뉘어져 있다. 이를 크게 두 부분으로 나누면 나프타를 직접 사용하는 상공정upstream 기업과 나프타로 만들어진 기초유분, 중간원료 등을 가지고 더욱 세부적인 제품을 만드는 하공정downstream 기업이 있다. 나프타를 분해하면 다양한 제품이 나오기 때문에 상공정기업은 규모가 크고 제품 포트폴리오가 다변화되어 있다. 또한 수직계열화를 통해 하부 제품을 내재화할 여지가 있기 때문에 하공정기업들의 잠재적인 경쟁자가 될 가능성도 있다. 반면, 하공정기업은 특정 제품 1~2개를 집중적으로 만들기 때문에 규모가 작고 제품 포트폴리오도 협소하다. 이로 인해 통상적으로 하공정기업 대비 상공정기업의 협상력이 우수하다. 하지만 하공정기업이더라도 경쟁강도가 낮은 특수 제품을 만들고 있는 경우 고수익을 얻을 수 있는 유리함은 있다.

【 **국내 주요 석유화학회사** 한국석유화학협회, 단위: 억 원, 천 톤 】

기업	매출액 2016	주요 생산품목 생산능력
[상공정]		
LG화학	172,648	에틸렌 2,200 , **프로필렌** 1,290 , PE 1,076 , PVC 930 , SM 685
롯데케미칼	82,570	에틸렌 2,140 , **프로필렌** 1,091 , PE 1,050 , EG 1,130 , SM 577 , PX 750
SK종합화학	88,272	에틸렌 860 , **프로필렌** 500 , PE 390 , SM 370 , PX 830+500
한화토탈	81,877	에틸렌 1,090 , **프로필렌** 932 , PE 735 , SM 1,051 , PX 1,997
여천NCC	43,740	에틸렌 1,950 , **프로필렌** 1,111 , SM 290
대한유화	15,839	에틸렌 800 , **프로필렌** 510 , PE 530 , 벤젠 180
[하공정]		
한화케미칼	34,828	PE 802 , PVC 602
금호석유화학	31,386	BR 395 , SBR 384 , PS 310 , ABS 250
카프로	3,455	카프로락탐 270
롯데엠알시	4,555	MMA 195 , PMMA 110

국내 석유화학산업의 후방산업은 정유회사이다. 석유화학회사들은 정유회사 옆에 공장을 짓고 파이프를 통해 나프타를 조달받는다. 국내 정유시장을 빅4 SK이노베이션, GS칼텍스, S-Oil, 현대오일뱅크가 장악하고 있는 반면, 국내 석유화학 업체들은 무수히 많기 때문에 협상력에서 열위에 있다. 또한 정유회사들의 수직계열화 BTX, PX 등로 인해 상공정 석유화학사들의 시장이 잠식되고 있다.

산업 특성

석유화학제품은 대부분의 산업에서 기본 소재로 사용되기 때문에 석유화학산업의 경기는 국가 전체 산업과 밀접한 관계를 가진다. 석유화학산업은 막대한 설비투자와 고도의 기술이 요구되는 자본집약적 장치산업으로 고정비의 비중이 높아 시설규모가 생산비에 직접적인 영향을 주므로 설비의 규모가 커질수록 제품 단위당 원재료, 에너지 비용이 감소되는 생산원가의 경쟁력을 갖게 된다. 따라서 규모의 경제를 위해 기존 설비보다 신규로 건설되는 설비의 규모가 크며, 부수적으로 저장수단·수송수단 등이 포함되어야 하는 대규모 투자가 수반되므로 자금력이 부족한 신규 및 후발업체들에게 높은 진입장벽이 되고 있다.

석유화학 산업은 신규 설비 건설에 장기간이 소요되므로 수요의 변화에 따른 공급의 조절이 어려워 가격변동성이 크게 나타나며, 일반적으로 기업의 실적 역시 주기적인 변동성을 나타낸다. 또한, 유가상승은 제품수급이 타이트한 상황에서는 제품가격 상승에 따라 석유화학 업체의 수익성이 확대 원재료 투입과 제품매출 간 보통 1~2개월의 차이가 발생하므로 저가재고 투입 되는 양상을 보이나 전방산업의 침체나 제품수급 완화 시에는 원가부담으로 작용한다.

석유화학 산업은 원유를 기초로 하므로 원재료 비중이 제조 원가의 80% 내외로 높으며 노무비, 감가상각비 등 기타 비용의 변동성은 크지 않기 때문에 영업이익은 원재료 가격에 크게 영향을 받는다. 또한 기업 고객이 대부분이어서 광고선전비, 마케팅비용이 거의 발생하지 않으므로 판매관리비 부담은 낮지만 톤당 판매가격이 높지 않아 운반비 비중이 높은 편이다.

석유화학 산업은 수출비중이 높고, 매출의 계절성도 미미해 매출채권의 절대 규모가 크지 않고 연중 변동성도 낮다. 또한, 소재산업의 특성상 정기보수기간을 제외하면 100% 수준의 가동률을 보이고 있어 재고자산 변동도 크지 않은 편이다. 이처럼 매출채권과 재고자산의 규모가 작고 변동성도 높지 않아 다른 제조업에 비해 운전자금 부담 수준이 낮다.

한편, 정밀화학산업은 지식과 기술이 집약된 고부가가치 산업으로 석유화학산업 등으로부터 생산되는 기초화학 제품을 합성 및 가공하는 산업이다. 통상 생리활성 화학제품과 기능성 화학제품으로 분류되는데 생리활성 화학제품은 의약품과 농약, 기능성 화학제품은 염료, 안료, 도료, 향료, 화장품, 촉매, 접착제, 계면활성제, 첨가제, 사진용 화합물 등으로 타 산업에 핵심 소재로 사용되고 있다.

정밀화학 제품은 기술 상호간 유사성이 적어 모방생산이 어려우며, 제품의 수명 주기가 짧아 지속적인 기술, 연구개발 투자, 과학적 노하우의 축적이 필요하다. 또한, 해당 제품이 특정한 성능을 지니도록 고안되기 때문에 일반 석유화학산업과 차별되는 특징이 있다. 그래서 최근 정밀화학산업과 관련 산업에서 요구되는 재료의 기능이 복잡해짐에 따라 정밀화학 기술도 더욱 다양해지고 있다.

정밀화학 제품은 전방산업의 신제품 개발 및 고급화에 영향을 미치므로 용도에 맞는 응용 개발, 물질의 배합기술 등이 핵심 기술이 된다. 다만 신소재나 신물질 개발에 장기간이 소요된다는 점과 성공할 경우 고부가가치를 창출할 수 있지만 선진국에 비해 제품 개발이 늦어 이익의 질이 떨어진다.

미국 ECC업체들의 등장

석유화학산업의 원재료는 크게 세 가지 계열로 나눌 수 있다. 먼저, 나프타이다. 정유시설로부터 정제되는 나프타는 주로 우리나라 업체들이 사용하며, 나프타를 분해하는 시설을 NCC라고 한다. 두 번째 원재료는 천연가스이다. 유전이나 탄광 등에서 분출되는 천연가스를 가져다가 ECC Ethane Cracking Center : 에탄크래커 에서 분해한다. 중동이나 미국 등 천연가스 생산지에서 주로 사용된다. 마지막 원재료로 석탄이다. 중국에 석탄을 활용한 석유화학업체들이 많은데 이들은 CTO Coal To Olefin 설비를 통해 석유화학제품을 만들어 낸다. 환경오염이 심한 특성이 있다.

과거에는 천연가스가 나프타보다 비쌌기 때문에 ECC 방식은 거의 사용되지 않았지만 미국 셰일가스 생산이 증가하여 천연가스 가격이 하락함에 따라 미국을 중심으로 ECC업체들이 생기기 시작했다. 한편, CTO의 경우 유가가 높고 석탄가격이 낮을 때 가격경쟁력이 생겨 해당 시기에 공급증가가 이루어지는 특성이 있다. 이렇게 NCC, ECC, CTO는 원재료 가격에 따라 시기별로 원가경쟁력이 달라지고 그로 인해 시장의 공급량도 변화하게 된다. 우리나라 업체들한테 그나마 다행인 것은 원재료에 따라 발생하는 제품이 다르다는 것이다. NCC에서는 에틸렌, 프로필렌, 부타디엔, BTX 등 다양한 물질이 골고루 나오지만 ECC와 CTO에서는 에틸렌이 집중적으로 생산된다. 이로 인해 국내 업체들이 공급과잉을 걱정해야 하는 부분은 에틸렌 계열로 한정되어 있다.

【 석유화학 생산공정에 따른 발생 제품 하나경제연구소 】

구분	올레핀계열		비올레핀계열		기타
	에틸렌계 C2	프로필렌계 C3	부타디엔계 C4	BTX계 C6	
NCC 공정	31%	15%	11%	24%	19%
CTO 공정	100%		생산불가		생산불가
ECC 공정	75%	2%	3%	5%	15%

2018년 현재 북미 ECC 업체들의 증설 물량이 가동되고 있다. 2017년부터 북미 석유
화학업체들은 ECC 증설을 시작했지만 같은 해 하반기 미국에 허리케인 '어마'가 닥치면서
제대로 가동에 들어가지 못했다. 하지만 2018년부터 양산이 시작됐으며 2019년에도 증설
물량은 이어질 것으로 예상돼 에틸렌 계열의 공급과잉 이슈가 불거지고 있다. 하지만 국내
업체는 NCC로 이루어져 있어 타격이 덜 할 것이고 중국 환경규제로 인한 에틸렌 수요 증
가로 에틸렌 수급이슈가 완화될 것이라는 등 반대편 의견도 나오고 있어 귀추가 주목된다.

【미국 ECC 신증설 프로젝트 한국석유화학협회 】

연도	업체	지역	생산능력 천톤	가동시기
2017	Oxychem/Mexichem	Texas	545	´17. 1Q
	Dow Chemical	Texas	1,500	´17. 4Q
	ExxonMobil	Texas	1,500	´17. 4Q
	합계		3,545	
2018	Chevron Philips Chemical	Texas	1,500	´18. 1Q
	ExxonMobil	Texas	1,500	´18. 2Q
	Formosa Plastics	Texas	1,500	´18. 4Q
	Sasol	Louisiana	1,500	´18. 2H
	Indorama	Louisiana	440	´18. 2H
	Shintech	Louisiana	500	´18. 2H
	합계		6,940	
2019	DowDupont	Texas	91	´19. 1Q
	Lotte Axiall	Louisiana	1,000	´19. 1H
	Total	Texas	1,000	´19. 3Q
	합계		2,091	

03 섬유화학 업종

섬유화학업종 Summary

국내에서 화학섬유의 주요 수요처는 의류산업이나 타이어, 건축자재, 공업용 등으로 응용분야가 확대되고 있다. 중국업체들의 생산능력 증대로 화학섬유 제품은 공급과잉 상태이다. 국내 화학섬유 업체들은 품질 개선, 고부가가치 제품 개발, 판매처 확대 등을 통해 이 위기를 헤쳐나가고자 노력하고 있다.

우리나라 섬유산업은 일제시대인 1917년 일본의 거대재벌 미쓰이사(社)가 부산에 설립한 조선방직과 1919년 인촌 김성수 선생에 의해 설립된 경성방직 등 근대적인 면방직 공장으로부터 시작되었다. 1953년 휴전 후 복구를 위해 미국·UN 등의 지원을 받아 천연섬유 분야에서는 완전 자급을 할 수 있게 되었으나 국내의 경우 천연섬유 생산에 제약이 많아서 이를 대체할 수 있는 화학섬유가 필요했기 때문에 1957년 4월 한국나일론이 설립되었다.

1960년 경제개발을 통해 우리나라 섬유산업은 내수산업에서 수출산업으로 전환하게 되었고, 저렴한 노동력을 바탕으로 화학섬유 생산이 본격화되었다. 1970년대에는 홍콩, 대만과 함께 섬유수출 강대국이 되었다. 하지만 1980년대에 높은 임금과 인력난의 심화로 봉제업체들이 공장을 저임금의 노동력이 풍부한 해외로 이전하였고, 국내에서는 고가 제품 위주로 생산하면서 섬유 수출 내 의류 비중이 낮아지게 되었다. 1990년 이후 국내 봉제업체들은 내수 시장에서는 고질적인 임금 및 인력 문제와 더불어 공급과잉으로 인한 업체 간 경쟁 심화로, 세계 시장에서는 중국 등 신흥국의 추격과 선진국들의 섬유제품 반덤핑 제소 등으로 어려운 상황에 처했다.

제품 종류

화학섬유란 면, 아마, 양모 등 자연에서 얻는 천연섬유와는 달리, 화학적인 가공에 의해 인공적으로 만드는 섬유를 일컫는다. 천연섬유는 재배면적의 제약으로 대량생산이 어렵고 기후나 자연환경 변화에 따라 산출량도 일정하지 않은 단점이 있다. 이를 극복하기 위해 화학섬유가 발명되었다.

화학섬유는 크게 무기섬유와 유기섬유로 나눌 수 있다. 무기섬유는 금속, 유리 등으로 만든 무기물의 섬유나 유기물을 탄화하여 만들어진 섬유를 말하며 유리섬유, 금속섬유, 탄소섬유, 암석섬유 등이 있다. 반면, 유기섬유는 유기물을 토대로 만들어지며, 재생섬유, 반합성섬유, 합성섬유로 나뉜다. 재생섬유는 목재펄프나 면이 함유하고 있는 섬유소를 약품으로 녹여 가늘고 길게 섬유로 재생한 것으로 레이온, 폴리노직, 큐프라 등이 있다. 반합성섬유는 셀룰로스나 단백질과 같이 천연에서 얻을 수 있는 재료에 화학약품을 반응시켜 생성된 물질이며 아세테이트, 트리아세테이트, 프로믹스 등이 있다. 마지막으로 합성섬유는 석유 등을 주원료로 화학적 반응을 시켜 합성된 물질로 만들어지며 폴리에스터, 나일론, 아크릴, 비닐론, 폴리프로필렌, 폴리염화비닐, 폴리에틸렌, 비닐리덴, 폴리우레탄 등이 있다.

글로벌 화학섬유 생산량 중 약 80%가 폴리에스터이며, 레이온8%, 나일론7%, 아크릴3%이 뒤따르고 있다. 한편, 스판덱스는 성분의 85% 이상이 폴리우레탄으로 이루어진 섬유인데, 편안한 착용감, 내구성, 신축성 등이 우수해 청바지, 수영복, 란제리 등 의류 분야는 물론 가방, 기저귀 등 탄력성이 필요한 각종 소재로 응용범위가 확대되고 있다.

전·후방 산업

국내 화학섬유의 주요 수요처는 의류산업으로서, 의류용 섬유제품 비중이 약 60%를 차지하고 있다. 옷이 만들어지는 과정을 간단히 정리하면, 천연섬유·화학섬유 등을 가져와 실로 만들고 방적업, 실을 꼬아 직물을 만들어서 직물업, 염색 염색업 후 봉제해 봉제업 최종적으로 옷이 만들어진다. 따라서 국내 화학섬유 회사의 주요 전방업체는 방적사, 직물사, 봉제사 등이다. 이들 업체는 화학섬유업체 대비 규모가 작고 시장참여자도 많기 때문에 화학섬유업체의 협상력이 우위에 있을 것 같지만 실제로는 그렇지 않다. 전 세계적으로 화학섬유 제품이 공급과잉에 있어 가격경쟁이 심하기 때문이다. 이로 인해 전반적인 협상력은 전방업체 대비 열위하다. 단, 일부 고부가가치 제품에 한해 협상력이 전방업체 대비 우위에 있다. 한편, 국내 화학섬유의 주요 수요처는 의류산업이지만 의류용 외에도 자동차용, 토목건축용, 농업용, 공업용, 운송용, 포장용 등 다양한 용도로 사용처가 확대되고 있다.

【의류산업 밸류체인】

원료 천연섬유 화학섬유	→	원사 방적업 화섬업	→	원단 직물업 편직업	→	염색업	→	의류패션 봉제 산업섬유
대기업				중견기업				중소기업

화학섬유의 주요 원재료는 카프로락탐 Caprolactam, 고순도텔레프탈산 TPA, 에틸렌글리콜 EG 등이며 이들은 원유에서 파생된 석유화학제품이다. 해당 원재료는 제조 원가의 50% 이상을 차지하고 있어 원유가격 및 카프로락탐, TPA, EG 스프레드 변동에 따라 화섬업체의 수익성 역시 변화한다. 이들 원재료는 석유화학 업체들로부터 구매해 오는데 화섬업체 대비 규모가 크고 경쟁강도가 낮아 후방산업과의 교섭력 역시 열위하다.

경쟁 상황

전 세계적으로 화학섬유 제품들은 만성적인 공급과잉 상태이며 이로 인해 화섬업체들의 경쟁강도는 센 편이다. 2000년대 이후 중국 정부의 화섬산업 육성정책을 바탕으로 중국 업체들의 생산능력이 증대되었으며 현재의 공급과잉을 초래하였다. 전 세계 화섬공장 가동률은 75% 정도로 추정된다.

【국내 주요 화학섬유기업 현황 한국화학섬유협회】

회사명	나일론	폴리에스터	아크릴	스판덱스
태광산업	○	○	○	
코오롱패션머티리얼	○	○		
효성첨단소재	○	○		○
KP켐텍	○	○		
대한화섬		○		
휴비스		○		
도레이케미칼		○		
티케이케미칼		○		○
성안합섬		○		
도레이첨단소재		○		

국내의 경우 과점적 경쟁구도를 나타내고 있으나 국내 수요를 초과하는 생산능력을 가지고 있어 완제품의 70%를 해외로 수출한다. 이에 따라 글로벌 시장에서 중국, 인도, 미국, 일본 등 해외 기업들과 경쟁해야 하는 숙명을 안고 있다. 범용제품의 경우 중국, 인도, 대만 등 원가경쟁력을 앞세운 업체들에 밀려 수익성이 낮지만 기술력이 필요한 고부가가치 제

품의 경우 글로벌 시장에서도 높은 수익성을 확보할 수 있어 국내 화섬업체들은 신섬유 개발에 힘쓰고 있다. 특히, 효성첨단소재가 생산하고 있는 스판덱스는 수요가 확대됨에 따라 생산량이 증가하고 있다. 중국이 범용 스판덱스 제품 위주로 증설하고 있지만 효성은 특수 스판덱스 제품을 바탕으로 높은 수익성을 확보하고 있다.

신소재섬유 종류 및 특성

국내 화학섬유 산업은 범용제품의 국내 수요 감소 및 글로벌 범용제품의 생산량 증가로 비의류용 섬유인 신섬유 연구개발에 집중하고 있으며, 그 중 대표적으로 아라미드 섬유와 탄소섬유, 나노섬유가 주목받고 있다.

아라미드 섬유는 메타계 아라미드와 파라계 아라미드로 구분된다. 내열성 및 난연성이 뛰어난 메타계 아라미드는 소방복, 레이싱 슈트, 우주복, 고온용 필터 등의 소재로 사용된다. 파라계 아라미드는 메타계 아라미드보다 강도와 탄성이 뛰어나 충격을 흡수하는 성능이 우수하고, 강도 대비 무게가 매우 가벼워 방탄복, 방탄헬멧, 라켓, 보드, 낚싯줄 등 특수의복 및 스포츠 용품의 재료로 사용된다. 아라미드 섬유의 세계 시장규모는 메타 아라미드 3만 톤, 파라 아라미드 5만 톤으로 연간 총 8만 톤 정도로 추정되며, 듀폰미국과 데이진일본이 80%이상 독점하고 있다. 국내에서는 주요 화학섬유 기업들인 코오롱, 효성, 휴비스, 웅진케미칼이 아라미드 섬유를 생산하고 있으며, 약 8.3% 시장 점유율을 차지하고 있다.

아라미드와 함께 미래 고부가가치 제품으로 주목받는 탄소섬유는 중량이 강철의 20%, 알루미늄의 70% 정도이며, 강도는 강철의 10배 이상인, 최첨단 기술력이 요구되는 신소재이다. 최근 항공, 자동차, 조선 산업 등 여러 분야에서 에너지 효율을 높이기 위해 경량화 필요성이 커지면서 탄소섬유를 활용한 기술이 부각되고 있다. 또한 전자, 건축재료 등 탄소섬유 적용 분야도 다양해지고 있다.

탄소섬유는 90%이상의 탄소로 이루어진 섬유장의 탄소재료를 말하는 것으로 제조방법 및 출발원료에 따라 팬PAN 계, 피치Pitch 계, 레이온Rayon 계 탄소섬유로 구별된다. 그 중에서 물성 조절이 어려운 Rayon계 탄소섬유는 PAN계, Pitch계 탄소섬유에 비해 쓰임새가 적어 거의 사용되지 않으며, 현재 상업적으로 널리 사용되는 것은 PAN계와 Pitch계 탄소섬유이다.

세계 탄소섬유 시장은 일본의 도레이, 테이진, 토호 테낙스, 미쓰비시 레이온, 미국의 졸텍스 등이 과점하고 있으며, 시장 수요는 연간 5만 톤 규모로 추정된다. 국내 탄소섬유 시장 수요는 2,400톤 규모로 전량 수입에 의존하였으나, 2012년 태광산업이 PAN계 탄소섬유 생산에 성공하면서 국내 수요의 절반가량을 국내에서 공급할 수 있게 되었다. 태광산업의 탄소섬유 생산 설비는 연간 3,000톤의 프리커서[24]와 연간 1,500톤의 PAN계 탄소섬유를 양산할 수 있는 규모이며, 향후 다양한 고성능 탄소섬유 제품의 생산량 확대를 통해 시장점유를 늘려갈 계획이다. 태광산업에 이어 일본 도레이 한국법인인 도레이첨단소재도 구미공장에서 2013년 1월부터 연간 2,200톤 규모의 PAN계 탄소섬유 양산을 시작했으며, 효성 역시 전주 친환경첨단복합단지에 연간 2천 톤 규모의 PAN계 탄소섬유 공장을 설립하고 세계에서 세 번째로 해당 탄소섬유개발에 성공, 현재 플랜트 증설까지 계획중이다. 새롭게 탄소섬유 시장에 뛰어든 GS칼텍스는 2015년 양산을 목표로 KIST와 기술 협업을 통해 피치계 탄소섬유 개발을 진행했으나 아쉽게도 상업화 가능성 부족으로 중단된 상황이다.

나노섬유는 지름이 수십에서 수백 나노미터 nm에 불과하고 길이가 두께의 100배 이상인 초극세사 나노실로 만들어진 첨단 소재이다. 나노섬유를 이용하면 1제곱인치당 90억개 가량의 미세한 구멍이 나있는 고어텍스Gore-tex 보다 섬유 원단을 더 촘촘하게 제조할

---

24) 프리커서(Precursor) : PAN계 탄소섬유에 원재료인 아크릴원사를 말함

2부 업종별 개요, 특징 및 트렌드 분석

수 있으며 뛰어난 방수·방풍 기능과 높은 투습성을 확보할 수 있어 차세대 섬유 소재로 급부상하고 있다. 또 나노섬유는 2차전지 분리막, 공기필터 등 환경, 의료, 에너지, 전기전자 산업에서 핵심 소재로 사용될 수 있다. 일례로 나노섬유 상용화가 구체화되는 분야는 생화학 방호의복 제조다. 나노섬유는 미세입자나 박테리아는 통과하지 못하면서도 내부의 땀은 배출하는 특성으로 세균의 침투를 막아준다. 이외에도 방탄조끼나 군용 헬멧, 산업용 필터 등의 보강재로 사용된다. 향후 나노섬유가 기능성 복합소재나 2차전지·헬스케어 등 다양한 분야로 확산될 경우 2020년 8조 원 규모의 시장을 형성할 것으로 전망하고 있다.

나노섬유 시장의 급격한 성장 기대가 이어지면서 세계 섬유 소재 업체들이 나노섬유 개발에 속도를 내고 있으며, 이에 발맞춰 국내 섬유 소재 업체들 역시 나노 섬유 개발을 착수하며 시장 선점에 나서는 추세다. 이런 국내 화학섬유 업체들의 신소재 개발 노력으로 인해 기존의 의류용 섬유 기술에서 고부가가치의 선진 섬유기술로 국내 화학섬유의 기술 경쟁력이 향상되고 있어 향후 산업의 미래가 긍정적으로 예상된다.

7장

· · ·

호텔, 항공운송, 해상운송, 조선업종

01 호텔 업종

호텔업종 Summary

　호텔업종은 대중국 해빙무드로 인한 외국 관광객의 지속적인 증가와 동시에 국내 관광객의 증가로 호텔 수요가 꾸준히 증가할 것으로 기대된다. 관광자원 상품성과 관광 인프라 개선이 지속적인 제주도, 남해안, 강원도 일대를 중심으로 개발이 미루어졌던 사업들이 관광시장 개선과 함께 빠른 속도로 개발될 것으로 예상된다. 중장기적으로 중국인 해외여행 확대로 인해 호텔시장의 성장 가능성이 높아지고 있다. 글로벌의 경우 호텔과 관련된 모든 수익지표가 상향하고 있어 구조적 성장에 진입한 것으로 보인다. 반면 국내의 경우 공급과잉으로 상당히 어려운 시기를 보내고 있다. 하지만 인천공항의 T2 개항으로 상향된 여객 처리 능력과 저비용항공사들의 약진이 지속되면서 인프라 개선 및 기저효과로 인해 증가한 출입국자수는 영업환경 개선으로 이어지며 호텔 업황에 직접적 영향을 미칠 전망이다.

한국 최초의 호텔은 1889년에 인천에 세워진 대불호텔이고, 최초의 서양식 호텔은 1902년에 서울에 세워진 손탁호텔이었다. 1910년 이후 서양인의 내왕이 많아지면서 철도국 직영의 서양식 여관과 호텔이 많이 생기기 시작했으며, 1914년 한국 최고급 호텔인 조선호텔이 세워졌다. 1936년에 일본인인 노구지 준이 조선호텔에 묵으려다 쫓겨나게 되자 직접 민간인이 주도한 국내 최초의 상용 호텔인 반도호텔을 세웠다. 반도호텔은 지하 1층에서 지상 8층까지 96개의 객실과 관련 시설을 갖추어 당시 국내 최고의 시설과 규모의 호텔이었다. 1945년 해방이후 조선호텔, 반도호텔, 부산 철도호텔 등의 유명 호텔들은 미군에 의해 관리되었고, 대한민국 정부가 수립되면서 정부로 관리가 이전되었다. 특히 반도호텔의 경우 해방이후 미군사령부의 지휘 본부로 사용되었고, 자유당 정부 시절에는 이기붕 부통령 등 주요 정치인들의 이용이 많았다.

1953년 7월 휴전 선포 후 정치적 문제로 미군과 UN의원들의 한국 방문이 증가하면서 교통부 육운국에 관광과가 신설되었고, 여행사와 민영호텔들이 세워지기 시작했다. 1957년에 국제관광기구에 정회원으로 등록하였으며, 1958년 3월에는 중앙 및 지방관광위원회가 설립되면서 본격적으로 호텔산업이 발전하게 되었다. 정부와 기업들의 노력으로 1960년대 관광산업은 외화획득에 중요한 역할을 하게 되었고, 관광진흥법과 시행령·규칙의 제정으로 호텔 및 숙박시설에서 관광호텔을 분류하여 적극적으로 지원을 하기 시작하였다.

1963년 4월에는 국내 최고의 현대식 호텔로서 254개의 객실을 보유한 워커힐 호텔이 개관되었고, 1970년대 한국관광공사와 아메리칸항공사가 합작 투자한 조선호텔이 개관되었다. 조선호텔의 경우 국내에서 처음으로 소유자 지배에서 벗어나 자본가와 경영자가 분리되었으며, 관광호텔 등급 확보 및 지배인 자격시험제도를 통해 국제 수준의 호텔서비스를 일궈냈다. 1979년 롯데호텔을 시작으로 신라호텔, 현대호텔, 힐튼호텔, 인터컨티넨탈 호텔, 리츠칼튼 호텔 등이 추가로 설립되었다.

특징

호텔산업은 글로벌 경기, 소득 변화, 환율, 라이프스타일 등에 민감한 내·외국인 관광객 수요와 밀접한 관계를 가지고 있으며, 서비스 산업 중에서도 소비자와 접촉빈도가 높아 서비스 품질 관리가 매우 중요한 산업이다. 공급과 대처능력을 보면 일반 제조업은 규모의 경제 효과를 구현하기 위해 대량생산을 하거나, 공장가동률을 조절하여 수요 변화에 대처할 수 있지만 호텔의 객실은 한정되어 있어서 공급 조절을 할 수 없기 때문에 수요 변화에 대한 대응이 떨어진다. 호텔산업은 시설 서비스와 인적 서비스가 결합되어 상품으로서의 가치를 가지게 되므로 매출을 일으키는 객실, 부대시설 서비스 상품을 당일 제공하지 못하면 서비스 상품 가치가 소멸하게 된다. 따라서 호텔사업에서는 서비스 상품이 제공되지 못하고 소멸되는 것을 방지하기 위해 객실요금 조정과 다양한 이벤트 등을 통해 수요확보에 노력하고 있다.

호텔이 상품이기 때문에 시설 서비스 구축에는 건물, 토지, 비품 등 대규모의 투자가 필요하여 유형자산의 비중이 전체 투자에서 70~80%를 차지하게 된다. 대부분이 유형자산으로 구성되어 있는 호텔상품은 부동성의 특징을 가지고 있어, 일반 제품과 같이 유통경로를 통해 매출을 일으킬 수 없고, 고객인 서비스 구매자의 방문을 통해 매출이 이루어지므로 호텔의 입지 선정은 매우 중요한 경쟁력 요인이다. 또한, 호텔의 우수한 브랜드파워는 고객에 대한 유인력을 높여 안정적인 매출을 창출하는 중요한 요인이 되고 있기 때문에 브랜드 이미지를 높이기 위해 호텔 시설 서비스를 지속적으로 개선한다. 특히, 고객의 서비스 만족도를 높이기 위해서는 시설 서비스와 결합되는 인적 서비스도 매우 중요하므로 우수한 서비스 인력 영입 및 관리에 대한 투자도 중요하다. 이런 이유로 일반 산업의 경우 매출규모에 대한 매출원가의 비중이 비교적 일정하고 고정비인 판관비도 변동 폭이 낮지만, 호텔의 경우 매출원가보다 판관비의 비중이 높아 매출과 직결되는 객실이용률과 무관하게 높은 고정비용이 발생하게 되어 영업이익률이 낮다.

국내에서는 관광호텔업의 등급을 특1급, 특2급, 1등급, 2등급, 3등급으로 나누며, 특1급 호텔은 황금빛 무궁화 5개, 특2급 호텔의 경우 녹색 무궁화 5개, 관광1급 호텔 무궁화 4개, 관광2급 호텔 무궁화 3개, 관광3급 호텔 무궁화 2개로 표시하고 있다. 현재 국내에서 가족 및 전통호텔을 제외한 관광호텔은 서울 102개, 경기 69개, 제주도 46개, 부산 42개 등 총 506개가 있으며, 시장규모는 약 2.2조 원으로 입지적으로 우수한 서울20%, 경기14%, 제주 9%, 부산8%에 주로 밀집되어 있다.

경쟁 및 기회

최근 모텔의 고급화 및 고급 펜션의 증가에 따라 고급 숙박 시설 시장에서 펜션, 고급 모텔, 특급 호텔들 간의 경쟁이 심화되고 있으며, 저/중급 숙박 시설 시장에서는 모텔, 찜질 방이 증가하면서 관광호텔과 이들 업체들과의 영업 경쟁이 심화되고 있다. 지역별로는 특히 서울의 경우 서비스 레지던스 호텔인 오크우드, 프레이저 스위트, 그랜드 힐튼 레지던스 등 장기 체류시설이 급속도로 증가되었고, 이벤트 시설 및 대체 숙박시설 업체가 증가하면서 관광호텔의 매출 성장에 한계가 나타나고 있다. 따라서 호텔 업체들은 연회장, 면세점, 뷔페 및 레스토랑, 베이커리, 휘트니스센터 등 부대시설 및 비호텔 사업으로 사업 범위를 확장하고 있으며, 해외 유명 호텔체인과의 업무제휴 등을 통해 영업 경쟁력 강화를 위한 다양한 전략을 수립하고 있다.

지진, 홍수, 태풍 등 동시다발적인 자연재해와 중국인 관광객 회복 속도가 느려 2018년 출국자와 중국인 관광객이 예상보다 적겠지만 여행 수요가 살아나 2019년에 정상화 될 것으로 보인다. 중국인 관광객의 증가가 지속되면서 호텔, 면세점 등의 이익이 개선되고 외국인전용 카지노의 실적 회복과 고객 증가로 안정적인 성장에 진입하면서 기회가 올 것으로 보인다.

인천국제공항 제2여객터미널 개장

제2여객터미널 개장으로 국내 호텔 산업에 중장기적으로 변화의 바람이 거셀 것으로 예상된다. 기존 여객터미널의 수용인원은 연 5,400만 명으로 작년에 이미 이용객수를 넘어섰다. 제2여객터미널의 여객 수용은 연 1,800만 명으로 인천공항 수용 능력은 연 7,200만 명으로 늘어 약 33.3% 증가하게 됐다. 화물처리도 450만 톤에서 580만 톤으로 확대되고 출입국 대기 공간 및 자동탑승권 발급 등 무인 자동화 서비스 확대와 환승 클러스터 조성 등으로 향상된 서비스가 제공된다. 1터미널에서 성수기 보통 혼잡의 경우 항공사 체크인 → 보안검색 → 출국심사에 평균 52분 17초가 소요되는데 2터미널에서는 29분 59초에 가능해져 출입국과 환승 소요시간이 단축되어 이용객의 혼잡이 줄 것으로 보인다. 인천공항 이용 여객 수는 내국인 해외여행 수요 증가와 외국인 관광객이 늘면서 사스 사태가 있었던 2003년과 글로벌 금융위기가 있었던 2008~2009년을 제외하고는 증가했다.

인천공항 2터미널 개항으로 노선 수요가 늘고 편리해져 지속되는 여객 수 증가와 함께 환승객 수도 증가세로 회복될 것으로 보인다. 호텔업의 특성상 출입국자수 증가는 업종 전반의 성장으로 이어진다. 인천공항 제2여객터미널의 개항으로 포화상태였던 인천공항의 여객 수용 능력이 확대돼 한국과 해외를 오고 가는 여객 수 증가를 이끌 것으로 보인다. 저비용항공사 국제선 노선 확대 등에 따라 항공비 부담이 줄어 해외여행을 고려하는 수요를 증가시키고 있다. 출국자수는 여가 문화 확대에 따른 구조적 수요 증가, 저비용항공사의 국제노선 신규 취항 및 주요 국제노선 증편, 인천공항 2터미널 개장 등에 따른 인프라 개선으로 성장세를 지속해 내국인 출국자수는 전년대비 14.2% 증가할 전망이다. 외국인 방한객은 기저효과와 관계정상화에 따른 구조적 성장 재개 등으로 인한 중국인 관광객의 회복 등으로 전년대비 32.2% 증가해 영업 환경이 개선될 것으로 예상된다.

저비용항공사의 성장

항공비는 해외여행을 결정할 때 가장 큰 비중을 차지하는 항목이다. 저비용항공사의 빠른 성장으로 인해 낮은 항공비 부담과 다양한 선택지가 여행객들에게 제공되면서 해외여행 수요 증가로 이어졌다. 2011년을 기준으로 2016년 항공권 가격은 유류할증료 하락과 함께 대양주, 일본, 동남아 등 저비용항공사의 국제노선 취항으로 평균 26% 하락했다. 인천공항 제2여객터미널 개항으로 여객 수용 능력이 확대되어 중장기적으로 저비용항공사들은 일본, 동남아 등 주요 인기 국제 노선을 증편하고 신규 노선 발굴에 적극적으로 나서고 있다. 국내 주요 저비용항공사들은 신규 항공기를 도입하면서 인기 노선 증편과 함께 신규 노선 확대에 주력하고 있다. 경쟁이 치열한 동남아 지역보다는 노선 다변화로 성장을 꾀하고 있다.

인천공항 중장기 로드맵

정부와 인천공항공사는 인천국제공항의 4단계 확장 사업과 최종 단계의 중장기 로드맵이 담긴 인천공항 건설 기본 계획을 보면, 4단계 사업은 2023년 12월 완공을 목표로 제4활주로를 신설하고 제2여객터미널을 확장할 계획이다. 총사업비는 4.2조 원 내외로 4단계 확장 공사가 완료되면 활주로 4개 증가와 터미널 확장으로 여객처리 능력이 2,800만 명 증가해 1억 명의 이용객 수용이 가능할 전망이다. 2029년까지 진행될 최종단계에서는 3터미널과 활주로 1개 신설로 3천만 명의 여객처리 능력을 추가 확보해 1.3억 명의 여객 수용 능력을 가지게 될 전망이다. 이는 항공편과 여객수 증가 등으로 출입국자수 증대를 견인하며 호텔 업종에 상장의 기회가 열릴 것으로 예상된다.

한국 면세점 시장 규모는 2018년 18.4조 원으로 정치적 갈등으로 인바운드 사업의 영업환경이 악화됐지만 현지 수요를 충당하는 웨이상과 따이공의 출현으로 면세점 시장은 지속적으로 성장을 이어나가고 있다. 국내 면세점 사업자들은 상위 업체 중심의 해외 시장 진출 가속화로 인한 사업 영역 확장과 신규 수익원 발굴을 통해 성장에 박차를 가하고 있다. 2012년부터 해외 시장에 진출해 성장과 인지도 상승을 이끌었지만 이는 수익성 부담으로 이어졌다. 일부 해외 면세 사업장은 성과 확대로 이익을 창출할 전망이다.

최근 면세점 시장의 성장은 높은 객단가를 기반으로 한다. 웨이상, 따이공 중심의 매출 구조로 인해 자연스럽게 객단가가 올라갔다. 국내 면세점 시장에서 웨이상, 따이공이 차지하는 비중이 70% 이상까지 올라온 것으로 보인다. 모바일 메신저 환경에 익숙한 중국 젊은 소비자들을 대상으로 하는 온라인 판매 시장이 확대되면서 국내 면세품에 대한 수요가 늘어 국내 면세점 시장 성장을 이끌 것으로 보인다.

국내 면세점 시장의 큰 손인 중국인 관광객은 사드 배치에 따른 정치적 갈등이 해소되면서 돌아오고 있다. 중국인 단체 관광객이 회복되기 위해서는 온라인 여행 상품 판매, 전세기 증편 등이 해결되어야 한다. 이러한 문제들이 해결되면 중국인 입국자수는 빠르게 증가해 2018년 473만 명 +13.4%, 2019년 572만 명 +20.9%에 달할 전망이다. 중국인 관광객이 돌아오면 일반 중국인 관광객과 웨이상, 따이공을 통한 구매 간에 일부 잠식 효과가 있을 수는 있다. 글로벌 컨설팅회사 맥킨지가 2017년 발간한 보고서에 따르면 중국의 명품 소비 시장이 2025년 전 세계 명품 시장의 44%를 차지할 것으로 전망했다. 한국은 중국인 명품 소비 최선호 국가중 홍콩 다음으로 2위이며 한국이 강점을 가지고 있는 시내면세점, 공항면세점을 구매채널로 선호했다. 한국 면세점은 중국인 관광객의 회복세가 본격화되면서 국내 면세점 시장의 성장 가능성이 높아졌다.

글로벌 호텔시장과 국내 호텔시장

글로벌 호텔시장의 업황은 우호적인 상황이다. 미국을 중심으로 미주 지역이 호황기를 누리고 아시아권에서는 일본과 태국, 베트남 시장이 차별화된 성장을 하고 있다. 글로벌 호텔시장의 수익 지표도 우호적인 상황으로 이러한 추세는 당분간 이어질 것으로 보이며 수요와 공급측면에서 볼 때 일부 국가를 제외하고는 호황기에 진입한 것으로 보인다. 전 세계적인 수요를 중국인 해외여행객 증가가 견인하고 있고 2020년까지 이러한 추세가 이어질 것으로 전망한다.

국내 호텔시장의 영업환경은 글로벌 호텔시장과 달리 일시적인 공급물량 증가로 어려움을 겪고 있지만 장기적으로 글로벌 호텔시장처럼 성장할 것으로 전망된다. 정부는 지난 2012년 7월 27일 이후 외국인 관광객 증가를 대비하기 위해 관광숙박시설 확충을 위한 특별법을 시행했다.

주요 핵심 내용은 첫째, 용적률과 부설주차장 설치완화. 둘째, 관광호텔업 자금 지원 등이었다. 이러한 규제 완화로 호텔 객실수는 2014년 이후 급격하게 증가했고 공급이 수요를 앞서게 되었다. 이미 착공된 물량과 예정되어 있는 호텔까지 합산할 경우 지금과 같은 상황이 당분간 지속될 것으로 보인다. 하지만 중장기적인 시각에서 바라보면 영업환경이 개선될 것으로 예상된다.

그 이유는 첫째, 방한 외국인의 FIT Free Individual Travel 비중이 증가하고 있다. 2009년 이후 방한 외국인 중 중국인 입국자수가 크게 증가했다. 이는 중국인 해외여행 수요 증가가 쇼핑 목적의 국내 방문 인원 상승이 크게 작용했기 때문이다. 방한 중국인 중 대부분 패키지 여행객이 차지해 객실점유율이 올라가고 있지만 저가 패키지 감소가 지속되고 있다. 이는 FIT 여행객이 증가하고 있다는 것을 의미한다.

둘째, 국내 내국인 여행수요 증가다. 국내여행자 수는 2010년 약 3,090만 명에서 2015년 3,800만 명으로 약 24% 상승했다. 2011년 이후 꾸준한 상승세를 보이며 내국인 수요가 견조하게 증가하고 있다. 이는 소득수준 상승, 여가생활 확대 등으로 인한 구조적 성장으로 이어질 것으로 판단된다.

셋째, 공급물량의 둔화 가능성. 국내 호텔시장은 공급 증가로 인해 업체들의 실적이 급격하게 감소하고 있다. 이로 인해 호텔공급 물량은 점진적으로 감소하고 있다.

호텔업은 2~3년의 공급과잉 기간을 지난 후 재편되면서 투자매력이 높아질 것으로 기대된다. 향후 2~3년을 준비할 수 있는 업체들이 생존경쟁에 살아남아 치킨게임의 승자가 될 것으로 보고 있다. 단기적으로 호텔업체들에 대한 부정적 시각이 여전하겠지만 중장기적으로 경쟁력이 높은 업체들의 가치가 부각될 것으로 전망된다.

02 | 항공운송 업종

항공운송업종 Summary

항공운송업종은 대표적인 경기민감 업종으로 국내 및 글로벌 경기에 직접 영향 예측과 통제가 불가능한 유가와 환율 등도 매출 및 수익성에 크게 영향을 준다. 글로벌 경기 및 국내 경기 둔화 국면 진입으로 항공유가는 2018년 대비 2019년은 하락이 예상되며 원/달러 환율은 평균 1,130원 수준까지 상승할 것으로 전망된다. 미국의 금리 인상 가능성 등 부정적 요소와 대외 여건 악화에도 항공여객수요는 성장을 지속할 것으로 보이며 견조한 흐름이 예상된다. 2019년 내국인 출국자수 증가율은 연 4.4% 기록할 것으로 전망되어 내국인 출국수요 증가율은 다소 둔화될 것으로 보이나 외국인 입국자수가 중국인 입국 수요 회복으로 호전되어 전체적인 여객수요는 나쁘지 않을 전망이다. IATA International Air Transport Association 는 2018~2022년 5년간 연평균 항공화물 증가율은 4.9%로 전망되지만 최근 글로벌 항공화물 수요증가율은 2%대로 하락한 상황이다. 항공화물 수요증가율 둔화가 전망

2부 업종별 개요, 특징 및 트렌드 분석

되지만 정치사회적 이슈의 해소국면 진입, 반도체 호황 지속 등에 기반한 화물수요 개선과 함께 항공사들의 적극적인 공급조절에 나서면서 수익성은 견조하게 유지될 것으로 보인다.

국내 항공 사업은 1926년 이기욱 비행사가 서울에 최소의 민간 항공사인 경성항공사업사를 설립하였으나 1년 후인 1927년 비행기 사고로 사망하며, 최초의 민간항공 사업이 무산되었다. 이후 신용욱이 1936년 10월에 조선항공사업사를 설립하며 본격적인 민간항공 운송사업을 시작했고, 서울-이리의 정기운항 노선을 개설하였다. 1944년 12월에는 일본군의 도움을 받은 박흥식이 안양에 조선비행기공업주식회사를 설립하였지만 광복이 되면서 폐쇄되었다. 광복 후 1948년 10월에 민간항공회사인 대한국민항공사KNA가 설립되어, 다음해 2월 1일부터 서울-강릉, 서울-광주-제주, 서울-옹진 간 국내 노선 운항을 시작하였고, 1950년 이후에는 국제선을 개통하였다. 당시 KNA가 보유한 비행기는 창랑호와 우남호였다. 하지만 1958년에는 운항 중이던 창랑호가 승객으로 위장한 납치범에 의해 납북되는 사건이 발생하였고, 정부의 노력 끝에 승객은 귀환되었지만 창랑호는 반환받지 못하게 되면서 큰 재정적 손실을 입게 되었다. 납북 사건 후 1959년 4월 22일에 DC-3기 1대를 국내선에 추가 투입하였고, 7월 28일에는 록히드사에서 콘스틀레이션 749A 4발 여객기 1대를 임차하며 태평양을 횡단하는 서울-시애틀 부정기선 운항 노선을 개통하였다. 그러나 경영난으로 적자가 지속되던 KNA는 1962년 12월 30일에 결국 폐업을 하게 되었다. 한편 1960년에 한진상사가 한국항공을 설립하고 항공 운항 시장에 진출하였고, 콘베어240 1대를 도입하며 국제선 정기노선을 취항하였다.

1967년 7월에 폐업한 KNA를 인수해 운영을 시작한 정부출자의 국영항공사인 대한항공공사는 DC-9 항공기를 김포국제공항에 취항함으로써 한국 최초의 제트 여객기시대를 열었다. 하지만 대한항공공사 역시 누적적자와 재정난으로 1969년 한진그룹에 인수되어 대한항공으로 상호변경을 하고 민영항공사가 되면서 본격적인 사업 궤도에 오르게 되었다. 1988년 2월 17일에 제2의 민영항공사업의 허가로 금호그룹에 의하여 서울항공이 설립되었고, 8월에 아시아나항공으로 상호변경을 하며, 대한항공과 함께 국내 항공 사업을 주도하게 되었다. 이후 2005년부터 2005년 현 티웨이항공인 한성항공과 애경그룹이 설립한 제주항공을 시작으로 저가항공사들이 출현하여, 2007년 아시아나 항공의 자회사인 에어부산, KIC 그룹의 이스타항공, 2008년 대한항공의 자회사인 진에어 대한항공 이 설립되었다. 최초의 저가항공사인 한성한공은 2008년 10월에 경영난으로 운항을 중단하였으나, 2010년 9월 16일에 토마토저축은행에서 지분을 인수하여 티웨이항공으로 상호변경을 하고 운항을 재개하였다. 하지만 2011년 9월 토마토저축은행의 영업정지로 2012년 12월에 예림당 컨소시엄으로 다시 소유권이 넘어갔다.

특징

국내의 항공운송 산업은 항공협정에 따라 경쟁이 제한되며, 세계 각국의 노선을 운항하기 위해서는 당사국 간의 양자 협정이 필요하고, 지속적으로 신규 항공기 도입을 통해 영업경쟁력확보가 요구되므로 대규모 자금투자가 수반되어 진입장벽이 높은 시장이다. 따라서 현재 항공운송 산업은 대한항공과 아시아나항공의 과점 구조를 보이고 있다.

국내의 경우 국토 면적이 넓지 않고, 대체운송수단이 발달하여 항공운송의 이용이 낮기 때문에 국내 항공사들의 항공사업은 국제선을 중심으로 운영되고 있다. 항공운송은 여객과 화물운송으로 구분되는데, 여객운송 비중이 70%, 화물운송 비중이 30%를 보인다. 국내 화물운송 비중은 외국항공사에 비해 높게 나타나고 있는데, 주로 항공을 통해 운송되는 IT 제품들의 주생산지가 한국이므로 관련 수출 물량이 많고, 화물만을 취급하는 전문 항공사가 없기 때문이다. 특히, 변동이 심한 여객운송과 다르게 화물운송은 비교적 안정적인 매출을 창출하기 때문에 국내 항공사의 높은 화물운송 비중은 외국항공사와 비교하여 사업안정성이 더 뛰어나다는 것을 보여주고 있다.

항공운송은 육상·해상 교통수단에 비해 운임료가 높기 때문에 글로벌 경기, 소득수준에 따라 수요가 민감하게 반응하고, 계절적 요인에 의한 수요 증감의 차이를 보인다. 여객수요는 환율, 소득수준에 따라 변동되며 여름, 겨울 등 휴가철에 수요가 급증하는 경향을 보인다. 화물수요의 경우 수입국의 경기와 물동량의 변화에 민감하며, 10~12월에 대체로 성수기를 보이고 있다.

항공사들은 항공기의 대당 단가가 수백억 원부터 수천억 원을 호가하기 때문에 구매가 아닌 리스계약을 통해 항공기를 조달하는 경우가 많다. 금융리스[25]의 경우 장부에 리스부채를 기입하며, 차입금에 대해서는 지급리스료 일부가 이자비용으로 인식된다. 운용리스[26]는 지급리스료 전액을 영업비용으로 인식하며, 장부상에 부채로 인식되지 않기 때문에 운용리스 비율이 높을수록 매출변화에 대한 EBIT의 변동성이 크게 나타나고, 부채비율은 점점 더 양호해진다. 운용리스를 사용하는 기업을 분석할 때는 부외부채를 파악해야 하는데 이를 위해서는 지급하는 운용리스료를 추정해서 차입금에 추가하여야 한다. 항공기를 조달할 때 리스방식의 차이로 항공사마다 다른 감가상각법의 차이를 보이게 되어, 영업성과를 비교할 경우 어려움이 따르게 된다. 따라서 항공사의 영업성과를 비교하기 위해 항공기 등의 감가상각과 리스료를 배제하여 산출한 EV/EBITDA가 지표로 사용된다. 항공사는 리스료 지급으로 인해 차입금과 부채비율도 제조기업보다 높게 나타나지만 항공기 매각이나 담보를 통한 차입금 조달 및 상환이 가능하다.

항공사는 항공유가와 환율 변동에 따라 적자와 흑자를 보이게 된다. 항공유가는 영업비용에서 가장 큰 비중을 차지하고 있으며, 환율은 국제선 항공운송 매출의 35~40%정도가 외화로 결제되기 때문에 영업비용의 경우 40~70%가 외화로 지급되어 환율에 따른 실적 변동이 생긴다. 유가와 환율 변동이 항공사 수익에 미치는 영향을 보면, 대한항공은 유가가 1달러 상승 할 경우 약 310억 원, 환율이 10원 상승 할 경우 약 186억 원의 추가비용이 발생하며, 아시아나항공의 경우 유가가 1달러 상승 할 경우 약 137억 원, 환율이 10원 상승

---

25) 금융리스 : 리스자산의 소유에 따른 대부분 위험과 효익이 리스이용자에게 이전되는 리스를 말하며, 리스이용에 따른 자산과 부채가 리스이용자의 재무제표에 표시된다.

26) 운용리스 : 리스자산을 소유함으로써 발생하는 위험과 효익이 리스제공자로부터 리스이용자에게 이전되지 않는 리스거래를 말하며, 해당 자산과 부채가 리스이용자의 재무상태표에 표시되지 않고 사용로만 기간비용으로 손익계산서에 표시된다.

할 경우 약 100억 원의 추가비용이 발생하게 된다.

경쟁 및 기회

우리나라의 항공운송업계는 항공사간 국제 노선 취항 경쟁이 치열한데 시장 수요가 높은 인천국제공항이나 김포국제공항 등의 인프라 개선이 더딘 실정이다. 2018년 들어 개장한 제2여객터미널로 인한 여객터미널의 증설은 수용가능 여객과 화물이 많아지긴 하지만 추가 취항 노선을 늘릴 수는 없다. 국내 항공사들이 신규노선 취항 시 허브 공항으로서의 모든 인프라가 갖추어져 있어서 공항자체 인프라만으로 수요를 창출할 수 있는 인천국제공항을 선호한다. 인천공항은 3단계 건설사업을 마무리하면서 제2여객터미널을 개장해 1,800만 명의 여객인원을 더 수용할 수 있게 되었지만 활주로의 증설은 4단계 건설공사 완료 시점인 2023년에나 이루어지면서 제 4활주로가 추가될 예정이어서 현재 운항횟수는 늘리지 못하는 실정이다. 그래서 최근 국내 항공사는 신규기재 도입 이후 신규노선 취항 시 김포나 인천공항을 제외한 지방공항에서 출발하는 노선을 개시하는 경우가 많아졌다. 항공시장 공급의 가장 기본 인프라인 공항이 넉넉하지 않은 상태에서 무리한 기재공급으로 인한 과당 경쟁으로 무리한 가격 인하가 수반되고 있는 실정이다.

유가 상승에도 여객 및 화물 수요가 증가한다면 항공사들은 할증료 부과 및 운임인상을 통해 수익성을 유지할 수 있다. 2018년 1분기 항공유 가격은 전년 동기대비 21.3% 상승한 $77.7/bbl을 기록했다. 유가만 본다면 수익성이 떨어질 것으로 보이지만 2018년 1분기 항공사들의 영업이익률은 6.5%로 전년 동기대비 0.7% 개선되었는데 이는 항공수요 증가로 인한 수익 증대가 비용을 상쇄하고 남았기 때문이다. 2018년 상반기 출국수요가 13.4% 증가했으나 원/달러 환율상승, 경기 및 소비심리 둔화 등의 이유로 하반기 내국인 출국수요의 성장이 둔화될 것으로 보인다. 내국인 출국수요 성장의 둔화에도 불구하고 외국인 입국자가 증가한다면 2019년 항공수요는 탄탄하게 유지될 수 있다. 외국인 입국자수의 증가는 한중노선의 회복이 중요한데 이를 위해서는 중국정부의 한한령 해소가 필요한 실정이다.

2018년 상반기까지 입국자수는 일본은 1,537천 명 +20.2%, 동남아는 2,626천 명 +12.6%, 미주지역은 725천 명 +10.6%을 기록하며 일본과 동남아, 미주지역 순으로 입국자수가 높게 증가하고 있다. 최근 중국의 한국에 대한 단체관광이 재개되면서 중국수요도 회복세로 진입하고 있는 것으로 보여 중국 노선이 정상화된다면 내국인 출국수요 둔화에도 불구하고 국제여객부문 수요 증가로 좋은 흐름을 기대할 수 있을 것으로 보인다.

항공운송업황 호조

여객수송은 저비용항공사의 운항 확대와 저유가 기조로 성장세가 지속되고 있고 화물운송은 글로벌 경기 회복과 IT 제품 및 전자상거래 수요 증가 등과 함께 반도체 호황에 힘입어 국제화물 수송량이 증가하면서 안정적인 수준을 기록하고 있다. 내국인의 해외여행 급증세가 지속되고 세계 경기 회복으로 비즈니스 항공수요도 양호한 상황이다. 중국선 여객은 한중 관계 개선으로 급증세가 전개되고 있고 여행노선의 집중과 저비용항공사의 약진으로 아시아 지역에서 전체적으로 양호한 실적을 기록하고 있다. 미주, 유럽노선 등 장거리 노선 급증세도 항공운송업체의 영업실적 개선을 이끌 것으로 전망된다.

유가 안정화와 원화강세

항공운송업종에 있어서 유류비는 가장 비중이 큰 원가항목이어서 유가 흐름에 민감하다. 항공사 입장에서는 유가가 큰 폭으로 오르내리기보다는 안정세를 이어가는 것이 원가통제 측면에서 유리하다. 유류할증료 부과를 통해 유가 상승분의 일정 수준은 전가시킬 수 있지만 기본적으로 할증료가 발생하지 않는 저유가 상태가 유지되는 것이 가장 좋다. 국내 항공사들은 유가가 급락했던 시기에 헷지로 인한 대규모 손실을 경험한 바 있어 적극적인 유가 헷지 전략을 취하고 있지는 않다. 글로벌 경기 개선으로 원유 수요가 늘어나고 있지만 주요 산유국이 높은 감산합의 이행률을 보이면서 원유 수급이 타이트해지고 있다. 향후 국제유가가 세계 경기 개선으로 수요가 늘어나겠으나 셰일오일 증산으로 상승압력은 점차 완화될 것으로 보인다. 유가는 최근 안정적인 흐름을 기록 중이고 추가적인 상승은 점진적으로 나타날 것으로 보여 항공업계에 부정적 영향은 적을 것으로 보인다. 급격한 글로벌 긴축이 발생하지 않고 점진적인 긴축이 지속되는 한, 환율은 원화강세 흐름이 이어질 것으로 예상된다. 이는 항공운송업종에 있어서 영업이익 증가와 외화환산이익 계상 효과로 이어져 항공업종의 수혜 확대가 기대된다.

저비용항공사 점유율 확대 지속

저비용항공사는 운임경쟁력을 바탕으로 항공수요의 저변 확대에 기여하면서 2014년 이후 국내 여객시장의 절반 이상을 점유하고 있다. 잇따른 항공기재 도입과 신규 노선 취항을 통해 일본, 중국, 동남아 등 중단거리 국제 노선에 대한 시장점유율도 빠르게 잠식하고 있다. 2009년 국내 여객시장에서 9.9%에 불과하던 저비용항공사의 시장점유율이 35.1%까지 확대된 상황이다. 저비용항공업체들은 높은 기재 가동률과 외형성장에 따른 고정비 부담 완화로 수익성도 양호할 것으로 기대된다. 대형항공사와 저비용항공사 간 주도권 확보를 위한 경쟁이 더욱 치열해질 것으로 보인다. 저비용항공사는 가격 경쟁력을 기반으로 한 공격적인 영업전략으로 시장점유율을 확대하고 있다. 저비용항공사의 분담률은 국내 노선뿐만 아니라 국제 노선에서도 빠르게 증가하고 있다. 저가 항공권 증가가 여행수요 확대에 기여하고 가계소득 증가와 여가 문화 확산 등에 힘입어 내국인 출국자수는 높은 성장세가 유지되고 있다.

국내 대형항공사들의 투자 부담과 계열 관련 부담

글로벌 항공운송업계는 여객운송을 중심으로 중장기 성장 지속을 전망하고 있으며 이를 위한 중대형 항공기 투자 등 공격적인 재무정책을 펴고 있다. 지금까지는 영업창출현금흐름 이내에서 영업 관련 투자가 이루어지는 것이 일반적이었다. 정부 지원 등에 기반한 재무안정성을 바탕으로 중동, 중국 지역의 국영항공사들이 활발하게 항공기 도입을 진행하고 있고 신설 저비용항공사 등이 증가함에 따라 소형항공기 관련 수요도 꾸준하게 이어지고 있다. 하지만 국내 대형항공사들은 국내외 경쟁사들에 비해 상대적으로 낮은 재무안정성으로 인해 항공기 도입 관련 투자 등에 제약적이며 중장기적인 사업경쟁력 확보에도 어려움을 겪고 있다.

대한항공은 2014년 계열로 편입된 한진해운에 대해 담보대출, 유상증자 등의 형태로 수천억 원을 지원하는 과정에서 재무적 부담이 증가하였으나 2016년 한진해운의 기업회생절차가 개시됨에 따라 관련 리스크가 상당부분 감소하였다. 다만 자회사인 Hanjin International Corp.(HIC)을 통해 미국 LA 소재 호텔을 재건축하는 과정에서 유상증자, 지급보증 등의 형태로 수천억 원의 지원을 제공하였고 2017년 6월 재건축 공사가 완료된 이후에도 HIC의 기존 차입금 관련하여 증가된 회사의 담보제공, 지급보증 등이 제공되면서 계열 관련 재무적 부담이 지속되고 있다. 아시아나항공 또한 과거 금호아시아나 계열의 대우건설, 대한통운 등 인수 과정에서 직간접적인 부담이 증가하였으며 그에 따라 신용리스크가 증가한 바 있다. 그룹 차원에서 2015년 금호산업, 2017년 금호고속을 인수하는 등 간접적인 부담이 지속되었으나 인수를 추진 중이던 금호타이어의 매각작업이 무산되고 구조조정 절차에 돌입함에 따라 금호타이어의 인수가능성으로 인한 잠재적인 재무 부담은 줄어든 것으로 보인다. 대한항공과 아시아나항공 모두 이전 대비 계열 관련 리스크는 감소하였으나 자재적인 부담요소가 남아있다. 정부 지원을 기반으로 공격적인 투자를 진행하고 있는 중동과 중국의 국영항공사와 지속적인 구조조정을 통해 그룹 차원의 재무여력을 확대하고 있는 미국, 유럽 등의 대형항공사에 비해 계열 차원의 지원 여력이 현저히 떨어져 있는 상황이다.

03 | 해상운송 업종

해상운송업종 Summary

장기불황에 따른 경영위기에 대응하기 위해 대형 선사들은 새로운 Alliance 구축과 대형선사간 M&A를 적극적으로 추진하며 상위선사 중심의 M&A로 상위 20개사가 11개사로 통합되며 시장이 재편되고 있다. 2016년 운임악화로 대부분의 글로벌 선사 매출액이 전년대비 감소하며 영업이익 적자를 기록했다. 최근 시황개선, 매출원가 절감 등을 통해 많은 선사의 영업이익이 흑자로 전환되었다. 경쟁국은 정부차원의 적극적인 금융지원과 함께 선사 경영안정을 위한 보조금 지급, 화물확보까지 지원 중이다. 선박평형수 관리협약에 따라 선박평형수 처리시설 설치를 의무화하고 황산화물, 질소산화물 배출기준을 해역별로 지속적으로 강화하고 있으며 온실가스 감축 등에 관한 국제 환경규제가 지속적으로 강화되고 있다.

2008년 이후 선박공급 과잉에 따른 수급불균형이 지속됨에 따라 운임 하락세가 지속되었으나 최근 일부 회복세를 보이고 있다. 중국의 경제성장 둔화와 시장의 선박공급 과잉 등의 영향으로 건화물운임지수BDI는 사상 최저를 기록한 이후 일부 회복세를 보이고 있다. 원양 시장에서 촉발된 초대형 선박 발주 경쟁과 경기회복 지연 등으로 저가 운임 시장이 지속되다가 최근 일부 회복되고 있다. 물동량 회복이 이뤄지고 있는 상황에서 선복량 증가도 제한적인 수준으로 전망됨에 따라 점진적인 수익 회복이 기대되고 있다. 수급 불균형이 완화되고 있으나 자국우선주의 확산에 따른 경제불확실성과 초대형선 발주 확대 등이 변수가 될 것으로 보인다. 시장은 점진적인 운임 상승을 전망하고 있으나 확실한 시황 개선을 기대하기는 어려워 보인다.

　　국내 해운의 역사는 1949년 12월 대한해운공사가 설립되어, 벌크선과 일반 화물선이 운항되면서 시작되었다. 1967년 한진그룹이 해운업에 진출을 위해 대진해운을 설립하였고, 1972년 우리나라 최초로 188 TEU급 컨테이너선인 인왕호를 한일항로에 투입하였다. 1970년대 이후 수출위주의 경제정책으로 경제 성장에 따른 원자재의 수입과 가공된 공산품의 수출이 요구되면서 해운업은 급속한 발전을 하게 되었다. 또한 1975년에는 대한해운공사에서 우리나라 최초의 풀컨테이너선 컨테이너 전용선인 1천 444 TEU급 코리안 리더호를 도입하면서, 미주 컨테이너 서비스를 시작하게 되었다. 1980년대 이후 세계 경기가 회복되고 국가 간 무역장벽이 허물어짐에 따라 교역량이 증가하면서 운임가격 상승이 나타났고, 이에 따라 선박가격은 급등하게 되었다. 당시 국내 해운업은 운임 수입을 매출로 하는 해상 운성업과 선박 매매로 얻는 시세 차익을 매출로 하는 선박 투기업으로 구분되었다.

　　선박 가격 급등은 선박 투기업을 활성화시켰으며, 정부의 방관 속에 해상운송업자와 투기업자들의 선박 확보를 위한 과도한 차입 경쟁으로 이어져 해운업계의 경영이 악화되기 시작하였다. 뒤늦게 정부에서는 해운업 경영 정상화를 위해 1985년에 1차 합리화조치로 68개에 달하던 외항 선사를 17개로 통폐합하였다. 하지만 여전히 해운업계의 경영상태가 회복되지 않고 더욱 악화되자, 1987년에 2차 해운업 합리화조치를 통해 상위 6개 해운업체들의 부채 1조 8,000억 원를 장기간 상환 유예시켜주고, 일부 업체의 경우 이자도 유예 범위에 포함시켜 대출상환 부담을 경감시켰다. 한편, 대한선주와 선주통운 등 일부 부실 해운업체가 정리되었으며 이 과정에서 부도위기에 직면한 범양상선의 박건석 회장이 투신자살 사건으로 해운업계에 만연해 있던 부실과 부패 및 비리가 알려지게 되었다. 해운업계의 경영난으로 힘든 상황에서도 한진은 지속적으로 투자를 감행해 1986년 한진 뉴욕호를 시작으로 1991년까지 연차적으로 2천 700 TEU급 컨테이너선 18척을 도입하고, 4천 TEU급 컨테이너선을 처음 발주하며 우리나라 컨테이너 시장의 대형화를 이끌었다. 또한 현대상선, STX팬오션, 대한해운 등은 벌크선, 탱커선 등의 분야에서 글로벌 경쟁력을 일궈왔다.

2부 업종별 개요, 특징 및 트렌드 분석

특징

해상운송업은 선박을 이용하여 여객 및 화물을 운송하는 사업으로 국내에서 하는 내항운송과 국외를 대상으로 하는 외항운송으로 구분되며, 외항운송의 경우 여객보다 외항화물운송업이 대부분의 비중을 차지하고 있다. 외항화물운송은 세계 경기와 환율 등의 변화에 민감하고 세계물동량에 의해 업황이 결정되며, 그 중에 컨테이너선은 산업재 및 완제품 등의 교역량, 벌크선은 철광석·석탄·곡물 등의 교역량, 탱커선[27]은 세계 에너지 소비량에 따라 수급이 좌우되고 있다. 국내 해운업체들은 컨테이너선, 탱커선, 벌크선을 보유하고 외항화물운송업을 영위하고 있는데, 이 중 컨테이너선 사업의 비중이 가장 높다.

컨테이너선 사업은 주로 완성된 제품을 컨테이너 박스에 선적하여 운송하는 사업으로 고가의 대형 선박과 하역 장비 등 인프라 구축에 대규모 자본이 필요해 신규 업체의 시장 진입이 어렵고, 업체 간 경쟁이 높지 않아서 운임 변동이 낮은 편이다. 벌크선과 탱커선 사업은 철강업체나 정유업체들을 대상으로 유가 변동 분을 원가에 반영할 수 있는 계약 구조를 가진 장기운송계약을 통해 운항되는 경우가 많아 유가변동에 따른 선박운항비의 위험에 안정적이다. 다만 벌크선의 경우 철강업체와의 장기운송계약 외에는 대부분 Spot 물량 위주로 운영되고 있기 때문에 시장수급의 상황에 따라 운임 변동 폭이 매우 높은 수준을 보이고 있으며, 선박의 건조 가격이 다른 선박에 비해 낮아서 신규 사업자의 시장진입에 따른 사업위험이 높게 나타난다. 또한, 탱커선의 경우 다른 선박에 비해 상대적으로 건조단가가 높아 시장 진입이 어려운 편이나, 에너지 운송에 대한 수요가 지속적으로 성장하

---

27) 탱커선 : 원유, 정유, 석유화학제품, 가스 등을 운반하는 선박

기 때문에 진입 성공시 안정적인 사업이 가능하다.

　해상운송 업체들은 화물 운송수입과 선박 임대를 통해 수익을 창출하는데, 선박의 건조, 중고 선박 구입, 선박 임대 시 선박금융을 통해 자금을 조달하고 있어서, 부채비율은 다른 산업에 비해 높게 나타난다. 하지만 차입금의 만기가 길고, 중고선 매매시장이 발달하여 선박 매각을 통한 자금 조달이나 차입금을 상환할 수 있어서 유동성 관리는 양호하며, 불황기에는 낮은 가격이 형성되어 있는 선박을 구입하여 호황기에 매각을 통한 매매차익이나 선박보유 규모에 따른 운송 경쟁력을 얻을 수 있다. 선박금융은 Libor금리와 가산금리를 합친 대출구조를 가지고 있으며, 일반 금융과는 다르게 담보자산인 선박과 더불어 운임 및 용선료의 미래 수익까지 담보대상이 된다. 용선계약의 경우 담보나 보증금 없이 신용계약으로 이루어지는 경우가 대부분이어서, 업황이 어려워질 경우 용선주가 선박을 조기 반환하거나 용선료 미지급 등 계약을 준수하지 않을 수 있기 때문에 용선주의 담보가 없는 선주들의 재무위험이 높아지게 된다.

　해운업체 분석에 있어서 용선 계약의 회계처리와 재무평가 시 소유권이전조건부 나용선 계약의 경우 금융리스부채로 인식 방식으로 인식되고, 기타 나용선 계약 및 장기 정기용선 계약의 고정용선료는 자산과 부채로 인식되지 않기 때문에, 매년 지급하는 용선료와 계약의 비중을 확인 후 고정용선료를 추정하여 차입금에 포함시켜 분석해야 한다. 외항해운 업체들은 수입과 지출의 90%가 달러로 이루어지고 있기 때문에 환율 변동에 따른 차입금과 외화자산손실의 비대칭적 회계처리로 경영성과와 재무평가에 불리하였지만, 기능통화 제도의 도입으로 환율 변동에 따른 비대칭적 회계처리가 크게 감소되어 기업분석이 다소 용이해졌다.

경쟁 및 기회

2018년 벌크선을 중심으로 해운경기가 개선되면서 회복세를 보이고 있다. 하지만 역사상 가장 강력한 해양환경규제라고 불리는 'IMO 2020'으로 해운산업 환경의 급격한 변화가 예상된다. 거기에 미·중 무역분쟁의 장기화가 예상되면서 해운업계의 불안이 고조되고 있다. 이와 더불어 세계 최대 글로벌 선사가 물류블록체인을 도입하는 등 해운업계도 4차 산업혁명의 바람이 거세지고 있다.

현재 전 세계 선박의 수주잔량 비중은 선복량 대비 10.8%다. 일반적으로 수주잔량 중 선박이 3년에 걸쳐 인도되고 매년 해상 무역량은 10년 평균 3.3% 증가해 왔다. 여기에 매년 1% 이상의 선박이 노후화와 경제성으로 인해 사라진다는 것을 감안하면 10.8%의 미래 선박 공급은 매우 적다고 볼 수 있다.

전 세계 무역은 84% 가량의 물량이 선박으로 수송된다. 해운의 부정적 시각은 90% 이상이 수요 때문인데 최근 미국과 중국의 무역분쟁이 국제교역 성장을 억제할 것으로 전망되면서 부정적 시각이 강해지고 있다.

미국의 관세부과로 중국에서 미국으로 수출되는 거래가 위축될 것으로 예상됐지만 무역량의 급격한 변화는 중국의 원자재 수입에서 나타났다. 가장 큰 변화를 보인 화면은 대두로 중국은 5월부터 미국 수입량을 대폭 줄이고 브라질로 입을 대체했다. 이는 중국의 대두 수입량이 2017년 동기 대비 11%나 감소하지만 급격한 운송경로 변경으로 벌크선 운임의 빠른 상승으로 이어졌다. 2018년 누적기준 운임이 26% 이상 올랐지만 2019년 운임도 강세를 보는 것은 규제 시행에 따른 공급부족현상에 따른 영향 때문이다. 벌크선박의 경우 호황기에 발주한 선박이 많아 평균 선령이 낮은 편인데 폐선보다는 수리를 통해서 지속적으로 사용할 가능성이 높아 황산화물 저감 규제에 대응하기 위해 수리조선소를 드나들게 될 것으로 보인다. 벌크선의 2019년 인도예정량이 적어서 총 공급량이 줄어들기 시작하고 수리기간에 돌입한 수리선박들의 공급량 흡수를 감안하면 2020년 이후 총 공급 5% 부족에 대한 체감을 2019년에 앞당겨 체감할 것으로 전망된다.

해운재건 5개년 계획 2018~2022년

해운재건을 통한 공생적 산업생태계 구축과 세계 5위의 해운 강국 위상을 되찾기 위해 정부는 해운 재건 5개년 계획을 발표했다. 해상운송업종 매출은 2015년 39조 원에서 2016년 29조 원으로 10조 원 감소했고 컨테이너 선복량은 2016년 105만 TEU에서 2017년 40만 TEU로 절반 이상 줄며 해운 강국 위상을 잃었다. 5개년 계획은 2022년까지 해상운임 수입 50조 원과 실질 소유 선대 1억 DWT, 원양 컨테이너 선복량 113만 TEU 달성을 목표로 하고 있다. 계획대로라면 한국 선사들의 경쟁력이 크게 높아질 것으로 보인다. 해상운송업종에서 경쟁력 있는 선박의 확보는 필수조건이고 화물은 충분조건으로 효율적이고 환경 친화적인 선박을 확보하는 것은 해운 경쟁력의 근원이다. 이번 5개년 계획을 통한 200여 척의 신조선 건조는 고사 상태인 국내 조선업에 활력을 불어넣고 외국 선주들을 자극해 더 많은 일감을 확보할 수 있는 마중물 역할을 하게 될 것으로 보이며 계획대로 투자 재원을 차질 없이 조달 할 수 있다면 해양운송업체에게 커다란 기회가 될 것으로 보인다.

04 | 조선 업종

조선업종 Summary

조선업종은 수요산업인 해운업의 수급 상황과 유가등락에 따른 높은 변동성, 비탄력적 공급으로 인한 큰 경기순환주기, 낮은 전방산업 교섭력, 글로벌 경기와 환율 변동 위험의 노출 등의 부정적 요인과 대규모 설비투자 및 건조경험 축적에 필요한 높은 진입장벽과 연간 150조 원 내외의 풍부한 시장규모 등의 긍정적 요인이 함께 존재하며 시황 자체는 개선 되나 건조량 감소로 인해 마지막 고비가 찾아올 것으로 예상된다.

조선 시장의 긍정적 요소로 해운시장 개선, 낮은 선가 등이 작용하고 있고 벌커 시황의 개선이 견고하고 컨선 및 탱커 시황도 소폭이나마 개선을 보이고 있으며 신조선가가 여전 히 매우 낮은 수준이기 때문에 신조발주 심리가 개선될 것으로 예상된다. 조선업계의 가장 큰 숙제는 건조량 감소로 2018~2019년이 금융위기 이후 이어진 조선업종 위기의 마지막

2부 업종별 개요, 특징 및 트렌드 분석

고비가 될 것으로 보인다. 2016년 수주절벽이 현실화하면서 일감 부족으로 인한 실적 악화가 2019년까지 지속될 것으로 보이지만 2017년부터 점진적으로 증가하고 있는 수주량의 영향과 환경규제 강화에 따른 신규 선복투자 증가 등으로 건조량도 점차 증가하며 안정세가 찾아올 것으로 전망된다.

우리나라에 근대적인 개념의 조선 산업은 19세기 말 국내에서 활동을 시작한 일본 조선업자들에 의해 시작되었다. 광복 이후 일본인 소유의 조선소들을 인수하면서 조선 산업의 성장 기틀을 마련하게 되었지만 곧 이어 6.25전쟁이 발발함에 따라 주요 산업시설과 많은 선박이 피해를 입게 되며 조선 사업의 원활한 성장이 어렵게 됐다. 그러나 전쟁 이후 군수물자와 원조물자 수송이 증가되면서 해운업과 함께 조선업도 점차 회복되었고, UN군의 긴급 수리공사 주문이 늘면서 강선 수리능력을 보유한 조선소는 활기를 찾게 되었다. 또한, 이 시기에 수리선의 대부분은 용접선이었기 때문에 용접에 관한 지식과 기술이 향상되는 계기가 되었다.

1960년대에는 경제발전 5개년 계획으로 원양어선을 비롯하여 각종 수산업도 발전함에 따라 선박의 국내 수요가 급격히 증가되었다. 1962년에 대한조선공사의 시설확장 및 근대화 계획으로 비효율적인 선박엔진을 신규 디젤엔진으로 교체하는 등 연간 6만 6천여 톤의 선박을 건조할 수 있게 되었다. 조선기술의 수준이 급속히 향상되면서, 국제적 선급협회로부터도 조선기술을 인정받아 수출산업으로서의 기반을 마련한 동시에 블록 건조공법의 정착 및 세계 수준의 국산 조선기자재와 용접기술 확보로 선박의 국산화가 이루어졌다.

한편, 2차 세계대전 이후 중화학공업의 발전으로 원자재와 석유 수요 급증 등 물동량 증가에 따라 세계적으로 해운업이 성장하게 되었고, 1967년 수에즈운하 폐쇄로 20만 DWT급의 초대형 유조선 수요가 급증하면서 선진국의 조선업체는 100만 DWT급 이상의 초대형 도크 건설을 하는 등 경쟁적인 시설 확장을 진행하고 있었다. 국내의 경우 1973년에 현대중공업이 울산에 대규모의 조선소를 준공하면서 초대형 유조선 VLCC 시장에 본격적으로 진입하게 되었다. 1차 오일쇼크로 세계 경제가 침체되면서 조선 산업 역시 침체 국면에 접어들었고, 1980년대에 당시 세계 최대의 조선 강국이었던 일본이 공급과잉에 대한 우려로 건조능력을 축소하게 되었다. 일본 조선 업계는 생산인력 노령화와 엔고로 경쟁력을 점차 잃고 있었지만 국내에선 이 시기에 과감한 설비투자를 통해 지속적인 기술개발과 설비확장으로 성장을 위한 도약을 하고 있었다. 1997년 IMF 금융위기의 여파로 대우그룹이 구조조정을 받는 위기가 있었지만, 새로운 공법 개발과 제품의 고부가가치화 실현을 바탕으로 한국조선업은 IMF체제를 계기로 세계 1위 조선국으로 도약할 수 있는 결정적 계기를 마련하게 되었다.

특징

조선 산업은 평균 수명이 25년 정도인 선박을 기준으로 단기적으로 3~5년, 장기적으로 20~25년을 호·불황이 반복이 되는 경기순환형의 특징을 가진다. 세계 조선 산업은 단일 시장으로 수입규제가 거의 없고, 세계 경기에 따른 해상물동량, 운임 변동 및 선박금융 등에 영향을 받는 해상운송 산업과 가장 밀접하게 연관되어 있다. 현재 조선 산업의 주요 원재료인 후판은 국내 철강업체인 포스코, 동국제강, 현대제철에서 주로 공급받고 있으며, 부족물량은 일본과 중국에서 수입하고 있다.

조선 산업은 각종 선박, 해양구조물 및 관련 기자재의 연구 개발부터 설계, 생산 및 IT 기술 적용에 이르기까지 높은 기술력을 요구하는 지식 기반형 산업으로, 건조공정이 다양하고, 대형 구조물에 따른 자동화가 어려워 기능 인력이 필요하다. 또한 선대, 도크, 크레인 등 대규모 설비가 필요하고, 대략 1.5년의 장기간이 요구되는 선박 건조에 소요되는 각종 자재, 인건비 등의 운영자금이 필요한 자본 집약적 산업이기 때문에 신규 및 후발업체의 진입이 어렵다. 국가적으로는 전·후방 산업인 철강, 기계, 전기, 전자, 화학 등에 연관효과와 고용창출 효과가 높은 산업이므로 국가 경제에 미치는 영향이 크다. 조선업체들은 도크 설비가 필수이므로 부산, 경남 및 전남 등의 해안지역에 대형 조선업체가 입지해있고, 해안 인접지역에는 중소업체가 입지해있다. 조선업은 중소업체가 98% 비중을 차지하지만, 생산에서는 약 14.3%의 비중을 차지해 대기업의 지배력이 높은 산업이다.

선박은 사용목적에 따라 상선, 함정, 어선, 특수 작업선으로 크게 구분할 수 있다. 상선은 화물의 종류나 특성에 따라 탱커선, 겸용선, 건화물선, 여객선으로 구분되며, 그 중 탱커선은 원유, 가스 등을 운반하는 선박이며, 겸용선은 한 가지 종류만의 화물을 운반 시 운임 시황에 따른 위험을 대비하기 위하여 2종류 이상의 화물을 운반하는 선박을 말한다. 건화물선은 석탄, 철광석, 곡물 등을 운반하는 벌크선과 TV, 냉장고, 잡화 등 산업재나 완제품을 규격화된 컨테이너에 넣어 운반하는 컨테이너선 등의 선박이 포함된다. 해상화물 운송에 필요한 상선을 중심으로 세계 조선업계가 성장해 왔으며, 최근 해양플랜트와 크루즈선의 비중도 높아지고 있다.

【선박의 종류】

구분			세분류
상선	탱커	원유운반선	원유
		정유운반선	휘발유, 경유, 중유 등
		화학제품운반선	Sulphur, Naphtha 등
		가스운반선	LPG, LNG
	겸용선	복합수송선	광석 석유, 광석 곡물 등
	건화물선	산적화물선 벌크선	석탄, 철광석 등 원자재 및 곡물 등
		일반화물선	원료, 완제품 등
		풀 컨테이너선	Container 이외 포장화물 Container
		자동차전용선	각종 차량 등
		다목적선	일반선/벌크선/컨테이너선의 용도가 가능
		냉장선	냉장 및 냉동화물
어선	어로선, 공선, 모선, 운반어선, Trawler, Stern Trawler, 참치선망어선, 유자망어선, 포경선, 어업지도선, 어업조사선		
특수 작업선	수로측량선, 해양관측선, 해저전선부설선, 공작선, 기중기선, Tug Boat, Supply Vessel, 해양오염방제선, 병원선, 시추선, 쇄빙선 등		
함정	전투함, 순양전함, 순양함, 구축함, 원자력 잠수함, 항공모함, 소해정, L.S.T, L.S.M		

조선 산업은 적재화물, 선주의 요구 등에 따라 선박의 종류와 형태가 달라지기 때문에 자동화를 통한 양산이 불가능하고, 설계 능력, 기술력, 인도기간 준수 여부가 수주 실적을 결정짓게 된다.

선주와 계약을 하게 되면 설계, 가공, 조립, 도장, 탑재, 진수, 시운전, 인도의 다양하고 복잡한 건조공정을 거쳐 선박을 제조하게 된다.

【조선업 수주 및 건조 프로세스 한국조선협회**】**

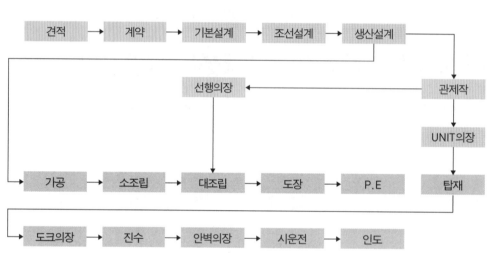

대부분 선박의 수주와 발주는 세계 경기에 따라 좌우되지만 선박의 종류에 따라 다른 변동 요소들을 갖는다. 벌크선의 경우 철광석, 곡물 등의 원자재 수급 상황에 따라 수요가 변동하며, 유가에 따라 탱커선 및 해양플랜트 수요변동, 소득 수준에 따르는 크루즈선 여객선 수요변동 등 선종별로 차별된 수요가 나타나는 특성도 가지고 있다.

선박은 고가이면서 장기의 건조기간이 소요되므로 선주는 조선사의 공정 진행에 따라

2부 업종별 개요, 특징 및 트렌드 분석

대금을 지급하고 있으며, 대금지급은 스탠더드, 해비 톨, 톱 해비 방식이 있다.

　해비 톨 방식은 선박 인도 시점에 대부분의 선박 대금을 지급하기 때문에 유동성 능력이 요구되며, 톱 해비 방식은 선주가 계약시점에 대부분의 선박 대금을 지급하여 조선사의 초기 현금유입이 크지만 선박 할인율이 높기 때문에 수익성 저하의 우려가 있다. 해비 톨, 톱 해비 방식은 선주와 선사 모두 유동성 부담이 높기 때문에 계약, 블록 제조, 블록 조립, 진수, 인도의 과정에서 각각 선박대금의 20%씩 지급하는 스탠더드 방식이 가장 많이 사용된다. 이런 대금회수 방식은 인도 이전까지 무역수지에 자산과 부채로 함께 반영되어 국제수지에 영향을 주지 못하고 선박이 인도 되어야 잔금과 기존의 선수금이 자산으로 계상되며 무역수지에 반영되는 특징이 있다. 조선사들은 선박대금이 대부분 달러로 결제되기 때문에 선박대금을 수령하는 시점의 환율에 따른 수익성의 영향으로 파생상품을 통해 환 헤지를 하고 있다. 결국 조선사가 환 헤지를 위해 매도한 선물 환을 매입한 은행은 달러를 국외에서 단기 차입을 하게 되므로 결국 자본수지에 영향을 주게 된다.

　선박가격의 일정액을 선수금으로 수령하는 조선업체들은 호황기에는 선수금 유입으로 부채비율이 높아지지만 불황기에는 부채비율이 낮아지게 되므로 부채비율을 보고 안정성을 판단하는 것은 어렵다. 그래서 조선업체의 재무상태는 부채비율, 순차입금, 선수금의 사용처와 유보율 등을 면밀히 분석해야 하며 파생상품의 회계처리에 대한 자산 및 부채의 변동도 주의 깊게 보아야 한다. 선박의 가격도 다른 제품과 마찬가지로 수요와 공급에 의해 결정되지만, 공급의 경우 선박 건조기간이나 건조설비 증설이 오래 소요되기 때문에 비탄력적인 특징을 가지고 있다. 이런 특징으로 호황기에 발주량이 증가해도 건조능력이 부족해 선박의 가격이 상승하게 되고, 신규업체 진입과 기존 업체의 건조능력 증설이 이루어진다. 불황기의 경우 발주량이 감소하며 증가 된 건조능력으로 업체들의 수주경쟁이 치열해지며 선박가격이 하락하게 된다. 세계적으로 조선 산업은 군함, 잠수함, 항공모함 등 방위

산업의 전략적 중요성 때문에 유지할 수밖에 없는 특징도 가지고 있다.

경쟁 및 기회

신규수주가 증가하고 신조선가에 영향을 미치는 해상운임과 중고선가가 바닥권에서 반등했다. 한국 대형조선사들의 2년 내외의 일감 확보도 선가상승으로 이어질 것으로 보인다. 후판 등 원자재가격 상승도 선가인상 명분으로 충분하지만 충분히 해소되지 않은 글로벌 과잉 건조 CAPA와 조선사 간 경쟁심화는 지속될 것으로 전망된다. 달러선가 기준으로는 LNG선을 제외한 대부분의 선종에서 선가상승이 나타났지만 원/달러 환율을 감안한 원화선가는 2016년 말 대비 0.8% 하락했고 LNG선과 컨테이너선 등도 2016년 말 원화선가를 회복하지 못했다. 신조선가의 후판가격은 그동안 방향성이 대체로 같았다. 이는 조선사들이 후판가격 상승분을 선박가격에 전가하면서 신조선가 상승으로 이어져왔기 때문이다. 그러나 후판가격 상승분을 선가에 완전히 전가하는데 실패하면서 수익성이 오히려 훼손되었다. 원/달러 환율 하락은 원화선가 하락으로 이어져 매출액과 이익 모두 부정적 영향을 미칠 것으로 보인다.

2019년 신조선 발주는 2018년 대비 12.3% 증가한 3,440만 CGT 수준이 될 것으로 보인다. LNG선과 컨테이너선 발주가 내년에도 강세를 이어갈 것으로 보인다. 선박수요의 핵심변수 중 하나인 해상물동량은 글로벌GDP성장률과 직접적인 관계가 있다. 2000년 이후 해상물동량 증가율은 글로벌GDP성장률의 약 1.1배 수준으로 증가했다. 2017년 평균 수준을 회복했었던 해상물동량은 2018년 다시 0.8배 수준으로 하락하면서 선박수요 증가도 제한하게 될 것으로 판단된다.

2015년 하반기부터 2016년 말까지 중단 상태였던 해양플랜트시장의 발주가 국제유가 상승과 주요 해양 프로젝트들의 원가절감으로 재개되고 있다. 현대, 삼성, 대우 등 한국의 Big3 조선사는 2017년 하반기 이후 6건의 중대형 생산설비 신조 프로젝트 중 단 한 건만 수주하면서 충격에 빠진 분위기다. 특히 싱가포르의 Sembcorp Marine이나 중국의 cosco 가 해양생산설비 시장에 본격적으로 참여하면서 M/S하락과 함께 레퍼런스를 쌓기 위한 저가입찰이 한국 조선사들의 발목을 잡을 것으로 보인다. 실제 John Castberg 프로젝트 하부구조물을 수주한 Sembcorp Marine의 입찰가격은 한국 Big3 대비 약 20% 낮았던 것으로 알려지면서 신규 진입자들과의 경쟁으로 한국 조선사들이 수주에 성공하더라도 일부 수의계약을 제외하고는 수익성 악화에 대한 우려가 염려되는 상황이다.

가스선과 해양설비 중심의 발주 움직임 확대

무역 분쟁과 일부 신흥국의 경기 우려감 등으로 2018년 현재까지 탱카와 벌커의 발주는 주춤하다. 하지만 LNG선, LPG선, 컨테이너선 등 한국 조선소가 경쟁 우위인 선종의 발주가 늘어나며 경쟁사 대비 차별화된 수주실적을 보이고 있다. 한국 주요 조선소의 가스선 수주 소식이 이어지며 해양생산 설비 수주도 추가할 가능성이 높은 상황이다. LNG선 운임 급등과 운임 상승과 미국에서 에탄 수출의 증가에 따른 관련 선박의 수요 증대에 한국 주요 조선소가 최대 수혜를 입을 것으로 보인다.

조선소 수익성 개선

희망퇴직 비용과 강재 가격 추가 인상에 따른 원가 반영 등 일회성 요인 인식으로 실적 개선의 폭은 크지 않아 보이지만 원/달러 환율의 평가절하가 이어지면서 실적 개선에도 일부 긍정적으로 작용하고 있다. 수주측면에서도 원화가 약세인 구간에서 수주인식하면 수익성 개선을 가져갈 수 있어 대부분의 조선소가 수익성 측면에서도 개선되고 있는 것으로 추정된다.

연비 경쟁과 환경규제 강화

IMO 국제 해사 기구 규제 내용의 상당부분은 ICAO 항공산업국제기구 의 규제 움직임과 유사하게 흘러가고 있다. 이는 항공산업에서 보인 연비경쟁과 환경규제의 강화는 조선업의 향후 전망과 선박 교체 사이클을 미리 짐작할 수 있게 해 준다. 보잉과 에어버스는 2000년 이후 18년간 지속된 주가 상승세를 보이고 있으며 이는 항공사들의 경쟁적인 항공기 교체 수요가 보잉과 에어버스 두 기업에 집중되어 나타난 현상이다.

해운업은 리먼사태 직후 선박의 운항 속도를 늦추면서 선박의 교체를 일시에 늦추는 움직임을 보였다. 거기에 한국 조선업은 비주력분야인 해양플랜트 사업을 과도하게 늘리면서 수익성이 크게 훼손되었다. 선박 연료는 LNG로 달라져가면서 선박 교체수요는 더욱 부각되고 있으며 한국 조선업은 해양산업에서 벗어나 선박 기술진화에 집중하는 모습을 보이고 있다. 한국 조선업은 보잉과 에어버스가 앞서 보여주고 있는 장기적인 성장 움직임을 보여줄 것으로 기대된다.

중공업 산업의 기술 통합

전 세계 중공업 산업은 소수의 기업들이 원천기술을 기반으로 세계시장을 석권하고 있다. 한국의 조선산업은 최근 18년간 항공산업과 중공업 기업들의 변화와 흐름을 통해 선박 교체수요와 기술을 기반으로 조선소들 간의 차별화가 진행될 것으로 보인다.

중국과 일본 조선산업은 선박분야에 숙련된 기술인력이 없어 진화되고 있는 선박의 기술을 따라가지 못하고 있다. 이에 반해 한국 조선산업은 전 세계에서 유일하게 선박분야 원천설계기술을 갖고 있어 글로벌 항공사들이 보잉과 에어버스에 신형 항공기 발주를 계속 늘려왔듯이 전 세계 해운사들도 연비개선과 환경규제에 맞춰 제작된 선박의 발주를 계속 늘려갈 것으로 기대된다. 글로벌 해운산업은 연료가 달라지는 등 과거에 볼 수 없었던 새로운 변화들이 계속해서 나타나고 있어 완벽한 기본설계능력을 갖춘 한국 조선산업은 글로벌 중공업기업들처럼 장기적이고 차별적인 성장을 보여줄 것으로 전망된다.

중국 조선업의 몰락

중국이 선박건조능력에 한계를 드러내고 있다. 중국 상위 조선소 중 하나인 후동중화조선이 2016년에 인도한 LNG선이 엔진결함 등을 이유로 두 달째 선박운행이 멈춰있어 문제가 심각한 것으로 전해지고 있다. 이는 중국 조선업이 기본설계능력의 한계와 부족한 설계인력으로 벌크선과 탱커의 예정된 납기와 정해진 원가에 정상인도된 사례가 없다는 것에서도 예측할 수 있는 부분이다. 중국 벌크선은 인도되자마자 중고선가격이 50% 폭락하는 경우도 빈번하고 선박 인도량은 2012년을 정점으로 계속 감소하는 추세다. 전 세계 벌크선 수주잔고의 2/3를 중국이 갖고 있어 중국의 건조지연과 인도량 감소는 벌크선의 공급 둔화로 이어질 수밖에 없는 상황이다. 세계 드라이벌크 물동량이 견조한 증가추세를 보이고 있는 것을 감안하면 중국의 선박 건조지연 및 인도량 감소는 BDI의 중장기적인 상승은 불가피하다고 볼 수 있다. 그리고 이는 벌크선의 발주수요 증가로 이어질 것이다. 벌크선은 1만 척을 상회하는 커다란 시장으로 벌크선 분야도 LNG추진선과 같은 새로운 기술수요가 높아지면서 중국 조선업체로의 발주물량 감소가 가속화 될 것이다. 과거 50%에 달하는 벌크선 건조 마진과 동일 선종의 반복 건조, 선가 상승, 높은 도크 효율성 등으로 수익성을 극대화했던 한국의 조선업계가 벌크선을 주력선박으로 고려할 가능성이 높아지고 있는 상황이다.

8장

• • •

음식료, 주류,
의류, 유통, 제약,
화장품업종

01 | 음식료
업종

음식료업종 Summary

음식료 업종은 경기에 영향을 크게 받지 않고, 음식 특유의 '맛'을 통해 소비자 미각을 자극하기에 상품의 충성도도 높다. 본래 국제곡물가격과 환율에 큰 영향을 받는 특징이 있고, 물가안정 정책 때문에 정부의 규제를 직접적으로 받고 있다. 전체적으로 국내 시장은 성숙기에 접어들었고, 유통업체의 성장에 수익성을 위협받고 있다.

음식료는 인간이 생존하기 위한 기본적인 생필품이다. 우리나라가 가난하던 시절에 음식료는 맛이 아니라 단순히 싼 가격으로 선택받았다. 하지만 경제성장을 이루게 되면서 사람들은 점점 음식료를 단순히 생존 때문이 아닌 맛과 즐거움을 느끼기 위한 것으로 인식하기 시작했다.

세부적으로 보자면 1960년대 이전에는 기본적인 농·수·축산물과 밀가루, 설탕 등을 만드는 업체들이 성장하는 시기였다. 이 시기에 제당업의 선두주자인 CJ제일제당이 탄생했다. 1970년대에 들어서는 제빵, 제과, 제면을 만드는 기술이 발달하면서 다양한 맛을 낼 수 있는 음식료 제품들이 등장했다. 1980년대 이후로는 유가공, 육가공 등 가공 기술이 발달하면서 맛이라는 요소가 점점 더 음식료 산업에 중요한 요소로 떠오르기 시작했다. 2000년 이후로는 맛뿐만 아니라 건강에 대한 관심이 높아져서 '웰빙'이라는 단어가 우리나라 사람 모두에게 어색하지 않은 단어가 되었다. 이제는 음식료 산업에 속한 기업들은 '어떠한 맛으로 소비자에게 다가갈 것인가'라는 문제와 '어떻게 만들어 소비자들의 건강을 책임질 것인가'라는 물음을 동시에 고려해야 하는 시대가 되었다.

업계 구도

음식료 산업은 농업이나 축산업, 어업을 통해 얻어진 농·수·축산물을 가공, 판매하거나 음료 및 식품을 제조하는 산업이다. 음식료 업종은 크게 식료품 제조업과 음료품 제조업으로 분류할 수 있다. 식료품 제조업은 제분, 제당, 전분/전분당, 조미료, 대두가공 등을 생산하는 식품소재업과 육가공품, 제과, 수산가공, 냉동식품 등 최종 소비제품을 생산하는 식품가공업으로 나뉜다. 음료품 제조업은 음료 및 주류로 나눌 수 있다.

【음식료 산업 분류】

음식료업	식료품 제조업	**식품소재업** 제분, 제당, 전분/전분당, 대두가공 등
		식품가공업 유가공, 육가공, 수산가공, 제과, 제빵 등
	음료품 제조업	**음료** 탄산음료, 주스, 생수 등
		주류 소주, 맥주, 막걸리 등

식품소재업은 곡물을 대량으로 수입, 가공하여 중간제품을 생산해야 하기에 대규모 공장이 필요한 장치집약적 산업이며 주요 소비층은 일반적인 소비자가 아니라 식품가공을 하는 업체가 된다. 즉, B2B적인 측면이 강하다. 장치집약적이기에 자본력이 뒷받침 되어야 하고 또한 주요 고객이 식품가공업체이기 때문에 유통망이 상당히 잘 갖추어져 있어야 한다. 이는 진입장벽으로 작용하여 식품소재업은 소수의 대기업들이 독과점 구조를 이루며 장악하고 있다.

제당은 CJ제일제당, 삼양사, 대한제당의 3사 과점체제이며, 제분은 CJ제일제당, 대한제분, 한국제분 등 7개사가 경쟁하고 있다. 전분당은 대상, 삼양사, 콘프로덕츠코리아, CJ제일제당의 과점체제이며, 대두유 사조해표, CJ제일제당 와 발효조미료 대상, CJ제일제당 는 복점체제이다.

반면, 배합사료 부문은 농협이 시장의 30%를 점유하고 있는 가운데 제일사료, 팜스코, 서울사료, 팜스토리 등 40여 개사가 경쟁하고 있는 완전경쟁체제이다. 사료산업이 완전경쟁체제인 이유는 곡물가공업체처럼 제품을 소수의 기업에게 판매하는 형태가 아니라 다수의 영세 농·축산물 가구에게 판매하는 특성상 판매처를 구하기 쉬워 진입장벽이 낮기 때문이다.

식품가공업은 식품소재업 등으로부터 공급받은 원재료를 이용하여 최종적인 음식료품을 만드는 산업이다. 실제로 일반 소비자가 접하는 대부분의 음식품은 식품가공업에서 생산한 것이다. 식품가공업은 건과, 빙과, 라면, 육가공, 유가공, 수산물가공 등 다양한 분야로 이루어진다. 이 중 육가공 및 수산물가공 산업은 다수의 사업자가 난립해 경쟁이 치열하다. 반면, 건과 롯데제과, 오리온, 해태제과, 크라운제과 , 빙과 롯데제과, 빙그레, 롯데푸드, 해태제과 , 라면 농심, 오뚜기, 삼양식품, 팔도 산업은 소수 업체가, 유가공 산업은 7~8개 업체 남양유업, 매일유업, 빙그레 등 가 과점하고 있어 경쟁강도가 세지 않다.

산업 특성

1) 소비의 탄력성이 낮다. 경기에 큰 영향을 받지 않는다

음식료 산업의 가장 큰 특징은 경기의 영향을 별로 받지 않고 항상 일정한 소비가 이루어진다는 것이다. 인간의 가장 기본적인 욕구인 '먹는 것'과 직접적인 관련이 있기 때문이다. 음식료 산업 중에서도 세부업종에 따라 차이는 있겠지만 전반적으로 음식료 산업은 경제불황이 온다고 해도 기본적으로 인간은 먹어야 살기 때문에 그리 큰 영향을 받지 않는다. 또한 호황기에도 한 끼 먹는 것을 두 끼씩 먹는 것은 아니기 때문에 다른 업종에 비해서 매출액이 크게 증가하는 편은 아니다. 다만 최근에 '건강'에 대한 관심이 점차 증가하여 웰빙상품이 많이 출시되고 있다. 웰빙상품은 보통 가격이 높은 경우가 많아 이 상품들은 다소 경기에 영향을 받는 측면이 있다.

2) 수익성은 국제곡물가격과 환율에 영향을 받는다.

국제곡물가격이 상승하면 당연히 식품소재업은 주 원재료가 곡물이기 때문에 직접적으로 수익에 타격을 받는다. 우리나라는 농수산물의 자급도가 낮기 때문에 원재료의 대부분이 수입되고 있는 실정이다. 글로벌 4대 곡물메이저는 카길 Cargill , ADM Archer Daniels Midland , LDC Louis Dreyfas, 루이 드레퓌스, 벙기 Bunge 로서 전 세계 곡물 교역량의 80%를 점유하고 있다. 과점화된 곡물시장에서 우리나라 업체들은 주어지는 곡물가격을 그대로 수용할 수밖에 없는 입장이다. 만약 곡물가격이 상승하면 식품소재 기업들 역시 제품가격을 전가한다. 그러면 식품가공업체의 수익성에도 타격을 받게 된다. 결국 국제곡물가격이 오를 때 그 가격전가를 제대로 하지 못하면 음식료 업체의 수익성이 악화된다.

또한 환율이 상승하면 수입원재료의 가격은 상승한다. 물론 이는 모든 산업에 해당하는 얘기이다. 환율 상승이 수출을 하는데 있어서는 판매가격을 낮추어 수출에는 플러스 요소로 작용할 수도 있지만, 대부분의 음식료 업체는 내수의 비중이 수출 비중보다 훨씬 크기 때문에 환율이 상승하면 손실을 보게 된다.

3) 정부의 규제를 많이 받는다.

음식료 산업은 인간의 생활에서 가장 필수적인 상품을 생산하는 업종이다. 따라서 물가안정을 위해서 정부가 가격을 통제하려고 한다. 따라서 국제곡물가격이나 환율 등에 의해서 원가가 상승했다고 해도 가격을 바로 인상하기는 어렵다. 그렇다고 음식료 업체에게 무조건적인 희생을 강요할 수도 없어 장기적으로 보면 음식품 가격은 결국 오르게 된다. 다만 원가가 상승했다고 해도 바로바로 음식품의 가격을 올리지 못하는 시차가 발생할 수 있으며, 정부의 물가정책에 직접적인 영향을 받고 있는 것은 사실이다.

4) 상품에 대한 충성도가 높다.

음식료 산업은 세부업종에 다소 차이가 있겠지만 대체로 중장기 투자에 적합하다고 할 수 있다. 그 이유는 여러 가지가 있겠지만 그 중에서 가장 핵심적인 이유 하나만 들자면 '상품에 대한 충성도가 높고 오랜 시간동안 지속된다.'는 점이다. 음식료는 '맛'이라는 미각을 자극하는 독특한 요소를 가지고 있어 사람들이 한번 그 '맛'에 빠지면 반복 구매할 가능성이 높다. 또한 '입맛'이라는 것은 그리 쉽게 변하지 않는다. 따라서 다른 업종의 상품에 비해서 히트 상품이 나오면 그 수명이 긴 편이다.

그 대표적인 예로 코카콜라를 들 수 있다. 코카콜라는 1886년에 최초로 제조된 이후로 아직까지도 그 명성은 이어지고 있다. 국내에서는 1950년대에 제조된 롯데칠성음료의 '칠성사이다'가 아직도 잘 팔리고 있다. 1982년에 출시된 동원참치 역시 참치캔 시장점유율에서 부동의 1위 자리를 지금도 변함없이 지키고 있다. 1986년 출시된 농심의 '신라면' 역시 마찬가지다. 출시 이후 끝없는 품질관리와 마케팅 등도 장수 히트상품이 될 수 있었던 주요 요인이지만 '입맛'이라는 것이 가장 중요한 요인이라는 것은 부인할 수 없는 사실이다.

5) 유통업체의 성장이 음식료 기업들에게 악영향을 줄 수 있다.

우리나라의 음식료 제품들은 주로 백화점, 할인점, 기업형슈퍼마켓, 편의점 등에서 판매되고 있다. 개인이 운영하는 슈퍼마켓의 판매 비중은 갈수록 줄어들고 있다. 그 중에서도 가장 대표적인 유통망은 할인점이다. 지금은 할인점이 없는 곳이 없을 정도지만 국내 최초의 할인점인 이마트 1호점이 Open한 것은 불과 25년 전인 1993년이다. 그 25년이 지나는 동안 음식료 유통은 완전히 유통기업의 손으로 넘어갔다고 해도 과언이 아니다.

이러한 유통업체의 성장으로 음식료 업체들은 유통업체들과의 가격협상력에서 을의 위치에 있을 수밖에 없다. 유통업체들이 정한 납품가에 납품할 수밖에 없게 된 것이다. 또한 행사 등 유통업체들이 판촉을 하기 위해서 음식료 가격을 낮춰서 팔 때도 그 손실은 음식료 업체들이 많이 부담하게 된다. 결국 유통업체의 성장이 음식료 기업들의 수익성을 저하시키고 있는 것이다.

물론 음식료 업체들 중에서 강력한 히트상품을 바탕으로 유통업체와의 교섭력에서 강력함을 보이는 업체들도 많이 존재한다. 이러한 점은 음식료 산업에서 일종의 진입장벽으로 작동한다. 즉 소비자의 충성도가 매우 높은 제품을 보유한 음식료 업체들은 소비자가 많이 구매하여 매출도 많을 뿐더러 유통업체와의 협상에서도 힘을 받을 수 있어 수익성 또한 우수한 것이다. 즉, 부익부 빈익빈 현상이 음식료 산업 안에서 발생하고 있다.

최근에 그러한 현상은 더욱 더 강화되고 있다. 할인점이나 편의점 등에서 PB Private Brand : 자체 브랜드 상품의 판매가 해마다 늘어나고 있기 때문이다. 이마트의 경우 2005년도에 5% 정도를 차지하던 PB상품의 비중은 2017년에 20% 이상으로 증가했다. PB상품들은 제조업체가 생산하지만 낮은 가격에 유통업체에 공급하고 유통업체가 자체브랜드를 붙여 판매하는 상품이다. 물론 PB상품을 제조하는 업체 입장에서 본다면 마케팅비용이 줄어들고 안정적인 매출액을 올릴 수 있다는 장점이 있고, 중소기업의 입장에서 보면 새로운 기회라고 볼 수 있다. 하지만 음식료 산업 전체로 보면 제품들 중에서 PB상품의 판매 비중이 점점 늘어날수록 낮은 가격에 공급해야 하기에 수익성은 낮아질 가능성이 있다. 결국 소비자들에게 직접적으로 어필할 수 있는 다양한 브랜드와 음식료 제품을 보유한 업체들이 타업체 대비 경쟁력을 가질 수 있다.

6) 음식료업종은 성숙기 산업이다.

음식료 업종은 인간의 필수소비재이긴 하지만 식욕이라는 것은 어느 정도 그 욕구가 충족되면 사람들이 돈을 더 많이 번다고 해도 그 이상은 소비하지 않는다. 물론 '미각'을 자극하는 독특한 음식이나 인구노령화에 따른 '웰빙식품'이 고품질, 고가격으로 출시되어 음식료 산업의 매출이 성장할 수도 있겠지만 근본적으로는 완전히 성숙기에 들어섰다고 볼 수 있다. 따라서 자신의 소득에 크게 상관없이 음식의 소비량은 일정하기 때문에 소득이 더 증가한다고 해도 그만큼 음식에 소비를 더하기를 기대하기는 어려운 상황이다.

【음식료품 내수출하지수 국가통계포털】

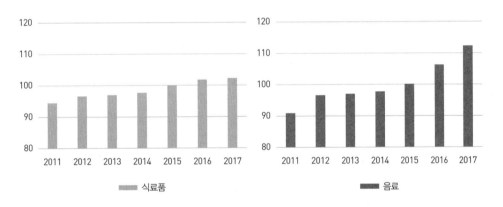

수치로 살펴보면, 2011년부터 2017년까지 식료품의 연평균 성장률은 1.3%로 거의 성장이 정체되어 있는 상황이고 이는 국가 경제성장률보다 낮은 수치이다. 음료의 경우 3.6%로 식료품보다는 높지만 절대적인 수치로 봤을 때는 저성장 산업에 속해있다. 다만 2015년 이후로 커피음료 시장의 급성장으로 성장성이 높아지고 있어 향후 트렌드를 지켜봐야 한다. 이처럼 국내 음식료 시장이 성숙기에 있기 때문에 국내 음식료 업체들은 해외시장 개척 및 고부가가치 제품 개발 등으로 성장 동력을 찾고 있다.

7) 인구 노령화에 따라 건강을 고려한 음식료가 성장할 것이다.

인구구조의 변화는 장기적인 관점에서 의미가 있다. 통계청이 예상한 '장래인구추계'에 따르면 우리나라 인구는 1970년대 2.2%씩 증가하던 상황에서 2015년 현재 0.5%로 인구성장률은 급격하게 감소하였다. 그 결과 2032년부터는 인구성장률이 마이너스로 전환되어 인구가 감소할 것으로 예상되고 있다. 인구가 더 이상 증가하지 않고 향후 서서히 감소가 예상된다는 사실은 음식료 산업에만 타격을 일으키는 것은 아니다. 하지만 음식료산업은 생필품을 생산하는 것이기에 다른 산업에 비해 인구에 더 큰 영향을 받는 것은 사실이다. 현재 시점에서 살펴볼 때 음식료 산업이 다른 산업보다 성장속도가 더딘 요인 중에 인구성장률이 둔화되어 발생한 것도 간과할 수 없는 부분이다.

하지만 인구 증가세 둔화 및 감소는 매우 장기적인 관점이며 인구가 줄어든다고 해도 평균수명이 점점 늘어나고 있기 때문에 인구가 줄어드는 속도는 매우 완만한 속도가 될 것이다. 따라서 인구구조상 앞으로 우리나라의 음식료 산업이 크게 성장하기가 어렵다는 뜻이지 장기적으로 볼 때 산업전망이 어둡다는 것은 아니다.

우리가 앞으로 집중해서 살펴봐야하는 사실은 인구고령화에 따른 식생활 변화가 일어날 가능성이 크다는 것이다. 통계청의 자료에 따르면 1970년대에 0~14세 사이의 인구비중은 43%였고 65세 이상이 3%였다. 2015년에 0~14세는 14%로 1970년에 비해서 무려 29%나 감소했다. 65세 이상은 13%로 1970년에 비해서 10%정도 늘었다. 인구 노령화 속도는 앞으로도 계속 증가하여 2065년에는 65세 이상 인구가 43%나 될 것으로 예상된다. 즉, 건강에 대한 관심이 지속적으로 증가하여 건강에 좋지 않다고 생각되는 음식료품이 줄어들고 건강식품에 대한 수요가 해마다 늘어날 것으로 생각된다. 따라서 이러한 변화에 적응하며 발맞추어 나갈 수 있는 음식료 기업들이 장기적으로 두각을 나타내게 될 것이다.

【연령별 인구 비중 통계청 장래인구추계 】

구분	2015	2025	2035	2045	2055	2065
14세 이하	13.8%	12.1%	11.3%	10.1%	9.4%	9.6%
15~64세	73.4%	68.0%	60.0%	54.3%	51.5%	47.9%
65세 이상	12.8%	20.0%	28.7%	35.6%	39.2%	42.5%

해외시장 진출

인구 증가 속도의 정체, 유통업체의 교섭력 강화 등의 이유로 국내에서 음식료 산업의 성장속도가 둔화되자 많은 음식료 기업들이 해외시장에 진출하고 있다.

【해외국가 진출 사례】

기업	주요 진출국가	제품 및 상품
오리온	중국, 베트남, 러시아	파이, 스낵, 비스켓, 껌
CJ제일제당	중국, 인니, 브라질	라이신, 핵산, 가공식품
롯데제과	중국, 인도, 러시아	파이, 초콜렛, 껌
농심	중국, 미국, 일본	라면

가장 두각을 나타내는 회사는 오리온이다. 2018년 2분기 누적 기준 오리온의 매출액은 9,400억 원인데 이 중 국내 매출은 3,469억 원으로 37%에 불과하다. 같은 기간 중국 매출은 4,565억 원으로 전체 매출의 절반 가까이를 차지하며 베트남, 러시아 등 기타 국가 매출도 1,367억 원으로 15%를 차지한다. 음식료 산업은 전통적으로 내수산업인데 오리온은 국내보다 해외에서 더 많은 매출을 올리게 된 것이다.

하지만 오리온을 제외하고 아직까지 내수실적과 비교해 해외에서 큰 성과를 내고 있는 음식료 업체들은 많지 않은 상황이다. 해외에서 성공하려면 현지인의 입맛이나 식문화, 취향에 맞는 전략을 사용해야 할 것이다. 또한 유통망 확보도 매우 중요한 요인이다. 그리고 중국과 같은 대국의 경우 정치적 관계도 중요하다. 2017년 사드이슈로 국내 음식료업체들의 중국 매출이 줄어든 사례가 그것을 증명한다.

02 | 주류 업종

주류업종 Summary

주류업종은 수출 비중이 작은 내수 산업이며, 주류의 운반과 판매에 정부의 허가가 필요하여 진입장벽이 높다. 또한 경기 불황시에는 소주, 막걸리 등 값싼 주류가 잘 팔리고, 경기 호황시에는 위스키와 같이 비싼 주류가 잘 팔리는 등 주류 종류에 따라 경기민감도가 다르다. 현재 국내 주류시장은 독과점 구조가 형성되어 있지만, 가볍게 술을 즐기는 문화 확산과 해외 주류의 국내시장 진출로 국내 주류업체들은 향후 해외수출 등으로 활로를 모색해야 한다.

주류는 상당한 역사를 가지고 있다. 역사적 기록을 살펴보면 고대사회의 제천의식 등에 주류제조 사실이 기록되어 있다. 근대에 들어서는 1909년 국내에서 처음으로 주세법이 공포되었고 경제가 급격히 발전하던 1970~1980년대에는 국가의 중요 세수원 역할을 하면서 우리나라 성장에 이바지 하였다.

우리나라의 가장 일반적인 술은 소주이다. 어떤 모임이나 회식 등에서 제일 먼저 떠오르는 것이 바로 소주이다. 그만큼 온 국민이 대중적으로 즐겨 마시는 술이다. 소주는 싼 가격과 적당한 도수로 일반 서민들에게 많은 사랑을 받고 있다. 1924년 우리나라 최초의 소주회사인 진로가 만들어졌다. 그 뒤 수많은 소주회사가 생겨났지만 1973년 1도 1사 정책에 따라 각 도마다 희석식 소주회사가 한 개로 제한되면서 각 지방마다 대표 소주가 탄생하게 되었다.

맥주는 우리나라 전통주는 아니지만 현재 대중적인 사랑을 받고 있다. 1933년 오비맥주의 전신인 소화기린맥주와 하이트진로의 전신인 조선맥주가 처음으로 등장했다. 1980년대에 들어서면서 해외 유명맥주들이 한국에 유입되면서 소비자들의 수준은 점점 상승하기 시작했다. 그러한 경쟁 속에서 국내 맥주기업들의 품질이 개선되고 종류가 매우 다양해졌다. 앞으로 FTA가 발효되면 더욱 더 경쟁이 강화될 것이다. 맥주가 대중적인 사랑을 받기 시작한 것은 병 제품에서 벗어나 캔이나 PET방식이 등장한 것에도 영향을 받았다. 캔맥주는 병과는 달리 유통하기가 훨씬 수월하고 깨지지 않아 이동이나 보관이 용이했다. 그리고 2003년부터 PET병 방식의 맥주가 등장함에 따라 대용량 맥주가 유통되는데 큰 기여를 했다.

산업 현황

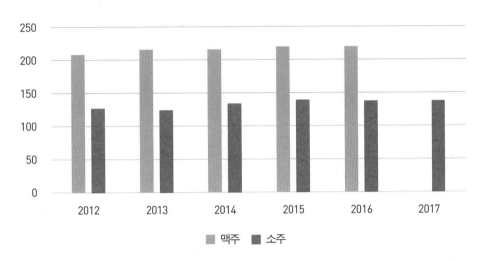

【맥주, 소주 출하량 추이 국세청, 통계청, 단위: 만 ㎘ 】

맥주는 국세청, 소주는 통계청 수치이며, 통계청에서는 맥주 자료를 나타내지 않아서 2018년 10월 현재 맥주의 경우 2016년 수치가 최신 수치

우리나라 주류 시장은 2016년 기준 5.2조 원 규모이며 그 중 국산 주류가 4.4조 원이고, 나머지 8천억 원가량은 수입 주류가 차지하고 있다. 매출액 기준으로 우리나라에서 가장 많이 팔리는 술은 맥주42%와 소주33%이다. 둘을 합치면 약 75%를 넘어선다.

한편 국내산 맥주와 소주의 출고량은 2012년 대비 2016년에 각각 2.6%, 1.9% 감소하였다. 반면 매출액 기준으로 살펴보면, 맥주는 5.1%, 소주는 20.2% 상승하여 가격 인상을 통해 출고량 하락을 방어하고 있는 상황이다. 과점화된 상황 때문에 가격 인상이 가능하지만 판매량이 정체 혹은 감소 추세인 점은 주류 산업이 성숙기 후기 혹은 쇠퇴기에 접어들었다는 것을 방증한다.

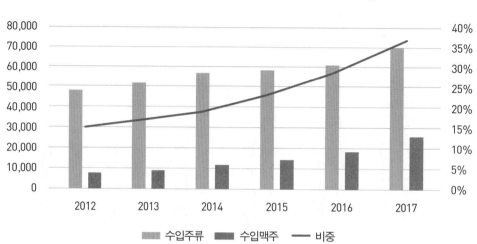

【주류, 맥주 수입액 추이 및 수입맥주 비중 관세청, 단위: 만 달러】

2016년 기준 수입 주류가 국내 시장에서 차지하는 비중은 약 15% 정도이다. 국산 주류 출고량이 정체된 반면, 수입 주류는 2012년 대비 2016년에 113.2%나 증가했다. 매출액 기준으로는 25.3% 상승하였는데, 이 같은 수치를 통해 수입 주류 가격이 떨어지면서 국내 시장 침투에 성공하고 있음을 알 수 있다.

주로 수입되는 주류는 2017년 금액 기준 맥주37.1%, 포도주30.2%, 위스키21.5% 순서이다. 2012년만 하더라도 위스키 비중이 41.9%로 압도적이었으나 저도주를 즐기는 문화 확산 및 수입 맥주 수요 증가로 위스키 비중은 급격히 하락하였다.

맥주의 수입액은 큰 폭으로 늘어나고 있다. 2016년 대비 2017년에 무려 44.9%나 증가했다. 수입맥주는 국내 소비자들에게 예전보다 많이 노출되어 있는 상황이다. 주점뿐만 아

2부 업종별 개요, 특징 및 트렌드 분석

니라 대형마트 등에서 다양한 종류의 제품을 팔고 있고 가격 또한 하락했다. 국내 맥주 제조사들은 해외 맥주 제조사들과 치열한 경쟁을 펼쳐야 하는 상황이다. 앞으로 FTA 체결에 따라 관세가 인하되거나 철폐되면 수입 주류의 성장성은 더욱 더 증가할 것으로 예상된다.

산업 특성

주류업종은 기본적으로 내수산업이다. 과거에는 국내 주류회사들이 해외에 수출하거나 해외에서 수입되는 주류들의 비중이 미미했다. 하지만 점점 주류의 수입이 늘어나고 있으며 FTA 타결로 관세가 인하되거나 철폐되면 주류의 수입은 더욱 더 늘어날 것으로 예상된다. 국내 주류업체들도 이에 따라 내수뿐만 아니라 수출에도 신경을 쓰고 있는 상황이다. 하지만 해외시장에 진출하는 것은 그리 녹록치 않다. 특히나 맥주시장의 경우는 세계에서 가장 규모가 큰 주류이기 때문에 많은 해외 맥주 제조사들이 이미 시장을 선점하고 있는 상황이다. 국내 주류회사들 입장에서 본다면 수입주류가 늘어날 것은 확실하기 때문에 국내에서의 피해를 면하기 어려운 실정이다. 따라서 해외수출에서 얼마나 성과를 낼 것인가 하는 점이 앞으로 중요한 과제가 될 것이다.

주류는 기본적으로 기호품이다. 필수품처럼 꼭 필요한 것은 아니다. 그래서 일반적인 식품과는 달리 주류는 음식료보다는 경기변동에 민감한 것이 사실이다. 하지만 일반적인 사람들이 주류를 통해서 삶을 즐기고 스트레스를 해소하는 측면에서 보면 생활필수품적인 요소도 가지고 있다. 경기민감도는 주류의 종류에 따라 차이가 있다. 경기가 호황일 때는 위스키와 같이 값비싼 주류가 잘 팔리지만 소주와 맥주는 대중적인 술로서 경기변동에 둔감한 성격을 가지고 있다. 경기변동 이외에도 주류는 올림픽이나 월드컵과 같은 스포츠 이벤트, 계절에 따른 수요의 변화 등에 영향을 받고 있다. 보통 여름에는 맥주, 청주, 과실주 등 도수가 낮은 주류의 소비가 늘어나고 겨울에는 소주, 위스키 등 도수가 높은 주류의 소비가 늘어난다.

주류산업은 정부의 규제가 상당히 강한 편이다. 이로 인해 진입장벽이 높은 독과점 형태를 이루고 있다. 주류는 친목도모, 스트레스 해소 등 긍정적인 측면도 있지만 음주운전, 각종 범죄의 시발점, 질병 등 부정적인 요소도 가지고 있다. 이러한 이유로 정부는 주류의 제조, 유통, 판매의 모든 과정에 걸쳐 각종 규제를 가하고 있다. 주종에 따라 각각 개별 면허를 취득해야 주류 생산이 가능한 주종별 면허제도, 주류의 운반과 판매를 위한 면허제도 등의 정부 규제가 있기 때문에 신규진입은 제한적이다. 주류시장의 독과점 구조는 오랜 기간 동안 유지되고 있다. 유통망을 확보하고 브랜드 이미지 구축 및 마케팅 비용에 투자자금이 많이 필요해서 신규진입이 어렵기 때문이다.

업계 구도
국내 주류시장에서 가장 많이 판매되는 주류인 맥주와 소주 시장의 독과점 구조를 살펴보자.

먼저 맥주시장을 살펴보면 하이트진로와 오비맥주가 시장을 완전히 양분했다. 2011년 이후 하이트진로와 오비맥주의 시장점유율 1, 2등이 바뀌긴 했지만 현재까지는 국내 맥주시장은 두 회사가 완전히 장악한 상황이다. 2009년 5월 세계 최대 맥주회사 AB인베브 소유였던 오비맥주는 외국계 사모펀드인 KKR에 인수되었다. 그 뒤 공격적으로 시장점유율을 올리기 시작했고, 결국 오비맥주는 하이트진로에게서 시장점유율 1위 자리를 가져왔다. 2014년 KKR이 오비맥주를 AB인베브에 재매각하면서 오비맥주는 옛 주인에게 되돌아갔다. 한편, 2012년 1월에 롯데그룹이 맥주시장 진출을 선언했다. 롯데그룹의 유통망, 자본, 마케팅 능력 등을 고려해본다면 하이트진로와 오비맥주가 양분한 맥주시장에서 자신들만의 위치를 확고히 하며 향후 맥주시장이 3사 체제로 돌입할 가능성이 높다고 판단된다.

【국내 맥주 시장점유율 추이】

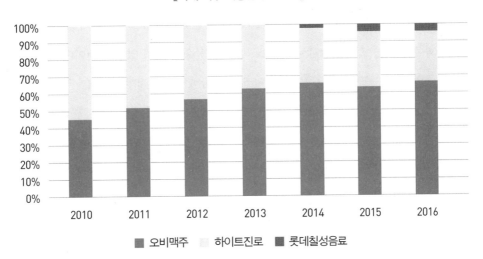

【국내 소주 시장점유율 추이】

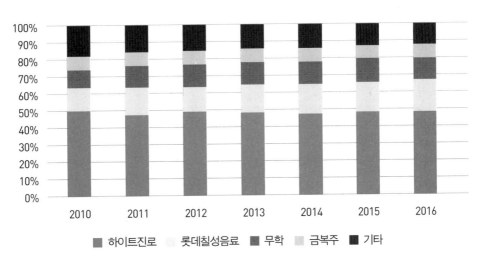

소주시장은 맥주시장보다는 많은 회사들이 있지만 역시 독과점 구조가 이루어져 있다. 점유율 상위 3개사를 합치면 80%의 시장점유율을 보여주고 있다. 또한 각 도마다 대표 소주가 존재하여 각 업체들의 시장지배력이 확고하다. 다만 업체 내에서 점유율 변화가 존재한다. '참이슬'의 하이트진로가 시장의 절반을 차지하고 있는 가운데, 강원과 수도권을 기반으로 '처음처럼' 브랜드를 보유하고 있는 롯데칠성음료의 약진이 눈에 띈다. 공고한 브랜드를 바탕으로 2010년 점유율 10%에서 2016년 18%로 점유율을 4% 끌어올렸다. 점유율이 고착화 되어있는 소주시장에서 이 정도 점유율 상승은 의미 있는 수치이다. 반면, 지방기반 소주업체들은 수도권 진출을 위해 마케팅을 강화하고 있지만 '참이슬', '처음처럼' 브랜드를 넘지 못하면서 시장 확장에 성공하지 못하고 있다. 향후 수도권의 인구 및 소득 성장률이 지방 대비 높을 것으로 예상되기 때문에 하이트진로와 롯데칠성음료는 우호적인 산업 환경을 맞을 것으로 예상한다.

가볍게 즐기는 음주문화 정착

주류도 트렌드의 영향을 받고 있다. 그간 과도한 음주문화는 점점 사라지고 있으며 가볍게 술을 즐기는 문화가 점점 확산되고 있다. 또한 여성들의 사회진출로 여성 음주인구가 늘어나자 점차 도수가 낮은 저도주 및 저칼로리 식이섬유 제품들이 많이 등장하고 있다. 특히 소주의 경우 2000년대 30도에 육박하던 도수가 2010년 이후에는 20도 이하로 떨어졌다.

도수가 높은 위스키의 경우 매출이 줄어들고 있다. 맥주는 원래 낮은 도수의 주류이기 때문에 특별히 도수를 조절하는 모습은 나타나지 않지만 기존의 맛에서 벗어나 다양한 원재료를 가미한 제품들이 속속 나오고 있다.

수입맥주 관세율 인하 및 철폐

과거 EU, 미국, 중국과의 FTA체결은 주류 수입이 늘어나는데 큰 도움을 줬다. 주류 수입에 부과되었던 관세가 서서히 인하되었기 때문이다. 2018년에는 EU와 미국 수입 맥주에 대해 관세 철폐가 예정되어 있다. 국내 대형 맥주 3사는 이에 대응하기 위해 본인들이 직접 맥주 수입에 경쟁적으로 나서고 있다. 하지만 이는 근본적인 해결책이 될 수 없다고 지적한다. 제품 경쟁력을 높여 다양하고 맛있는 맥주를 만들어서 소비자의 선택을 받아야 한다는 것이다. 그러나 일각에서는 국내 업체들에게 불리한 주세 구조를 지적한다. 수입맥주의 경우 수입신고가와 관세가 과세표준이 되지만, 국산맥주는 제조 원가에 판관비와 이윤까지 더한 금액을 과세표준으로 정하고 있기에 가격경쟁력에서 밀릴 수밖에 없다는 이야기이다. 이러한 상황에서 맥주 수입은 계속될 것으로 예상되며, 국내 업체들은 해결방안을 모색해 이 위기를 타개해 나가야 할 것이다.

【국내 맥주 수입국 관세율 변화 관세청】

연도	유럽연합		미국	중국
	상반기	하반기		
2012	26.2%	22.5%	25.7%	30.0%
2013	22.5%	18.7%	21.4%	30.0%
2014	18.7%	15.0%	17.1%	30.0%
2015	15.0%	11.2%	12.8%	28.5%
2016	11.2%	7.5%	8.5%	27.0%
2017	7.5%	3.7%	4.2%	25.5%
2018	3.7%	0.0%	0.0%	24.0%

03 의류 업종

의류업종 Summary

　의류업종은 경기에 민감한 성숙기 산업이며, 진입장벽이 낮아 경쟁이 매우 치열하다. 의류산업은 의류제조업과 의류브랜드업으로 나뉘고, 의류브랜드 회사의 경우 브랜드 창출 및 관리 능력이 중요하다. 또한 재고자산의 가치가 빠르게 감소하기 때문에 수요예측 능력과 적시에 팔 수 있는 마케팅 능력이 중요하다. 한편, 경험소비 확대와 유통채널 트렌드 변화에 맞춰 의류업체들의 경영 능력이 요구되는 시기이다.

우리나라 의류산업은 1960년대 이후 본격적으로 발전하기 시작했다. 당시에는 섬유산업이 세계적으로 호황을 누려 우리나라의 섬유제품은 수출 효자 상품이었다. 70년대와 80년대를 거치면서 단순히 섬유만 생산하는 것이 아니라 패션브랜드 업체들이 등장하기 시작했다. 캐주얼 '뱅뱅'이나 유아복 '아가방' 등이 이 시기에 런칭됐다. 현재 국내 의류시장은 성숙기에 접어들었기 때문에 국내업체들은 수출을 늘리는데 주력하고 있다.

산업 현황

의류산업은 인간에게 꼭 필요한 생필품을 생산하는 산업이다. 하지만 음식료 업종과는 달리 의류산업은 경기에 민감한 산업이다. 따라서 전체적인 성장성은 경제상황에 많은 영향을 받고 있다.

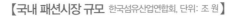

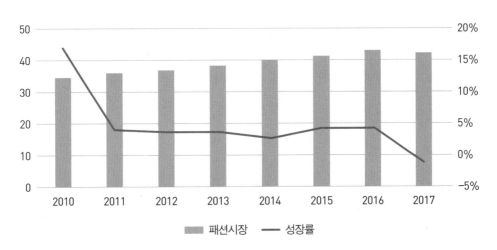

【 국내 패션시장 규모 한국섬유산업연합회, 단위: 조 원 】

국내 패션시장 의류, 가방, 신발 은 2017년 현재 약 42조 원 정도의 규모를 보이고 있다. 2000년부터 2010년까지 연평균 성장률은 5%였으나 2010년 이후에는 연평균 성장률이 3%로 떨어져 저성장 시대에 돌입한 모습이다. 의류산업은 경기에 민감한데, 우리나라가 2011년 이후 저성장 국면에 들어감에 따라 패션산업 역시 성장률이 둔화된 상황이다.

【복종별 시장규모 및 비중 변화 한국섬유산업연합회, 단위: 조 원**】**

구분	2000	2017	시장규모 2017
캐주얼복	22.7%	35.5%	15.1
스포츠복	8.5%	16.7%	7.1
신발	9.3%	15.6%	6.6
남성정장	25.4%	10.0%	4.3
여성정장	26.4%	7.5%	3.2
가방	1.1%	6.6%	2.8
내의	4.1%	5.0%	2.1
유아동복	3.6%	2.9%	1.2

복종별로 보면 의류시장에서 가장 큰 비중을 자치하는 것은 캐주얼이다. 또한 해마다 지속적으로 성장하고 있다. 캐주얼복 성장과 더불어 신발과 가방이 동반 성장하고 있다. 스포츠복 역시 큰 폭으로 성장했는데, 다양한 취미생활을 즐기는 문화가 점차 확산되어 가는 트렌드와 관련이 있다. 남성정장 및 여성정장은 성장세가 꺾이고 있는 상황이다. 점점 격식을 중요하게 여기지 않는 시대의 흐름을 감안한다면 앞으로도 이러한 트렌드는 지속될 것으로 보인다.

업계 구도

의류산업은 효율성을 위해 제품기획 및 디자인과 생산이 분리된 구조이다. 이로 인해 OEM방식으로 의류 생산에 집중하는 의류제조회사와 제품을 기획하고 디자인 및 마케팅을 전문으로 하는 의류브랜드회사로 나눠진다. 대표적인 의류제조회사로는 영원무역, 한세실업, 태광실업 등이 있고, 의류브랜드회사로는 LF, 한섬, 신세계인터내셔날 등이 있다.

의류브랜드 사업의 경우 대규모 자본이 필요하지 않고 아이디어와 인력만 가지고 시작할 수 있으므로 진입장벽이 낮아 수많은 회사들이 진입해 있는 상황이다.

하지만 진입장벽 측면에서는 시장별로 다른 특성을 보이고 있다. 남성복 시장과 내의류 시장은 진입장벽이 높은 것으로 나타나고 있는데, 이는 다른 의류 시장에 비해서 유행에 크게 민감하지 않기 때문에 대량생산체제를 갖출수록 유리하기 때문이다. 특히 남성정장 같은 경우는 브랜드 이미지가 대단히 중요하기 때문에 신규 진입자가 시장에 파고들기는 매우 어려운 상황이다. 따라서 이들 시장은 대기업들이 장악한 상태이고 이 구도는 계속될 것으로 보인다.

여성복과 유아동복, 캐주얼 시장은 유행에 대단히 민감한 시장이다. 특히 캐주얼의 경우는 트렌드 변화의 속도가 의류시장 전체에서 가장 빠르다. 따라서 대량생산체제로 우위를 점하기는 어렵다. 유행의 속도를 맞추기 위해서는 다품종 소량생산 체제의 생산기반이 가장 적합하다. 따라서 여성복, 유아동복, 캐주얼 시장은 대기업들과 중소업체들이 함께 경쟁하고 있다.

산업 특성

의류산업은 전반적으로 경기민감형 산업이며 진입장벽이 낮아 경쟁이 매우 치열하다. 소비자의 트렌드 변화 속도가 빠른 산업이기 때문에 남성복이나 내의류를 제외하면 대량생산방식 보다는 다품종 소량생산이 적합하다. 따라서 대기업이라고 해서 반드시 유리하지는 않으며, 상황에 따라 조직을 변화시키기 쉬운 중소기업이 유리한 측면도 있다. 단, 지속적으로 신규 브랜드를 런칭하고 다양한 경로로 제품을 공급할 수 있는 유통망의 확보가 가능한 대기업에도 유리한 면이 많다.

의류업체는 뛰어난 브랜드를 만드는 일이 중요하며, 그러한 브랜드들의 수명을 연장시키는 브랜드 관리능력 역시 중요하다. 브랜드는 제품의 기능성뿐만 아니라 심리적 가치까지 더해지기 때문에 부가가치가 높지만 그만큼 뛰어난 브랜드를 만들어 내는 일은 어렵다. 하지만 브랜드를 성공적으로 런칭했을 때는 타사와 차별화되는 경쟁우위를 가지게 된다. 브랜드 가치가 높으면 가격을 높게 책정할 수 있고 재구매율도 높으며 신규 또는 서브 브랜드를 출시할 때 기존 브랜드 이미지를 활용할 수 있기 때문이다.

유통망 관리도 중요하다. 의류 제품의 유통은 백화점, 의류전문매장, 대형마트, 홈쇼핑, 인터넷쇼핑몰 등 여러 곳에서 이루어지지만 만들어진 제품을 아무 곳에서나 팔 수 없다. 럭셔리 브랜드는 백화점 및 의류전문매장에서 판매해야 브랜드가치 훼손을 막을 수 있고, 중저가 제품은 대형마트나 인터넷쇼핑몰 등을 활용하면 대량으로 팔 수 있다. 하지만 이는 통상적인 전략이며 회사마다 브랜드 이미지 및 효율성을 고려한 적절한 유통망 전략이 요구된다.

한편, 의류산업은 재고자산의 가치가 급격하게 감소한다. 재고자산 가치가 하락하는 것은 다른 산업도 마찬가지이지만 의류산업은 그 어떤 산업보다도 트렌드 변화가 빠르다. 때문에 재고자산의 가치도 빠르게 하락한다. 이러한 특성으로 의류산업에 속한 기업들은 수요예측이 매우 중요하다. 기획하는 순간부터 수요를 정확히 파악하여 재고가 많이 남지 않도록 해야 하기 때문이다. 재고가 대량으로 남게 되면 결국 대폭 할인하여 정리할 수밖에 없는데 이러한 상황은 해당 브랜드 가치를 하락시키는 부정적인 요인이 된다. 결국 의류기업들은 수요예측을 정확히 해야 하며 수요예측을 통해 생산한 제품은 적시에 팔아야 한다.

따라서 의류기업들은 대부분 적시 판매를 위해 적극적인 마케팅 활동을 하고 있으며 다양한 유통망을 확보할수록 고객들에게 많이 노출되어 적시에 팔 가능성이 높아 유리하다고 할 수 있다.

경험소비 트렌드

국민소득이 증가하면서 소비 트렌드가 바뀌고 있다. 단순히 상품을 구매하는 것이 아니라 경험소비가 확대되고 있는 상황이다. 이로 인해 민간소비에서 의류비 지출 비중이 줄고 여행, 레저, 문화생활, 자기계발 등 경험소비 지출 비중이 늘어나고 있다. 민간소비 성장률 둔화와 경험소비 위주 소비 트렌드로 인해 국내 의류회사들의 영업환경은 악화되고 있다. 하지만 이를 잘 활용하는 방법도 있다. 경험을 동반한 소비를 유도하는 것이다. 실제로 몇몇 의류업체들은 피트니스, 요가 클래스를 운영하고 있고, 마라톤 대회 등을 개최하기도 한다. 또한 주요 상권에 플래그쉽 스토어를 지어 복합문화공간을 조성해 소비자들의 경험을 만들고 의류 소비로까지 이어지게 하는 전략을 사용하고 있다.

유통채널의 변화

온라인 유통채널이 성장함에 따라 온라인 패션시장은 급격히 성장하고 있다. 2011년 30조 원 수준이었던 시장규모가 2017년 100조 원에 육박하는 규모로 성장했다. 15~20%의 성장률이 유지되고 있는 상황이다. 해외직구 등으로 구매 시장이 전 세계로 넓어졌고, 모바일 산업의 성장은 모바일 쇼핑 시장의 증가로 이어졌다.

한편, 패션전문 유통채널 역시 급성장 중이다. 'ZARA', 'H&M' 등 대형패션전문매장은 SPA 시장의 성장으로 매출이 증가하고 있고 '신세계첼시', '모다아울렛' 등 아울렛몰과 난닝구닷컴의 '엔라인', 스타일난다의 '난다' 등 온라인 패션 전문몰도 지배력을 강화하고 있다. 반면 백화점, 대형마트 등 전문 유통채널은 홈쇼핑, 아울렛, 온라인 채널에 점유율을 잃고 있는 상황이다.

04 | 유통
업종

유통업종 Summary

유통업종은 전반적으로 성숙기에 접어들었지만 세부업종에 따라 특징이 다르다. 백화점, 대형마트, 슈퍼마켓은 모두 성숙기에 접어들었고, 편의점과 홈쇼핑은 과거 높은 성장률을 유지하지 못한 채 성숙기 산업으로 돌입하고 있다. 반면, 온라인쇼핑은 모바일쇼핑의 성장으로 유통업계 전반의 구도를 바꾸고 있다.

1980년 이전에 우리가 가장 흔히 접할 수 있었던 유통점은 동네 슈퍼마켓과 재래시장이었다. 그 후로 백화점이 점점 늘어나기 시작하더니 1990년대에는 할인마트가 등장하여 그 숫자가 급격히 증가했다. 1996년에 유통시장을 개방하여 월마트나 까르푸 등의 외국 대형 할인마트가 들어왔지만 끝내 현지화를 달성하지 못하고 철수했다. 2000년 이후로는 대형마트의 성장과 함께 편의점이 점점 늘어나기 시작했다. 또한 대형마트가 들어갈 만한 상권의 크기가 없는 자리에는 기업형슈퍼마켓이 등장하면서 우리나라 전체의 유통시장은 점점 포화상태에 근접하고 있는 상황이다.

산업 현황

유통이란 생산자로부터 소비자로 재화와 서비스를 이전시키는 활동을 말한다. 유통업에는 물적 유통과 상적 유통이 있다. 물적 유통산업은 창고업, 운송업 등이 있으며 상적유통에는 도매업과 소매업이 있다. 일반적으로 유통업은 보통 소매유통업을 의미하므로 본장에서는 소매유통업에 국한해서 다루도록 하겠다.

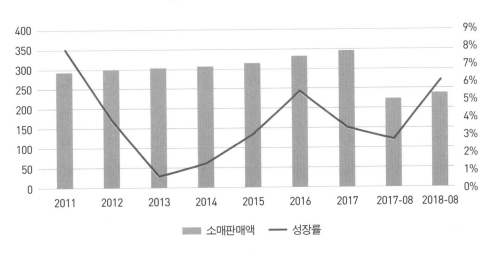

【 **소매판매액 추이** 통계청, 단위: 조 원 】

통계청 소매판매액 지표에서 '승용차 및 연료 소매점' 항목 제외 수치

우리나라는 금융위기 이후 경제성장률이 4% 이하로 떨어지면서 저성장 기조를 이어가고 있다. 이에 따라 국내 민간소비 성장률 역시 2~3%대를 유지하고 있다. 소매판매액도 6% 이하의 성장률을 보여주고 있으며, 경기 등락에 따라 호불황은 있겠지만 향후에도 이같은 저성장 국면이 지속될 것으로 예상된다.

	2011	2012	2013	2014	2015	2016	2017	2017-08	2018-08
백화점	27.6	29.1	29.9	29.2	29.0	29.9	29.3	18.4	18.8
대형마트	33.0	34.1	33.9	33.1	32.8	33.2	33.8	22.3	22.3
면세점	5.4	6.3	6.8	8.3	9.2	12.3	14.5	9.1	12.4
슈퍼마켓/잡화점	38.4	40.2	41.5	42.4	43.5	44.4	45.4	30.3	30.7
편의점	9.2	10.8	11.7	12.7	16.5	19.5	22.2	14.5	16.1
전문소매점	144.2	144.2	140.5	139.4	139.3	140.9	139.1	90.2	91.3
무점포소매	33.2	36.9	39.5	42.7	46.8	54.0	61.2	39.2	45.2

2017년 기준 전체 소매판매액은 346조 원이며 이 중 전문소매점의 매출이 139조 원으로 가장 컸다. 전문소매점이란 가전, 휴대전화, 자동차, 의류 등 특정상품이나 브랜드를 전문적으로 판매하는 소매점을 말한다. 그 뒤를 이은 업태는 무점포소매로 61조 원을 차지했다. 무점포소매에는 방문판매, 온라인판매, 홈쇼핑판매가 합산되어 있으나, 온라인과 오프라인을 병행하는 업체에서 발생한 온라인 상거래 수치는 빠져있다. 정확한 온라인판매액을 알려면 통계청 온라인쇼핑동향조사를 살펴보면 되는데 2017년 온라인판매액은 91조 원으로 나타난다. 전통적인 유통채널이라고 할 수 있는 슈퍼마켓/잡화점, 대형마트, 백화점 판매액은 각각 45조 원, 34조 원, 29조 원을 기록했다.

전통 채널인 백화점, 대형마트, 슈퍼마켓은 지속적인 출점으로 신규 출점 입지의 한계에 다다랐으며, 정부규제, 소비 트렌드 변화 등으로 매출액 성장률이 한 자릿수 초반에 머물러 있는 성숙기 산업이다. 반면, 온라인판매가 속해 있는 무점포소매는 인터넷 및 모바일 보급률 증가, 가격비교의 용이성 및 편의성 등으로 두 자릿수의 성장률을 보이고 있다.

	2011	2012	2013	2014	2015	2016	2017	2017-08	2018-08
백화점	11.4%	5.6%	2.6%	-2.3%	-0.6%	3.0%	-2.0%	-3.2%	2.5%
대형마트	9.0%	3.3%	-0.6%	-2.3%	-1.0%	1.4%	1.7%	1.7%	0.0%
면세점	18.7%	17.8%	8.0%	21.5%	10.7%	33.5%	17.8%	15.5%	35.9%
슈퍼마켓/잡화점	8.5%	4.8%	3.1%	2.2%	2.6%	2.0%	2.4%	2.9%	1.4%
편의점	17.8%	18.3%	7.7%	8.7%	29.5%	18.4%	14.1%	14.3%	11.4%
전문소매점	5.2%	0.0%	-2.5%	-0.8%	-0.1%	1.2%	-1.3%	-2.2%	1.2%
무점포소매	10.6%	11.1%	7.1%	8.1%	9.6%	15.5%	13.3%	12.5%	15.3%

한편, 편의점의 경우 2015~2016년에는 담배세 인상으로 높은 성장률을 보여줬지만 편의점 점포수가 포화에 다다르며 성장률이 둔화되는 모습을 보이고 있다.

면세점 및 아울렛은 소비 양극화에 따라 소비자들이 가성비를 중시하게 되면서 성장성이 높게 유지되고 있다. 특히, 면세점의 경우 중국 보따리상의 유입으로 높은 성장을 보여준 바 있어 중국과의 정치적 관계가 중요한 요인으로 작용한다.

업태별 현황

1) 백화점

우리나라 유통산업발전법에서는 백화점을 "매장면적 3,000㎡가 넘는 종합물품 판매점"으로 정의하고 있다. 일반적으로 백화점을 짓기 위해서는 대형점은 3,000억 원, 중소형점은 2,000억 원가량이 소요된다. 이는 신규로 진입하는 업체들에게는 강력한 진입장벽으로 작용한다. IMF 외환위기 이후로 백화점 산업은 롯데, 현대, 신세계의 과점 체제로 확고히 굳혀졌다. 2017년 이들 빅3의 백화점 시장점유율은 93%에 이른다. 현재도 이들 업체가 중소형백화점 및 지방백화점들을 M&A하려는 움직임은 계속되고 있다. 따라서 앞으로도 과점체제는 더욱 확고해질 것으로 예상된다.

【백화점 시장점유율 각사 공시자료 **】**

	2015	2016	2017
롯데	41%	40%	40%
현대	27%	28%	28%
신세계	20%	22%	25%
기타	12%	10%	7%

백화점은 경기변동에 탄력적인 패션상품 및 고가 내구소비재 위주의 상품이기 때문에 경기변동에 민감하다. 그런데 최근 소비가 점차 양극화 현상을 보이고 있다. 고소득층은 경제위기에 많은 자금과 빚을 사용하여 더욱 부자가 되고 저소득층은 실업 및 취업난의 고통에 시달린다. 그래서 고소득층은 불황이 와도 소비를 그다지 줄이지 않는 반면, 저소득층의 소비는 눈에 띄게 둔화된다.

백화점은 고객이 내점하여 소비행위가 이루어지는 형태이기 때문에 집객효과가 좋은 곳에 출점을 해야 한다. 하지만 국내에 백화점 입지가 포화에 다다르면서 백화점 산업은 성숙기에 다다랐다. 이에 백화점 업체들은 차별화 전략을 통해 성장 및 수익성 제고를 꾀하고 있다. 경험소비 트렌드에 맞는 복합쇼핑몰, 합리적인 가격을 앞세운 프리미엄아울렛 출점, 자체 온라인몰 강화 등 타 업태 성격을 띤 성장 전략을 취하고 있으며 연관산업 M&A 및 신규사업 발굴로 성장 동력을 찾아보려고 노력 중이다.

2) 대형마트

우리나라 유통산업발전법에 명시된 정의에 따르면, 할인점_{대형마트}의 법률적 정의는 용역의 제공 장소를 제외한 매장면적의 합계가 3천 제곱미터 이상인 점포의 집단으로서 식품, 가전 및 생활용품을 중심으로 점원의 도움 없이 소비자에게 소매하는 점포를 말한다. 대형마트 산업 발전 초기 당시 까르푸와 월마트가 국내에서 철수한 뒤로 국내 대기업 위주로 성장해 왔다.

대형마트 역시 백화점과 마찬가지로 빅3 체제이다. 시장점유율은 이마트가 35%, 홈플러스와 롯데마트가 각각 20%를 차지하는 것으로 추정된다. 대형마트는 영업면적 9,900㎡ 기준으로 출점비용이 약 600~700억 원이다. 백화점에 비하면 투자비용이 저렴하지만 상권장악을 위해 많은 점포를 지어야하기에 대형마트도 자금력을 보유한 기업이 훨씬 유리하다. 따라서 이러한 과점체계는 지속될 것으로 판단된다.

대형마트는 백화점과는 달리 저마진 상품을 많이 판매하는 박리다매형 수익형 구조를 가지고 있다. 백화점은 패션잡화의 매출 비중이 매우 크다. 즉 명품, 고가품 위주의 고마진 판매전략을 추구한다는 것이다. 반면, 대형마트의 경우 식품류의 매출비중이 매우 크다. 패션잡화의 비중은 백화점에 비하면 매우 작은 편이다. 따라서 대형마트는 생필품이 주요 판매상품이라는 것을 알 수 있다. 이로 인해 백화점은 경기민감도가 높고 대형마트는 기본적으로 백화점보다 경기민감도가 덜한 편이다.

백화점과 마찬가지로 대형마트 역시 입지산업으로, 국내에서 신규 출점할 곳이 많지 않아 포화 상태이며 이로 인해 성장률이 낮은 성숙기 산업이다. 또한 정부규제도 우호적이지 않다. 대형점포 신규출점 제한 및 영업시간 규제 등이 대형마트 성장에 불리하게 작용하고 있다. 또한 인터넷쇼핑몰의 성장도 또 다른 위협요인이다. 고가상품 판매 위주인 백화점,

식료품 위주의 슈퍼마켓보다 대형마트는 인터넷쇼핑몰의 판매영역과 겹치는 부분이 더 많다. 또한 식료품 영역에서 본다면 기업형슈퍼마켓과 판매영역은 겹치게 된다. 이로 인해 향후 큰 폭의 성장을 기대하기는 어려워 보인다.

대형마트업이 비록 성숙기에 접어들었고 기업환경이 점점 안 좋아지고 있는 것은 사실이지만 유리해지고 있는 부분도 있다. 대형마트는 제조업체들과의 가격협상력에서 우위를 점하고 있다. 워낙 과점체계가 굳어진 상황이라 제조업체들이 대형마트의 요구를 들어줄 수밖에 없는 상황이다. 대형마트 빅3가 국내 유통시장을 장악하고 있다. 제조업체가 이들 빅3 중에서 하나의 대형마트업체에라도 납품을 못한다면 제조업체 입장에서 매출이 급격하게 감소할 수밖에 없기 때문에 제조업체에 대한 대형마트의 협상력은 높다. 또한 PB상품을 적극적으로 개발하고 판매하는 유통업종이 대형마트이다. 대형마트의 특성상 공업품, 식료품 등 생필품 위주로 다양한 카테고리의 상품을 판매하고 있기에 PB상품 개발이 가장 용이한 상황이다. 좋은 품질과 낮은 가격의 PB상품은 앞으로도 대형마트 매출 증가에 크게 기여할 것이다.

3) 슈퍼마켓

슈퍼마켓은 일반 자영업자가 운영하는 슈퍼마켓과 대형 유통업체들이 운영하는 기업형슈퍼마켓SSM : Super SuperMarket 으로 나눌 수 있다. 기업형슈퍼마켓은 대형마트보다 작고 일반 동네 슈퍼마켓보다 큰 유통 매장을 지칭한다. 규모는 300~3,000 m^2 약 100~1,000평 이며, 일반적으로는 개인 점포를 제외한 대기업 계열 슈퍼마켓을 지칭한다.

대형마트의 성장률이 점차 둔화되자 대형 유통기업들이 기업형슈퍼마켓으로 성장을 꾀하기 시작했기 때문이다. 하지만 이 또한 정부규제로 성장이 멈춘 상황이다. 정부는 중소상인들을 보호하고자 유통산업발전법 및 상생법을 통해 기업형슈퍼마켓에 대한 규제를 강화했다. 특정 지역 출점 제한, 영업시간 제한, 특정 품목 판매 규제 등 강력한 규제로 성장이 여의치 않은 상황이다.

【 기업형슈퍼마켓SSM 시장규모 산업통상자원부 】

	2014	2015	2016	2017
SSM 성장률	-3.3%	-1.3%	-0.8%	0.4%

4) 편의점

오프라인 유통업이 전반적으로 성숙기로 접어드는 가운데 편의점은 성장세가 지속되고 있다. 2008년 이후 13~18%의 성장률을 보이고 있는 편의점 업계 매출액은 2013년 이후에도 성장성이 주춤했지만 2015년부터 다시 성장률이 두 자릿수로 증가했다. 편의점은 소비자들의 최근접거리에 위치하며 1~2인 가족 증가에 따른 소비 트렌드가 확산, 24시간 연중무휴 등의 이유로 그동안 지속적으로 성장해왔다. 또한 주로 식품, 생활필수품, 패스트푸드 등을 판매하여 다른 유통업들보다 경기에 둔감하다. 최근에는 대형마트와 기업형슈퍼마켓과 힘겹게 싸우고 있는 동네슈퍼가 편의점으로 전환하는 비율도 상당하다.

편의점산업도 다른 유통업과 마찬가지로 진입장벽이 높다. 점포를 출점하는데 드는 비용은 대형마트, 기업형슈퍼마켓과 비교할 수는 없지만 직영점이 거의 없고 프랜차이즈로 운영되기에 점포를 많이 가질수록 수익성이 높아지기 때문이다. 또한 가맹점을 모집하려면 그만큼 인지도가 있는 업체들이 유리해서 후발주자가 쉽게 파고들 수 없다. 물류를 안정적이고 저렴하게 확보하기 위해서는 물류센터, 정보시스템이 구축되어야 하기에 자본 또한 많이 소요된다.

편의점 사업 초기에는 사업자수가 11개까지 증가하였으나 2000년대에는 8개로 축소되었다. 이후 바이더웨이가 코리아세븐에 인수되는 등 업계 구도 재편으로 현재는 5개 사업자가 국내 시장을 장악하고 있다. 2018년 현재 3강 2중의 구도를 보이고 있는데 상위 3개사GS25, CU, 세븐일레븐의 시장점유율이 높아지고 있는 상황이다. 2014년 신세계그룹이 편의점 산업에 뛰어들었으며 초기 위드미에서 현재 이마트24로 편의점명 변경, 현재 업계 4위인 미니스톱이 매물로 나온 가운데 롯데세븐일레븐 보유와 신세계가 인수전에 뛰어들어 상위 권 업체들은 긴장하고 있는 상황이다. 만약 미니스톱을 롯데가 가져간다면 업계 2위권으로 도약할 수 있으며, 신세계가 가져간다면 점포수가 6천개로 늘어 규모의 경제를 달성할 수 있는 밑바탕이 된다. 2018년 9월 현재 점포수 : CU 13,010개, GS25 12,919개, 세븐일레븐 9,535개, 이마트24 3,413개, 미니스톱 2,535개

편의점 업계는 앞으로 다양한 포맷의 특화된 점포개발로 그 성장세를 유지하려 하고 있다. 드럭&편의점약국과 편의점을 합친 형태 등 새로운 형태의 편의점이 개발되고 있다. 이처럼 편의점 업계는 트렌드에 따라 특화된 형태로 출점하기에 가장 용이한 형태의 유통업이다. 또한 대형마트 및 기업형슈퍼마켓이 정부규제로 난항을 겪는 것과는 달리 편의점에 대해서는 특별한 규제가 없는 상황이다. 편의점의 경우 대기업 지분율에 상관없이 소상공인으로 분류돼 유통법의 규제를 받지 않기 때문이다. 편의점은 대부분이 프랜차이즈 형태로 운영되어 가맹점 98% 비율에 이른다. 가맹점의 점주들은 대부분 생계형 자영업자이기 때문에 앞으로도 정부규제가 강화될 일은 적을 것으로 예상된다. 단, 최근의 최저임금 인상 정책의 경우 편의점 업체들의 비용 증가를 야기한다.

5) 무점포판매

무점포판매는 크게 온라인쇼핑과 홈쇼핑, 그리고 방문판매 등으로 나눠볼 수 있다. 무점포 판매업계에서 가장 매출규모가 큰 업종은 온라인쇼핑이다. 인터넷쇼핑 중에서도 스

2부 업종별 개요, 특징 및 트렌드 분석

마트폰 보급 확대에 따라 모바일쇼핑 시장이 크게 성장하고 있다. 모바일 쇼핑은 PC 쇼핑을 추월하였다. 모바일 쇼핑 중에서도 오픈마켓의 성장률이 좋았던 반면 소셜커머스 업체들의 성장세는 한 풀 꺾인 모습이다. 소셜커머스 3사는 재무상태 악화, 대형 유통업체들의 공격, 오픈마켓의 반등으로 성장세가 주춤한 상황이다.

한편, 네이버쇼핑은 플랫폼 파워를 이용해 큰 폭의 성장을 이어가고 있다. 소비자들은 네이버페이로 간편하게 결제할 수 있다는 점을 네이버쇼핑의 강점으로 꼽고 있다. 카카오 역시 카카오톡 플랫폼을 활용하여 모바일 쇼핑 시장에 뛰어든 상황이다.

다음으로 무점포 판매업계에서 매출이 많은 것은 홈쇼핑이다. 홈쇼핑은 그동안 TV라는 매체를 통해 쇼핑과 엔터테인먼트적인 요소를 가미하여 주부들에게 어필하며 크게 성장해 왔다. 홈쇼핑 시장도 진입장벽이 상당한 편이다. 무엇보다 TV홈쇼핑 사업을 하려면 '방송채널사업자'로 방송통신위원회의 승인을 받아야하며 매 5년마다 재승인 받아야 한다. 또한 기존에 진출한 홈쇼핑 업체들이 이미 좋은 채널 공중파 채널 사이에 위치한 채널 등을 확보한 상황이다. 따라서 현재 과점체제는 그대로 유지될 것으로 보인다.

【 홈쇼핑업체 시장점유율 추이 한국온라인쇼핑협회, 각 사 공시자료 **】**

	2015	2016	2017
GS홈쇼핑	22.1%	21.1%	20.8%
현대홈쇼핑	20.0%	20.1%	19.2%
CJ오쇼핑	19.2%	18.2%	19.8%
롯데홈쇼핑	18.8%	18.4%	18.5%
홈앤쇼핑	10.7%	11.6%	11.4%
NS쇼핑	7.9%	7.7%	7.2%
공영홈쇼핑	1.3%	2.9%	3.1%

국내 케이블TV 가입자는 1,389만 명이며 위성방송 가입자 432만 명과 IPTV 가입자 1,427만 명을 포함하면 TV쇼핑 프로그램을 시청할 수 있는 가입자는 총 3,248만 명이나 된다. 하지만 이제는 그 시청인구가 급격히 늘어나기는 어려운 상황이라서 성숙기에 접어들고 있는 것으로 보인다. 그에 따라 홈쇼핑 업계는 해외진출을 모색하고 있는 실정이다. 앞으로의 홈쇼핑 업계의 성장은 국내에서 갈고닦은 노하우를 해외에서 어떻게 발휘하느냐에 따라 결정될 것이다.

2부 업종별 개요, 특징 및 트렌드 분석

최저임금 상승 영향

문재인 대통령은 후보 시절 2020년까지 최저임금을 1만 원으로 인상시키겠다는 공약을 내걸었다. 정부 출범 이후 2018년 최저임금은 전년 대비 16.4% 인상된 7,530원으로 결정돼 공약을 실행하는 듯 했으나 2019년에는 10.9% 인상한 8,350원으로 결정되어 사실상 최저임금 1만 원 계획은 무산되었다. 하지만 2018~2019년 인상률이 과거 대비 매우 높은 수준이어서 유통업체들의 인건비 부담은 커질 것으로 예상된다. 편의점, 대형마트, 백화점 순으로 피해 정도가 클 것으로 파악된다.

05 | 제약 업종

제약업종 Summary

제약업종은 필수소비재로서 경기에 민감하지 않고, 인구고령화에 따라 장기 성장 잠재력도 밝다. 특히, 화학합성의약품 대비 바이오의약품의 성장성이 높다. 제약산업은 특허에 의해 장기간 독점판매권을 보장해 주어 제품별 진입장벽이 높고 수익성 역시 우수하다. 그러나 국내 제약회사들은 제네릭 위주로 영업하고 있어 회사 간 경쟁강도가 세다. 한편, 국민 건강에 직결되는 산업이자 국가의 차세대 성장 동력으로서 정부의 규제 및 지원책이 많다.

조선 말기 미국 선교사 알렌에 의해 서양의학이 전파되면서 양의약품이 처음으로 우리나라에 들어왔다. 실제 제약업체가 설립된 것은 일제강점기였다. 지속되는 식민지 쟁탈 전쟁으로 군수 의약품이 필요하게 되자 조선총독부에 의해 제약업체가 설립된 것이다. 해방 후 외화자본이 들어오면서 다국적 제약기업들이 국내에 진출하게 되었고 해외제약사와 국내제약사의 합작회사들도 만들어졌다. 하지만 이 과정 속에서 국내제약사들은 해외제약사들의 자본과 기술에 의존하면서 값싼 노동력만 제공하고 단순한 기술밖에 키우지 못하는 상황이 지속되었다. 2000년 이후 국내제약사들은 다국적 제약기업에 종속당하거나 외국 의약품을 도입하는데서 벗어나 신약개발과 의약품 기술발전을 위해 힘을 쏟고 있다.

산업 분류

의약품은 완제의약품과 원료의약품으로 나눌 수 있다. 원료의약품API : Active Pharmaceutical Ingredient 은 완제의약품의 원료가 되는 의약품을 말한다. 생산규모가 크고 소비자가 직접적으로 접하는 것은 완제의약품이다. 완제의약품은 다시 일반의약품과 전문의약품으로 나눌 수 있다. 일반의약품OTC : Over The Counter 은 약사나 소비자가 임의로 선택 가능한 품목을 말한다. 감기나 두통 등 증상이 심각하지 않은 질병에 쓰이는 약이며 의사의 처방전 없이도 구입할 수 있다. 전문의약품ETC : Ethical Drug 은 의사의 처방전이 있어야 구입할 수 있는 약으로 잘못 사용했을 경우 부작용이 생길 수 있다. 완제의약품의 80% 정도가 전문의약품이다.

의약품을 원료에 따라 분류하면, 화학합성의약품과 바이오의약품으로 나눌 수 있다. 화학합성의약품이란 화학적 합성반응을 통해 생산해내는 저분자량의 의약품이다. 제약산업 내 80%를 차지하고 있는 전통적인 의약품으로서 만들기 쉽고 저렴하나, 독성이 있고 의약품의 지속력도 떨어진다. 바이오의약품은 사람이나 다른 생물체의 단백질·유전자·세포 등 유효물질을 원료로 유전자재조합·세포배양 등의 생물공정을 통해 제조한 고분자량의 의약품을 말한다. 화학합성의약품과 달리 생물체 기반의 의약품이라 독성이 낮고 난치성 및 만성 질환 치료에 효과가 크다. 단, 제조비용이 비싸며, 기술적 난이도도 높기 때문에 제약회사들의 생산성 향상 및 연구개발이 필요한 대상이다.

한편, 가장 먼저 개발한 화학합성의약품을 오리지널 의약품이라고 한다. 이후 오리지널의 특허가 만료되면 복제약이 나오게 되는데 이를 제네릭generic 이라고 한다. 개량신약은 오리지널 제품과 유사하지만 효과성, 편의성을 높인 의약품을 말한다. 바이오의약품의 경우 명칭이 다른데, 맨 처음 개발해낸 것을 바이오 신약이라 하고 복제약을 바이오시밀러 biosimilar , 개량한 의약품을 바이오베터 biobetter 라고 한다.

산업 현황

국내 제약산업은 생산액의 80%가 내수에서 판매되는 내수 산업이다. 국내 제약사들은 해외 수출을 위해 노력하고 있지만 아직까지는 여의치 않은 상황이다. 반면, 해외로부터 수입되는 의약품은 국내 시장의 30%를 차지한다. 기술력이 높은 글로벌 제약사들의 오리지널 의약품이 국내로 수입되는 양이 많기 때문이다. 이에 따라 2.9조 원의 무역수지 적자를 보고 있다.

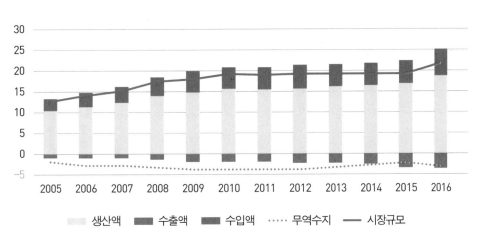

【국내 제약시장 생산·수출·수입 추이 통계청, 단위: 조 원】

국내 제약시장 규모는 2005년 12.6조 원에서 2010년 19.3조 원으로 연평균 8.9% 성장했다. 주로 전문의약품 매출이 증가했는데, 2000년 의약분업으로 처방전이 필요한 전문의 약품의 생산이 크게 증가했기 때문이다. 하지만 2015년 시장규모는 19.2조 원으로, 2010년 대비 성장하지 못했다. 이는 정부의 약가 규제 때문이다. 건강보험관리공단의 의료재정 관리를 위해 규제 의약품 품목을 늘렸고, 특히 2012년에는 일괄 약가인하를 시행하면서 제약사들의 수익성이 큰 폭으로 하락하면서 국내 제약시장 전체가 정체기를 겪었다.

그러나 국내 제약산업의 장기 성장성은 밝다. 수명 연장으로 고령화가 급속히 진행되면서 우리나라는 2017년 고령사회 65세 이상 고령인구 비율이 14% 이상인 사회 로 진입했다. 2000년 고령화사회 고령인구 비율 7% 이상 에 진입한 이후 17년만으로, 세계에서 가장 빠른 고령화 속도이다. 고령인구 비율이 20% 이상이 되는 초고령사회는 2025년에 도달할 것으로 예상되며, 65세 이상 노인 인구는 2030년까지 연평균 4.8% 성장할 것으로 전망된다. 노인인구 증가에 따라 국내 제약시장은 커질 것으로 예상된다. 또한 노인이 되면 고혈압, 당뇨 등 만성질환에 걸릴 확률이 높아져 노인인구 증가율 이상의 성장도 가능하다.

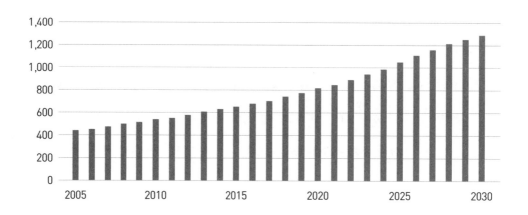

【65세 이상 인구 통계청, 단위: 만 명 】

2부 업종별 개요, 특징 및 트렌드 분석

산업 특성

의약품은 질병 치료 및 예방에 사용되는 필수재로서 경기 변동에 큰 영향을 받지 않는다. 앞서 언급했듯이 장기 성장성도 확보되어 있다. 다만 부문별로 성장성의 차이는 있다. 화학합성의약품 대비 바이오의약품의 전망이 밝다. 바이오의약품은 인체에 독성이 적고 약효의 효과성, 지속성도 좋기 때문이다. 이로 인해 제약 및 바이오 업체들은 바이오의약품을 성장동력으로 삼고 연구개발에 박차를 가하고 있다.

신약을 개발하면 특허를 통해 장기간의 독점 판매권을 얻게 된다. 이는 진입장벽이 되어 신약 개발 업체에게 높은 수익을 가져다준다. 신약개발에 작게는 수백억 원에서 많게는 수조 원의 자금이 지출됨에도 글로벌 제약사들이 계속 도전하는 이유이다. 하지만 국내 기업 중에는 이렇다 할 신약개발 회사가 없다. 지금까지 30여 개의 신약이 개발되었지만 국내 시장규모가 작아 수익성에 큰 도움이 되지 못했다. 이러한 상황 때문인지 과거 국내 제약사들은 글로벌 제약사의 오리지널 제품 유통 및 국내 시장을 대상으로 한 제네릭 개발로 실적을 올려 왔다. 그러다 2015년 한미약품이 대형 글로벌 제약사와 연이은 대규모 기술수출 계약에 성공하자 여타 국내 제약사들도 연구개발에 힘쓰고 있는 상황이다. 그러나 신약개발에는 보수적인 접근이 필요하다. 신약 개발을 위한 소요기간은 10년 이상이 걸리고_임 상1~3상 및 허가 1상부터 품목승인까지 성공 확률은 10%가 채 되지 않기 때문이다. 제약회사 입장에서는 미래 성장을 위해 R&D 투자를 게을리하지 말아야겠지만 투자자 입장에서는 신약개발 성공 확률 및 기댓값을 냉철하게 평가하여 의사결정을 해야 한다.

한편, 제약산업은 국민 건강에 직결되는 산업이자 국가 경제를 이끌 차세대 성장 동력이기 때문에 정부 규제와 지원이 많다. 정부는 제약산업 육성을 위해 R&D투자 강화, 전문인력 유치 및 양성, 선진 수준의 인프라 구축 등 다양한 지원책을 내놓고 있다. 반면, 건강보험 재정 관리를 위해 약가 인하 기조도 꾸준히 진행되고 있어 제약업체의 수익성을 악화시키기도 한다. 또한 선진적 제약산업 구조 정착을 위해 리베이트 관련 규제도 강화하고 있어 관련된 업체들에게 지대한 영향을 주고 있다.

바이오시밀러 시장

현재 바이오의약품은 화학합성의약품 대비 품목 수나 매출액이 현저히 작지만 향후 성장성은 높을 것으로 예상된다. 특히 2015년 이후부터 바이오 신약의 특허가 만료됨에 따라 바이오시밀러 시장이 커질 것으로 전망된다. 화학합성의약품 시장에서도 제네릭 진입 시점에 수요가 급격히 커지는 특성이 있다. 값싼 제품이 들어오기 때문이다. 이와 같은 흐름이 바이오 시장에서도 일어날 것으로 예상된다. 특히 바이오시밀러 시장은 우리나라의 셀트리온과 삼성바이오에피스_{이하 에피스}가 선도하고 있어 기대가 크다.

2018년 10월 현재까지 셀트리온과 에피스가 미국 및 유럽 시장에서 허가받은 바이오시밀러는 총 12건이다. 이 중 5건이 퍼스트 바이오시밀러_{바이오시밀러 중 첫 번째로 허가 받은 의약품. 선점효과로 여타 제품 대비 유리함} 이다. 또한 셀트리온의 '트룩시마'가 미국 식품의약품국_{FDA} 의 승인 권고 의견을 받으며 조만간 또 하나의 퍼스트 바이오시밀러가 탄생할 전망이다. 다만, 후발주자들의 진입에 따른 경쟁도 만만치 않다. 셀트리온과 에피스가 판매 중인 레미케이드 바이오시밀러 시장에 화이자, 산도스, 암젠 등 글로벌 제약회사가 진입할 전망이다. 또한 트룩시마, 램시마 시장에서도 경쟁이 치열해지는 양상을 보이고 있어 귀추가 주목된다.

06 화장품 업종

화장품업종 Summary

화장품 산업은 경기둔감형 산업으로서 안정적인 국내 시장을 바탕으로 급격한 수출 성장을 이루어내고 있다. 특히, 중화권 시장으로의 수출이 크다. 특별한 진입장벽이 없어 무수한 업체가 난립하고 있어 경쟁이 치열하지만 브랜드 가치를 확고히 한 제품 및 기업은 높은 수익성과 성장성을 향유할 수 있다. 한편, 소비패턴 변화로 온라인 판매채널과 H&B 스토어 시장이 커지고 있다.

화장품이 산업으로서 본격적으로 발전하기 시작한 시기는 일제 강점기 해방 이후이다. 당시에는 해외 밀수품 위주로 화장품 시장이 발전했지만 1960년대 이후 정부가 화장품 산업을 보호산업으로 지정하면서 국내 업체들이 발전하기 시작했다. 하지만 1990년대부터 화장품 시장이 외국에 개방되면서 외국자본과 수입화장품이 국내 시장을 다시 잠식하기 시작했다. 그 이후 국내 화장품 업체들은 해외 화장품 업체들과 치열한 경쟁을 벌이고 있는 상황이다.

산업 현황

2016년 세계 화장품 시장규모는 3,649억 달러로 전년 대비 4.8% 상승했다. 이 중 미국 시장은 706억 달러로 전체 시장의 19.4%를 차지하고 있으며, 그 뒤를 중국 436억 달러, 12.0% 이 따르고 있다. 시장규모는 미국이 앞서지만 성장률은 중국이 높다. 2012~2016년 CAGR : 미국 3.7%, 중국 7.4% 시장규모 상위 10개국을 살펴보면 선진국이 주를 이루지만, 중국, 브라질, 러시아 등 인구가 많은 신흥국들도 눈에 띈다. 오히려 성장률은 선진국 대비 신흥국이 높다. 선진국(미국, 일본, 독일, 영국, 프랑스, 이탈리아) 평균 1.7%, 신흥국(중국, 브라질, 러시아) 평균 7.1% 우리나라 연평균 성장률은 선진국과 신흥국의 중간 수준인 5.7%이다.

【 세계 화장품 시장규모 Euromonitor, 단위: 억 달러 】

	2012	2013	2014	2015	2016	CAGR
미국	611	628	645	675	706	3.7%
중국	327	358	386	411	436	7.4%
일본	310	314	317	324	329	1.5%
브라질	183	206	230	228	235	6.4%
독일	140	142	145	148	150	1.7%
영국	126	130	133	137	142	3.1%
프랑스	122	123	123	124	123	0.1%
한국	88	93	99	104	109	5.7%
이탈리아	89	88	87	87	89	0.0%
러시아	55	57	59	67	74	7.6%
기타	983	1,041	1,105	1,177	1,254	6.3%
합계	**3,036**	**3,178**	**3,329**	**3,484**	**3,649**	**4.7%**

CAGR(Compound Annual Growth Rate) : 연평균 성장률

2016년 우리나라 화장품 기업들의 총 생산규모는 13조 513억 원으로 전년 대비 21.6%
증가했다. 생산규모 성장률 추이를 살펴보면, 2013년 11.9%, 2014년 12.5%, 2015년
19.6%, 2016년 21.6%로 성장이 가속화되고 있음을 알 수 있다. 증가한 생산량은 수출 상
승으로 이어지고 있다. 2012년 1조 1,162억 원이었던 수출액이 2016년에는 4조 8,667억
원으로 4.4배CAGR 43.4%가 되었다. 2017년에는 수출 성장률이 15.3%로 둔화됐지만 중국
사드 이슈로 인한 외부적인 요인이 컸다.

수출뿐만 아니라 국내 시장규모 성장률도 연평균 6.6%로, 3% 수준인 경제성장률 대비
높은 모습이다. 과거에는 화장품을 사치재로 인식했지만, 국민소득이 증가하면서 화장은
꼭 해야 하는 것으로 인식함에 따라 현재는 생활필수품이 되었다. 이로 인해 경기에 민감
하지 않은 안정적인 산업으로 자리매김했다. 또한 여성의 사회적 진출이 활발해지고 남성
도 외모를 점점 가꾸게 되면서 화장품 시장은 지속적으로 성장하고 있다.

【국내 화장품 현황 대한화장품협회, 한국무역통계진흥원, 단위: 억 원**】**

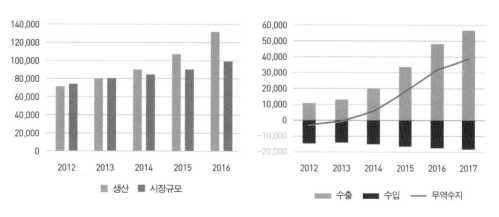

국내 화장품 업체들은 국내 시장의 안정적 성장을 바탕으로 수출을 통해 급격한 성장

을 이루고 있다. 2017년 전체 수출 국가 중 중국이 39.1%, 홍콩이 24.6%, 대만이 3.1%를 차지한다. 이들 중화권 수출 비중이 66.9%로 가장 크며, 2013~2017년 연평균 성장률은 52.5%로 매우 높다. 2017년 사드 이슈로 성장률이 주춤 <small>중국 23.0%, 홍콩 −1.8%, 대만 14.0%</small> 했지만 여전히 중장기 성장 잠재력은 높은 상황이다. 중국 이외로는 동남아시아 국가들이 포진해있는 아세안 매출 비중이 11.0%를 차지하고 미국 9.1%, 일본 4.6%를 기록하고 있다. 2017년은 중국향 수출이 주춤한 사이 중국 외 국가인 아세안, 서유럽 등지에서 수출 성장률이 높았던 시기이다. 서유럽의 경우 화장품 선진 시장으로서, 해당 지역으로 수출이 증가했다는 점은 우리나라 화장품 산업에 고무적인 일이다.

【**지역별 화장품 수출** 한국무역통계진흥원, 단위: 백 만 달러 】

	2013	2014	2015	2016	2017	YoY
중화권	615	1,132	2,014	2,958	3,316	12.1%
아세안	230	263	308	406	544	34.0%
미국	108	156	241	350	450	28.6%
일본	152	145	138	183	226	23.5%
기타	138	199	230	297	424	42.8%
합계	**1,243**	**1,895**	**2,931**	**4,194**	**4,960**	**18.3%**

YoY는 2016년 대비 2017년 성장률

2부 업종별 개요, 특징 및 트렌드 분석

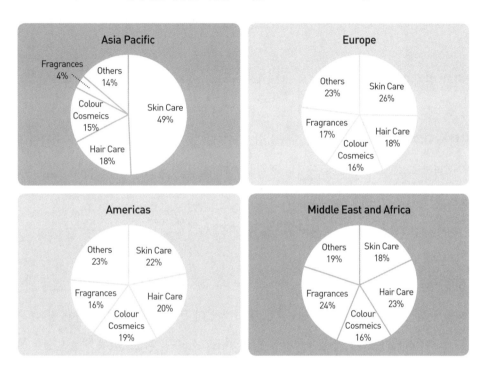

【지역별 화장품 시장규모 비중 Euromonitor 2018년 3월 】

국내 화장품법에 의하면 화장품은 11개 유형 기초 화장용, 눈화장용, 두발용, 면도용, 인체 세정용, 목욕용, 방향용, 색조 화장용, 손발톱용, 영·유아용, 체취 방지용 으로 구분된다. 2016년 기준 국내 화장품 생산비중을 살펴보면, 로션·크림 등 기초 화장용이 58.1%로 절반 이상을 차지하고, 메이크업에 사용되는 색조 화장용이 17.6%를 차지하여, 기초 및 색조 화장품 비중이 75% 이상이다. 특히 색조 화장용은 2012~2016년 연평균 27.6% 성장해 여타 화장품에 비해 가장 높은 성장세를 보이고 있다. 기초 화장용 성장률 15.2% 다음으로 큰 비중을 차지하는 제품은 샴푸·린스 등의 두발용 화장품 10.8% 이지만 성장률은 7.5%로 낮은 수준이다.

세계적으로 보면, 한국·중국·일본 등 아시아 시장에서는 스킨케어류 기초 화장품 비중이 절반가량을 차지하지만, 아시아를 제외한 유럽·미주·중동·아프리카 지역에서는 17~25%에 불과하다. 또한 아시아 지역에서는 Fragrances 향수류 비중이 5%가 채 안 되지만 아시아 이외 지역에서는 15~25%를 차지해 문화적 차이로 인한 화장품 시장 비중이 서로 다르다.

한편, 화장품 산업은 의류산업과 마찬가지로 기획, 생산, 마케팅의 각 단계가 분리되어 있는 경우가 많다. 이로 인해 제조를 전문으로 하는 OEM 회사, 제조에 상품개발까지 함께 담당하는 ODM 회사가 존재하며, 상품기획 및 마케팅을 전문으로 하여 브랜드 관리를 중점으로 하는 브랜드 회사 등이 각자의 영역을 이루고 있다. 물론, 이 모든 것을 함께 하는 회사도 있다.

산업 특성

화장품 회사를 설립하는 데 특별한 진입장벽이 없어 무수한 업체들이 사업을 영위하고 있다. 국내 식품의약품안전처에 등록된 화장품 제조업소 수만 해도 2천여 개를 넘으며, 화장품을 판매하는 업체까지 합하면 8천여 개 이상이다. 화장품 시장이 고성장을 구가하는 만큼 업체수도 증가 추세에 있다. 2013년 3,884개에 불과했던 화장품 제조판매업소 수는 2016년 8,175개로 연평균 28.2%의 증가율을 보이고 있다.

하지만 브랜드라는 진입장벽이 있다. 이 부분에서는 의류업체와 유사한 특성을 가지고 있는데, 한 번 브랜드 가치를 구축하게 되면 타사가 넘보기 힘든 수익성을 확보할 수 있다. 제품 가격을 올릴 수 있고 재구매율도 높아지기 때문이다. 프랑스의 로레알LOREAL, 미국의 에스티로더ESTEE LAUDER, 일본의 시세이도SHISEIDO 등이 브랜드를 확보하여 업계 선두를 달리고 있다.

우리나라의 경우 음악, 드라마, 영화 등 한류열풍으로 한국이라는 브랜드 가치가 올라 갔고 화장품 업체들은 유행을 선도하는 신선한 제품을 출시하며 한류 브랜드를 활용하고 있다. 이로 인해 글로벌 20대 화장품 기업에 아모레퍼시픽 7위, LG생활건강 17위 등이 올라 서는 기염을 토하고 있다.

한편, 화장품 시장에서도 유통채널의 변화가 감지된다. 가장 커다란 흐름은 온라인·모 바일로의 유통채널 전환이다. 백화점, 대형마트 등 오프라인 판매가 쇠퇴하고 온라인으로 의 전환이 화장품 업계에서도 이루어지고 있다. 단, 오프라인 채널 중 H&B Health&Beauty 스토어의 성장은 지속될 것으로 예상된다.

코스메슈티컬 시장의 성장

코스메슈티컬cosmeceutical 이란 화장품cosmetics 과 의약품pharmaceutical 을 합성한 신조어로서, 화장품의 미적 기능과 의약품의 치료 기능을 동시에 충족시키는 화장품이다. 코스메슈티컬은 글로벌 화장품 시장을 이끄는 성장 동력이다. 코스메슈티컬의 대다수 제품은 항노화 기능을 가지고 있는데, 고령화가 진행될수록 안티에이징 시장은 커질 수밖에 없기 때문이다.

2017년 세계 코스메슈티컬 시장 규모는 470억 달러이며, 이는 전체 화장품 시장의 12% 정도이다. 아직 우리나라의 코스메슈티컬 시장규모는 5천억 원 수준으로 전체의 5% 정도밖에 되지 않으나 고령화 추세가 지속되면서 향후 성장 잠재력은 클 것으로 예상된다.

단, 성장성이 좋은 만큼 수많은 화장품 업체들이 코스메슈티컬 시장에 뛰어들고 있으며, 제약·바이오 기업 및 의료 관련 업체 의료기기, 성형외과, 피부과 등 들도 진입하고 있어 치열한 경쟁이 예상된다.

원브랜드샵의 부진과 H&B 스토어의 성장

2000년대에는 단일 브랜드 매장이 크게 성장했다. 2002년 미샤, 2003년 더페이스샵을 시작으로 에뛰드하우스, 토니모리, 네이처리퍼블릭, 스킨푸드 등 저가브랜드를 앞세운 매장들이었다. 이들 원브랜드샵은 방문판매 위주의 화장품 판매 형태를 바꿔 놓았다. 2010년 이후에는 중국의 단체관광객과 보따리상들이 유입되며 성장세를 이어갔다. 하지만 2017년 사드 이슈로 중국인 유입이 줄어 큰 타격을 받았다.

한편, 국내 소비자들의 소비패턴이 바뀌기 시작했다. 올리브영, 랄라블라 등 여러 브랜드의 화장품들을 모아서 파는 편집숍 형태의 H&B 스토어로 몰리고 있다. 2010년 이후 원브랜드숍의 성장률이 한 자릿수 초반에 불과한 반면, H&B 스토어는 신규 출점 효과 및 소비자 유입으로 2012~2014년 연평균 성장률 25.1%를 기록했다. 2014년 이후에는 성장 폭이 더욱 커질 것으로 예상된다.

화장품 업체들은 이 같은 흐름에 발맞춰 자사 브랜드만 팔았던 화장품 로드숍에서 타사 브랜드도 함께 파는 전략을 취하고 있다. 아모레퍼시픽의 뷰티 편집숍 '아리따움'은 2018년 9월부터 강남에 대형 매장을 내고 자사 브랜드 이외에 메디힐, 더툴랩 등 외부 브랜드를 함께 팔기 시작했다. LG생활건강 역시 '더페이스샵'을 '네이처컬렉션'으로 전환하고 타사 제품 입점을 검토하고 있다. 네이처컬렉션의 매장 수는 170여 개로 적지만 아리따움은 1,300여 개로 H&B 스토어 업계 1위 올리브영 매장수1,100여 개 보다 많아 향후 업계에 큰 영향을 줄 것으로 예상된다.

9장

· · ·

방송, SI,
기타 서비스업종
(게임, 여행, 교육, 광고)

01 │ 방송 업종

방송업종 Summary

방송업종은 경제성장에 따른 시장의 성장과 유료 가입자의 증가를 기반으로 안정적 실적이 나타나고 있다. 지상파 광고시장 둔화가 지상파 방송사의 실적 저하로 이어지고 있으나 지상파 방송사의 제도적 진입장벽과 과점적 지위, 전국 방송망 기반의 안정적 실적을 보여줄 것으로 기대된다. 유료방송사업자는 경쟁 강도 심화에 따라 수익성이 다소 저하될 수는 있겠지만 가입자 기반이 급격하게 변하기는 어려워 안정적 이익을 이어갈 것으로 보이고 PP의 경우 높은 경쟁 강도로 인해 수익성 개선은 제한적일 것으로 보이나 콘텐츠 판매 등 매출 다변화를 꾀할 것으로 전망된다.

넷플릭스 등 글로벌 미디어 업체의 가치 상승과 더불어 콘텐츠 제작 업체에 대한 관심 집중, 중국향 수출 기대감이 시장에 반영되어 나타나고 있다. 전통 산업보다 성장 산업인 신흥 콘텐츠 제작 업체가 주목받으면서 방송업종에 대한 접근 기준을 동영상→OTT→

드라마 산업 성장으로 바꿔야 할 시점이 온 것이다. 소확행 트렌드로 TV를 통해 드라마나 영화, 예능 등을 시청하는 가치 소비가 증가하고 드라마나 시리즈를 한 자리에서 몰아보는 binge-watch 트렌드의 확산으로 미디어 콘텐츠의 다양화와 더불어 콘텐츠 제작 업체를 주목해야 할 것으로 보이며 넷플릭스라는 OTT Over the top 플랫폼 업체의 폭발적인 성장이 촉매제 역할을 해 글로벌 미디어 업체들의 인수 합병을 통해 융복합 미디어 그룹으로의 성장하고 있다. OTT 업체의 경쟁력은 자체 제작 콘텐츠에 좌우될 것으로 보여 국내 콘텐츠 제작사의 수혜가 기대된다.

우리나라 최초 방송은 1927년 라디오 방송국인 경성방송국의 개국으로 시작되었다. 최초의 텔레비전 방송국은 1956년 HLKZ-TV 미국의 RCA사와 민간자본에 의한 회사 방송국이었다. 텔레비전 방송은 1981년 1월 1일 부터 컬러TV방송을 시작하며 방송 기술이 진보하기 시작했으며 1995년에는 케이블TV가 본격적으로 방송되기 시작했다. 그 이후로 더욱더 방송기술이 발전하고 매체가 다양해지고 있다. 지상파디지털방송은 2000년 9월에 방송3사에 의해서 최초로 방송되기 시작했고 디지털위성방송의 경우는 사업자로 2000년 12월 한국통신 주축의 한국디지털위성방송KDB 컨소시엄이 선정된 이후에 2002년 스카이라이프라는 이름으로 개국하여 방송되고 있다.

방송산업의 현황

방송법에서 방송이라 함은 방송프로그램을 "기획, 편성 또는 제작하여 이를 시청자에게 전기통신서비스에 의하여 송신하는 것"을 말한다. 시청자들이 방송을 접하는 매체는 텔레비전방송, 라디오방송, 데이터방송, 이동멀티미디어방송 등이다. 방송산업을 시청자가 아닌 사업자 측면에서 본다면 다음과 같이 분류할 수 있다.

【방송산업 분류기준】

대분류	중분류	소분류	세부구분
방송 산업	지상파방송업	라디오방송	공영, 민영, 교통, 종교 등
		텔레비전방송	공영, 민영
		지상파이동멀티미디어방송	
	유선방송업	종합유선방송	MSO, 독립SO
		중계유선방송	
		음악유선방송	
	위성방송업	일반위성방송	
		위성이동멀티미디어방송	
	프로그램제작·공급업	방송채널사용사업	일반PP, 홈쇼핑PP, 데이터PP
		프로그램제작업	
	IPTV		
	전광판방송업		

지상파 방송은 라디오나 KBS, MBC, SBS 등의 텔레비전 방송과 DMB등 우리가 가장 많이 접하고 있는 방송이다. 유선방송은 흔히 케이블TV로 많이 알려져 있으며 수십 개의 다채널을 선로 설비를 이용해서 방송하는 것을 말한다. 위성방성은 인공위성을 통해서 방송하는 것이다.

방송채널사용사업자는 종합유선방송업자 또는 위성방송사업자와 특정 채널에 대해서 전용사용계약을 체결하여 채널을 소유하고 프로그램을 제작하여 공급하는 사업자다. 대표적으로 홈쇼핑이나 온게임넷, OCN, MNET 등이 있다. 프로그램 제작업자는 채널을 소유하지 않으며 재정적인 지원이나 제작 설비 등을 방송사에 의존하지 않고 독자적으로 방송 프로그램만을 만드는 사업자다.

IPTV의 경우 초고속인터넷을 이용하여 방송하는 것으로 컴퓨터로 수신하는 것이 아니라 텔레비전을 이용하여 수신한다. IPTV는 지상파 방송이나 유선방송 또는 위성방송과는 달리 시청자가 자신이 편리한 시간에 자신이 보고 싶은 프로그램만 선택해서 볼 수 있는 양방향 서비스를 제공하고 있다.

2016년 기준 지상파방송사업자 개수는 전년도와 동일한 52개, 방송채널사용사업자의 개수는 164개로 전년 대비 14개 감소했다. 종합유선방송사업자의 개수는 전년과 동일한 90개, 중계유선방송사업자는 52개로 전년도에 비해 13개가 줄어 지속적으로 감소중이고 위성사업자와 IPTV사업자는 전년도와 동일한 1개와 3개를 유지하고 있다.

【방송시장유통구조 방송통신위원회 】

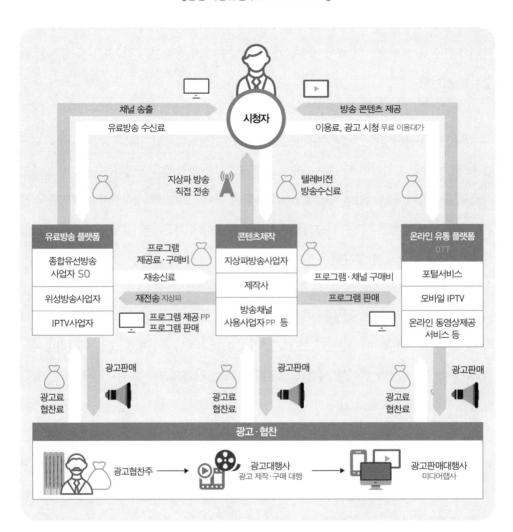

【**방송사업매출과 구성비** 방송통신위원회, 단위: %】

방송사업매출

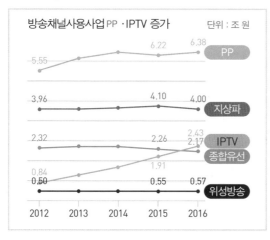

방송채널사용사업 PP · IPTV 증가   단위 : 조 원

	2012	2013	2014	2015	2016
PP	5.55			6.22	6.38
지상파	3.96			4.10	4.00
IPTV				2.26	2.43
종합유선	2.32				2.17
			1.91		
	0.84				
위성방송	0.50			0.55	0.57

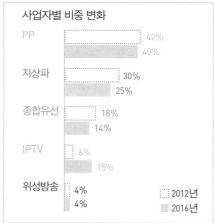

사업자별 비중 변화

	2012년	2016년
PP	42%	40%
지상파	30%	25%
종합유선	18%	14%
IPTV	6%	15%
위성방송	4%	4%

방송사업매출 구성비

단위 : %

지상파

3.96조 (2012)
기타방송	5.1
협찬	9.3
프로그램판매	13.6
방송수신료/재송신	16.9
광고	55.1

4.00조 (2016)
기타방송	7.0
협찬	10.5
프로그램판매	19.7
방송수신료/재송신	22.3
광고	40.6

일반PP

2.52조 (2012)
방송프로그램 판매	7.3
기타방송	12.2
방송프로그램 제공	22.8
광고, 협찬	57.7

2.94조 (2016)
방송프로그램 판매	7.1
기타방송	8.3
방송프로그램 제공	25.4
광고, 협찬	59.2

종합유선방송

2.32조 (2012)
기타방송	5.4
단말장치대여, 시설설치	11.9
홈쇼핑 송출수수료	30.6
방송수신료	52.1

2.17조 (2016)
기타방송	6.6
단말장치대여, 시설설치	19.2
홈쇼핑 송출수수료	35.4
방송수신료	38.8

* 매출 구성비중은 회계기준 변경으로 2012년 이후부터 비교

* 일반PP는 홈쇼핑PP(TV, 데이터) 제외

2016년도 전체 방송사업자의 방송사업매출액 총규모는 15조 9,023억 원으로 전년 대비 3.8% 증가했지만 성장속도 둔화로 2년 연속 명목 GDP 성장률을 하회했다. 방송사업자의 매출액 성장률은 14.9%2010년 → 13.6%2011년 → 11.3%2012년 → 6.3%2013년 → 4.9%2014년 → 4.1%2015% → 3.8%2016년로 지속적으로 감소하고 있는 추세이다.

방송채널사용사업자의 매출액은 2016년 6조 3,801억 원으로 전년대비 2.5% 증가했지만 전체 방송사업매출액 중 비중은 오히려 전년 대비 0.5% 감소해 40.1%를 차지했다. 지상파방송사업자의 매출액은 2016년 3조 9,987억 원으로 전년 대비 2.5% 감소했고 전체 방송사업매출액 중 비중은 전년 대비 1.7% 감소해 25.1%를 차지했다. 종합유선방송사업자의 매출액은 2016년 2조 1,692억 원으로 전년 대비 4.0% 감소했고 전체 방송사업매출액 중 비중은 전년 대비 1.1% 감소해 13.6%를 차지했다. IPTV의 매출액은 2016년 2조 4,277억 원으로 전년 대비 27.2% 증가했고 전체 방송사업매출액 중 비중은 전년 대비 2.8% 증가한 15.3%를 차지했다. 일반위성방송의 매출액은 2016년 5,656억 원으로 전년 대비 2.9% 증가했으나 전체 방송사업매출액 중 비중은 전년과 동일한 3.6%를 차지했다.

지상파TV방송채널 및 유료방송채널의 방송광고매출액 총규모는 2016년 기준 2조 7,363억 원으로 전년 대비 9.6% 감소했다. 종합편성채널 등 비지상파 유료방송채널의 방송광고매출 증가로 지상파TV방송채널의 비중은 감소추세이나 아직은 방송채널사용사업자의 점유율보다는 높은 상황이다. 지상파TV방송채널과 지상파계열 방송채널사용사업자의 방송광고매출 비중도 전반적인 감소 추세를 유지하고 있으나 비지상파 유료방송채널의 격차는 2016년 기준 25.4% 차이로 여전히 상당한 수준이다.

방송산업 전체 매출은 2016년 기준 15조 9,023억 원으로 전년대비 3.8% 증가했다. 방

2부 업종별 개요, 특징 및 트렌드 분석

송산업 전체에서 가장 큰 비중을 차지하는 것은 방송을 직접 만드는 방송채널사용사업자로 2016년 기준 6조 3,801억 원으로 40.1%를 점유하며 홈쇼핑매출의 증가에 힘입어 2016년 기준 전년대비 2.5% 증가를 기록하고 있다. 그 다음으로 큰 비중은 지상파 방송이다. 하지만 DMB와 함께 지상파 2.5%, DMB 4.1%로 감소 추세에 있다. 그리고 2조 1,692억 원의 규모를 차지하고 있는 종합유선방송도 유료방송 매체 간 경쟁심화로 2016년 기준 전년대비 4% 감소했다. 하지만 IPTV와 IPTV콘텐츠사업CP이 2016년 기준 전년대비 각각 27.2%, 31.2% 매출이 크게 증가하며 두각을 나타내고 있다.

방송산업 업종별로 매출구성을 살펴보면 각각 특징이 있음을 알 수 있다. 2016년 기준으로 지상파 방송 매출의 경우 수신료수익보다 광고수익이 압도적으로 높아 광고시장에서 최고로 대우받는 방송산업 업종임을 알 수 있다.

유선방송 매출의 경우 시청자들에게 수신료를 받는 수익이 가장 크지만 감소추세이고 홈쇼핑방송에게 받는 송출수수료도 큰 비중을 차지하며 증가하는 추세에 있다. 상대적으로 광고수익은 유선방송 매출 전체에서 차지하는 비중이 지상파 방송의 비중보다는 훨씬 작다.

위성방송도 유선방송과 유사하게 수신료수익이 가장 비중이 크고 홈쇼핑송출수수료 및 광고수익이 그 다음으로 비중이 크다.

채널을 소유하며 방송을 제작하는 방송채널사용사업 매출의 경우 홈쇼핑방송 매출수익 비중이 가장 크다. 하지만 이는 홈쇼핑 업체들에 국한되는 사항이므로 이를 제외하면 광고수익이 가장 큼을 알 수 있다. 방송프로그램만을 제작하는 방송독립제작업의 경우 대부분의 매출은 프로그램판매에서만 발생하고 있다.

방송산업의 특성

방송산업은 진입장벽이 높은 산업이다. 방송산업을 하기 위해서는 상당한 규모의 자본이 필요하다. 유료방송사업 종합유선방송, 일반 위성방송, 이동형 위성방송 을 위주로 살펴보면 수십개에 달하는 채널을 방송하기 위해서는 많은 방송 프로그램을 조달해야하며 방송 프로그램을 조달하기 위해서는 지상파 방송사나 다수의 프로그램제작업체 등과 계약을 해야 하는데 이 비용이 매우 많이 든다.

이 비용은 종합유선방송이나 위성방송의 시청자 수와 상관없이 발생하는 '고정비'의 개념이다. 따라서 시청자가 많아진다고 해도 특별히 방송프로그램 조달비용이 높아지는 것은 아니기에 시청자가 많을수록 대단히 유리하다. 비용적인 측면에서도 유리하지만 매출측면에서도 유리하다. 유선방송과 위성방송은 비슷한 매출구조를 가지고 있다. 매출에서 차지하는 비중에서 수신료수익이 가장 크기에 시청자를 많이 확보할수록 유리한 위치를 확보하는 것이기 때문이다. 즉 규모의 경제가 가장 잘 작동하는 산업이라고 할 수 있다.

진입장벽이 높은 또 다른 이유는 유료방송 시장은 독과점 구조에 가까운 구조를 보이고 있기 때문이다. 일반위성방송의 경우 KT의 '스카이라이프' 밖에 존재하지 않는다. 종합유선방송의 경우도 지역별로 독과점 구조를 보이고 있다. 전국에 종합유선방송사는 총 90개가 존재한다.

종합유선방송의 경우 지역별로 서울, 경기, 대구, 부산을 제외하면 대부분 지역에서 5개 이하의 소수 종합유선방송사들이 경쟁하고 있다. 또한 종합유선방송사를 여러 개 소유한 기업들이 많다는 것을 고려해 보면 이러한 독과점적인 측면은 더욱더 강해진다. SO 종합유선방송사 는 전국에 90개가 있지만 티브로드, CJ헬로비전 등 MSO 다수의 종합유선방송사를 소유

2부 업종별 개요, 특징 및 트렌드 분석

한 업체가 대부분의 SO를 소유하고 있다.

【복수종합유선방송사 방송사업매출액과 시장점유율 방송통신위원회】

구분	SO 수		방송사업매출액 억 원			방송사업매출액 점유율%		2016년 가입자 당 월 평균수신료 원
	2015년	2016년	2015년	2016년	증감률	2015년	2016년	
씨제이헬로비전	23	23	6,720	6,375	−5.1%	29.7%	29.4%	5,016
티브로드	23	22	5,790	5,451	−5.9%	25.6%	25.1%	5,394
딜라이브 구 씨앤엠	17	17	4,097	3,979	−2.9%	18.1%	18.3%	6,062
현대에이치씨엔	8	8	2,153	2,142	−0.5%	9.5%	9.9%	4,782
씨엠비	10	10	1,343	1,278	−4.8%	5.9%	5.9%	3,347
MSO 합계	81	80	20,102	19,225	−4.4%	89.0%	88.6%	5,053
SO 전체	91	90	22,590	21,692	−4.0%	100.0%	100.0%	5,055

개별 SO는 점점 더 규모의 경제 때문에 경쟁에서 밀려날 가능성이 있으며 MSO가 더욱더 SO를 인수할 가능성이 큰 상황이다. 따라서 종합유선방송 시장은 점점 상위 MSO 위주로 개편되어 안정화 될 것으로 보인다.

시장의 기대감

넷플릭스의 가치는 2015년 대비 7배 상승했고 2018년 상장한 아이치이도 2배 이상 상승하며 글로벌 미디어 업체의 가치가 상승하고 있다. 과거 방송사 채널에만 콘텐츠가 공급되던 것에서 벗어나 현재는 IPTV, OTT, 포털서비스 등 유통 경로가 늘어나면서 드라마, 예능, 영화 등의 미디어 콘텐츠를 제작하는 업체의 이익 창출력이 극대화되고 있다. 2016년 한한령 이후 국내 콘텐츠의 수출이 막혀 국내 시장 상황이 좋지 않았으나 최근 일부 드라마 판권 판매와 영화 상영 허가 소식으로 다시금 중국 수출의 재개 기대감이 커지고 있다.

소확행과 5G

소소하지만 확실한 행복의 줄임말인 소확행은 오직 자신을 위해 투자하는 가치 소비가 핵심이다. 이는 여행과 콘텐츠 중심의 소비 증가로 이어지고 있다. 콘텐츠는 영상 시청이 가장 쉽고 대중적이며 가성비가 뛰어나다. TV를 통해 드라마나 영화, 예능 등을 시청하는 트렌드가 TV에서 모바일로 변화하면서 OTT 플랫폼 이용자가 증가하는 것은 시간 제약이 없고 드라마나 시리즈 영상을 몰아서 보는 binge-watch 트렌드의 확산이 영향을 미친 것으로 보인다. 거기에 국내 통신 데이터 트래픽은 기술이 발전함에 따라 급증하고 있는데 트래픽의 주 사용처가 동영상 시청인 것은 의미하는 바가 크다. 하드웨어의 발전으로 고해상도 콘텐츠 시청이 가능해지면서 관련 콘텐츠에 대한 수요가 증가했다. 이로 인해 신규 콘텐츠 서비스가 가능해지면서 이를 소화할 수 있는 네트워크 서비스가 진화했고 다시 데이터 트래픽이 증가하는 선순환 구조가 이어지고 있다.

2019년 본격적인 5G 서비스 개화로 속도와 데이터 트래픽이 급증하면서 폴더블 디바이스의 출시와 VR 디바이스의 다양화 그리고 차량용 엔터테인먼트 시스템의 발전으로 고화질 콘텐츠 수요는 지속적으로 증가할 전망이다. 트렌드에 맞춰 통신사들이 먼저 선보일 5G 서비스도 미디어에 집중될 가능성이 높아 자율주행차, 스마트시티 등 5G로 구현할 수 있는 서비스가 많지만 실현 단계까지 시간이 필요하므로 이보다는 각 통신사들의 OTT 플랫폼이나 넷플릭스와의 협력을 통해 성장 전략을 펼칠 것으로 전망된다.

시장 재편에 따른 OTT 플랫폼의 성장

글로벌 미디어/엔터테인먼트/통신 업체들이 최근 인수 합병을 통해서 융복합 미디어 그룹으로 성장하고 있다. 미국의 대형 통신사인 AT&T는 종합 미디어 그룹 타임워너를 인수했고 디즈니는 21세기 폭스를 인수해 초대형 미디어 그룹으로 재탄생했다. 중국 알리바바가 2015년 유쿠투도우를 인수했고, 한국에서도 CJ오쇼핑과 CJ E&M의 합병으로 커머스와 미디어 간 경계도 허물어지고 있다. 대형 미디어 그룹의 변화가 최근 3년 내 활발하게 이루어지면서 시장 재편과 함께 시장이 바라보는 시각도 달라질 것으로 판단된다.

글로벌 업체들이 앞다퉈 초대형 미디어 그룹으로 변화를 꾀하는 이유 중 하나는 넷플릭스라는 OTT 플랫폼 업체의 폭발적인 성장 때문이다. 치열한 OTT 플랫폼의 전쟁에서는 결국 핵심 콘텐츠가 차별화 요소가 될 것으로 보인다. 국내 드라마 제작사의 넷플릭스향 매출은 크게 국내에 방영되는 드라마의 판권, 넷플릭스에서만 공개되는 오리지널 제작으로 나뉜다. 넷플릭스가 국내 가입자를 유치하기 위해 대부분의 국내 드라마 판권은 계약하는 추세여서 작품당 30~50억 원의 해외 판권 계약은 지속적으로 발생할 것으로 보인다. 주목할 점은 '미스터션샤인'과 같은 대작의 방영 전 판매로 400억 원의 제작비용 중 넷플릭스

판권 판매로 280억 원을 인식했을 것으로 추정된다는 것과 2018년 12월에 방영된 '알함브라 궁전의 추억'은 미스터션샤인 대비 제작비가 더 증가할 것으로 예상하여 계약 체결 시 300억 원 이상의 수익 인식을 전망했다는 점이다. 다만 국내에도 OTT 플랫폼이 존재하지만 국내 케이블TV 요금이 저렴하고 OTT 플랫폼에서 오리지널 콘텐츠를 제작하기에는 자본이 역부족인 상황이고 제공하는 콘텐츠가 현저히 적어 아직 초기 단계에 머물러 있다.

02 | SI 업종

SI 업종 Summary

국내 SI 시장은 성숙화로 인해 전통적인 시스템 구축에 대한 수요 정체로 성장이 둔화됐지만 2015년 '클라우드컴퓨팅 발전 및 이용자 보호에 관한 법률'이 시행되고 2016년 신산업 분야 공공소프트웨어사업에 대한 대기업 참여 허용으로 SI 기업들의 신시장 창출이 활성화되면서 IoT, 클라우드컴퓨팅, 빅데이터, 모바일 및 융합 IT 등 신규 SI 수요와 더불어 안정적 성장을 지속할 것으로 보인다. 하지만 안정적 대규모 계열사 물량을 보유하고 축적된 기술력과 레퍼런스로 해외시장 개척이 가능한 기업들에게 유리한 환경이 지속 되면서 기업 간 양극화 추세가 지속 되고 있는 실정이다. 따라서 과거 레퍼런스 구축을 위한 저가입찰이 빈번한 전통적인 SI 시장에서 벗어나 수익성 위주의 수주전략을 펼치며 모바일 및 클라우드 환경을 바탕으로 한 신규시장 확대와 해외사업 진출을 추진하는 기업에 주목해야 할 것으로 보인다.

1970년대에 금융 및 행정에서 전산시스템이 도입되었지만 아직 기업들이 본격적으로 전산시스템을 도입했던 것은 아니었다. 1980년 이후 기업들이 전산시스템을 경쟁적으로 도입하면서 전사적 자원관리 시스템ERP, 데이터베이스 관리시스템DBMS 등의 기업용 소프트웨어 기술이 발전하기 시작했다. 그 후 기업들의 경영환경이 복잡해져 감에 따라 기업용 소프트웨어로는 전산시스템을 완벽하게 구현하기 어렵게 되었다. 이에 따라 고객의 경영환경에 맞게 전산시스템을 전문적으로 구축해주는 SI 산업이 발달하기 시작했다.

SI 산업의 현황

SI는 Service Integration의 약자로서 시스템통합 산업을 말한다. 과거에는 기업들이 회사의 환경에 맞는 정보시스템을 구축하려면 스스로 시스템을 기획하고 설계하여 그에 맞는 소프트웨어와 하드웨어 등을 조달해야 했다. 하지만 회사의 경영환경이 점점 복잡해지고 소프트웨어 및 하드웨어 기기도 다양해져 스스로 정보시스템을 구축하는 것은 매우 어려운 일이 되었다. 결국 SI는 고객 회사를 대신해서 기업의 경영환경 및 요구사항을 분석하고 그에 맞는 정보시스템을 새롭게 구축하는 것을 의미한다.

SI업체들은 2004년도 이후부터 SI사업만으로는 수익성이 떨어지기 시작하자 단순 SI가 아닌 종합 IT서비스 업체로 탈바꿈하였다. 많은 기업들이 정보화시스템을 갖추어 SI를 구축할 고객 기업들이 줄어들자 고객층을 확보하기 위해 사업영역을 확대한 것이다. 종합 IT서비스를 제공하면서 기존 SI 영역뿐만 아니라 종합적인 전략계획 수립과 컨설팅, 유지관리sm 등 훨씬 더 포괄적인 서비스를 제공하게 되었다. 따라서 현재의 SI산업을 정확히 이해하려면 IT서비스 산업 영역으로 확대된 범위로 이해해야 한다.

세계IT서비스 시장은 2017년 전년 대비 3.2% 성장하며 9,650억 달러의 시장 규모를 형성하고 있다. 향후 4년간 연평균 3.9%의 성장세를 바탕으로 2021년까지 11,284억 달러의 시장 규모로 성장할 것으로 보이며 컨설팅/SI부문의 성장률이 가장 높은 것으로 기대된다.

【IT서비스산업 분류】

구분 내용	내용
정보기술 컨설팅	기업의 비즈니스전략을 토대로 IT기술을 적용하여 효율화 할 수 있도록 컨설팅을 하는 업무
시스템 통합SI	기업이 필요로 하는 정보시스템에 관한 기획에서부터 개발과 구축, 나아가서는 운영까지의 모든 서비스를 제공하는 일
시스템 관리SM	서버와 데이터베이스, 복잡한네트워크환경, 그리고 다양한 애플리케이션 등 IT 자원들을 관리
정보기술 아웃소싱	인터넷비즈니스IT 에 관련된 모든 영역에 대한 서비스를 자체적 해결이 아닌 전문업체단체, 전문인력 에게 의뢰하는 것
정보기술교육·훈련	사용자 교육 및 매뉴얼 작업 등을 수행

【세계IT서비스 시장 전망 IDC 2017년 10월, 단위: 억 달러】

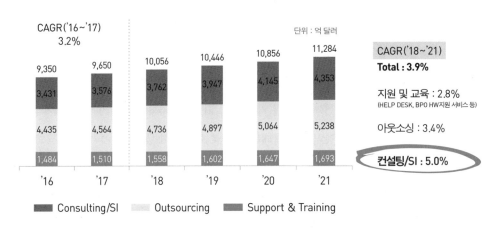

국내IT서비스 시장은 2017년 전년 대비 1.5% 성장하며 81,312억 원의 시장 규모를 형성하고 있다. 향후 4년간 연평균 1.5%의 성장세를 바탕으로 2021년까지 86,641억 원의 시장 규모로 성장할 것으로 보이며 아웃소싱부문의 성장률이 가장 높은 것으로 판단된다.

【국내IT서비스 시장 규모 및 추이 IDC 2017년 6월, 단위: 억 원**】**

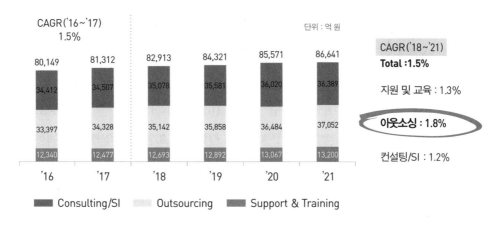

IT서비스 산업 중에서 가장 규모가 큰 부분은 ITO^{IT아웃소싱}이다. SI시장의 규모보다 IT아웃소싱의 시장규모가 더 큰 상황이다. 기업들은 자사에 전산부서를 두기보다는 외부 전문업체에 정보시스템을 위탁하고 있다. 경영환경이 점점 복잡해지면서 이를 처리할 수 있는 정보시스템도 점차 복잡하고 거대해지고 있어 자사의 전산부서에 들어가는 비용이 너무나 막대해졌기 때문이다. 따라서 기업들은 전산부서를 유지하기 보다는 전문업체에 정보시스템을 위탁하여 비용절감 및 IT정보기술의 변화에도 대처하고 있는 상황이다. SI 시장도 규모가 큰 편이지만 그 증가추세는 2008년도 이후로 많이 감소한 상황이다. 컨설팅 시장의 경우 최근 증가추세에 있지만 IT 서비스 산업에서 차지하는 비중은 매우 작은 편이다.

SI 산업의 특성

SI산업^{IT서비스산업}은 경기에 민감한 산업이다. 기업들이 경영환경을 이해하고 관리하기 위해서는 정보시스템의 구축 및 끝없는 업그레이드가 필수적인 상황이다. 하지만 경제위기 하에서는 정보시스템 투자가 취소되거나 연기되는 경우가 많다. 또한 기존 고객들로

부터 비용절감의 압박을 받을 수도 있다. 최근 들어 기업들이 경쟁력을 높이기 위해서 정보시스템을 중요하게 생각하고 있기 때문에 경기민감도가 과거보다 다소 줄어든 상황이지만, 그래도 SI산업은 기본적으로 경기에 민감하다고 할 수 있다. 다만 조선업과 같이 수주를 받아서 처리하는 산업이기 때문에 경기에 동행하기보다는 다소 후행하고 있다.

SI산업은 경쟁이 심하고 진입장벽이 존재하는 산업이다. IT서비스 시장은 고객층으로 분류하자면 크게 대기업 그룹 관계사 시장과 정부 및 공공기관을 중심의 비관계사 시장으로 구분할 수 있다. 그룹 관계사 시장은 진입장벽이 매우 높다. 그룹에 소속된 SI업체들이 그룹계열사들의 IT아웃소싱을 전담하고 있기 때문이다. 그룹계열 SI업체들은 안정적인 매출처를 확보하고 있어 SI산업 자체는 경기에 민감하지만 이들 기업들은 경기에 그다지 민감하지 않다.

또한 IT아웃소싱을 제공한 시간이 길어질수록 고객사에게 해당 IT서비스를 제공하는 전문성이 점차 강화되고 있기 때문에 더욱더 그 입지는 확고해 지고 있다. 또한 기업들의 각종 Data는 보안상의 문제 때문에 같은 계열사가 아닌 다른 업체에게 IT아웃소싱을 맡기는 것은 현실상 매우 어려운 일이다. 결국 IT아웃소싱 시장에서 가장 규모가 큰 고객인 대기업들과 금융권들은 계열사 SI업체들이 완전히 장악하고 있어 진입장벽이 대단히 높은 상황이다.

정부 및 공공기관 중심의 비관계사 시장의 경우 진입장벽이 약한 완전 경쟁시장이라고 할 수 있다. 하지만 대기업 그룹 관계사 시장에 비해 다소 수익성은 떨어지는 편이다. 고객사와 IT서비스업체와의 관계가 지속적으로 유지되는 것이 아니라 1회성 구축에 끝나는 경우가 대부분이고 많은 기업들이 치열하게 경쟁하고 있기 때문이다.

따라서 구매자인 고객사가 업체 교섭력에서 IT서비스업체 보다 우위에 있다. 그 때문에 품질 대비 최저가를 제시하는 IT서비스업체를 선택할 가능성이 매우 높다. 이 때문에 그동안 비관계사 시장에서도 규모의 경제에서 앞서는 대형 SI업체들이 일반중소 SI업체들에 비해서 우위에 있었다.

SI산업은 공공부문의 경우 정부 정책에 직접적인 영향을 받고 있다. 최근에는 정부의 강력한 규제가 SI산업IT서비스산업에 큰 변화를 예고하고 있다. 정부는 '공생발전형 소프트웨어 생태계 구축전략'에 따라 2013년부터 대기업 계열 IT서비스 기업의 공공부문 정보화 사업 참여를 전면적으로 제한했다. 자산총액 5조 원 이상인 63개 기업집단은 원칙적으로 공공 정보화 사업에 참여할 수 없다.

따라서 삼성SDS, SK C&C, LG CNS 등 대부분의 대기업 계열 IT서비스사들은 이에 따라 공공부문 사업 참여가 제한됐다. 다만 법률에서 국방·외교·치안·전력과 그밖에 국가안보 등과 관련된 사업, 지식경제부 장관이 이들 기업의 참여가 불가피하다고 판단하는 사업에 대해서는 예외를 인정하고 있다.

2018년 국가 정보화 사업 예산은 중앙정부에서 4조 1,849억 원, 지자체에서 1조 498억 원을 투입해 2017년도 대비 327억 원이 감소했음에도 불구하고 5조 2,347억 원에 달하는 거대한 규모의 시장으로서 IT서비스산업에서 매우 큰 비중을 차지하고 있다. 공공부문의 범위는 정부부처 사업뿐 아니라 공사, 공단 등 정부 유관기관들이 모두 포함된다. 우정사업 본부, 기업은행, 산업은행 등 공공금융 분야도 속한다. IT서비스 산업에서 공공사업과 금융 시장을 제외하면 규모가 큰 시장은 대기업 그룹 관계사 시장밖에 없지만 이 시장은 위에서 언급한 대로 진입장벽이 매우 높아 진출이 사실상 불가능하다. 이외에 다른 시장은 그 규모가 매우 작은 상황이다.

따라서 대기업계열 SI업체들은 이 정책에 따라 참여하지 못하게 되면서 대기업계열사가 아닌 IT서비스업체 간의 치열한 경쟁이 이루어지고 있다. 공공부문에서 대기업 SI업체들이 저가공세로 기를 펴지 못하던 일반중소 SI업체들은 이 정책이 시행된 이후에는 대기업 하도급이 아닌 주사업자로 나설 수 있는 기회를 잡게 되었다. 대우정보시스템, 쌍용정보통신, KCC정보통신, 다우기술 등 중견중소 SI기업들은 SI부서 인원을 확충하기 위해 안간힘을 쓰고 있다. 공공SI 부서를 신설하는 등 대기업이 빠진 자리를 선점하기 위한 움직임을 보이고 있다. 또한 전문SW기업들도 새롭게 SI 사업까지 영역을 확대하기 위해서 노력하고 있다. 이에 따라 대기업 SI업체에서 중견중소 SI업체로 인력이 역이동하는 현상이 발생하고 있는 상황이다. 하지만 대기업계열 SI업체들이 공공부문에 입찰하지 못한다고 해서 반드시 그 시장을 중견중소 SI업체들이 모두 차지할 수 있는 것은 아니다. 글로벌 해외 IT서비스업체들도 공공부문에 입찰이 가능하기 때문에 이들과의 경쟁에서 우위를 점할 수 있는 중견중소 SI업체들만이 치열한 경쟁에서 살아남게 될 것이다.

'솔루션·플랫폼' 브랜드화

주요 SI 기업들이 자사 기술의 특성과 강점이 담긴 솔루션 및 플랫폼을 공급하며 지속적인 수익모델을 발굴하면서 브랜드화하고 있다.

LG CNS는 고유의 기술과 성공사례를 담은 플랫폼을 브랜드 자산화해 기존 SI뿐만 아니라 플랫폼과 솔루션 기반 사업까지 전 영역에서 선도적 위상을 확보하기 위해 팩토바스마트팩토리, 인피오티사물인터넷, DAP AI·빅데이터, 모나체인블록체인, 시티허브스마트시티, 오롯로봇서비스, 에너딕트스마트에너지 등의 7개 브랜드를 각각의 사업영역의 특색을 담아 진행하고 있다.

삼성SDS는 자사 솔루션에 '넥스트Next'라는 명칭을 부여해 솔루션의 차별적 기능을 부각하고 일관된 브랜드 체계로 인지도를 높이고 있다.

SK C&C의 에이브릴은 IBM의 AI 플랫폼 왓슨 기반에 한국어 기능이 추가된 AI 플랫폼이다. SK C&C는 생명보험 기업 AIA와 빅데이터 기반 건강관리 서비스를 가구 브랜드 데스커와는 맞춤형 가구 추천 서비스 등을 선보이고 있다.

기업들이 각자의 플랫폼과 솔루션을 브랜드화하는 것은 인력을 지속적으로 투입해야 하는 기존 SI가 아닌 자사의 강점을 살린 비즈니스 모델을 통해 각자의 특색있는 영역에서 경쟁력을 갖춰나가고 있는 것으로 보인다.

금융 디지털 트랜스포메이션

로보 어드바이저, 인공지능 기반 챗봇 등 디지털 트랜스포메이션의 근간을 이루는 신기술을 바탕으로 새로운 금융 서비스가 상용화에 들어가며 금융 시장을 달구고 있다. 지금까지 디지털로 일컬어지는 기술이 금융사의 업무를 보조하는데 초점이 맞춰졌다면 이제는 디지털이 기존 금융을 혁신시키고 새로운 비즈니스를 탄생시키는 주도적 역할을 할 것이라는 공감대 형성과 함께 예상되고 있다. 주요 SI 빅3를 비롯한 대부분의 업체들이 디지털 트랜스포메이션 지원을 위한 조직개편 및 R&D에 뛰어들고 있다.

금융권에서는 로봇프로세스자동화RPA, 블록체인 상용화 시험 등 IT 신기술에 기반한 다양한 사업이 발주되고 세계적으로 강화되고 있는 컴플라이언스 요건에 대응하기 위한 리스크 관리 및 규제 관리 솔루션의 수요가 맞물려 성장이 예상된다. 우체국금융이 x86기반의 클라우드 시스템을 주요 전산시스템으로 도입하려는 움직임을 보이고 있고 KB국민은행의 차세대시스템도 오픈 환경으로의 전환이 검토되고 있다. 이에 삼성SDS, LG CNS, SK C&C 등 빅3를 포함한 중견업체들까지 새로운 IT 기술에 기반한 서비스 발굴과 제공에 초점을 맞추고 있으며 새로운 시장을 주도적으로 이끌어 갈 것으로 예상되는 기업에 주목해야 할 것으로 보인다.

03 게임 업종

게임업종 Summary

게임업종은 창조적인 아이디어, 풍부한 게임 소재를 기반으로 한 고부가가치의 지식 집약적 서비스 사업이다. 게임업종은 게임의 오락성, 캐릭터 등 무형 자산이 업종의 가치를 결정하고 있으며 전문 개발 인력에 대한 의존도가 높은 편이다. 게임은 서비스 업종이면서도 동시에 IT · 뉴미디어 기술, 컴퓨터 프로그램과 같은 기술적 요소가 중요한 콘텐츠 산업의 한 유형으로도 볼 수 있다. 이에 따라 게임 산업은 음악, 애니메이션 등 타 콘텐츠 산업과의 연계성이 높으며 VR 가상현실 ·AR 증강현실과 같은 신기술 발전에 기여하는 바가 크다. 게임은 상용화되기까지 죽음의 계곡이 많이 존재하는 고위험·고수익 업종이다. 개발 과정에 많은 인력과 연구개발비가 들지만, 게임이 시장에서 성공할 확률은 극히 적다. 하지만 한번 성공으로 이어질 경우, 기업은 수확체증 효과로 이윤을 기하급수적으로 증대시킬 수 있는 특징을 가지고 있다. 이에 따라, 현재 게임업종은 투자 여력이 있고 시장의 불확실성을 감수할 수 있는 대형 게임사를 중심으로 재편되고 있으며 대형 게임사와 중견·중소 게임사 간 양극화가 심화 되고 있다. 게임업종은 대표적인 수출 주도형 업종으로 전통적인 제조업과는 달리 국제 경기에 민감하지 않으며, 타 문화 콘텐츠보다 언어나 문화적 장벽이 낮아 해외 시장에서 경쟁력을 확보할 수 있는 분야이다. 최근 게임 업종은 모바일 MMORPG의 개화와 대작 게임의 등장으로 급격한 성장을 해왔다. 국내보다는 수출을 통한 성장에 집중하면서 단일 게임 시장 2위를 차지하는 미국에 시장 진출에 대한 기대감이 높아지고 있다.

2부 업종별 개요, 특징 및 트렌드 분석

게임산업의 현황

성숙기에 접어든 국내 게임 산업은 다소 느리지만 성장하는 모습을 이어가며 2019년 12.5조 원 규모의 시장을 형성할 것으로 기대된다. 게임 산업의 중심축은 온라인에서 모바일로 옮겨가고 있고 모바일 게임이 산업을 이끌어 갈 것으로 예상된다. 게임 산업은 대표적인 수출 효자 산업으로 게임의 수출 규모는 한류의 주역인 음악 및 방송을 합친 수출액보다 4배나 높다. 대규모 자본을 보유한 게임사 위주로 대형화와 함께 브랜드화 되고 있고 게임사 간 양극화 현상 또한 심화되고 있다.

【국내 게임 시장 규모 한국콘텐츠진흥원】

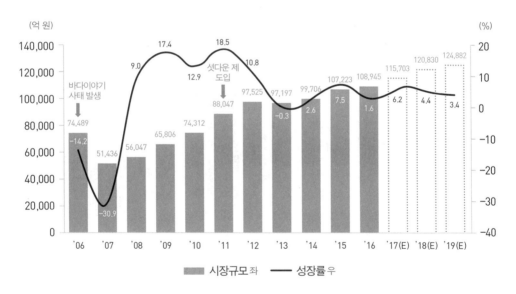

한국콘텐츠진흥원에 따르면 2016년 국내 게임 시장 규모는 10조 8,945억 원으로 전년

대비 1.6% 증가했다. 국내 게임 시장의 경우 온라인과 모바일 게임이 전체 시장의 82.3%를 차지해 이 두 플랫폼이 게임 시장의 대부분을 차지하고 있다. 나머지는 PC방이 1조 4,668 억 원으로 13.5%, 비디오 게임이 2,627억 원으로 2.4%를 차지하고 있다.

게임제작 기술의 발전, 3D 그래픽처리 기술, VR·AR과 같은 신기술이 게임 업계에 도입되면서 게임 시장은 완만하게나마 성장을 이어가고 있다. 한국콘텐츠진흥원은 2017년 에는 11.6조 원, 2018년에는 12.1조 원, 2019년에는 12.5조 원 규모로 국내 게임 시장이 커나갈 것으로 전망했다. 시장의 규모는 완만한 성장을 할 것으로 보이나 성장률은 2017년 6.2%에서 2018년 4.4%, 2019년에는 3.4%로 매년 감소하면서 성숙기 시장의 모습을 전망 했다.

【 국내 플랫폼별 게임 시장 규모 한국콘텐츠진흥원 】

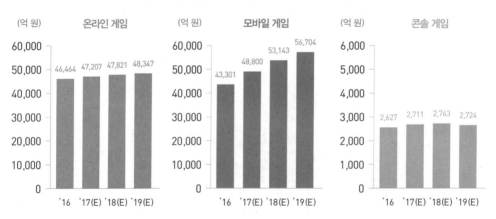

온라인 게임 기반의 e스포츠 시장이 커지고 배틀그라운드와 같은 온라인 게임 타이틀 이 흥행하면서 하락세에 접어든 온라인 게임 시장을 다소 끌어올리면서 온라인 게임 시장

은 2016년부터 연평균 1.3% 성장하며 2019년에는 4조 8,347억 원의 규모의 시장을 형성할 것으로 보인다.

대작 온라인 게임들이 모바일 기반으로 출시되면서 모바일 게임의 매출이 증가하며 모바일 게임은 2016년부터 2019년까지 연평균 9.4% 성장하고 게임 시장의 영향력을 확대해 나갈 것으로 보인다. 2016년 4조 3,301억 원 규모의 모바일 게임은 2019년 5조 6,704억 원 규모로 성장할 것으로 기대된다.

콘솔 게임 시장은 고사양 게임에 대한 수요 증가와 VR 디바이스의 확산으로 다소 상승은 하겠지만 국내에서의 영향력이 미미할 것으로 보여 콘솔 게임 시장은 전체 시장의 2.4%를 차지하며 온라인과 모바일 게임과는 차이를 보일 전망이다.

게임 플랫폼별로 세분화해 시장을 보면 모바일 게임이 가장 빠르게 성장해 전체 게임 시장을 이끄는 역할을 할 것으로 전망된다. 2016년 까지는 온라인 게임 시장이 4조 6,464억 원으로 4조 3,301억 원 규모의 모바일 게임 시장보다 컸지만 2017년부터는 모바일 게임이 온라인 게임 시장을 뛰어 넘어 게임 산업의 중심이 모바일로 옮겨갈 것으로 보인다.

게임 산업의 특성

게임 산업은 성장하고 있는 산업이다. 국내시장은 물론이고 해외시장도 성장하고 있다. 인터넷의 보급과 IT기술의 발달, 스마트 폰의 보급 등으로 다양한 플랫폼에서 게임을 즐길 수 있게 되었고 개인주의 지향의 생활문화 또한 점차 확산됨에 따라 게임시장은 성장하게 되었다.

게임 산업은 경기변동에 영향을 받지 않는다. 과거 IMF 직후의 극심한 불황기에 온라인게임의 유저 수는 오히려 증가하는 현상을 보였는데 이는 게임이 유저들의 불안심리를 달래주는 역할을 하고 다른 여가 활동에 비하여 상대적으로 저렴한 비용으로 즐길 수 있기 때문이다. 경기변동에 따라 매출액이 영향을 받는 것은 적지만 계절에는 영향을 다소 받고 있다. 주요 게임 고객층인 청소년들의 방학기간인 1월, 2월, 7월, 8월은 다른 기간에 비해 게임 산업의 매출이 많은 편이다.

게임 산업은 진입장벽이 높지 않다. 제조업에 비하면 초기에 많은 자본을 투자할 필요가 없다. 또한 법적인 진입규제도 많지 않다. 참여하려고 한다면 어느 기업이나 시장에 진입할 수 있다. 하지만 대작 게임 등을 통해 좋은 이미지를 구축한 게임회사들이 선점효과를 누리고 있어 실질적으로는 선발주자가 유리한 요소를 가지고 있다. 또한 게임 산업에서는 거대한 자본이 필요하지 않은 대신 좋은 기술력과 창조적 아이디어를 창출할 수 있는 우수한 인력을 확보하는 것이 그 어떤 산업보다도 중요하기 때문에 이러한 인력을 확보한 기업일수록 유리한 위치를 점하고 있는 것으로 볼 수 있다.

게임 산업은 수출 주도형 산업이다. 타 문화 콘텐츠보다 언어나 문화적 장벽이 낮아 해외 시장에서 경쟁력을 확보할 수 있고 전통적인 제조업과는 달리 국제 경기에 민감하지 않기 때문이다. 실제로 우리나라 게임업체들은 해외에서 많은 매출을 올리고 있다.

게임 산업의 규제와 진흥

게임 산업은 대표적으로 법과 제도에 의해 직접적으로 영향을 받는 산업이다. 게임 관련 규제는 크게 게임물의 내용에 관한 등급 규제와 게임중독 및 사행성을 사전에 방지하기 위한 게임 이용에 관한 규제로 구분된다. 한국은 강제적·선택적 셧다운제, 결제 한도 규제, 웹보드 게임 규제 등이 시행되고 있다. 최근 문재인 정부가 혁신 성장을 위한 규제 개혁에 시동을 걸면서 게임 산업에 대한 과도한 규제 완화가 가시화되고 있다. 2017년 1월부터 모바일 게임에만 적용되던 게임물 자체 등급 분류 제도가 청소년 이용 불가 게임물과 아케이드를 제외한 모든 플랫폼으로 확대되면서 2018년 7월 소니 인터렉티브 엔터테인먼트 코리아가 첫 자체등급분류사업자로 지정되며 그동안 등급 심의 과정으로 인한 지체가 어느 정도 해소될 것으로 보인다. 모바일 게임에서 사실상 월 결제 금액 한도 제한이 거의 사라진 상황이라 온라인게임의 월 결제 한도 규제의 완화에 대한 의견이 나오며 그 가능성이 높아지고 있다.

하지만 2017년 세계 보건 기구WHO는 국제질병분류ICD 개정 작업을 진행하면서 게임중독을 '게임장애'란 정신질환으로 분류하겠다고 발표했다. 개정판에 대한 논의가 2019년 5월 세계보건총회에서 논의되어 등재가 확정되면 2022년 1월부터 게임중독은 질병으로 적용된다. 이러한 국제적인 움직임은 게임에 대한 부정적 인식의 확산으로 이어져 더 어려운 상황을 맞이할 것으로 전망된다. 규제 당국의 경우 최근 규제 완화의 움직임은 보이고 있으나 아직은 게임 업계의 요구 수준에는 못 미치고 있다. 이처럼 향후 게임 산업의 정책은 진흥과 규제를 오갈 것으로 보이며 규제로 성장이 가로막힌 한국 시장을 벗어나 글로벌 시장 공략을 개발 초기 단계부터 해외 진출을 목표로 게임을 기획하고 제작하는 기업에 주목해야 할 것으로 보인다.

확률형 게임아이템의 사행성 규제 우려

확률형 아이템은 특정한 확률에 따라 지불한 금액과 상관없이 무작위로 얻을 수 있는 아이템을 의미하며, 랜덤박스, 루트박스, 전리품 상자 등으로 불린다. 확률형 아이템은 모바일 게임에서 주로 나타나던 비즈니스 모델로 사행성 및 규제에 대한 논의는 이전부터 있었지만 최근 EA의 '스타워즈 배틀프론트2'가 게임 이용 공정성에 영향을 미치는 확률형 아이템을 도입하면서 유럽, 미국 등 주요 국가를 중심으로 논란이 확산되고 있다.

한국은 2015년 한국게임산업협회 주도로 확률형 아이템 자율규제를 실시하였으나 이용자 불만이 지속되어 이후 개선된 건강한 게임문화 조성을 위한 자율규제를 2017년 7월부터 시행하고 있으며 회원사 기준 92.6% 수준의 준수율을 보이고 있다. 그러나 일부 게임사들의 확률형 아이템 획득확률이 0.000X% 수준으로 현저히 낮은 비율이 공개되면서 확률형 아이템의 사행성 논란이 불거졌다. 전통적으로 확률형 아이템을 통해 수익을 올리는 것은 모바일 게임의 전형적인 비즈니스 모델이었다. 하지만 확률형 아이템은 게임 이용자의 심리를 이용해 과도한 이용자 과금을 유도한다는 지속적인 비판을 받아왔다. 국회에서도 확률형 아이템의 사행성에 대한 논란이 일었고 2016년 '게임산업진흥에 관한 법률 일부 개정안' 3개 법안이 발의되었다. 확률형 아이템의 정보인 명칭, 등급, 제공 수, 제공 기간, 구성 비율 등을 이용자에게 제공하는 것을 넘어 확률을 일정 수준 이하로 낮추는 등의 방안은 자유시장 경제에서 비즈니스 모델을 강제하는 것이라 적절하지 않으며 글로벌 서비스를 하는 게임사에게 역차별이 될 수 있어 당분간 논란은 지속될 것으로 보이며, 확률형 아이템을 비즈니스 모델로 적용한 게임사에게는 잠재적이면서 지속적으로 부정적 영향을

2부 업종별 개요, 특징 및 트렌드 분석

미칠 것으로 전망된다.

MMORPG의 한계

영향력이 큰 새로운 장르의 등장으로 기존 게임들의 부진과 출시되는 신작들의 성과가 부진할 경우가 많다. 기존 게임들의 경우 일부 유저의 이탈에 따른 감소가 소폭이지만 신작들의 경우 특별한 경우가 아닌 이상 평소보다 더 부진할 수밖에 없다. 한번 트렌드가 이동할 경우 관련된 장르들의 출시가 봇물을 이루기 때문에 새로운 주도 장르가 나타나기 전까지 타 장르에 대한 관심도가 떨어지는 경향이 있다. 배틀로얄 장르의 흥행으로 인해 해외시장 공략을 꾀하는 국산 MMORPG들의 흥행 기대감을 낮출 수밖에 없는 상황이다. 글로벌시장 특히 북미/유럽에서의 MMORPG의 성공기대감은 지속적으로 낮아지고 있다. 보편적인 게임 스타일로는 시장공략이 힘들기 때문에 MMORPG장르보다 게임의 IP, 특징, 특수성 등에 관심을 가져야 한다. 최근 북미/유럽시장에서 흥행하는 장르인 sendbox 장르, Battle Royale 장르의 높은 자율성 표방과 게임의 특수성 중에서도 가변적 요소의 밸런싱에 주목해 시장을 바라봐야 할 것으로 보인다.

중국의 판호라는 진입장벽

판호 게임 서비스 허가 와 관련된 분위기는 중국 지도부의 발언을 통해 개선되고 있는 것으로 보인다. 중국과의 관계 개선은 다른 산업과 관련하여 중국의 제재 완화가 확연해지며 판호 발급 가능성의 상승으로 이어질 것으로 기대된다. 중국의 판호를 담당하던 기관이 광전총국에서 중앙선전부로 변경되면서 중국 정부의 의중이 더 많이 반영될 것으로 보인다. 정부와 관련이 높은 기관이 검열을 하기 때문에 이전보다 심사가 더 까다로워질 가능성이 높고 발급의 변동성도 정치적 상황과 밀접한 결과가 나타날 가능성이 높아졌다. 하지만 현재 한중분위기가 개선되고 있기 때문에 판호 발급은 이관업무가 마무리되고 가까운 시일 내에 이뤄질 것으로 보인다. 주목해야 할 부분은 사업 이관 이후에 발급 기준의 변경 여부로 향후 가이드라인의 변경 가능성은 높을 것으로 예상된다.

국내 모바일 게임들 중에서 중국 판호발급을 대기하고 있는 게임은 '리니지2:레볼루션'과 '삼국블레이드'로 국내 게임업체들의 판호가 열리더라도 경쟁력이 예전보다 약화될 것으로 보인다. 이미 중국에서는 MMORPG의 상위권 비중이 낮아지며 신규 장르들로 대체되고 있다.

국내 PC게임들 중에서 중국 판호발급을 기다리고 있는 게임은 '배틀그라운드', '검은사막'으로 모바일보다는 PC의 판호 효과가 더 클 것으로 예상되며 판호에 대한 기대감보다 장르주도권 상실이 매우 우려스러운 상황이다.

차이나조이의 한국 게임 전시 규모 감소

중국 상해에서는 글로벌 및 중국 대륙 최대의 게임쇼 '차이나조이'가 해마다 개최된다. 중국 게임 시장은 2018년 약 26조 원으로 추산되며, 글로벌 게임 시장의 20%를 차지하고 있다. 내년에는 중국 게임 시장의 규모가 처음으로 미국을 넘어서 세계 1위 29조 원에 달할 것으로 보인다. 하지만 한국 개발 게임의 중국 내 '판호' 발급이 중지되면서 차이나조이에서 한국 관련 게임과 기업 전시 규모는 상대적으로 줄어들었다. 한국 게임 기업의 해외 사업 전략은 일본, 대만, 북미/유럽 등 중국 외의 해외 지역으로 적극적으로 게임을 수출하며 성장 기회를 활발히 모색하고 있다. 현재 게임 기업의 성장 둔화는 중국 시장의 부재가 아닌 국내 신작 출시 자체의 지연이 크게 영향을 미친 것으로 보인다. 향후 중국의 판호 발급이 재개되면서 실적에 긍정적 영향을 줄 것으로 전망된다.

2부 업종별 개요, 특징 및 트렌드 분석

배틀로얄 장르의 부각

배틀로얄 장르의 모바일 침투가 시작되면서 글로벌 시장 점유율이 빠르게 상승하고 있다. 넷이즈에서 출시한 'Knives Out'이 아시아시장에서 큰 성과를 나타냈고 PC IP를 활용한 Fortnite, PUBG Mobile이 출시 이후 엄청난 폭발력을 보여주고 있다. 배틀로얄 장르는 일반적으로 하드코어 유저들을 중심으로 확장되기에 모바일 시장에 커다란 영향을 미칠 것으로 예상된다.

인기 IP 활용

기존에 큰 인기를 끌었던 뮤 오리진, 리니지M, 리니지2 레볼루션, 테라M, 포켓몬고, 마블 퓨처파이트, 스타워즈:겔럭시 오브 히어로즈, 초류향 등의 IP를 활용한 모바일 게임의 개발과 출시가 글로벌 모바일 게임 시장에서 하나의 트렌드를 형성하고 있다. 이처럼 유명 IP를 활용한 게임 출시가 늘어나고 있는 이유는 기본적으로 성과가 좋기 때문이다. 게임마다 차이가 있지만 대부분이 출시 이후 매출 순위 10위 내에 지속적으로 머무는 모습을 보여주었다. 자사의 IP가 아닌 경우 IP 소유자에게 매출의 일정 비율을 로열티로 통상 10% 내외로 지급해야 하기 때문에 개발사 입장에서 자체 개발 게임보다 수익성은 떨어지지만 게임의 흥행 가능성이 높아 글로벌 트렌드화 되어 가고 있다.

e-스포츠 시장의 성장

e-스포츠 시장은 1998년 스타크래프트 출시 이후 1999년 프로게이머 코리아 오픈이 개최되면서 스타리그의 역사가 시작되어 2012년 티빙 스타리그를 마지막으로 막을 내릴 때까지 스타크래프트의 인기는 14년 동안 이어졌다. 이후 스타그래프트2, DOTA, 리

그 오브 레전드, 배틀그라운드까지 많은 게임이 e-스포츠 대회를 열고 있으며 DOTA2 리그의 경우 총상금이 무려 236억 원에 이를 정도의 규모를 자랑하고 있다. 4년 간 중단됐던 WCG World Cyber Games 도 2018년부터 다시 개최되고 심지어 아시아 올림픽 평의회는 2022년 중국 항저우 아시안게임에 e-스포츠를 정식 종목으로 채택했다. 결국 게임과 리그의 인기가 계속해서 커지며 한국콘텐츠진흥원에 따르면 e-스포츠 시장은 2021년 8.7억 달러에 이를 것으로 예상된다. 게임 회사들에게 e-스포츠 게임은 오래도록 서비스할 수 있게 해주는 하나의 좋은 수단이다. 게임의 콘텐츠 업데이트와 동시에 주기적인 e-스포츠 대회를 개최하면 유저들에게 계속 새로운 플레이와 전략을 보여주게 되면서 흥미를 유지시켜 게임의 라이프 사이클을 장기화시킬 수 있게 된다.

강호온라인의 퍼즐 앤 드래곤 인터내셔널 챔피언십, MIXI의 몬스터 스트라이크 그랑프리, 넷마블게임즈의 펜타스톰 인비테이셔널, 컴투스의 서머너즈워 월드 아레나 챔피언십 등 모바일 시장에서도 e-스포츠 시장이 점차 확대되고 있다. RPG Role Playing Game , 스포츠, FPS First-person shooter , MOBA Multiplayer Online Battle Arena 등의 장르가 일정 수준 이상의 성과에 이르면 e-스포츠 대회 개최를 통한 흥행의 장기화가 이어질 것으로 전망된다.

콘솔시장

2017년 게임 시장에서 가장 화제가 된 이슈 중 하나는 당연히 닌텐도 스위치로 2017년 3월 출시된 이후 연말까지 누적 1,486만 대가 판매되면서 일평균 490만 대가 판매된 것으로, 2013년 11월 출시되어 2017년 말까지 누적 7,360만 대를 판매, 일평균 판매량 488만 대를 기록한 플레이스테이션4를 넘어서며 큰 성공을 거두고 있다. 폭발적인 콘솔 판매에 힘입어 닌텐도는 닌텐도 스위치용 타이틀 또한 콘솔 패키지 및 디지털 다운로드 포함

5,257만 장을 판매하는 성과를 이룩했다. 닌텐도 스위치가 등장하기 전까지 콘솔 시장에 대한 기대감은 높지 않았다.

한국콘텐츠진흥원에 따르면 2016년부터 2021년까지 콘솔 시장의 연평균 성장률 2.7%에 불과해 모바일 13%, PC 5.9%보다도 낮을 것으로 예상되었으나 콘솔은 휴대할 수 없다는 인식을 바꿔버린 닌텐도 스위치의 성공으로 콘솔 시장에 대한 관심은 오히려 뜨거워 지고 있는 상황이다. 엔씨소프트가 앞으로 출시할 PC 게임을 콘솔로도 즐길 수 있도록 개발하겠다고 언급한 가운데 펄어비스는 검은사막을 콘솔용으로, 넷마블게임즈는 2/6 NTP Netmarble Together with Press 를 통해 세븐나이츠를 닌텐도 스위치용으로 개발중이라고 밝혀 국내 게임사들의 콘솔 시장공략이 본격화되고 있다.

04 여행 업종

여행업종 Summary

여행업종 성장의 강력한 배경인 수요가 증가세를 유지하며 1인 가구의 증가, 정부의 휴가 장려 정책이 잠재 수요를 이끌어내고 있다. 인천공항 제2여객터미널 개장으로 인천공항의 연간 수용 가능 인원은 기존 4,400만 명에서 6,200만 명으로 40%가량 늘었다. 늘어난 공간 대부분을 LCC 저비용항공사와 외항사가 채울 예정이어서 항공료 추가 하락으로 이어질 것으로 보인다. 더 많은 사람이 여행을 떠난다고 예상됨에도 국내 여행업체들의 주요 사업인 패키지 사업을 FIT 개별자유여행이 잠식하는 트렌드가 지속되고 있다. 여행업체가 폭발적으로 성장하는 FIT 고객을 수입원으로 전환하기 위해서는 항공권 판매가 호텔 판매로 이어져야 한다. 하지만 국내 여행업체들이 글로벌 여행업체들만큼 매력적인 호텔 가격을 고객에게 제시하지 못하기 때문에 FIT 고객이 수익 창출로 이어지지 못하고 있다. 결국 여행업체 실적은 패키지 사업성과에 달려있어 여행업체들의 영업이익은 크게 성장하기 힘들 것으로 전망된다.

여행 산업의 현황

국내 인·아웃바운드 여행객이 지속적으로 증가하는 가운데 그 배경과 과거 대비 두드러지는 여행객의 국적 및 목적지 변화를 살펴볼 필요가 있다. 2017년 해외 출국자 수가 전년 대비 19.2% 증가하며 2,484만 명을 기록하고 있는 가운데 최근 10년 동안 국내 인·아웃바운드 여행객이 증가하고 있다. 지난 10년 간 연평균 9.5% 수준의 성장이 꾸준히 이어지며 내국인의 아웃바운드 수요 확대가 지속될 것으로 기대된다.

한국을 방문하는 외국인 여행객은 2008년 689만 명 수준에 달하던 것이 2016년에는 1,724만 명까지 확대되며 지난 10년 간 연대 최고 수준에 달하는 가운데 2008년부터 2017년까지 연평균 증가율 7.6%를 기록했다. 하지만 중국 정부가 한국 정부와의 사드 배치 문제와 관련한 갈등으로 방한 금지령 조치를 취함에 따라 인바운드 여행객 중 가장 큰 비중을 차지하는 중국 관광객이 대폭 감소하면서 2017년 인바운드 여행객이 1,334만 명으로 전년 대비 22.7% 감소했다.

현재는 방한금지령 및 금한령이 해지된 것으로 보이며 중국인 여행객 외 타 국적의 외국인 여행객의 증가를 이끄는 요인이 작용하면서 앞으로 한국을 방문하는 인바운드 여행객 수는 회복세를 보일 것으로 전망된다.

【국내 인·아웃바운드 여행객 수 추이 한국관광공사 】

(만 명)

- ■ 인바운드 여행객 외국인 입국자
- ■ 아웃바인드 여행객 해외 출국자

2016년에는 메르스의 영향으로 중국, 홍콩, 대만 등 아시아 주요국으로부터 감소했던 방한 관광객이 메르스 종식 이후 다시금 증가하면서 아시아권 비중이 확대되었다. 하지만 2017년 중국으로부터의 사드로 인한 금한령이 내려지면서 중국인 여행객이 급격히 줄어들면서 아시아권 비중이 감소했다. 2016년에는 아시아 외 타 대륙에서의 입국자가 모두 큰 폭으로 증가했다. 관광을 목적으로 방문한 2017년 인바운드 입국자 현황으로 봤을 때 중동 출신 여행객은 전년대비 10.5%, 국주는 6.5%, 대양주 출신 관광객은 0.9% 증가한 것으로 나타나 정치·경제적 리스크 요인을 제외하면 한국의 매력도가 지속적으로 상승하고 있는 것으로 보인다.

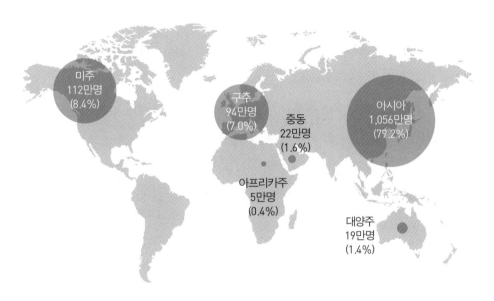

【2017년 인바운드 입국자 대륙별 분포 한국관광공사 】

미주
112만명
(8.4%)

구주
94만명
(7.0%)

중동
22만명
(1.6%)

아시아
1,056만명
(79.2%)

아프리카주
5만명
(0.4%)

대양주
19만명
(1.4%)

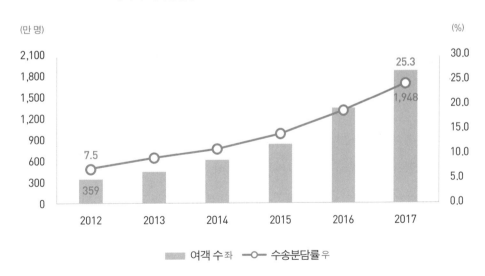

【국내 저비용항공사 국제선 여객 및 수송분담률 국토교통부 】

(만 명)

2,100
1,800
1,500
1,200
900
600
300
0

(%)

30.0
25.0
20.0
15.0
10.0
5.0
0.0

25.3

1,948

7.5

359

2012 2013 2014 2015 2016 2017

■ 여객 수 좌 ─○─ 수송분담률 우

해외여행을 고려할 때 총 여행 지출액의 상당한 비중을 차지하는 항공료는 소비자에게 부담으로 작용하는데 최근 저비용항공사가 증가하고 중·장거리 위주의 신규 취항 노선이 확대되면서 보다 저렴하게 해외여행을 갈 수 있게 됐다. 저비용항공사와의 경쟁으로 인한 항공권의 가격 하락은 인·아웃바운드 여행객의 증가를 이끌며 2017년 국내 주요 5개 저비용항공사를 이용한 총 국제선 여객 수는 1,948만 명으로 전년 대비 37% 증가했다.

저비용항공사 주요 5개사의 국제선 수송 분담률은 2012년 7.5%에서 2017년 25.3%로 늘어나며 비중이 확대되고 있다. 가격 대비 성능을 중시하는 글로벌 트렌드로 인해 저비용항공사를 통해 해외여행을 떠나는 여행객은 계속 늘어날 것으로 기대된다.

여행 산업의 특성

여행 산업은 경기에 대단히 민감한 산업이다. 경제위기 시에는 관광객 숫자가 급격히 줄어드는 것을 알 수 있다. 뿐만 아니라 테러나 외교분쟁 등 국제정세에도 민감하다. 자연재해나 질병 등도 마찬가지다. 지진에 의한 일본 원전사고 이후에 우리나라에서 일본을 여행하는 관광객은 크게 줄어들었으며, 이후 엔저 현상으로 다시 증가하는 등 수요에 영향을 주는 요인들이 다양하다.

여행 산업은 계절성에 크게 영향을 받는 산업이다. 특히 해외여행의 경우는 방학이나 휴가가 포함된 여름이나 겨울에 많기 때문에 이 기간이 성수기이며 봄과 가을은 비수기이다.

여행 산업에서는 규모의 경제를 통한 원가우위 및 비용통제 능력을 가진 업체가 대단히 유리하다. 여행상품은 모방이 용이하다. 특허나 저작권으로 보호되지 않기 때문이다. 따라서 상품의 차별화로 고객수를 늘리기가 무척 어렵다.

여행 산업은 대규모 자본투자가 필요 없고 시장진입에 대한 법적 제한도 없어 진입장벽이 낮다. 여행 산업 내 상위 사업자가 존재하지만 완전경쟁에 가까운 형태의 시장 환경을 보여주고 있다. 하지만 상품 기획, 판매능력, 여행 상품의 가격과 품질, 브랜드 인지도 등에서 규모의 경제를 달성한 회사와 경쟁하면서 우위를 확보하기는 매우 어려운 것이 현실이다.

테마패키지와 현지 투어

여행업체들의 새로운 비즈니스 모델로 붐을 이루었던 테마패키지는 FIT 수요를 패키지 영역으로 이끌며 ASP가 높아 긍정적이지만, 특성상 주류로 자리 잡기는 어렵겠지만 장기적으로 패키지 내 하나의 카테고리로 자리 잡을 수 있을 것으로 기대된다.

현지 투어 시장은 한국어가 선호되어 글로벌 업체들이 진입이 어려워 현재 국내 스타트업을 중심으로 한국이 주도하고 있다. 하지만 대형 여행사들은 풍부한 가이드 풀을 활용해 다양한 상품군을 확보할 수 있다는 점에서 상대적 우위에 있어 장기적으로 이들의 진입이 가능한 잠재 시장으로 볼 수 있다. 현재 국내 여행사들은 FIT를 통한 이익 창출이 어려워 국내 글로벌 여행사보다 저평가되고 있지만 이 시장의 규모화가 가시화될 경우 기업가치가 재평가되는 계기가 될 전망이다.

1인 가구 증가와 근로 시간 단축 정책

미래학자 토마스 프레이 다빈치연구소장은 국민 소득이 3만 달러에 가까워지면 매슬로의 욕구 5단계 중 자아실현의 욕구에 가까운 소비가 증가하는데 특히 여행과 같은 경험 소비에 대한 욕구가 증가한다고 주장한다. 한국의 여행 지출 증가를 이러한 맥락에서 이해할 수 있다. 그렇다면 여행 수요가 더 증가하기 위해서는 잠재 수요를 실행으로 이끌어내기 위해 '경제적, 시간적 여유'가 필요한데 1인 가구의 증가, 근로 시간 단축 정책이 향후 여행에 대한 잠재 수요를 실제 수요로 이끌어내는데 긍정적 영향을 줄 것으로 보인다. 통계청에 따르면 2016년 28% 수준인 1인 가구 비중은 2035년 34%까지 확대될 전망이다. 1인 가구 비중 증가는 가계 지출 내 여행 비중 확대에 긍정적 영향을 미칠 것으로 보인다.

해외여행을 가지 못하는 주된 이유 중 가장 많이 언급되는 것은 시간 부족이다. 향후 시간적 여유가 증가하면 여행 수요가 증가할 것으로 기대되며 이번 정부의 주된 정책이 '주 52시간 근무제' 및 휴가 사용 장려 문화의 정착에 초점이 맞춰진 만큼 향후 사람들의 여가 희망 시간과 실질 여가시간 사이의 간극이 한결 좁혀질 것으로 기대된다.

인천 제2여객터미널 효과

2018년 1월 18일 인천공항 제1여객터미널 대비 40%인 1,800만 명을 수용할 능력을 보유한 제2여객터미널에는 기존 1터미널에 위치하던 대한항공, 에어프랑스, 델타항공, KLM네덜란드가 옮겨왔다. 이들이 사용하던 기존 1터미널 자리는 저비용항공사와 외항사가 채울 것으로 알려져 있다. 저비용항공사는 평균 항공료를 낮추는 요소로 작용하고 외항사의 국내 취항은 공급을 늘리면서 대한항공, 아시아나의 동구간 항공료를 하락시킨다. 그래서 적은 비용으로 여행이 가능하게 되면서 가격 하락에 따라 수요 확대가 예상된다. 이는 시장 규모 확대를 의미하고 2018년 출국자수는 총 2,484만 명으로 전년 대비 14.5% 증가할 것으로 예상되어 장기적으로 여행업종에 호재로 작용할 전망이다.

05 교육 업종

교육업종 Summary

교육업종은 국민소득 증가에 따른 문화욕구 증대와 한국사회의 특수한 교육열, 만 3~5세 누리과정 정책 도입에 따른 영유아 조기교육의 확대 등에 힘입어 시장의 수요가 비교적 안정적으로 유지되고 있다. 교육업종은 수요자의 정신적 욕구에 호소하는 문화업종으로 연령, 계층, 학력에 따라 다양한 니즈가 존재하고 제품 종류도 다양하다. 소규모 자본으로도 운영이 가능한 낮은 진입장벽으로 다수의 중소기업이 경쟁하고 있지만 시장 기반 확보에 성공한 일부 업체만이 존속을 유지하고 나머지 업체들은 도태되는 등 진입과 퇴출이 활발하게 이루어지고 있다.

교육산업의 현황

교육산업은 교육과 직접·간접적으로 관련되는 산업을 뜻하고 공교육과 사교육, 교육 관련 사업을 포함하는 산업이다. 교육산업은 교육 서비스업, 교육자료 산업, 에듀테크 산업 으로 크게 구분된다.

【 교육기관 유형 KOTRA 】

교육단계	공공교육	민간교육	
		정규 교육과정	비정규 교육과정
영유아교육과정	국공립 유치원, 국공립 어린이집	–	사립유치원, 사립어린이집, 유아학원
초·중등교육과정	국공립 초·중·고등학교	사립 초·중·고등학교, 국제학교	입시학원, 보습학원, 학습지·통신교육기관
고등교육과정	국공립 대학교	사립 대학교	–
기타	–	–	직업교육기관, 어학교육기관, 자격증 취득 교육기관, 취미교육기관

교육서비스 산업은 교육 단계에 따라 영유아교육, 초·중등교육, 고등교육 등으로 분류 되고 서비스 제공 주체에 따라 공공교육과 민간교육으로 구분되고 각 분류에 해당되는 주 요 교육기관 유형은 위와 같이 나타낼 수 있다.

교육자료 산업은 교재 출판업과 교육 기자재업으로 나눌 수 있는데 무형의 교육 서비 스와 함께 별도로 제공되는 학습지, 서적 등의 출판물과 시청각 교육 기자재, 과학교구 등 이 포함된다.

	교육 기술	주요 내용
전통적 방식	자가학습 이러닝 Self-paced eLearning	규격화 된 콘텐츠, 설치용 학습 관리 플랫폼·서비스 등을 바탕으로 하는 교육용 프로그램
	디지털 교육자료 Digital reference-ware	논문자료, 기술 참고자료 등 디지털 비디오, 텍스트 eBook, eTextbook , 오디오 콘텐츠 등
	협업기반 교육 Collaboration-based learning	원격·화상 강의, 가상 교실 등 교육을 위한 협업 플랫폼
ICT 융합 에듀테크	시뮬레이션 기반 교육 Simulation-based learning	가상현실, 증강현실 교육 제품 등
	게임기반 교육 Game-based learning	게임기법을 사용한 교육방식으로, 경쟁을 유도하고 레벨이 올라갈수록 복잡해지며, 보상/패널티 시스템 등의 요소를 갖춤.
	인지 교육 Cognitive learning	통찰력, 기억력, 이해, 결단력 등 행동수정을 위한 교육 Brain Trainer 등
	모바일 교육 Mobile learning	모바일기기를 사용한 교육 콘텐츠, 도구 등
	로봇 교사 Robotic Tutor	로봇을 이용한 교육 방식으로 어학교육로봇, 테라피로봇, 인공지능 기반 로봇 등이 있음. 테라피로봇 파로 왼쪽 와 코딩교육로봇 알버트 오른쪽

에듀테크 산업은 교육·학습·훈련을 수행, 평가, 지원하고 환경을 구축하는 ICT기반 융합서비스로 정의된다. 전통적인 방식의 이러닝을 포함해 첨단 기술이나 기기와 연계하여 이루어지는 교육과 학습까지 포함한다. 에듀테크 산업은 사용되는 교육기술에 따라서 전통적 방식의 이러닝 산업과 ICT기술과 융합된 에듀테크 산업으로 구분된다. 전통적 방식의 이러닝 산업은 자가학습 이러닝, 디지털 교육자료, 협업기반의 교육 툴 등이 포함되고 ICT 융합 에듀테크는 시뮬레이션, 게임 기반 교육, 모바일 교육 등이 포함된다.

교육서비스업의 해외진출은 인터넷 또는 화상을 이용한 원격교육, 현지에 교육시설 설치 및 운영, 전문가들의 해외 특강을 통한 교육방식 전수, 외국 학생들의 국내기관 유치 등으로 구분된다.

에듀테크 기업의 해외진출은 콘텐츠 제공 40.6%, 서비스 제공 30.3%, 솔루션 제공 및 시스템 구축 17.6%, 하드웨어 제공 11.5% 등으로 이루어지는데 현지업체와 라이센싱 계약이 51.9%로 가장 많고 기술제휴 17.9%, 프랜차이즈 10.7% 순으로 계약이 주로 이루어진다.

교육산업은 타 서비스 산업과 달리 경기에 크게 영향을 받지 않지만 서비스가 제공되는 지역의 인구구조 및 변동, 교육제도와 정책, 사회구조, 언어, 문화 등의 비경제적 요소에 영향을 받는 업종이어서 성공적인 해외 진출을 하기 위해서는 현지 시장에 대한 정확한 이해와 조사가 필수적이다.

【 교육서비스업 해외투자동향 한국수출입은행 】

투자금액 백만달러   신규법인수 개사

국내의 주요 교육서비스 업체들은 학령인구의 감소를 극복하기 위해 해외진출을 시도하고 있는데 2017년 상반기 기준 교육 서비스업 해외투자금액은 1억 1,512만 달러이고 신규법인 수는 18개사에 이르고 있다. 이는 투자금액 기준 전체 해외투자 대비 0.53%,

신규 법인 수 기준 1.07% 비중을 차지하는 것으로 한국의 교육 서비스업 해외투자는 2006~2007년 크게 증가했다가 2008~2016년 투자금액이 2~3천만 달러에 정체되는 현상을 보이다가 2017년 상반기 미국으로의 교육 투자진출 증가로 투자금액이 가파르게 증가했다.

【 해외진출 사업분야좌 및 계약방식우 정보통신산업진흥원 】

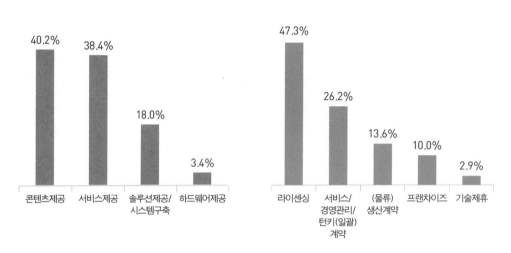

정보통신산업진흥원의 이러닝산업 실태 조사에 따르면 2016년 기준 2.6%의 기업이 해외시장으로 진출했고 2.5% 기업이 해외진출을 위한 교섭 및 협상을 진행하고 있는 것으로 파악됐다.

에듀테크 산업을 중점적으로 육성하는 런던의 경우 학교에서 에듀테크 솔루션을 구매할 수 있는 예산을 책정해 시장을 조성하고 에듀테크 창업자들에게 각종 세제 해택을 주면서 산업적인 생태계 육성과 이를 기반으로 한 다양한 솔루션을 개발해 교육 혁신을 지원하고 수출 산업을 육성하고 있다. 이에 반해 한국은 국가 주도적인 산업 구조가 여전히 아쉬운 것이 현실이고 이는 산업과 교육이 동반 성장하지 못하면서 혁신성과 다양성 그리고 지

2부 업종별 개요, 특징 및 트렌드 분석

속가능성을 가진 생태계 조성이 절실한 시점에 도달해 있다.

교육산업은 성숙기에 접어든 산업이다. 위에서 언급한 것처럼 학령인구 감소, 학생 1명당 교육비 지출감소, 사교육 참여율 감소는 일시적인 것이 아니라 지속될 것으로 보인다. 교육시장의 규모는 급격히 성장하기는 어려우며 현재 규모를 유지하는 수준이 될 것으로 판단된다.

교육산업은 다른 산업에 비해 경기에 민감하지 않다. 교육비는 학부모 입장에서 자식에 대한 끝없는 투자이며 다른 비용은 줄여도 교육비만큼은 크게 줄이기가 어렵기 때문이다. 그만큼 대단히 안정적인 매출을 올릴 수 있는 산업이라고 할 수 있다.

다만 계절성은 다소 존재한다. 새 학년이 시작되는 학기 초와 여름방학부터 수능까지의 기간 동안 매출이 타 기간에 비해 높은 편이다.

교육산업은 진입장벽이 낮은 산업이다. 제조업과 비교하면 거대한 자본이 필요 없다. 오프라인교육은 학원이라는 건물을 보유해야 하고 지리적 위치가 중요해서 진입장벽이 어느 정도는 존재하지만 온라인교육의 경우 이러한 제약이 존재하지 않아 진입장벽이 거의 없는 것과 마찬가지인 상황이다.

교육산업에서 가장 중요한 경쟁력은 우수한 인력이라고 할 수 있다. 실제로 선발업체들은 후발업체들에 비해서 우수한 강사들을 선점하고 있어 유리한 측면이 있다. 이외에도 온오프라인 교육에 있어서, 각각 좋은 학습 환경 지리적 위치 및 쾌적함 등 과 온라인 서비스를 제공하는 능력 등이 주요 경쟁요소이다.

　　교육산업은 정부 정책에 많은 영향을 받고 있다. 정부는 사교육비 절감을 위해 끝없이 노력하고 있다. 최근 정부가 추진하고 있는 수능-EBS 연계 강화 정책을 살펴보면 수학능력시험의 70%를 EBS의 강의나 참고서에서 출제하는 것을 골자로 한 정책이다. 정부의 이러한 정책들이 어떻게 교육산업에 영향을 미치는지 항상 예의주시 해야 한다.

스마트 교육 서비스

최근 국내 교육 시장에는 정보통신 기술이 급속하게 발전함에 따라 다양한 디지털 디바이스를 활용한 스마트 교육 서비스가 빠른 성장세를 보이는 가운데 새로운 성장동력이 되고 있다. 새로운 스마트 시장에서 주요하게 떠오르는 경쟁우위 요소는 양질의 교육 콘텐츠 확보와 판매 및 관리 조직력을 활용해 온·오프라인의 시너지를 극대화하는 것으로 보고 있다.

저출산 시대

교육업종과 시장의 미래 모습을 바꾸고 있는 핵심 요인은 인구구조의 변화다. 급격한 인구변화는 교육 시장도 뒤흔들고 있다. 교육 시장판도 변화를 가져온 첫째 요인은 학생 수의 급격한 감소다. 최근 1년 사이에 학생 수가 16만 명이나 줄어든 것은 계속된 저출산 현상의 여파다.

교육부와 한국교육개발원이 조사한 2018년 교육 기본통계에 따르면 2018년 유치원부터 고교에 다니는 학생 수는 630만 9,723명으로 전년 646만 8,629명 대비 15만 8,906명 줄어들었다. 그 중 고교생 수의 하락 폭이 13만 1,123명으로 가장 크고 이 추세대로 가면 고등학교 1학년이 대학에 진학하는 2021학년도부터는 대입 입학 정원보다 학생 수가 적은 역전현상이 발생한다. 이런 학생 수 감소 현상은 국내 교육업종의 미래와 직결된다. 수요자가 급격히 줄어들면 교육 시장의 규모 축소는 피할 수 없고 전에 없던 형태의 교육 비즈니스가 새롭게 떠오르게 되면서 패러다임의 전환을 겪을 것으로 보인다. 게임이나 SW 개발, 용접, 가공 등 대학 입시보다 학생 개인의 적성이나 졸업 이후 취직에 초점을 맞춘 분야가 활성화되고 있다. 진로 탐색 시기 학생의 취향이나 적성, 재능을 고려한 다양한 분야의 교육 시장이 형성되면서 코딩 교육 등 새로운 산업과 함께 주목받은 기술 관련 교육은 대세로 자리 잡았다. 코딩지도사를 육성하거나 코딩 교육 시장을 차지하기 위한 업계 경쟁도 치열할 것으로 보인다.

성인 교육 시장

시장 확장이 예상되는 또 하나의 축은 성인 교육 시장이다. 대학 입시와는 별개로 재취업이나 이직, 개인 역량 개발을 위한 교육 분야로 노동 시장이 유연해지고 퇴직한 중년의 재취업 문제가 중요한 이슈로 떠오르면서 성장할 가능성이 높은 분야로 관심 받고 있다. 현재 수험생들을 위한 사교육 영역으로 여겨졌던 온라인 영어 강좌 등 어학 교육에 중년들이 몰리는 현상이 생겼고 이에 정부가 '신중년 일자리 확충방안'을 발표하면서 작년 기준 생산가능인구의 3분의1을 차지하는 5060세대가 현장에 돌아갈 수 있게 적극적으로 지원하겠다고 선언했다. 시니어 헬스케어, 노후재무설계, 경영진단 전문가, 안전관리 컨설턴트 등 중년 재취업에 필요한 다양한 분야의 교육 및 재교육이 활성화 될 것으로 전망된다.

이러닝

이러닝은 콘텐츠, 솔루션, 서비스로 구분되고 수요자에 따라 개인, 기업, 공공기관으로 분류된다. 과거 PC 기반 학습에서 스마트기기 활용 학습으로 기술이 발전했고 인공지능, 가상현실 등 첨단기술을 결합한 이러닝 콘텐츠가 개발되고 있다. 세계시장의 51%를 차지하는 미국이 이러닝 산업을 주도하고 있고 영국, 미국 등 선진국 중심으로 교육과 첨단기술이 접목된 에듀테크가 새로운 성장 산업으로 부각하고 있다. 베트남은 높은 교육열과 교육 분야 현대화 추진으로 이러닝 시장이 급성장해 향후 연 30%이상 성장할 전망이다. 인도네시아는 도서 지역이 많아 지리적 교육격차 해소방안으로 이러닝에 대한 관심이 고조되고 있고 인니정부는 도서 산간 지역에 '인니 통합 온라인 강의'를 공급하고 있는 상황이다. 중국도 2013년 이후 30%가 넘는 성장을 기록하며 인터넷 정책 추진에 따라 IT 훈련 및 각종 직업기술 시험 중심으로 지속적으로 확대하고 있다. 그래서 교육과 ICT 접목 등 정부주도의 교육 인프라 확충으로 시장발전 가능성이 높아 향후 아시아와 태평양 지역의 성장이 예상된다. 그간 국내 이러닝은 꾸준히 성장했지만 동영상, 플래시 등 기존 방식 위주의 교육 콘텐츠를 단순히 온라인으로 전달하는 이러닝 방식은 시장창출 확대에 한계로 지적되고 있다. 그리고 높은 교육열 등 교육에 대한 큰 수요에도 불구하고 세계 이러닝 시장과 비교할 때 국내 이러닝 시장 성장은 낮은 수준이다. 그래서 내수중심의 성장 구조에서 해외 시장으로 확대가 필요하지만 해외 진출에 성공한 기업은 전체 사업자의 2.3%인 41개에 불과해 미미한 실정이다. 현지 정보, 네트워크가 탄탄하고 상대국 니즈에 맞는 차별화된 제품 개발 및 현지화 역량이 있는 기업을 주목해야 할 것으로 보인다.

06 광고 업종

광고업종 Summary

국내 광고 시장 성장률과 경제성장은 높은 상관관계를 보이고 광고업종은 경기변동보다 더 민감하게 움직이고 있다. 1998년 외환위기 이후 국내 총광고비 성장속도가 경제성장 속도에 못 미치고 있고 그 격차가 점차 확대되고 있다. 국내 광고시장에서 지상파TV와 신문의 구성비 점유율은 지속적으로 하락하는데 비해서 케이블PP는 종편PP의 성장에 힘입어 견조한 성장세를 이어가고 있다. 경제성장률이 최소 4.3%가 되어야 광고 시장이 성장 가능한데 케이블PP, 인터넷, 모바일 등의 광고 시장은 제로 성장에도 일정 수준 성장세를 이어갈 수 있는 잠재력을 보여주고 있다. 향후 케이블PP, 종편PP, IPTV 등의 시청률과 매체 영향력이 지속적으로 증가하면서 지상파 방송의 광고재원 감소가 가속화될 것으로 전망된다. 국내와 같이 지상파 방송 광고 시장이 빠르게 축소되고 있는 상황을 다른 나라에서는 찾아보기 힘들다. 향후 국내 광고 시장의 대폭적인 성장은 쉽지 않지만 일정 수준의 성장은 기대할 수 있을 것으로 보인다.

광고 산업의 현황

광고란 개인이나 기업, 단체의 상품 및 서비스 등에 관한 정보 내용을 예상구매자에게 널리 전달, 설득하여 판매 등의 목적 달성을 추구하는 활동이다. 광고는 제품이나 서비스를 소비자가 사도록 소비를 자극하거나 기업 이미지를 높이기 위하여 시도되기도 하며, 정치적 목적이나 공공 서비스를 위하여 광고를 하기도 한다.

【 매체별 광고 시장 추이 및 전망 제일기획, 메리츠종금증권 리서치 】

구분	매체	광고비 십억원					성장률%	
		2015	2016	2017	2018	2019E	2018E	2019E
방송	지상파TV	1,970.2	1,731.2	1,522.3	1,596.5	1,598.1	4.9	0.1
	라디오	296.7	304.0	278.5	285.0	288.4	2.3	1.2
	케이블/종편	1,776.8	1,747.4	1,837.6	1,895.6	1,939.9	3.2	2.3
	IPTV	80.1	84.6	91.5	102.9	110.7	12.5	7.6
	위성, DMB 등 기타	104.3	181.4	200.4	206.2	209.2	2.9	1.5
	방송 계	4,228.1	4,048.6	3,930.3	4,086.2	4,146.4	4.0	1.5
인쇄	신문	1,501.1	1,471.2	1,405.6	1,385.0	1,368.4	−1.5	−1.2
	잡지	416.7	378.0	343.8	340.0	336.6	−1.1	−1.0
	인쇄 계	1,917.8	1,849.2	1,749.4	1,725.0	1,705.0	−1.4	−1.2
디지털	PC	1,721.6	1,637.2	1,624.5	1,660.0	1,689.9	2.2	1.8
	모바일	1,280.2	1,745.3	2,215.7	2,471.0	2,720.6	11.5	10.1
	디지털 계	3,001.8	3,382.5	3,840.2	4,131.0	4,410.5	7.6	6.8
OOH	옥외	359.2	351.2	339.2	340.0	335.9	0.2	−1.2
	극장	212.0	225.1	228.0	240.0	247.9	5.3	3.3
	교통	433.9	432.8	435.2	470.0	494.4	8.0	5.2
	OOH 계	1,005.1	1,009.1	1,002.4	1,050.0	1,078.3	4.7	2.7
	제작	574.2	642.5	607.2	608.0	600.1	0.1	−1.3
	총계	10,727.0	10,931.8	11,129.5	11,600.2	11,940.2	4.2	2.9

최신 통신 기술의 광고 접목, 모바일 기반 개인화 및 동영상 광고가 시장 성장을 이끌면서 2019년 광고 시장 규모는 전년 대비 2.9% 성장한 11조 9,402억 원이 될 것으로 전망된다. 인터넷과 스마트폰 보급률 확대와 다양한 매체 증가에 힘입어 국내 디지털 광고 시장이 2018년 4조 원을 기록하며 방송 광고를 넘어섰다. 디지털 광고 시장은 전년 대비 6.8% 성장할 것으로 기대되면서 전체 광고 산업의 성장을 이끌 것으로 기대된다.

초고속, 초연결, 초저지연 특징의 5G 인프라를 통해 더욱 섬세해진 개인화 광고 진행과 극대화된 퍼포먼스 진행이 가능해지면서 소비자 경험 중심 마케팅이 주목받으면서 5G의 상용화로 모바일 광고의 성장이 탄력을 받을 것으로 보인다. 이에 따라 PC 광고 점유율은 2018년 45%에서 2019년 42%로 감소할 것으로 보이고 반면 모바일 광고는 2018년 55%, 2019년 58%, 2020년 60%로 지속적인 규모 성장이 기대된다.

광고 산업의 특성

광고 산업은 성장하고 있는 산업이다. 광고는 그 나라의 경제성장과 추세를 같이할 수밖에 없다. 아직까지 다른 선진국들에 비해서 경제성장률이 높은 우리나라의 광고 산업은 한동안 지속적으로 성장할 것으로 기대된다. 다만 전통적인 4대 매체TV, 라디오, 신문, 잡지 광고시장의 성장성은 정체를 보이고 있지만 뉴미디어의 광고시장은 급격하게 성장하고 있어 결국 광고시장 전체 규모는 점점 커질 것으로 전망된다.

광고 산업은 경기에 민감한 산업이다. 광고는 전체 산업에 걸쳐서 연관성이 있기 때문에 경기에 따라 매출액이 크게 영향을 받을 수밖에 없다. 고객인 광고주들은 호황일 때는 마케팅 예산을 확대하는 등 공격적인 정책을 펴지만 반대로 경기침체 시에는 광고주들이 광고 예산을 우선적으로 축소하는 경향이 강하다.

또한 광고는 계절성에 다소 영향을 받는다. 일반적으로 크리스마스와 연말인 4분기에 가장 높은 매출이 일어나고 있으며 그 다음으로는 여름에 기업이 활발한 마케팅 활동을 하고 있어 2분기에도 매출이 높은 편이다. 그 외에도 올림픽, 월드컵 등 세계적인 이벤트도 광고시장에 영향을 주고 있다.

광고 산업에 속한 기업들 중에서 대기업 그룹에 소속된 기업이 특히 유리하다. 그룹 내 광고회사는 소속 그룹의 계열사들과 관련된 협력업체의 물량까지 받고 있다. 업계 1위인 제일기획은 삼성그룹, 이노션은 현대그룹, 엘베스트는 LG그룹, 대홍기획은 롯데그룹의 소속으로서 광고업계의 상위 업체들은 대부분 그룹 계열 광고회사이다.

온라인 광고 시장

온라인 미디어가 이용시간 측면에서 TV를 추월하면서 광고 시장도 영향을 받고 있다. 광고 시장에서는 일일이 주문을 넣지 않아도 자동으로 구매되는 이른바 프로그래매틱 방식의 비중이 높아지고 있다. 거기에 블록체인, 인공지능 등의 신기술 등장이 광고 시장의 또 다른 지형 변화를 가져오는 혁신 요소로 주목받고 있다. 이 같은 상황은 향후 해당 분야의 인재들에게 더욱 전문화되고 세분화된 능력들을 요구할 가능성이 높다. 이는 광고에 대한 지식과 함께 블록체인이나 인공지능에 대한 이해와 역량을 요구하게 될 가능성이 높아지는 것을 의미한다. 그리고 이는 결국 세분화되고 전문화된 인재 수급이 상대적으로 원활할 수밖에 없는 대형 기업들이 중소규모 기업들과 더욱 격차를 벌이는 요인으로 작용할 전망이다.

디지털 중심의 광고 시장 성장

국내 전체 광고 시장에서 디지털 광고의 성장이 두각을 나타내고 있다. 디지털 광고 성장의 원동력은 통신 속도의 발달과 매체의 발전이다. 인터넷과 스마트폰이 차례로 보급되면서 광고의 형태 역시 다양해지고 있다. 기존의 검색, 디스플레이에서 벗어나 SNS, 배너, 동영상 등 디지털을 활용한 새로운 광고 형태가 등장하면서 디지털 광고 시장 성장의 촉매가 되고 있다. 기존 광고대행사 역시 디지털 부문 강화에 회사의 역량을 집중하고 있다.

미디어렙

4대 매체인 TV, 신문, 라디오, 잡지 중심의 전통 광고 시장에서는 주도적인 매체의 수가 제한되어 있었기 때문에 광고 매체 구입 과정이 상대적으로 단순했다. 하지만 온라인 시대에는 웹사이트의 다양한 공간에 광고 게재가 가능해지면서 광고 가능한 매체가 폭발적으로 증가했다. 광고 가능한 매체의 증가로 인해 매체 구입 과정은 더욱 복잡해졌고 광고 대행사는 각각의 광고 매체를 구입하기 위해 많은 매체사들과 일일이 계약을 해야 했다. 매체사 입장에서도 광고 인벤토리 판매를 위해 광고대행사와 광고주를 직접 만나 협의해야 했고 이는 매체사와 광고대행사의 거래 비용을 상승 시켜 미디어렙사가 탄생하게 되었다.

향후 미디어렙은 독자적 역할을 바탕으로 디지털 광고 시장 성장의 수혜를 누릴 것으로 보인다. 시장은 성장하나 영업력, 자금력 등이 진입장벽으로 작용하여 상위 업체 위주의 과점화가 진행 중이며 향후 시장 성장은 상위 업체 중심으로 이루어질 가능성이 높을 것으로 전망된다.

프로그래매틱 바잉

프로그래매틱 바잉 Programmatic Buying 은 모바일 광고 고도화에 따른 광고 매체 구입 방식이 진화한 것이다. 프로그래매틱 바잉 중 RTB Real Time Bidding 에서는 실시간으로 유저의 특성을 파악하여 적절한 광고를 유저에게 전달한다. ADX Ad Exchange 는 수요 주문을 내는 광고대행사와 공급 주문을 내는 매체사가 모이는 거래소로 동일한 광고 공간에 대해 가장 높은 가격을 지불하는 수요자와 공급자의 계약을 체결해준다. 프로그래매틱 바잉을 통해 광고대행사와 매체사 모두 수익을 극대화할 수 있고 광고대행사는 특정 유저에게 광고를 노출할 수 있어 광고비 집행의 효율성을 높일 수 있다. 이처럼 광고대행사와 매체사 모두 수익이 극대화될 수 있어 프로그래매틱 바잉의 성장은 필연적이지만 국내는 아직 프로그래매틱 바잉 시장이 미미한 상황이다.

하지만 향후 5G 도입으로 인한 통신 속도의 발달은 RTB 시장 확장의 걸림돌로 지적된 트래픽 부족의 문제를 해결할 것으로 기대된다. 이는 RTB 시장의 본격화를 의미하며 현재 280억 원 수준에서 2022년 6,258억 원으로 5년 연평균 성장 77%에 이를 전망이다. 결과적으로 모바일 광고 시장의 고도화와 RTB 시장의 본격적인 성장으로 미디어렙사가 수혜를 입을 것으로 전망된다.

재무상태표 핵심 항목 풀이

항 목	내 용
자산	기업이 소유한 재산의 목록 현황
유동자산	1년 내 현금화가 가능한 자산
당좌자산	판매과정 없이 현금화 가능한 자산
현금, 현금성 자산	현금 및 보통 예금
단기금융자산	단기로 운용하는 자금
매출채권, 기타채권	제품·상품 외상 채권, 기타 미수 매각대금, 미수수익, 선 지급한 비용 등
재고자산	판매과정을 거치면 현금화가 가능한 자산(상품, 제품, 재공품, 원재료 등)
비유동자산	현금화하는 데 1년 이상 소요될 자산
투자자산	본업과 무관한 투자자산(장기투자증권, 관계기업/조인트벤처 투자 등)
관계기업/조인트벤처투자	경영권 행사를 목적으로 보유한 피투자기업
유형자산	영업활동을 위한 유형자산(토지, 건물, 기계장치, 차량, 건설 중 자산 등)
무형자산	무형적 권리에 해당하는 자산(개발소용 비용 및 인수합병 시 공정가치 초과 매입액)
부채	기업이 지불해야 할 비용 또는 자금조달 현황
유동부채	1년 이내에 지불해야 할 부채
매입채무, 기타채무	원재료, 상품 구입, 기타 외상매입금, 미리 받은 돈, 각종 미지급금
단기금융부채	금융기관에서 차입한 단기부채
비유동부채	지불기한이 1년 이상인 부채(장기금융부채 및 기타 영업관련 부채)
장기금융부채	사채(채권자 귀속)와 장기차입금(금융기관 귀속)
자본	기업의 총자산에서 지불해야 할 부채를 차감한 주주 귀속 자본
자본금	액면가 기준으로 주주가 출자한 금액
자본잉여금	자본거래의 결과로 발생한 차익(액면가를 초과한 만큼의 주식발행초과금 등)
자본조정	계정 불분명으로 자본에 가감한 내용, 자사주(자기주식) 매입 시 자본조정
이익잉여금	영업활동으로 발생한 이익 중 배당을 제외한 사내 유보금

손익계산서 핵심 항목 풀이

항 목	내 용
매출액	제품 및 상품의 판매액
매출원가	제품 및 상품에 소요된 원가비용(재료비, 노무비, 경비, 외주가공비 등)
매출총이익	원가(원재료 등)를 차감한 이익
판매비와 관리비	판매 및 관리 비용(인건비, 감가상각비, 연구개발비, 광고판촉비 등)
영업이익	영업관련 실제 이익(=수익–비용)
영업외수익	부대수익
이자수익	예금 등에 의한 이자수익
배당금수익	타 기업의 주식을 보유하여 수령한 배당금
지분법이익	피투자회사의 이익에 대해 지분율 만큼 반영된 이익
영업외비용	부대 비용
이자비용	차입금 등에 의한 이자
지분법손실	피투자회사의 손실에 대한 지분율 만큼의 손실반영
당기순이익	영업이익에서 영업외손익을 가감하고 법인세까지 차감한 주주의 이익

재무손익비율 핵심 항목 풀이

항 목	내 용
안정성	부채비율, 유동비율 등 기업의 재무유동성과 안정성을 나타내는 비율
부채비율	공식 : 부채총액/자기자본(%) 일반적으로 100% 이하가 안전하나 현금유입이 빠르고 연속적인 기업의 경우 다소 높아도 무방
유동비율	공식 : 유동자산/유동부채(%) 일반적으로 200% 이상이 안전하나, 현금유입이 빠르고 연속적인 기업의 경우 다소 낮아도 무방
순차입금비율	공식 : (금융부채-현금 · 현금성자산-단기금융자산)/자본총계(%) 일반적으로 30% 이하가 안전하나 현금유입이 빠르고 연속적인 기업의 경우 다소 높아도 무방
수익성	매출액에 대한 백분율로 기업의 수익 창출능력을 나타내는 비율
매출액총이익률	공식 : 매출총이익/매출액(%) 매출원가를 차감한 기업의 수익능력 비율. 높으면 좋으나 기업강점(원가우위, 차별화)이 다를 시 단순비교 불가
매출액영업이익률 (영업이익률)	공식 : 영업이익/매출액(%) 판관비까지 차감한 기업의 수익능력 비율. 주요비용을 모두 차감한 이익률로 기본적으로 높으면 양호
매출액순이익률 (순이익률)	공식 : 순이익/매출액(%) 영외손익 및 법인세까지 고려한 수익능력비율. 주주에게 귀속되는 최종이익률로 기본적으로 높으면 양호
ROE (자기자본이익률, 자기자본수익률)	공식 : 순이익/자본총계(%) 주주귀속 자본총계의 수익 창출능력 비율. 부채비율이 과다하지 않다는 전제 하에서 ROE가 높을수록 양호
ROA (총자산이익률, 총자산수익률)	공식 : 순이익/총자산(%) 총자산(부채, 자본 포함) 수익 창출비율. 재무레버리지효과를 제거한 수익률로 ROA가 높을수록 양호

항 목	내 용
활동성 비율	주요 자산의 매출액에 대한 회전율로 자산활용도를 나타내는 비율
총자산회전율	공식 : 매출액/총자산(횟수) 총자산의 효과적 이용도를 나타내는 비율. 크면 좋으나 기업특성(박리다매, 후리소매)이 다를 시 단순비교 불가
유형자산회전율	공식 : 매출액/유형자산(횟수) 영업관련 유형자산의 이용효율 측정비율. 크면 좋으나 기업특성(제조업, 서비스업 등)이 다를 시 단순비교 불가
재고자산 회전율	공식 : 매출액/재고자산(횟수) 재고자산이 팔리는 속도의 회전율. 크면 좋으며 대개 과거로부터 현재까지의 수치를 비교
매출채권 회전율	공식 : 매출액/매출채권(횟수) 매출채권을 회수하는 속도의 회전율. 크면 좋으며 대개 과거로부터 현재까지의 수치를 비교
매입채무 회전율	공식 : 매출액/매입채무(횟수) 매입채무를 상환하는 속도의 회전율. 작으면 좋으며 대개 과거로부터 현재까지의 수치 비교
성장성 비율	주요 재무손익항목의 전년(주로) 대비 증가율로 경영성과측정 비율
영업이익 증가율	공식 : (당해년 영업이익/전년 영업이익)-1 (%) 기업의 본질이익 성장비율. 높으면 좋으며 매출액 증가 혹은 비용절감 등 원인파악이 중요
순이익 증가율	공식 : (당해년 순이익/전년 순이익)-1 (%) 기업의 주주귀속이익 성장비율. 높으면 좋으며 영업이익 증가 혹 영업외수익 증가 등 원인파악이 중요
매출원가율	공식 : 매출원가/매출액(%) 한 단위의 수익을 위한 비용(원가)의 비율. 낮으면 좋으나 기업강점(원가우위, 차별화)이 다를 시 단순비교 불가
판매관리비비율 (판관비율)	공식 : 판매관리비/매출액(%) 판관비의(경영효율성) 매출액 대비 비율. 낮으면 좋으며 판매관리비 중 미래이익을 위한 비용 외 축소는 긍정적

기타 핵심 투자용어 풀이

항 목	내 용
GAAP (일반적으로 인정된 회계원칙)	기업의 재무손익에 대한 재무제표 작성시 신뢰성과 비교가능성 제고를 위해 따라야할 원칙으로 주주중심 미국식 회계원칙. 연결기준 기업실체를 알 수 없다는 단점에도 모기업 영업과 지분법 실적을 구분하는 장점이 존재
IFRS (국제회계기준)	회계처리 및 재무제표의 국제적인 통일성 제고를 위해 국제회계기준위원회에서 제정하는 회계기준, 경영실체 중심 유럽식 회계기준. 연결기준 기업실체를 파악 가능한 장점과 종속회사의 비소유지분까지 합하는 단점이 존재
연결 재무제표	모기업이 실질적으로 지배하고 있는 종속회사를 모기업과 함께 하나의 기업집단으로 보아 개별 재무제표를 종합하여 작성하는 재무제표
종속기업	모기업이 피투자회사의 지분을 50% 초과하여 소유하거나 그렇지 않더라도 실질적으로 지배하는 경우 피투자회사는 종속기업. 연결재무제표에서 재무손익항목을 모기업에 합하여 연결함
관계기업	모기업이 피투자회사의 지분을 20% 이상 50% 미만 소유하거나 그렇지 않더라도 실질영향력을 발휘하는 경우 피투자회사는 관계기업. 연결재무제표에서 재무손익항목을 모기업에 연결하지 않고 지분법 만큼 인식함
감가상각비	토지 등 특수자산을 제외한 공장, 기계장치 등 대부분의 유형자산에서 해마다 감소하는 가치분으로 매출원가와 판관비의 비용으로 처리
자본적 지출	기업이 미래의 이윤창출을 위해 유형자산 등에 투자하는 비용으로 지출액은 일시 현금 유출되어 자본화되었다가 효익의 발생기간 동안 비용처리

항 목	내 용
PER (주가수익비율)	공식 : 주가 / 주당순이익(배) 현재의 주가를 주당순이익으로 나누는 수익가치 배수법. 평가원은 절대할인율에 근거한 절대PER 추가교육
PSR (주가매출액비율)	공식 : 주가 / 주당매출액(배) 현 주가를 주당매출액으로 나누는 경기변동형 혹 성장가치 배수법. 평가원은 실적조정에 근거한 절대PSR 추가교육
PBR (주가순자산비율)	공식 : 주가 / 주당순자산(배) 현재의 주가를 주당순자산으로 나누는 청산가치 혹 수익가치 배수법. 평가원은 절대PER에 근거한 절대PBR 추가교육
EPS (주당순이익)	공식 : 당기순이익 / 발행주식수(원) 기업이 벌어들인 순이익을 기업이 발행한 주식수로 나눈 값으로 1주당 창출한 이익을 나타내는 지표
BPS (주당순자산)	공식 : 자본총계 / 발행주식수(원) 기업의 자본총계를 발행주식수로 나눈 값으로 1주당 주주자본을 나타내는 지표. 단, 청산가치를 말할 때는 자본총계에서 무형자산, 이연자산 및 사외 유출분을 차감하여 주식수로 나눔
EV/EBITDA	공식 : (시가총액+순차입금)/이자, 법인세, 유무형자산상각비 차감 전 영업이익(배) 인수자 입장의 인수비용과 인수 후 현금흐름을 비교한 수익가치 배수법
PEG	공식 : PER / 예상 EPS 증가율(배) 주당순이익 증가율 대비 주가의 고/저평가를 계산하는 방식으로 주로 성장주 평가법
DCF (현금흐름할인법)	향후 기업이 창출할 순 현금흐름을 적정 할인율로 현재가치화하여 영업가치를 평가하는 기업가치평가법. 평가원은 간결한 연금법 방식 교육
RIM (잔여이익모델, 초과이익모델)	현금흐름할인모형의 하나로 자기자본비용을 초과하는 이익의 현재가치와 자본총계를 합하는 가치평가법. 평가원은 간결한 연금법 RIM까지 교육
OWNER EARNING (주주이익)	워렌 버핏, 맥킨지 등이 언급한 실질 주주이익(순이익에서 투하자본증가분을 제외)에 근거한 가치평가법. 평가원은 간결, 합리적인 오너어닝법 교육
듀퐁분해	ROE를 매출액순이익률, 총자산회전율 및 재무레버리지율 등 인수로 나누는 기업활동 분석 툴. 평가원은 8대 재무손익비율 및 듀퐁 7분해 등 심층교육

KISVE 가치투자
성공체계

1. 주식투자부문 출간서적 안내

⑬ 워렌 버핏의 8가지 투자전략과 대한민국 스노우볼 30

대한민국의 개인투자자와 기관투자자가 실제로 버핏의 투자스승과 투자철학, 진일보하고 성숙한 8가지 측면의 가치투자전략을 배울 수 있는 책으로, 워렌 버핏이 한국인이었다면 관심을 가지고 분석하고 매수했을 대한민국의 스노우볼 종목 30선을 소개했다.

⑫ 보통사람들의 가치투자 성공이야기

보통 사람들 5명 각각의 진솔하고 진지한 가치투자 성공과정. 가치투자를 하기 전과 후의 차이점, 투자원칙과 성공전략, 실력대로 성공한 종목들과 일부 실패 종목들, 투자공부 방법, 투자인생의 위기와 기회 등을 진술하게 담아낸 책

⑪ 개인투자자를 위한 가치투자 입문수업

명쾌하고 깊이 있는 투자지혜와 지식을 알려주고 실전가치투자의 원칙과 전략, 전술 등을 깊이 있게 설명하기 위해서, 류종현 대표가 수 년 동안 실전가치투자의 핵심 주제들로 쓰고 정리해왔던 조언/칼럼을 집대성한 책

⑩ 대한민국 주식투자 역발상전략 행동경제학

애초에 돈을 잃게 된 군중심리를 역이용하여 수익을 내고, 행동경제학의 핵심을 알고 손실을 유발하는 '또 다른 나'를 막는 실전가치투자 종합심리전략서

❾ 대한민국 주식투자 실전MBA핵심

미시/거시경제학, 글로벌경제학, 기업/사업전략, 경쟁분석, 마케팅, 회계와 재무, 게임이론 등 주식투자자들을 위한 경영학입문 MBA 편, 가치투자자를 위한 심층MBA 핵심개념/용어 편으로 구성된 기본체계서

❽ 대한민국 주식투자 거시경제 가치투자전략

체계적인 거시투자 포트폴리오 원칙과 전략에 따라 주식, 채권 등 자산을 배분하고 전술적으로 최적 비중으로 조절하며 누적수익률을 극대화하기 위한, 가치투자자의 거시경제 부문 필독서

❼ 대한민국 주식투자 계량가치투자 포트폴리오

미스터 마켓과 블랙스완을 극복하고 기대수익률 극대화와 손실위험 최소화를 달성하기 위한, 자신만의 체계적인 주식투자운용(포트폴리오 관리) 필독서

❻ 대한민국 주식투자 글로벌 가치투자거장 분석

상대적으로 더 비중을 두는 요소에 따라 저평가, 수익성, 성장성 중심 가치투자 스타일별로 구분하고, 17인의 가치투자대가들을 나눈 후, 각 투자전략전술, 투자공식 등을 구체적이고 심층적으로 정리

❺ 대한민국 주식투자 재무제표 · 재무비율 · 투자공식

각종 재무제표 및 재무손익비율, 가치평가용어 및 공식, 기타 투자용어, IFRS 핵심정리, 가치투자거장별 주요 재무비율 등 주식투자에 기본적으로 필요한 모든 기업의 언어를 종합적으로 정리

❹ 대한민국 주식투자 저평가우량주(절판)

❸ 대한민국 주식투자 산업 · 업종분석(절판)

최초로 전체 업종의 히스토리 및 중장기 특성, 향후 트렌드 등과 주요 업종별로 7~8년의 재무 및 주가추이를 다룬 산업업종분석 종합서

❷ 대한민국 주식투자 다이어리(절판)

❶ 대한민국 주식투자 완벽가이드

성공을 위한 투자철학과 투자태도, 주식시장평가 및 종목분석, 운용전략전술 등 실전가치투자 체계를 A부터 Z가지 소개하는 종합기본서

껄끄럽고 입에 쓴 진짜 성공이야기 (자기계발/성공학 부문)

성공의 기준, 발가벗긴 성공의 정의, 강점 집중/가치관 확립/최적 독서와 교육/시간의 정복/경력 및 사업 등 다섯 가지 현실적인 성공열쇠를 설명한, 실제 성공한 저자의 "껄끄럽지만 솔직한" 이야기

2. 프리미엄 정보서비스 / 개별주식가치평가 전문보고서 소개

※ 자세한 내용은 평가원 홈페이지 www.kisve.co.kr 를 참조하시기 바랍니다.

정보서비스 및 전문보고서	소개
프리미엄 월별 정보서비스 TOP30 저평가우량주&적정주가 월별리스트	워렌 버핏, 존 템플턴, 존 네프의 주식선정 기준, 가치평가 기준을 완벽하게 적용한 프리미엄 정보서비스. 투자대가 3명의 선정기준 및 투자전략을 류종현 대표가 한국 상장사에 최적화하여, 주식시장 전체로부터 투자대가 별로 국내 최고의 저평가우량주 각 30종목씩을 매월 선정하고, 심층(상대/절대가치평가) 계량가치평가 결과 모든 종목들의 적정시가총액과 그 최대최소 범위를 제공. 더불어 3명 투자대가들의 중복 선정 종목 리스트까지 제공.
개별 주식가치평가 (적정주가 계산) 전문보고서	류종현 대표이사가 직접 신청 종목들의 적정주가를 계산하여 PDF파일로 작성 및 메일 송부하는 전문보고서. 구체적으로 〈기업의 개요, 10년 재무손익가치 지표들, 5가지 주식가치평가 툴(Tool)로 계산한 적정주가들을 감안한 적정주가의 범위, 활용법〉 내용 등을 포함.

3. 실전가치투자 동영상 교육 소개

주식투자를 통해 지속적이고 안정적이면서도 상대적으로 높은 수익률을 창출하기 위해서는 '주식투자의 체계 격자구조'를 배우고 이에 따라 투자해야만 합니다.

그리고 유망한 관심기업의 사업모델을 이해하고 재무손익비율을 입체적으로 이해하며 적정주가를 스스로 산정할 수 있을 때 비로소 수익률이 극대화되는 것입니다.

왜냐하면 사업구조와 재무손익비율, 가치평가 능력은 주식투자자에게 마치 날개를 달아준 것과 같이 자신감과 안정감, 그리고 탁월한 성과를 약속해주기 때문입니다.

또한, 평가원은 보다 많은 투자자들을 만나고 지방 투자자들에게까지 교육을 제공하기 위해서, 국내 최고로 인정받았던 오프라인 가치투자교육 모두를 정통 재무분석 완성 / 정통 기업 분석 완성 / 가치투자운용 전략전술 완성 / 실적조정 고급상대가치평가 및 절대가치평가 완성 2016년부터 동영상 DVD 강의로 전환하여, 보다 쉽고 편하게 평가원의 강의를 수강하실 수 있습니다.

교육과정	소개
정통 재무분석 완성 과정	재무제표 항목 등 입문자 단계부터 이해할 수 있으며, 고급 투자자(기관투자자 수준 이상)도 재무손익 추정법 등 배울 것이 매우 많은 실전재무분석 과정입니다. 재무제표 항목에서부터 각종 내재가치와 관련된 재무손익비율 분석, IFRS 정복과 적정주가 산정에 필수적인 지배지분 분석은 물론이고, 중장기 기업 경쟁력과 성장전략까지 파악하는 시계열적 재무손익분석 및 향후 추정 등을 강의하며, 고급재무분석 FRAME(평가원 지재권)을 수료생들의 개인적인 활용을 위해 제공합니다.
정통 기업분석 완성 과정	사업보고서 읽기 등 주식입문자 단계부터 이해할 수 있으며 고급투자자(기관투자자 수준 이상)도 내부자 경영전략 등 배울 것이 매우 많은 실전 기업분석 과정입니다. 연구개발에서 판매에 이르는 비즈니스 시스템, 사업보고서와 재무제표의 유기적 이해 및 내부자관점 분석과 워렌버핏, 필립피셔 등의 기업분석 툴, KISVE 심층기업분석 프로세스 훈련, 내부자 경영전략(3C 분석, 5 FORCE, PPM 등), 광의적 기업분석 격자구조 등을 강의하며, KISVE 기업분석 FRAME(평가원 지재권 파일)을 수료생들의 개인적인 활용을 위해 제공합니다.
주식가치평가 종합완성 과정	주식투자의 체계를 확립한 투자자들에게 마지막으로 필요한 밸류에이션 중심의 강의입니다. 역사적 배수법 등 복합비교 배수법 적용, 경기사이클 요소를 제거한 실적 조정 등 고급실적분석 및 추정능력, 간단한 시장평가까지 중급수준의 투자자로 거듭나는 종합 상대가치 등을 학습하며, 기업의 내재가치를 절대평가법으로 산정하기 위해서 적정할인율(자본비용)의 체계적인 이해, 고든(DDM)의 연금법, IRR 등의 기본 개념을 이해하고, 이어서 KISVE 절대PER/PBR,RIM, 워렌버핏 효율배수법 등의 정교한 절대평가 툴을 배우고 훈련하며, 투자비중 결정을 위해서 시장의 고/저평가를 판단하는 고급시장평가법, 현존하는 계량스크리닝 중 가장 합리적인 KISVE스크리닝 등을 학습합니다. 베테랑 투자자들과 기관투자자들이 사용하는 밸류에이션 툴 이상의 고급상대평가, 절대가치평가 엑셀파일(평가원 지재권, 십 수개의 절대평가산식 자동계산 파일)을 수료생의 개인적인 활용을 위해 제공합니다.
가치투자운용 전략전술 완성 과정	거시경제와 주식시장 등락이해 등 주식입문자 단계부터 이해할 수 있으며, 고급투자자(기관투자자 수준 이상)도 역발상 계량가치투자 운용 등 배울 것이 매우 많은 실전 운용전략전술 과정입니다. 주식시장을 거시경제적으로 해석하고 주식시장의 흐름, 고/저평가를 판단하며, 개별 종목 수준을 벗어나서 주식 종목들 및 기타 자산 포트폴리오(국내외 주식을 중심으로)를 계량적으로 완벽하게 관리하기 위한 교육과정으로, 거시경제 및 주식시장 등락을 역발상 수익확대의 기회로 활용합니다.

4. 무료회원 대상 주요 콘텐츠 소개

㈜한국주식가치평가원 홈페이지 www.kisve.co.kr 에 방문하시면 아래와 같은 홈페이지 메뉴를 통해 다양한 정보를 무료로 확인하실 수 있습니다.

▶ KISVE투자지혜 〉전문칼럼
- 실전투자공식과 증권시장 응용, 활용법을 교육을 통해 배우는 것도 중요하지만, 투자실력을 전진하게 하는 기본마인드 자체를 구축하는 것도 부수적으로 필요합니다.
  각종 기본적인 가치투자의 태도와 투자철학을 배양시키기 위한 전문칼럼은 지금 당장은 물론 오랜 기간에 걸쳐 지속적으로 투자태도와 철학에 좋은 영향을 줄 수 있는 내용들을 정리했습니다.

▶ KISVE투자지혜 〉투자의 거장소개
- 필립 피셔, 피터 린치 등 유명한 투자거장에서부터, 골드만삭스 등 투자기관 출신 애널리스트, 경영대학의 증권투자부문 전문 교수 등 알려지지 않은 작은 거장에 이르기까지, 크고 작은 투자전문가의 조언 중 평가원의 내부적 판단에 따라 회원들이 참고하고 배울 만한 내용을 간단히 소개합니다.

▶ **KISVE투자지혜 〉증권시장 평가**

- 단기적으로 큰 의미가 없을지라도 중기적 이상을 보면 반드시 큰 의미가 있는 국내
  증권시장의 대략적인 고평가/저평가 수준을 한 달이라는 주기를 두고 가장 쉬운 방법
  에서 가장 합리적인 방법에 이르기까지 세 가지 방법으로 간략하게 정리합니다.
  시장 전체가 싼지 비싼지 파악하는 행위는 주식비중을 늘려야 할지 줄여야 할지 등을
  결정할 수 있는 근거가 되는 것입니다.

▶ **KISVE투자지혜 〉주식기본용어**

- 평가원에서는 홈페이지에서 가장 기본적인 주식용어들의 설명을 통해 입문자들의 주
  식투자용어 이해를 돕고 있습니다.

5. 전문가 추천

"어느 분야에서 정상에 오른다는 것은 정말 축복받은 것이다.
더욱 축복받는 것은 그 정상에 오른 사람과 함께 한다는 것이다.
여러분들이 류대표의 지식과 경험을 공유한다는 것은 정말 축복받는 것이다."

– 가톨릭대 경영학부 김종일 교수 한국기업평가원 수석자문위원, 한국/미국공인회계사, McKinsey Valuation
대표역자, 前 굿모닝신한증권 임원 등

"지금까지의 주식투자 및 가치평가 교육 중 수준과 내용, 모든 면에서 최고이다."

– 스틱인베스트먼트 엄상률 상무 前 삼성전자

"KISVE의 투자교육으로 당신의 투자실력은 노도광풍처럼 성장할 것이다."

– 하이투자증권 파생상품운용부문 박형민 이사

"투자실패의 근본적 원인을 알고 싶다면 류대표의 실전투자교육이 반드시 필요할 것이다."

– 저축은행중앙회 최병주 이사

"전문적인 주식 기업 가치평가를 정통으로 배우려면 필히 류대표의 투자교육을 받아라."

– 이스트브릿지 파트너스 김기현 상무

"개인투자자들이 기관투자자 이상의 투자체계를 체계적으로 쉽게 확립할 수 있는 방법은 한국
주식가치평가원 류대표의 강의 외에는 없다."

– 유리자산운용 펀드매니저 이은원 과장 前 VIP투자자문

"공인회계사조차 인정하는 가치평가와 IFRS 부문 최고 전문가인 류대표님의 강의에 집중하라."

– 양원모 공인회계사 現 서울기술투자, 前 이상기술투자 투자팀장

"류종현 대표님의 강연은 기업가치 평가와 IFRS의 깊이 있는 실전이론을 배울 수 있는 시간이 될 것이다."

– 현명한투자자들의모임 구도형 대표 가치투자 재야고수 좋은습관

"실전과 이론을 정통으로 섭렵한 류대표님의 강의는 주식투자자들에게 정말 강력한 도구를 제공할 것이다."

– SNU VALUE 서울대 투자동아리 前 회장 황인혁

NEW 대한민국 주식투자
산업·업종 종합분석

1판 1쇄 발행 2019년 5월 13일
1판 4쇄 발행 2021년 7월 5일

지은이 류종현, 최순현, 조기영
펴낸이 류종현
펴낸곳 ㈜한국주식가치평가원

대표전화 070-8225-3495
팩스 0504-981-3495
주소 (135-821) 서울시 강남구 학동로 311
홈페이지 www.kisve.co.kr
이메일 customer@kisve.co.kr
출판등록 2012년 4월 16일 제2012-000143호

Copyright ⓒ 2019 ㈜한국주식가치평가원

정가 22,000원
ISBN 979-11-87648-04-8

이 도서의 국립중앙도서관 출판예정도서목록(CIP)은 서지정보유통지원시스템 홈페이지
(http://seoji.nl.go.kr)와 국가자료공동목록시스템(http://www.nl.go.kr/kolisnet)에서
이용하실 수 있습니다.(CIP제어번호: CIP2019014137)